illuminati

Der Kult, der die Welt gekapert hat

Henry Makow Ph.D.

**Herausgeber der deutschen Ausgabe
Alexander Gottwald**

**Mit einem Vorwort von
Harald Kautz-Vella**

SILAS GREEN

Copyright © 2008 – 2015 by Henry Makow

Kontakt:

Silas Green

PO Box 26041

676 Portage Ave.

Winnipeg, MB

Canada

R3G 0M0

hmakow@gmail.com

www.henrymakow.com (Englische Originalseite von Henry Makow)

www.henrymakow.org (Deutsche Seite von Henry Makow, Redaktion: Alexander Gottwald)

ISBN 978-0-9918211-4-3

HAFTUNGSAUSSCHLUSS

VORWORT DES HERAUSGEBERS

Nachdem ich im Januar 2015 das Vergnügen hatte, Dr. Henry Makow zum ersten Mal überhaupt für ein Interview vor eine Kamera zu bekommen, war schnell klar, dass es mir ein dringendes Anliegen sein würde, seine Bücher auch auf Deutsch herauszubringen.

Für diejenigen, die mit Dr. Makow und seiner Arbeit noch nicht vertraut sind, ein paar Worte vorab: Geboren in der Schweiz, lebt Henry Makow als jüdischer Sohn von Holocaust-Überlebenden in Kanada. Seine Großeltern wurden im Dritten Reich aufgrund ihrer jüdischen Herkunft umgebracht.

Hätte Henry Makow daher nicht allen Grund, eine unversöhnliche Haltung einzunehmen, wie sie in der folgenden Äußerung von einem Juden propagiert wurde, dessen Familie Ähnliches widerfahren ist wie der seinen?

„Versöhnung ist ein absolut sinnloser Begriff. Den Erben des Juden mordenden Staates kommt gar nichts anderes zu, als die schwere historische Verantwortung auf sich zu nehmen, generationenlang, für immer." — Michel Friedman in einem Interview mit dem „Rheinischen Merkur" am 16. November 1985, zitiert in der "Jüdischen Allgemeinen" vom 14.08.2002

Grund dazu hätte er sicher finden können, allein Makow ging einen anderen Weg: Er begann, akribisch die Hintergründe zu erforschen, die dann zu dem führten, was der jüdische Politikwissenschaftler Prof. Norman Finkelstein heute als „Holocaust-Industrie" bezeichnet.

Makow wagt es, längst überfällige Fragen zu stellen, Denkverbote zu durchbrechen und historische Fakten zu liefern, die eine neue Sicht auf den Zusammenhang zwischen dem Zweiten Weltkrieg und der Gründung von Israel offenbaren. Eine Sicht, die politisch natürlich völlig unkorrekt ist, vor allem in Deutschland, wo jegliche Untersuchung der im historischen Mainstream behaupteten Abläufe direkt mit dem Kampfbegriff „Antisemitismus" abgewürgt wird.

„Illuminati" bleibt aber nicht bei den als Mittel der Wahl ausgesuchten Ideologien, die er als Zionismus und Satanismus klar benennt, stehen. Nein,

Henry Makow führt uns noch viel weiter hinunter in den Kaninchenbau der Macht hinein und weist nach, dass es eine Clique von Bänkern ist, die Kriege organisiert, um die gewünschten monetären Umverteilungen zu erzielen.

Zugleich zeigt Makow aber auch nicht einfach mit dem Finger auf die Illuminati. Nein, er legt auch hier den Finger in die Wunde und weist uns darauf hin, wie sehr es unser eigenes Versagen ist, das die Degenerierung der menschlichen Gesellschaft erzeugt. Wir sind selbst aufgerufen, Verantwortung zu übernehmen, uns unserer Seelen zu erinnern und uns dem bequemen Weg zu verweigern, den uns die westliche Konsumgesellschaft Tag für Tag mittels ihrer Mediendominanz einzuhämmern versucht.

Die Tour de Force, auf die Henry Makow uns im Laufe dieses spannend wie ein Krimi zu lesenden Buches einlädt, führt zwar rund um den Planeten und durch die vergangenen Jahrzehnte bis in die Neuzeit und die Hintergründe des „Kriegs gegen den Terror", aber am Ende führt diese Tour de Force in unser eigenes Herz.

Wir selbst sind es, die eingeladen sind, die von ihm präsentierten – zum Teil sicher unangenehmen – Hintergründe nicht nur zu prüfen, sondern vor allem auch im eigenen Leben Konsequenzen daraus zu ziehen!

Wir sind es, die eingeladen sind, uns dieser Agenda zu widersetzen, in der wir zu seelenlosen und dabei rund um die Uhr überwachten Konsumsklaven gemacht werden sollen. Und dieses sich Widersetzen beginnt immer im eigenen Herzen!

Ich möchte Sie also als Leser einladen, dieses Buch mit offenem Herzen zu lesen und das Wagnis einzugehen, aus der Herde der Schafe auszubrechen, die blind glauben, was der Mainstream vorgibt! Lesen Sie dieses Buch, das wie Dynamit die Grundmauern der Agenda der Illuminati sprengen kann! Prüfen Sie die von Henry Makow präsentierten Fakten! Und schließlich, beginnen Sie selbst, freier zu denken, zu fühlen und zu leben!

Und vor allem: Hören Sie dabei auf Ihr Herz!
Mit den besten Wünschen aus den Anden,
Alexander Gottwald
www.alexandergottwald.com
Sucre, Bolivien, im Juni 2015

VORWORT EINES DEUTSCHEN JUDEN

Dieses Buch versucht bezüglich der deutsch-jüdischen Geschichtsschreibung einen Paradigmenwechsel einzuleiten. Ein Paradigmenwechsel ist eine komplizierte Angelegenheit. In der Naturwissenschaft markiert er meist den Wechsel des Standpunktes und damit der Perspektive des Beobachters, wie z.B. bei Johannes Kepler vom erdzentrierten zum heliozentrischen Weltbild.

Geschichtsschreibung sucht immer nach Archetypen, die sie bedienen kann, nach sich gegenüber stehenden Feinden, nach Allianzen, nach Gewinnern und Verlierern, nach Herrschern und Beherrschten. Auch die Attribute „Gut" und „Böse" werden seit Jahrtausenden für die Nachwelt von den Geschichtsschreibern routinemäßig nach der Schlacht vergeben und in Stein gemeißelt. Nun beschreibt Henry Makow das Zusammenwirken und die gemeinsamen Wurzeln der beiden extremsten nationalistischen Ideologien des 20. Jahrhunderts: des Zionismus und des Nationalsozialismus. Die Saat dieses Buches fällt mit der Wahl dieser Akteure in das Feld einer gewachsenen Täter-Opfer-Beziehung. Aber Henry Makow lässt sich nicht durch den vordergründigen Konflikt blenden, er verortet stattdessen eine dritte Macht, die hinter den Kulissen der Weltbühne die Strippen zieht. Und er tut dies mit Akribie und mit einer Liebe zur Quellenforschung, die dieses Buch zur „Primärliteratur" macht. Diese herauszisolierten Fakten versperren sich der bereits in Stein gemeißelten Einordnung in Gut und Böse, verletzen die Spielregeln, erscheinen uns auf den ersten Blick unglaubwürdig, da wir das Schema, nach dem diese Dinge verstanden werden können, in der Weltgeschichte bisher nicht erkennen gelernt haben. Um aus ihnen überhaupt „Geschichte" machen zu können, muss man die Spielebene verlassen, von der naiven Vorstellung von Gut und Böse abstrahieren, das Spiel und das Spielfeld als Ganzes betrachten und erweitern. Nur so ist es möglich, diese dritte Macht erfassen zu lernen, von der Henry Makow uns berichtet. Auch dies ist ein Wechsel der Perspektive, wenn man so will, das ist das, was es zum Paradigmenwechsel macht – ein Auszoomen – und ein Wechsel der dem Spielschema zugrunde-liegenden Geometrie von binär auf trinär.

Die Leistung, die Henry Makow hier vollbringt, ist die Offenlegung eines bisher nicht verstandenen Grundprinzips der Politik und der Tatsache, dass sich dieses Spielmuster hinter Archetypen versteckt hat, die mehr dazu zu taugen scheinen, einem die Sinne zu verwirren, als dass sie zu einem adäquaten Verständnis der Geschichte beigetragen hätten. Das erzeugt Widerstände. Angst, gesichert geglaubte Positionen im eigenen Denken aufgeben zu müssen, Angst, im Verständnis der Dinge wieder bei null anfangen zu müssen, Angst, dass bestehende positive Identifizierungen plötzlich in Schuld umschlagen könnten. Angst, dass man die Position der Opferrolle verliert oder als Verlierer der Schlacht und somit als gebrandmarkter Täter unverhofft in sie hineingerät – und dann der daraus resultierenden Freiheit nicht gewachsen ist.

Henry Makow hat diesen Ansatz gemeistert, indem er trotz seiner jüdischen Herkunft einen neutralen Standpunkt eingenommen hat. Diesen Standpunkt als Leser rein intellektuell nachzuvollziehen und zu erfassen, das kann einem Kanadier gelingen, einem Franzosen oder Polen. Die beiden Völker aber, die unter diesem Konflikt am meisten gelitten haben, werden hier sicherlich Widerstände verspüren. Ich möchte daher ein paar flankierende Wort zur jüdischen und zur deutschen „Sache" verlieren, in der Hoffnung dass so der Boden für diese Arbeit fruchtbarer wird – und ihre Wirkung dort entfalten kann, wo es am nötigsten ist.

In diesem Fall heißt das, dass die Juden, also die Opfer des Holocaust, freiwillig damit aufhören, das erlittene Leid als Rechtfertigung für die von ihnen begangenen Verbrechen zu verwenden, und, statt erneut zu Tätern zu werden, in Eigenverantwortung gehen.

In dem vorliegenden Buch beschreibt Henry Makow die Schachzüge einer Interessengruppe, die dies ebenfalls durchschaut hat, und die genau verstanden hat, wie man die Psychologie des Täter-Opfer-Pendels instrumentalisieren kann. Es ist hilfreich, dies im Hinterkopf zu behalten, wenn man die Wahrscheinlichkeit dafür abschätzen möchte, ob Henry Makow auf etwas Essenzielles gestoßen ist.

Egal, wie existenziell sich dieser Konflikt zwischen den beiden auserwählten Völkern an der Basis manifestiert und angefühlt haben mag ... – auf einer anderen Ebene folgt er klar dem Schema des *Teile und Herrsche*. Ohne die Macht zu betrachten, die teilt und herrscht, kann man das Spiel nicht verstehen. Dies ist, was Henry Makow herausgearbeitet hat: Es gibt eine selbsternannte Elite, die das Ränkespiel perfekt beherrscht und mit beiden Völkern spielt wie die Schlange mit den Kaninchen; eine Kabale, die plant, auf den menschlichen und städtischen Ruinen beider Völker ihre Eine-Welt-Regierung zu errichten. Eine Macht, für die das „Teile und Herrsche" genauso eine erprobte Kulturtechnik ist wie die Bildung von Seilschaften und die Unterwanderung von Institutionen des öffentlichen Lebens, und die Präinszenierung von prophezeiten Ereignissen.

Die stärkste Waffe dieser Elite – das schwarzmagische Ritual, das wir heute als unser Geldsystem kennen – ist bezüglich ihres wahren Charakters so gut getarnt, dass wir sie als naturgegeben hinnehmen, als Errungenschaft unserer Weltkultur feiern, während wir sie als Waffe zu unserer eigenen, kollektiven Vernichtung führen.

Mit diesen verschiedenen Koordinatensystemen und ihren Eckpfeilern sind nun auch verschiedene Rezeptionsweisen dieses Buches vorgegeben. Verweigert man den anvisierten Paradigmenwechsel, kann man als deutsche Fraktion die *Schuld* abschütteln wollen und sich am *Verrat* eines Juden bedienen, man kann auch als Jude in Henry Makow einen *Verräter* wahrnehmen. Oder aber man vollzieht diesen Paradigmenwechsel und kommt auf beiden Seiten der geistigen Demarkationslinie dazu, dankbar den Impuls anzunehmen, doch einmal im eigenen Stall zu kehren. Auf diesem Weg erkennt man dann irgendwann das übergeordnete „Teile und Herrsche"-Schema, legt es ad acta und lokalisiert den Schützengraben zwischen Gut und Böse, zwischen oben und unten, zwischen den Protagonisten der Neuen Weltordnung und dem gemeinen Volk aller Nationalitäten und Religionsgemeinschaften. Doch auch diese am intelligentesten erscheinende Möglichkeit wird uns in erster Instanz keinen Deut weg vom Täter-Opfer-Spiel bringen, wird uns keinen Frieden und keine Versöhnung einhandeln, sondern im besten Fall einen weiteren Pendelschlag des Täter-Opfer-Spiels – diesmal lateral statt horizontal. Diese Gefahr besteht – solange es die Menschen nicht schaffen, ihr Leben in vollständiger Eigenverantwortung zu leben.

Eigenverantwortung – dies ist leicht gesagt, aber schwer zu verinnerlichen.

Die Schönheit dieses Buches – das wage ich als deutscher Jude zu behaupten – liegt im Auge des Betrachters, wenn er die hier gelieferten Argumente nutzt, um das Täter-Opfer-Spiel zu durchschauen und sich daraus im Sinne einer solchen Synthese in die Eigenverantwortung zu entheben.

Eigenverantwortung heißt an dieser Stelle, einzelne Menschen an ihren individuellen Taten zu messen und das eigene Handeln an dem eigenen Mit- und Ehrgefühl zu orientieren, und nicht an kulturellen Loyalitäten, nicht an der Angst, von der eigenen Gemeinschaft ausgegrenzt zu werden, wenn man zu seiner eigenen Wahrheit steht.

In diesem Sinne hoffe ich, dass dieses Buch Früchte trägt.

Harald Kautz-Vella

www.aquarius-technologies.de

Gumtow, Brandenburg, im Juni 2015

„Weil ihr meine Schafe lasset zum Raub ... weil sie keinen Hirten haben und meine Hirten nach meiner Herde nicht fragen, sondern sind solche Hirten, die sich selbst weiden ... "

Hesekiel 34:8

Die Nichtjuden sind eine Schafherde und wir sind die Wölfe. Und weißt Du, was geschieht, wenn die Wölfe die Herde zu fassen bekommen?

Protokolle der Weisen von Zion, 11

INHALT

AUFTAKT – NACH EINER WAHREN BEGEBENHEIT?

Wäre folgende Szene die Kurzfassung eines Drehbuchs, würde dieses als unglaubhaft abgelehnt werden. Unsere Machthaber wurden nicht wegen ihrer Intelligenz und ihrer Leistung erwählt, sondern vielmehr, weil sie die Fähigkeit besitzen, das Vertrauen der Menschen zu gewinnen, und sie auch willens sind, es zu missbrauchen. Sie wurden von einem kleinen satanischen Kult – von kabbalistischen Bänkern und Freimaurern – ausgewählt, der die globalen Finanzen und Medien kontrolliert. Unsere „Führer" sind rangniedere Mitglieder dieses internationalen Kults, der Illuminatenorden genannt wird.

„Wir ersetzten den Herrscher durch die Karikatur einer Regierung", lautet ihr Masterplan, „durch einen Präsidenten, der aus dem Pöbel, aus der Mitte unserer Marionetten, herausgepickt wurde."

Viele „Führer" werden auf Kurs gehalten, indem sie dazu genötigt werden, sich entsetzlichen okkulten Ritualen hinzugeben, die Menschenopferungen, Sexorgien, Pädophilie, Vergewaltigung, Folter und Mord beinhalten. (Siehe die Kapitel „Sexsklaven der Illuminaten zeichnen ein entsetzliches Bild" und „Das Grundproblem: Illuminaten oder Juden?")

Das Ziel der Illuminaten besteht darin, die Menschheit gedanklich und seelisch, wenn nicht sogar körperlich, zu erniedrigen und zu versklaven. Der Einfluss dieses Ordens ist wie eine Krebserkrankung, die sich durch die Gesellschaft frisst. Er unterwanderte viele scheinbar wohltätige Organisationen (wie Hilfsorganisationen und Berufsverbände) und die meisten politischen Bewegungen, insbesondere den Zionismus, Kommunismus, Sozialismus, Liberalismus, Neokonservatismus und den Faschismus. Deshalb scheint die Gesellschaft von seelenlosen Männern mit verhärmten Gesichtern gelenkt zu werden, die hohle Phrasen von sich geben und etwas Böses verströmen.

Die Illuminaten unterwanderten alle Religionen und Institutionen einschließlich einer Gruppierung, die von sich selbst glaubt, „von Gott auserwählt" zu sein. Tatsächlich spielen die Anführer dieser Gruppe eine bedeutende Rolle bei der Schaffung dieses satanischen Glaubenssystems. Sobald aber Kritiker darauf hinweisen, dass die „Auserwählten" irregeführt und verraten werden, werden sie des „Rassismus" bezichtigt – eine geschickte Vorgehensweise, um Widerstand zu unterbinden.

Somit wird die Auseinandersetzung mit dem dringlichsten aller Probleme als „Vorurteil" abgetan. Und die Auserwählten sind weiterhin Schachfiguren, Sündenböcke und menschliche Schutzschilde für ihre teuflischen und betrügerischen „Führer".

Die Tyrannei der Illuminaten ist ähnlich einer Lichtschranke unsichtbar, bis man sie durchkreuzt. Dann schließen sich leise die Türen und einflussreiche Positionen werden einem aberkannt. Wenn man sich nicht beirren lässt, wird man verleumdet, zu Grunde gerichtet oder sogar ermordet. In Zukunft wird Wahrheitsverkündern und Andersdenkenden der Zugriff auf Vermögen und Handel entzogen werden. Es ist verblüffend, wie leicht wir der Tyrannei erlegen sind.

Öffentlichkeitswirksamer Erfolg ist von der Einwilligung – wissentlich oder unwissentlich – in diese teuflische Verschwörung abhängig. Die westliche Bevölkerung ist engstirnig, führungslos und nichtsnutzig. Unsere materiellen und technologischen Errungenschaften sind großartig, aber kulturell und spirituell sind wir verkümmert und in Ketten gelegt.

VORWORT – DIE „JÜDISCHE" VERSCHWÖRUNG

Neulich fragte mich der Moderator einer Radioshow im Internet, ob es so etwas wie eine jüdische Verschwörung gäbe. Er bekomme E-Mails von Menschen, die Juden, Jesuiten, den Vatikan, Freimaurer, usw. beschuldigen.

Ich antwortete, dass das Zentralbankenkartell die einzige Vereinigung ist, die sowohl die Motive als auch die Mittel hat, die Weltmachtführung zu übernehmen. Dieses Kartell, das hauptsächlich aus an die Kabbala glaubenden Juden und Freimaurern zusammengesetzt ist, ist gleichsam der Kopf eines Kraken. Zionismus, Freimaurerei, das organisierte Judentum, Imperialismus, die Jesuiten, der Vatikan, die Geheimdienste, die Massenmedien, usw. sind die unzähligen Arme des Kraken.

Das „Motiv" besteht darin, sein unschätzbares, aber betrügerisches Privatmonopol auf öffentliche Kredite (Regierung und Geldschöpfung) zu schützen, das Billionen und Aberbillionen Dollar wert ist. Ein Zahlungsmittel hat keinen intrinsischen Wert. Es ist lediglich ein Tauschmittel oder Gutschein. Die jüdischen Bänker unter den Illuminaten überzeugten die Monarchen, ihnen die Befugnis zu erteilen, diese Gutscheine in Form einer Verbindlichkeit gegenüber ihnen zu drucken und Zinsen zu berechnen.

Auf diese Weise kreieren sie Geld in Form von Schulden gegenüber ihnen, das wir verzinsen müssen. Der Staat ist durchaus in der Lage, dies selbst zu vollbringen, ohne sich zu verschulden. Sie brauchen eine „Weltregierung", um sicherzustellen, dass keine Nation ihr eigenes Geld druckt oder mit der Rückzahlung der Schulden im Verzug ist, die die Bänker aus dem Nichts erschaffen haben.

Das Schicksal der Menschen ist infolge dieses grundlegenden Betrugs in Gefahr.

Selbstverständlich sind ihre „Mittel" ihr unbegrenzter Reichtum, der durch ihr Netzwerk von Kartellen fließt, welcher es ihnen ermöglicht, über Regierungen, Massenmedien, Bildung, usw. zu verfügen. Jeder, der im öffentlichen Leben erfolgreich ist, ist ihre Marionette oder dient unbewusst ihrer Agenda. Ihr Netzwerk von Zionisten, Freimaurern, Kommunisten, Sozialisten und Geheimdiensten wie der MI5/MI6, usw. ermöglicht es ihnen, verdeckte Kontrolle auszuüben.

Die Ideologie einer weltweiten Tyrannei, also die Lehre der Illuminaten, entstammt der jüdischen Kabbala, welche verkündet, dass die Menschen (d.h. die Bänker) den Platz Gottes einnehmen und die Wahrheit neu definieren können.

Um 1770 gründete eine Interessensgemeinschaft von Bänkern unter dem Vorstand von Mayer Rothschild die „Illuminaten", einen satanischen Kult, der dafür konzipiert wurde, die Gesellschaft zu zersetzen. Nach Aussage von Edith Starr Miller gehörten auch jüdische Finanziers wie Daniel Itzig, Friedlander, die Goldsmids und Moses Mocatta dem Rothschild-Syndikat an. („Occult Theocracy", S. 184)

Laut Miller waren die Ziele der Illuminaten (Kommunismus und die NWO) die Zerstörung des Christentums, der Monarchien, der Nationalstaaten (zugunsten ihrer Weltregierung oder des „Internationalismus"); die Auflösung des Familienzusammenhalts und der Ehe durch die Förderung von Homosexualität und Promiskuität; die Abschaffung von Erbe und Privateigentum; und die Unterdrückung jeglicher kollektiver Identität im zweifelhaften Namen der „universellen menschlichen Brüderlichkeit", sprich „kulturelle Vielfalt". (S. 185)

Natürlich versuchen sie diese Art von Information zu unterdrücken. Der kanadisch-jüdische Kongress beschwerte sich bei der kanadischen „Menschenrechts"-Kommission und forderte, dass jüdische Referenzen von meiner Webseite, www.henrymakow.com, entfernt werden. Das Gesetz, auf dem diese Beschwerde beruhte, wurde allerdings später im Laufe des Jahres 2012 gestrichen, da Muslime begonnen hatten, eben dieses Gesetz gegen Juden zu verwenden. Deswegen wurde die Anklage gegen mich dann auch fallen gelassen.

Ich bin kein großer Prophet, aber Jesaja, Hesekiel, Jeremia und Amos kritisierten ebenfalls die jüdische „Führung" und hätten heute auf dieselbe Weise gehandelt.

Der kanadisch-jüdische Kongress will nicht, dass die Juden erfahren, dass das jüdische Unternehmen gekapert wurde. Die jüdische Führerschaft verkehrte das Ideal einer vom Volk gewählten Heiligkeit, die für die Moral eintritt, in eine selbsterwählte Elite, um Gottes Platz einzunehmen. Die Bänker nutzen diesen jüdischen Messianismus als Instrument, um ihre materielle, spirituelle und kulturelle Vorherrschaft zu festigen. Der Judaismus (mitsamt dem Kommunismus und dem Zionismus) ist ein System, um die Juden und durch sie die gesamte Menschheit zu kontrollieren.

Die Tyrannei einer Weltregierung ist die einzige Eroberung, die ohne das Wissen der Unterworfenen erfolgt. In den „Protokollen der Weisen von Zion" erwähnt der Autor mehrmals, dass „unser Leitspruch" „Gewalt und Vorspiegelung" ist. Mit „Vorspiegelung" meint er Betrug, was ihre „Magie" ist. (Protokoll 1)

Wenn fremde Bänker die finanzielle Kontrolle innehaben, wird der Staat zwangsläufig gleichbedeutend mit ihnen. Der Staat, der nur noch der Form halber einem Volksstaat entspricht, ist eine List, um die Massen zu manipulieren. Das ist die Wahrheit hinter der spiegelnden Fassade der kommunistischen NWO.

Diese Willkürherrschaft ist dazu die Erste in der Geschichte, die aus der Furcht, als „Antisemit" und als „Hasser" gebrandmarkt zu werden, nicht zur Sprache gebracht werden kann. Glauben Sie mir, der Hass kommt ausschließlich aus den Reihen der Kabbalisten.

Diese List wird angewendet, indem alle Juden für die Machenschaften von einigen Wenigen verantwortlich gemacht werden. Das ist so, als ob allen Italienern die Umtriebe der Mafia angelastet würden. Die Anschuldigung aller Juden führt logischerweise dazu, dass den Rothschilds der Rücken freigehalten wird, was demzufolge den Verdacht bestätigt. Um es überspitzt auszudrücken: Was würden wir von den Italienern halten, wenn sie Al Capone und die organisierte Kriminalität verteidigten?

Das organisierte Judentum benutzt „Antisemitismus" und „Hass" wie eine Verwünschung eines Hexenmeisters, vor dem alle entsetzt zurückschrecken. Um diesen Voodoozauber unschädlich zu machen, sollten wir das Etikett Antisemit mit Stolz tragen und deutlich machen, dass es für den Widerstand gegen die unverhältnismäßige jüdische (und kryptojüdische) Rolle steht, die Weltregierung voranzubringen. (Niemand befürwortet oder entschuldigt Genozid.) Dadurch wird der Antisemitismus eine legitime politische (nicht ethnische) Bewegung, die gegen bestimmte jüdische (und nichtjüdische) Schachfiguren und Strategien der Illuminaten gerichtet ist.

WAS ES FÜR MICH BEDEUTET, JÜDISCH ZU SEIN

Jüdisch zu sein ist für mich eine Sache von Geist, Einstellung, Abstammung und Kultur. Ich nehme Gott stark als eine innewohnende, moralische Dimension wahr. Ich glaube, die Bestimmung und Aufgabe eines Menschen ist es, diese Dimension zu manifestieren. Ich will Ihnen nicht mein Verständnis vom Guten aufzwingen. Aber in einer Gesellschaft, die bestimmten Strömungen ausgesetzt war, wären Fragen, was wahr, gerecht oder schön sei, Gegenstand einer andauernden Debatte.

Ich bin ein assimilierter Jude. Ich identifiziere mich in erster Linie mit der Menschheit, als zweites mit meinen Landsleuten und erst zuletzt mit den Juden. Ich habe keine jüdische Erziehung genossen und verkehre nicht ständig mit Juden. Bislang spricht mich die „Religion", abgesehen von den Zehn Geboten und einigen wenigen Teilen des Alten Testaments, nicht an. „Erkenne sie an ihren Früchten", sagte Jesus.

Im Gegensatz dazu kann ich den zivilisierenden Effekt sehen, den Jesu Botschaft der Liebe auf die Gesellschaft hatte. Die ersten Schritte in der menschlichen spirituellen Entwicklung waren die Maxime, das Wohlergehen der anderen dem Eigenem voranzustellen, und die Erkenntnis, dass alle Menschen, nicht nur die Juden, Brüder sind.

Israel Shahak bestätigte in seinem Buch „Jüdische Geschichte, jüdische Religion: Der Einfluss von 3000 Jahren" (1994) meine Vermutung, dass der Judaismus keine Religion ist. „Glaube und Überzeugungen (außer nationalistische Überzeugungen) spielen eine äußerst geringe Rolle im klassischen Judaismus. Von größter Wichtigkeit ist die Kulthandlung, und dabei eben nicht die Bedeutung, die dieser Handlung zugrunde liegt, oder der Glaube, der ihr anhaftet." (S. 35)

Als nächstes kam ich zu dem Schluss, dass der Judaismus im besten Falle ein heidnischer Volksglaube und schlimmstenfalls ein satanischer Geheimbund ist. Das Kennzeichen eines Geheimbundes ist, dass dessen Mitgliedern nicht die wahre Agenda mitgeteilt wird, sondern ihnen stattdessen idealistische Phrasen eingeflößt werden.

Den meisten Juden ist nicht bewusst, dass der Judaismus das Alte Testament zugunsten des Talmuds und der Kabbala weitgehend übergeht. Sehr wenige Juden lesen diese Bücher. Wenn sie es täten, würden sie vielleicht feststellen, dass der Talmud voller Hass und Verachtung auf Nichtjuden ist. Sie würden herausfinden, dass die Kabbala die Grundlage der modernen Hexerei, der Astrologie, der Numerologie, der Tarotkarten, der Schwarzen Magie, der Androgynie, der sexuellen Verehrung und vieler Aspekte aus der New-Age-Bewegung ist. Sie lehrt, dass Gut und Böse ein und dasselbe sind und dass schwarz gleich weiß ist.

Kabbalistische Juden erzählen sich unter vorgehaltener Hand diesen Witz: „Ein orthodoxer Jude führte mit drei Bewerbern ein Vorstellungsgespräch. Er stellt ihnen die Frage: ‚Was ist 2 plus 2?‘ Die ersten beiden Bewerber antworten 4 und 22. Er wirft sie hinaus. Der Dritte antwortet: ‚Es ist das, was auch immer Sie wollen.‘ Dieser wird eingestellt." Das beschreibt, womit wir es in der NWO zu tun haben, nämlich der Bestrebung, die Wahrheit selbst nach eigenem Interesse umzuformen.

Die Kabbala ist die Grundlage des Kults der sexuellen Verehrung, der die Welt verschlungen hat. Ehelicher Geschlechtsverkehr ist für kabbalistische Juden am Sabbat ein vorgeschriebenes Ritual. Körperliches Verlangen verstärkt angeblich „die Liebe des Menschen zu Gott" und Geschlechtsverkehr ist „ein Instrument zur Vereinigung mit Gott". (Dies ist natürlich Unsinn. Man verbindet sich mit Gott, indem man Ihm sieben Tage die Woche dient. Sex ist ein natürlicher Instinkt wie Essen, kein heiliger Akt.)

Die Entwicklungskurve der westlichen Zivilisation beschreibt einen Bogen, der ausgehend vom Glauben an Gott ansteigt und in seinem Verlauf zum Glauben an Satan hin wieder abfällt. Der Scheitelpunkt war die sogenannte „Aufklärung", als die Finanzmänner beschlossen, sie könnten Gott ablösen. Üblicherweise wird der Niedergang in die moralische Dunkelheit von den

Anhängern Luzifers als Licht, speziell als Sonnenaufgang, dargestellt (z. B. das Logo von Barack Obama).

Laut Texe Marrs lehrt die Kabbala, dass die „heilige Schlange der wahre Gott ist; dass all das Böse, was eine Person tut, durch Alchemie magisch in Gerechtigkeit umgewandelt wird; und dass tatsächlich Luzifer der Herr ist. Satan ist der wahre und einzige Gott. Das ist die essentielle Lehre der Kabbala." (Codex Magica, S. 426)

Ich vermute, dass die Kabbala die Vorlage für die nachchristliche Ära und der Grund ist, warum wir in dem Okkultismus, der Pornographie, der Gewalt und der Angst, die von den Medien erzeugt wurden, ertrinken.

Als Jugendlicher wurde mir erzählt, dass Juden schon immer ohne Grund gehasst wurden. (So kontrolliert und manipuliert die Führung die Juden.) Meine Großeltern starben im Holocaust und meine Eltern tragen Narben davon, sich als Nichtjuden im nationalsozialistischen Europa ausgegeben zu haben. Mir wurde gesagt, dass Israel die Antwort auf die jahrhundertelange Verfolgung sei. Ich sah meine jüdischen Glaubensbrüder in Amerika als eine kleine und verwundbare Gemeinschaft an.

Jetzt ist mir klar, dass Antisemitismus in einer komplexen Vielzahl von Ursachen gründet. Der Hauptgrund ist, dass der Judaismus ohne Kenntnis der meisten Juden eine Ideologie von rassischer Überlegenheit und Vorherrschaft beinhaltet. Die jüdische Führung der Illuminaten hält sich selbst für Gott. Leo Trotzki klagte Gott 1923 in Moskau vor 5000 Männern der Roten Armee an. Gott wurde verschiedener schändlicher Taten für schuldig befunden und in Abwesenheit verurteilt. (Berliner Tageblatt, 1. Mai 1923)

Die „Jüdische Welt" gab am 9. Februar 1883 bekannt: „Das große Ideal des Judaismus ist, dass die ganze Welt von der jüdischen Lehre durchdrungen sein soll und dass in einer vereinten Bruderschaft der Nationen – vielmehr in einem stärkeren Judaismus – all die einzelnen Rassen und Religionen verschwinden sollen."

Diese Anschauung spielt eine wichtige Rolle in der Neuen Weltordnung. Sie dient den Zentralbänkern als unterstützende Strategie und hält Schuldzuweisungen von ihnen fern. Wenn die eigene ethnische oder religiöse

Gemeinschaft im Geheimen für Böses benutzt wird, ist es besser, sich von ihr zu distanzieren oder es fällt auf einen selbst zurück.

Dies betrifft nahezu alle, nicht nur die Juden. Als ethnischer Jude frage ich mich, ob der jüdische Gott eine universelle Moralordnung oder einen primitiven Ur-Egregor (d. h. eine Projektion einer Gruppenseele) verkörpert? Ist der jüdische Egregor nun Luzifer? (Siehe Kapitel „Der ‚Gott', der der jüdischen Elite dient")

Wir dürften uns einer Krise nähern. Das organisierte Judentum und seine freimaurerischen Verbündeten folgen einem Drehbuch, das auf biblischen Endzeitprophezeiungen beruht (welche sie möglicherweise selbst geschrieben oder modifiziert haben). Dieses Skript ruft zum Dritten Weltkrieg und einer Massenvernichtung aller Menschen einschließlich zwei Drittel aller Juden auf. Die Neue Weltordnung soll sich aus den Trümmern erheben.

Die Menschheit betritt ein dunkles Zeitalter. Da die Neue Weltordnung eine beschlossene Sache ist, wird der Antisemitismus zwangsläufig zunehmen. Jetzt ist es für die Juden an der Zeit, zu erwachen und Stellung zu beziehen. Für eine solch mutige Tat gibt es jetzt noch keine Anerkennung, sondern nur Hohn. Später, wenn der Antisemitismus überhandnimmt, müssen sich die Juden verschanzen. Es wird zu spät sein.

Zwei abschließende und unzusammenhängende Kommentare: Vielen Juden ist die Vorstellung eines liebenden Gottes fremd, wie er in der Lehre Jesu dargestellt wird. Diese Juden sind metaphysisch Ausgegrenzte. Sie glauben, sie müssen sich Liebe durch übermäßige Pflichterfüllung verdienen. Wie eine Frau, die zu viel isst, um mangelnde Liebe zu kompensieren, suchen sie Geld und Macht. Im Extremfall (wie bei den Rothschilds) bestimmt ihr Streben nach unbegrenztem Reichtum und Macht und ihr Verlangen, alles zu besitzen und zu kontrollieren, den Machtbereich Satans.

Früher beäugte ich die Fähigkeit der Christen, ihr gewöhnliches Leben zu genießen, misstrauisch. „Normal" und rechtschaffen schien langweilig und lächerlich. Ich musste mein Leben rechtfertigen und den Sinn des Lebens finden. Ich erkannte, dass dem Leben von sich aus eine Bedeutung innewohnt, wenn es in Übereinstimmung mit Gottes liebendem Plan geführt wird.

Letztendlich können die Menschen die Wahrheit nicht entdecken, wenn sie nicht wissen, wonach sie suchen sollen. Es ist schwer, die Wahrheit – dass die Menschheit von Satanisten kontrolliert wird – eindeutig nachzuweisen. Aber in mehr als 60 Kapiteln werde ich zeigen, dass dies die schlüssigste Erklärung für das Elend der Menschheit ist.

EINFÜHRUNG – DER KULT, DER DIE WELT GEKAPERT HAT

Wer machte folgende Aussage?

„Anstatt zu einem Krieg aufzuhetzen, sollten sich die jüdischen Gemeinschaften in diesem Land ihm entgegenstellen ... Denn sie werden unter den Ersten sein, die die Konsequenzen zu spüren bekommen. Die größte Gefahr für dieses Land liegt in ihrer weitreichenden Eigentümerschaft und Einflussnahme auf unsere Filme, unsere Presse, unser Radio und unsere Regierung."

Charles Lindbergh sprach diese Worte in Des Moines am 11. September 1941. Genau 60 Jahre später ist der zionistische Mossad, der in Verbindung mit den Illuminaten steht, Hauptverdächtiger des „False-Flag"-Anschlags auf das World Trade Center, der inszeniert wurde, um noch mehr Krieg zu schüren.

Zionisten standen auch hinter dem Eintritt Amerikas in den Ersten Weltkrieg. Sie schlossen einen Kompromiss. Amerika wird in den Krieg eintreten, wenn Großbritannien der Türkei Palästina entzieht. (Siehe Artikel auf meiner Webseite „Americans are Rothschild Proxies in Iraq")

Die Geschichte wiederholt sich, weil sie einem vorgefassten Skript folgt. Das Bankensyndikat von Rothschild gab seine Absicht, die westliche Zivilisation umzustürzen, nicht bekannt. Sie taten es einfach. Die Rothschilds behaupten, sie würden die jüdische Bevölkerung repräsentieren, aber es wurde nie darüber abgestimmt.

Seit über 200 Jahren benutzten sie jüdische Gemeinschaften und Freimaurer, um Krieg anzuzetteln, damit sie ihre Tyrannei einer Weltregierung vorantreiben können. Ihre jüdischen Handlanger geben es zu. So meldete die israelische Zeitung Ha'aretz am 4. Mai 2003: „Der Krieg im Irak wurde von 25 neokonservativen Intellektuellen konzipiert, darunter die meisten von ihnen Juden, welche Präsident Bush dazu drängen, den Lauf der Geschichte zu verändern ... Fast alle von ihnen sind jüdisch, fast alle von ihnen Intellektuelle (eine unvollständige Aufzählung: Richard Perle, Paul Wolfowitz,

Douglas Feith, William Kristol, Elliott Abrams, Charles Krauthammer …)
(„White Man's Burden" von Ari Shavit)

In einem Brief an Giuseppe Mazzini, der auf den 15. August 1871 datiert
ist, sagte Albert Pike, der Großkommandeur der amerikanischen Freimaurer, „drei Weltkriege" voraus. Die ersten beiden traten ein wie vorhergesagt.
„Der Dritte Weltkrieg muss durch Ausnutzen der Unterschiede, die durch die
„Agentur" (Handlanger) der „Illuminaten" erzeugt wurden, zwischen den
politischen Zionisten und den Führern der islamischen Welt geschürt werden. Der Krieg muss auf solche Weise geführt werden, dass der Islam (die
muslimische arabische Welt) und der politische Zionismus (der Staat Israel)
sich gegenseitig vernichten."

„Unterdessen werden die anderen Nationen, die einmal mehr geteilter
Meinung über diesen Sachverhalt sind, dazu gezwungen werden, bis zur
vollständigen körperlichen, moralischen, geistigen und wirtschaftlichen Er-
schöpfung zu kämpfen … So wird den Nationen die reine Doktrin von Luzifer einverleibt, die schließlich in die Öffentlichkeit getragen wird." (Siehe
die Webseite http://www.threeworldwars.com/albert-pike2.htm)

Die Weichen für einen nuklearen Flächenbrand wurden im Persischen
Golf, in Osteuropa und in der Ukraine gestellt, um Russland, China und den
Iran gegen die USA, die EU und Israel auszuspielen. Die Rothschilds kontrollieren beide Seiten. Die Juden – alle von uns – sind Figuren in einer
weltumspannenden Schachpartie, die erdacht wurde, um die westliche Zivilisation zugrunde zu richten und auf ihrer Asche die Neue Weltordnung zu
errichten. Auf einer kosmischen Ebene sieht der Handlungsablauf vor, die
Menschheit zu kapern und sie in den Dienst von Satan und seinen Anhängern
zu stellen.

Selbst heute nach dem Debakel im Irak setzen sich die Zionisten für einen
Angriff auf den Iran ein. Der Zionismus wird vom Orden der Illuminaten gelenkt, welcher ein Zusammenschluss von dynastischen Familien ist, die seit
Generationen Satanisten sind, mit den Rothschilds und der europäischen Aristokratie in Verbindung stehen und durch Geld, Heirat und Freimaurerei (d. h.
die Kabbala) vereint sind. Dieser Kult entstammt dem satanischen jüdischen
sabbatianischen Frankismus, der später in diesem Buch beschrieben wird.

Obwohl dieser Kult oft Verachtung für Nichtjuden aufweist, werden strategisch Ehen mit anderen seit Generationen bestehenden Satanisten geschlossen. Er beansprucht die Vorherrschaft auf Macht, Vermögen und Kultur und arbeitet daran, moralische und wissenschaftliche Entwicklung zu behindern. Er gestaltet das Menschsein zu einem Dasein in Leibeigenschaft in einer neo-feudalen Weltordnung um.

Was wir „Geschichte" nennen, ist Theater. Unsere menschliche Erfahrung ist überwiegend das Resultat eines Banns, mit dem sie uns durch „Bildung" und Massenmedien belegen. Unsere politische und soziale Gesinnung wurde uns vorgegeben. Zum Beispiel wird derzeit von allen Seiten versucht, Ehe und Familie zu zersetzen, damit wir den Sinn des Lebens in promiskuitivem Sex suchen.

DIE ILLUMINATEN

„Mary Anne", ein ehemaliges berühmtes Mitglied der Illuminaten, sagte, man habe ihr erzählt, dass sich der Kult auf das alte Babylon und den Turm zu Babel zurückdatieren lässt (welcher nicht zufällig dem heutigen EU Parlament ähnelt). Als die Pläne der Kabbalisten, einen in den Himmel reichenden Turm zu erbauen, von Gott vereitelt wurden, entfachten sie ihre jahrhundertelange Blutrache gegen Ihn und schworen, Seine Schöpfung an sich zu reißen.

Da es nur relativ wenige von ihnen gab, beschlossen die Kabbalisten, unter Zuhilfenahme von Gold die Herrschaft zu erringen, d. h. Eroberung durch wirtschaftliche Herrschaft. Im Jahre 1773 berief Amschel Mayer Rothschild, ein orthodoxer Jude, der nie seine Unterwäsche wechselte und dessen Kleidung sich auflöste, eine Versammlung von zwölf prominenten jüdischen Bänkern ein. Sie perfektionierten ihren Plan, indem sie den Köderhaken mit dem falschen Versprechen von „Freiheit, Brüderlichkeit und Gleichheit" bespickten. Das Kommunistische Manifest von 1848, das die Entwendung von privatem Eigentum und die Zerstörung von Freiheit und Familie im Namen der „Gleichheit" fordert, spiegelt ihre satanische Agenda wider.

Im Jahre 1776 beriefen sie Adam Weishaupt ein, um die Illuminaten umzustrukturieren, welche sich 1782 mit der Freimaurerei zusammenschlossen.

Nach Aussage von Andrei Krylienko wurde die Freimaurerei benutzt, „um Nichtjuden bewusst oder unbewusst in den Dienst des Judentums zu stellen." („The Red Thread", S. 93)

Die kabbalistischen Bänker steckten sowohl hinter den revolutionären Bewegungen des 17. – 20. Jahrhunderts als auch hinter jeder ihrer entsprechenden Schreckensherrschaft. Die ganze Geschichte hindurch verübten sie eine bösartige Blutrache an der Menschheit. Sie erschlichen sich ein Kreditmonopol (durch widerrechtliche Aneignung des Anrechts der Regierung, Geld zu kreieren) und benutzten es, um die Welt zu erobern. Da sie Geld aus dem Nichts schaffen, denken sie, sie wären Gott. Dies deckt sich mit messianischen jüdischen und kabbalistischen Prophezeiungen. Grundsätzlich lassen sie für die Kooperation in ihrem teuflischen Plan jüdische Mitbürger und nichtjüdische Freimaurer an ihrer lukrativen Betrügerei teilhaben.

Der Professor der Georgetown University Carroll Quigley, ein Insider und Bill Clintons ehemaliger Mentor, machte die berühmte Aussage, dass es der Plan der Zentralbänker ist, „nichts Geringeres als ein Weltsystem zu etablieren … imstande, das politische System jedes Landes zu beherrschen." („Katastrophe und Hoffnung", 1966, S. 324)

Die Illuminaten kontrollieren das Establishment in Europa, Amerika und fast auf der ganzen Welt. Ihr geheimer Krieg gegen die Menschheit ist darauf ausgerichtet, uns dazu zu bringen, ihrer Tyrannei einzuwilligen (d.h. Weltregierung). Da sie über die Führer auf beiden Seiten und die Medien verfügen, beginnen sie alle bedeutenden Kriege und bestimmen ihren Ausgang. Sie sind verantwortlich für Revolutionen, Wirtschaftskrisen und in jüngerer Zeit für den 11. September und den „Krieg gegen den Terror" – Vorwand für weitere Kriege und einen Polizeistaat. (Siehe Abschnitt Buch Vier: Verborgene Geschichte)

Jüdische Gemeinschaften sind eines ihrer Werkzeuge. Im Jahre 1920 schrieb Oscar Levy, ein jüdischer Philosoph: „Es gibt kaum ein Geschehen im modernen Europa, das nicht auf die Juden zurückgeführt werden kann … Jüdische Elemente stellen die treibenden Kräfte für sowohl Kommunismus als auch Kapitalismus dar, als auch für den materiellen genauso wie den geistigen Zerfall dieser Welt."

Levy macht den „ausgeprägten Idealismus des Juden" für die revolutionäre Verwüstung verantwortlich. „Diese aufrührerischen Juden wissen nicht, was sie tun. Sie sind mehr unbewusste Sünder als willentliche Übeltäter … Aber bitte denkt nicht, dass ich sie deswegen entlasten möchte …" (Vorwort zu George Pitt-Rivers „The World Significance of the Russian Revolution")

Dieses Buch befasst sich schwerpunktmäßig damit, wie Juden benutzt werden. Ein weiteres Buch könnte darüber verfasst werden, wie die Freimaurerei eingesetzt wird. Einstweilen empfehle ich „Unholy Alliances" (1996) von Dr. James Wardner. Ich gehe davon aus, dass die Jesuiten eine genauso wichtige Rolle gespielt haben, aber ich hatte bisher keine Zeit gefunden, dem nachzugehen. Ich verweise auf Eric Jon Phelps, dessen „Vatican Assassins" der Klassiker ist. Ich betone, dass die Verschwörung der Illuminaten alles durchdringt, jede bedeutende soziale Institution unterwanderte und Millionen von Nichtjuden miteinschließt.

„ANTISEMITISMUS"

Ich definiere Gott in Bezug auf spirituelle Ideale oder Allgemeingültigkeiten: Wahrheit, Schönheit, Liebe, Gerechtigkeit, Glück und Friede. Das sind die Dinge, nach denen sich menschliche Wesen sehnen.

Ich glaube, dass alle Menschen unabhängig davon, ob und welcher Religion sie angehören, eine direkte Beziehung zum Schöpfer haben. Wir alle haben einen Funken des Göttlichen in uns. Ich beurteile jede Person nach ihrer Antwort auf ihre göttliche Berufung, nicht nach ihrer Volkszugehörigkeit, Religion oder Rasse.

Die meisten Juden sind sich der Agenda der Illuminaten nicht bewusst. Sie werden manipuliert und bloßgestellt wie jeder andere. Zum Beispiel sind alle Amerikaner durch ihre Steuerzahlungen in die Kriegsverbrechen im Irak verwickelt. Aber der gewöhnliche Amerikaner hat beim Eintritt oder bei der Durchführung dieses Kriegs kein Mitspracherecht. Das organisierte Judentum repräsentiert mich ebenso wenig wie die US-Regierung die Amerikaner. Beide wurden von Bankstern der Illuminaten gekapert.

Die Illuminaten verstecken sich hinter den gewöhnlichen Juden. Der Kult, der die Welt gekapert hat, besteht aus einem winzigen Kern aus kabbalistischen Bänkern und Freimauern, hat seinen Hauptsitz in London und wird vom Haus der Rothschilds geleitet.

Sie regieren mittels ihrer subtilen Kontrolle von großen Unternehmen (Kartelle – hauptsächlich das Finanzwesen, Öl, Verteidigung, Pharmazie, Medien), Regierungen, Massenmedien, Geheimgesellschaften, Geheimdiensten, Militär, Gesetzgebung, Kirchen, Stiftungen, Denkfabriken, NGOs und Bildung. Das Chatham House in London (The Royal Institute of Internal Affairs) und das Pratt House in New York (Council on Foreign Relations) sind die zwei Hauptkontrolleinrichtungen. Die Macht der Illuminaten ist allgegenwärtig, dennoch wissen die Massen noch nicht einmal, dass sie existieren.

Unlängst stellte Doreen Dotan, eine jüdische Frau, die Verbindungen zu den Illuminaten hat, ein Gespräch auf Youtube, in dem sie sagte, dass sie es überdrüssig sei, die Schuld der Rothschilds und Warburgs auf sich zu nehmen. Anders als diese mutige Frau waren gewöhnliche Juden von sich selbst eingenommen. Professor Albert Lindemann schrieb, dass Juden eigentlich „ihre Vergangenheit oder zumindest diejenigen Aspekte ihrer Vergangenheit nicht verstehen wollen, welche mit dem auf sie gerichteten Hass zu tun haben ..." („Esau's Tears: Modern Anti-Semitism and the Rise of the Jews", 1997, S. 535)

Juden verhalten sich weitgehend wie Angestellte in einem Unternehmen, dessen Funktionsweise sie nicht wirklich interessiert, solange es zu ihren Gunsten arbeitet. Ich werde so oder so selten von Juden kontaktiert. Diese E-Mail vom September 2008 von einem britischen Juden war eine erfreuliche Ausnahme:

„Hallo, ich möchte Dir für Deine sehr interessante Webseite danken. Wie Du bin ich von jüdischer Abstammung und so war ich verständlicherweise entsetzt, als ich von einer ‚jüdischen Verschwörung' usw. gehört habe. Aber Deine Webseite gliederte es in mehrere überschaubare Teile, was ich zu schätzen weiß. Auch gefällt mir Deine Art, keinen Hass zu verbreiten, was unter den Menschen üblich ist, die die Echtheit der Protokolle vertreten. Viele Grüße und Shalom."

Nichts geschieht ohne den Segen des Geldes. Die Illuminaten finanzieren, wen immer sie wollen. Die meisten Menschen fügen sich ein, um voranzukommen, ohne sich des großen Ganzen bewusst zu sein. Sie heißen instinktiv

Ideologien und Gruppierungen willkommen, die ihre materiellen Interessen voranbringen. Daraus ergibt sich der kommunistische Ausdruck „nützliche Idioten".

Die Massen sind „gewöhnt, nur auf uns zu hören, die wir für ihren Gehorsam und ihre Aufmerksamkeit bezahlen. Auf diese Weise werden wir eine so gewaltige blinde Macht schaffen, dass sie nie imstande sein wird, sich ohne die Führung unserer Verbindungsmänner zu bewegen ... Das Volk wird sich diesem Regime unterwerfen, weil es wissen wird, dass von diesen Führern ihr Verdienst sowie die Zuwendung und der Erhalt aller Arten von Wohltaten abhängen werden." („Protokolle der Weisen von Zion", Protokoll 10)

Nahezu jede Nation, Gruppierung und Religion wurde vereinnahmt und gewöhnliche Juden bilden da keine Ausnahme. (Siehe Kapitel „Die Vereinigten Staaten sind eine Finanzkolonie der Krone", um zu erfahren, wie diese Kontrolle nahezu alle Organisationen, darunter sogar die Boy Scouts und die YMCA, betrifft)

Der reflexhafte Vorwurf des „Antisemitismus" ist im Grunde ein Trick, um die Menschen weiterhin in Unkenntnis über die Verschwörung der Illuminaten zu belassen. Niemand entschuldigt oder befürwortet Genozid. Die Beschuldigung wird dazu benutzt, um Widerstand im Keim zu ersticken.

In Wirklichkeit geht es um ein Monopol auf Kredit, Macht, Kultur und Vermögen. Die Bänker befassen sich nur mit ihrer eigenen rassenideologischen Überlegenheit und der ihres vom sabbatianischen Frankismus beeinflussten Illuminatenkults. Es geht nicht um die gewöhnlichen Juden.

Die jüdischen Führer können dem Antisemitismus keine Legitimation einräumen, weil sie nicht die Absicht haben, den Kurs zu ändern. Deshalb geben sie vor, er wäre in einem „Vorurteil" begründet. Das organisierte Judentum (Neokonservative, Zionisten, B'nai B'rith) hat das Selbstbewusstsein einer Schlange, die eine Maus verschlingt. Sie fasst die Todeszuckungen der Maus als „Hass" auf. In zunehmendem Maße wird uns vermittelt, dass wir die Sichtweise der Schlange hinnehmen sollen, selbst wenn wir die Maus sind.

„Wir haben es jetzt schon bewerkstelligt, die Gedankenwelt der nichtjüdischen Gesellschaft zu beherrschen, dass fast alle durch die Brillen schauen, die wir ihnen aufgesetzt haben." („Protokolle der Weisen von Zion", Protokoll 12)

TALMUD UND KABBALA

Der Judaismus wurde gekapert. Ursprünglich beruhte der Judaismus auf Moses Vorstellung von Gott als eine universelle moralische Kraft. Das ist der einzige Judaismus, mit dem ich mich identifiziere. Ich ahnte immer, dass das Leben weder dem Zufall unterliegt noch bedeutungslos ist, sondern von innewohnenden moralischen und spirituellen Gesetzen bestimmt wird. Das brachte mich 1984 auf die Idee, „Scruples" zu erfinden, das Spiel um alltägliche moralische Zwickmühlen.

Heute basiert der Judaismus auf dem Talmud, welcher aus Auslegungen von den „Weisen" (Pharisäern) zur Zeit des babylonischen Exils 586 v. Chr. bis 1040 n. Chr. besteht. Allgemein lässt sich feststellen, dass der Talmud im Widerspruch zum Geist von Mose steht und Vorrang vor dem Alten Testament hat.

Jesus stand in der Tradition von Moses. Er warf ungläubigen Juden vor: „Wenn ihr Mose glaubtet, so glaubtet ihr auch mir, denn er hat von mir geschrieben." (Johannes 5:46) Jesus verunglimpfte die Pharisäer als Heuchler, Lügner und als „Generation von Schlangen". Er sagte, sie erklärten die Anweisungen Gottes als nichtig und „lehren solche Lehre, die nichts ist denn Menschengebot". (Markus 7:6-8) Er beschuldigte sie der Teufelsanbetung: „Ihr seid von dem Vater, dem Teufel, und nach eures Vaters Lust wollt ihr tun." (Johannes 8:44)

Elizabeth Dilling (1894 - 1966), eine mutige Christin, deren Besuch Sowjetrusslands sie im Jahre 1931 zu einer 20-jährigen Studie inspirierte, enthüllte das bestgehütete Geheimnis des Judaismus – seinen rassenideologischen Überlegenheitsanspruch und Hass auf Nichtjuden, besonders auf Christen. („The Jewish Religion: Its Influence Today", 1964, http://www.come-and-hear.com)

Was daraus folgt, ist sehr unangenehm und schockierend. Es bereitet mir keinerlei Vergnügen, Dillings Schlussfolgerungen darzulegen. Jedoch glaube ich, dass sie wahr und zu wichtig sind, um sie zu ignorieren. Der Teufel führt sein Werk aus, indem er gute Menschen betrügt und verdirbt. Nach Aussage von Dilling beruht der Talmud auf der Annahme der jüdischen rassischen Vorherrschaft.

„Der Nichtjude steht auf der Stufe eines Tieres, hat keine Eigentumsrechte und keine Rechtsansprüche nach welchem Gesetzbuch auch immer ... ‚Melke den Nichtjuden' lautet ein Grundsatz des Talmuds, aber lass Dich nicht auf solche Weise erwischen, dass jüdische Interessen gefährdet werden könnten. Zusammenfassend lässt sich sagen, dass der Talmudismus der Inbegriff von destilliertem Hass und Diskriminierung ohne triftigen Grund gegen Nichtjuden ist." (S. 16)

Der Talmud ist durchdrungen von „Obszönität und noch mehr Obszönität, einer Aufstellung von Gesetzen, die scheinbar dem Erfinden von Überlistungen dienen, und Ausflüchten; Freude an sadistischer Grausamkeit; Verkehrung aller biblischen, moralischen Lehren in Bezug auf Diebstahl, Mord, Sodomie, Eidbruch, Umgang von Kindern und Eltern; schwachsinniger Hass auf Jesus, die Christen und jeden Abschnitt des Christentums." (S. 4)

Er bezeichnet die Jungfrau Maria als „Hure" und Ehebrecherin und Jesus als „Bastard" und sexuell Perversen, welcher als „Frevler des pharisäischen Judaismus" gekreuzigt wurde. Die Bestrafung Jesu bestand darin, „bis zu seinen Achselhöhlen in Dung getaucht" und dann erwürgt zu werden. Christen werden in der Hölle durch „heiß kochende Exkremente" bestraft. (S. 14)

Der Judaismus lehnt Moses Vorstellung von Gott als eine moralische Kraft ab. Seine grundlegende Doktrin besteht darin, dass „Gott ‚en sof', eine natürliche Essenz, ist, welche keine Eigenschaften hat und die weder selbst erkennen kann noch erfahren werden kann. Das ist Atheismus ..." (S. 57)

„Der sogenannte Judaismus ist nichts anderes als babylonischer talmudischer Pharisäismus, welcher im Grunde genommen pures Heidentum, panthetischer Atheismus und ein Sammelsurium aller heidnischen Formen ist, die durch die Jahrhunderte hindurch ersonnen wurden. Man legte sich neue Beschreibungen für diesen sehr alten Satanismus zurecht, wie etwa dass ... [Marx'] dialektischer Materialismus lediglich alte heidnische Konzepte verschleiert." (S. 38)

Der Talmud trägt zweifellos zum Antisemitismus bei. Dilling schreibt: „Die Gesinnung, die aus solchen Lehren resultiert, wurde von Nichtjuden in allen Ländern und Jahrhunderten übel genommen. Derartige Feindseligkeit wird von den Juden jedoch immer als ‚Judenverfolgung' dargestellt." (S. 2)

Michael Wex, der jüdische Autor eines im Jahre 2006 herausgebrachten Buchs über die jiddische Sprache, bestätigt Dillings Erkenntnis: „Die Juden sind nicht bloß nicht im gleichen Takt mit der christlichen Zivilisation, sondern sie bringen ihr äußerste Verachtung entgegen." („Born to Kvetch", S. 24)

Ich hege Zweifel daran, ob 10 Prozent der Juden sich heute des Talmuds bewusst sind. Ich war mir es mit Sicherheit nicht. Allerdings denke ich, dass die Führung durch diese Haltung beeinflusst wird.

Was könnten Pharisäer an der Botschaft auszusetzen haben, die die Brüderlichkeit unter den Menschen und die Maxime, das Wohl der anderen dem Eigenen vorzuziehen, predigt? Antwort: Sie widerspricht ihrem speziellen Anspruch. Sie wetteifern mit Jesus, Gott selbst zu sein. So kommt der Hass des Talmuds auf Jesus zustande.

Ein anderes Hauptwerk des Judaismus (und der zentrale Text der Freimaurerei) ist die Kabbala. Dilling schreibt hierzu: „Die jüdische Kabbala mit ihrer Nichtexistenz des Bösen und ihrer Vergöttlichung des Menschen ist eine Quellensammlung moderner ‚-ismen'." (S. 31)

Die Kabbala schildert, dass die Erlangung ganzheitlicher Harmonie durch die sexuelle Vereinigung von männlichen und weiblichen Gottheiten begünstigt wird. Sie predigt, dass „körperliche Erregung auch geistige Erregung hervorruft". Sie stellt die Grundlage für den Sexkult der Illuminaten dar, der im Symbol der Illuminaten widergespiegelt wird, welches aus einem Punkt in einem Kreis besteht, was den Penis und die Vagina versinnbildlicht. Dieses Zeichen findet auch unter Eingeweihten mit der Neigung zu Homosexualität und Pädophilie Verwendung.

Die Kabbala predigt, dass der Mensch Gott beeinflusst und dass Schöpfung eine Zerstörung voraussetzt. Sie ist nicht monotheistisch; sie beinhaltet sogar Opferungen für Satan (der „Gott der Nichtjuden"), sodass er nicht die

„göttliche Tochter", das weibliche Prinzip, sexuell belästigt.

Nach Aussage von David Bay vom Cutting Edge Ministry ist die Kabbala der Grundpfeiler allen heutigen westlichen okkulten Gedankenguts und seiner Ausübung. Sie ist der Grundstein des Glaubens für alle Erleuchteten [Meister der Illuminaten] und ist allen nicht-kabbalistischen Juden feindlich gesinnt.

„Unabhängig davon, ob Okkultisten weißmagisch oder schwarzmagisch sind, ist der Grundstein ihres Glaubens und Gedankenguts die Kabbala. Wenn sich der Antichrist erhebt, wird seine Ausübung des Okkulten auf der jüdischen Kabbala beruhen. Somit liegt eine gewisse Ironie darin, dass, wenn der Antichrist aus dem neuerrichteten jüdischen Tempel nach dem Begehen der ‚Abscheulichkeit der Verwüstung‘ herausschreitet und damit beginnt, jeden Juden auf der Erde abzuschlachten, die jüdische Kabbala den maßgeblichen Anstoß für sein Vorhaben geliefert haben wird! Tatsächlich bildete die Kabbala auch den Grundstein von Adolf Hitlers okkulten Überzeugungen, sodass diese schreckliche Ironie die jüdischen Menschen zweimal in der Weltgeschichte treffen wird."

DER JUDAISMUS IST KEINE RELIGION

Einige Schriftsteller legten den Schluss nahe, dass die jüdische Religion eine List ist. Harold Rosenthal scheint dies zu bestätigen:

„Schon zu einem sehr frühen Zeitpunkt begannen die Juden, angetrieben durch den Wunsch, sich in der Welt zu behaupten, nach einem Weg zu suchen, mittels dessen Hilfe wir die ganze Aufmerksamkeit vom ethnischen Aspekt ablenken könnten. Was könnte effektiver und zugleich unverdächtiger sein, als sich das Konzept einer Religionsgemeinschaft zu eigen zu machen und es ausnutzen?" (Siehe Kapitel „Die Protokolle von Zion: Aktualisiert von einem jüdischen Zeloten")

Meiner Ansicht nach ist der kabbalistische Judaismus ein satanischer Kult, der sich als Religion ausgibt. Er weihte auf subtile Weise die meisten Juden und Nichtjuden in diesen Kult ein, dessen Absicht es ist, an die Stelle Gottes zu treten und die Wirklichkeit umzudefinieren, sodass spirituelle

Ideale auf den Kopf gestellt werden. Er gibt sich als „Säkularismus" und „Humanismus" aus.

Religion gemäß Definition bedeutet, Gott zu erfahren und ihm zu gehorchen. Gottes Wesen ist im Grunde genommen die Moral, d.h. das Gute. Jesus lehrte, dass Gott Liebe ist.

Gott ist allumfassend. Der jüdische Gott ist in Wirklichkeit ein Alter Ego für die Zielsetzungen der pharisäischen jüdischen Führung. Der jüdische Gott repräsentiert keine universelle Moralordnung. Er dient den jüdischen Führern und in geringerem Maße auch den Juden, aber niemandem sonst.

Der talmudische Judaismus entsagt nicht dem Reichtum, der Macht oder der Lust. Er legt wenig Wert auf ewiges Leben. Er ist materialistisch, naturalistisch und betrachtet Nichtjuden als Untermenschen.

Der talmudische Judaismus ist ein Modell des Totalitarismus. Er grenzt Juden von Nichtjuden ab, indem ein komplexes Rechtssystem in Kraft gesetzt wurde, das alle Lebensbereiche regelt. Es wurde von einem Rabbiner oft unter Androhung von Geldbuße, Schlägen, Tod oder Verbannung durchgesetzt. Platos politischem System nachempfunden war es eines der ursprünglichen Modelle für den Totalitarismus und hielt die meisten Juden bis etwa 1780 in Leibeigenschaft. Dieser jüdische autoritäre Hang ist offenkundig an dem Versuch zu erkennen, meine Tätigkeit als Schriftsteller zu unterdrücken.

Die kommunistische Neue Weltordnung stellt eine Rückkehr zur talmudischen Tyrannei dar. John Beaty schreibt: „Weil der Talmud mehr als 12.000 Verpflichtungen beinhaltete, war die Reglementierung des Marxismus vertretbar, welche der khasarische Politiker bereitgestellt hatte, gleich einem talmudischen Rabbiner, der die Alleinherrschaft ausübt." („Iron Curtain Over America", 1953, S. 27)

Goldwin Smith nennt den Talmud ein unermessliches Repertoire an „Legalismus, Formalismus, Riten und Kasuistik. Nichts kann der Ungezwungenheit des Bewusstseins, dem Vertrauen an sich und der Vorliebe des Geistes für den Briefcharakter einer Botschaft gegensätzlicher sein ..." („The Jewish Question", in „Essays on Questions of the Day", 1894)

Ich lehne nicht die ganze jüdische spirituelle Tradition ab. Ich gehe davon aus, dass es darin viele wertvolle Pfade der Wahrheit gibt, die erschlossen werden können. Juden haben wie jeder andere auf Grund ihrer Seele eine direkte Verbindung zu Gott.

Ich meine, dass das Gute dem Satanischen zur Tarnung dient, und wir müssen uns dessen bewusst werden. Ich behaupte nicht, dass Juden Satanisten sind. Ich sage, dass das organisierte Judentum wissentlich oder unwissentlich das Instrument einer langfristigen satanischen Agenda ist.

„DER TEUFEL UND DIE JUDEN"

Im Jahre 1943 veröffentlichte die jüdische Publikationsgesellschaft „The Devil and the Jews". Der Autor Professor Joshua Trachtenberg war darüber verwundert, dass während des gesamten Mittelalters Juden als Mittelspersonen von Satan angesehen wurden. Ihr Ziel war die Zerstörung christlicher Zivilisation und der Menschheit. Juden wurden mit dem Gebrauch von Medizin, Drogen, Giften, Kosmetik, Aphrodisiaka, Hexerei, Alchemie und Astrologie in Verbindung gebracht. Sie wurden als Wucherer, Schwindler, Schänder, Ungläubige und Ketzer verurteilt.

„In der christlichen Welt wurde der Jude zwangsläufig als ein Ketzer betrachtet – ja sogar als *der* Ketzer. ... Die Juden wurden gemeinhin verdächtigt, die schismatischen Sekten zu inspirieren, und der häufigste Vorwurf gegenüber dieser Ketzereien war das „Judaisieren" ... Überall lasen die Kirche und die Menschen die teuflische Hand der Juden heraus, welche einfache Christen vom wahren Glauben abbrachten ..." (S. 174-176)

Trachtenberg schreibt die Schuld an diesen Gesinnungen den kirchlichen Lehren zu, aber es gibt Belege, dass diese älter als das Christentum sind.

Nachdem er die Massaker geschildert hatte, welche von den Juden an den Nichtjuden in Afrika und Zypern begangen worden waren, brachte Edward Gibbon mit schillernden Worten den Hass der römischen Welt auf die Juden zum Ausdruck, die er als „unerbittliche Feinde nicht nur der römischen Herrschaft, sondern der ganzen Menschheit" bezeichnet. (Edward Gibbon, „Verfall und Untergang des Römischen Reiches", Kap. xiv.)

Tacitus beschreibt die Juden als Feinde aller Rassen außer ihrer eigenen (Histories, V, v) und Juvenal spricht von ihnen in einer sehr bekannten Passage als Menschen, die keinem Reisenden den Weg weisen oder keinen Durstigen zu einer Quelle führen würden, falls dieser nicht von ihrem Glauben war.

Prof. Goldwin Smith schreibt: „Diejenigen, die behaupten, dass es nichts im Charakter, im Verhalten oder im Gemüt des Juden gibt, was Antipathie erzeugt, müssen wegen dieses fanatischen Vorurteils nicht nur gegen die Russen oder gegen das Christentum, sondern auch gegen die Menschheit Anklage erheben." („The Jewish Question", 1894)

Bevor er für die jüdischen Bänker arbeitete, schrieb Winston Churchill: „Es scheint fast so, als ob die Botschaft von Jesus und die des Antichrists auf dieselben Menschen zurückgehen und dass diese mystische und mysteriöse Rasse für die Manifestierung sowohl des Göttlichen als auch des Teuflischen ausgewählt wurde." („Zionism Vs. Bolshevism: A Struggle for the Soul of the Jewish People", 8. Feb. 1920)

Oscar Levy schrieb: „Wir, die wir uns als Retter der Welt ausgegeben haben; wir, die wir sogar damit geprahlt haben, den Erlöser zu präsentieren, sind heute nichts anderes als die Verführer der Welt, ihre Zerstörer, ihre Brandstifter, ihre Scharfrichter."

„Wir, die wir versprochen haben, Euch in einen neuen Himmel zu führen, wir erreichten letztlich, Euch in einer neuen Hölle landen zu lassen … Es hat nie einen Fortschritt gegeben, am allerwenigsten einen moralischen Fortschritt. Und es ist gerade unsere Moral, die allen wirklichen Fortschritt unterbunden hat, und – was noch schlimmer ist – die jedem zukünftigen und natürlichen Wiederaufbau dieser von uns verdorbenen Welt im Wege steht … Ich schaue auf diese Welt und ich schaudere angesichts ihrer Grausamkeit; Ich erschaudere umso mehr, da ich die geistigen Urheber all dieser Grausamkeit kenne …"

Es macht mir keine Freude, diese Dinge zu wiederholen. Aber bis die Juden ihre Zugehörigkeit hinterfragen, werden sie bloßgestellt und verantwortlich gemacht werden. Obwohl ich glaube, dass viele Juden als Individuen große Herzlichkeit, Geistesgröße und Integrität besitzen, war es für mich befreiend, dieses komplexe Erbe zu hinterfragen und mich selbst zu distanzieren.

Ich stehe nicht alleine da. Viele Juden spüren, dass etwas falsch ist und treten in Scharen aus jüdischen Organisationen aus. Einer Umfrage von 2001 zufolge identifizieren sich 25 % der annähernd 5 Millionen amerikanischen Juden mit einer anderen Religion. Ein weiteres Viertel tritt aus weltlichen Gründen aus, nur 51 % sagen, sie seien religiös jüdisch. Die Hälfte aller amerikanischen Juden schließen Mischehen und Dreiviertel von diesen erziehen ihre Kinder im Sinne einer anderen Religion. („The Jewish Week", 2. Nov. 2001)

DAS MODELL DES GEHEIMBUNDS

Die „Geheimgesellschaft" scheint das Organisationsmodell für den Judaismus genauso wie für die Freimaurerei und für den Zionismus und den Kommunismus (welche Freimaurerorden sind) zu sein. Die Führung täuscht und manipuliert die Mitglieder grundsätzlich mit idealistisch klingenden Zielen. Nur jene bestechlichen (und erpressbaren) Personen werden in die wahre Agenda eingeweiht und es wird ihnen gestattet, aufzusteigen.

Dieses Modell trifft nun auf die ganze Welt zu. „Erfolgreiche" Menschen stimmten oft dem Pakt mit dem Teufel zu – „Diene mir und ich lege Dir die Welt zu Füßen".

Diese Weltanschauung des Judaismus wird von dem Autor der „Protokolle von Zion" bestätigt, der sagt: „Niemand wird jemals die wahre Betrachtungsweise unserer Religion in Frage stellen, weil sie niemand vollständig erfassen wird, ausgenommen die Unsrigen, die niemals ihre Geheimnisse verraten werden." (Protokoll 14)

(Die „Protokolle der Weisen von Zion" sind der Leitfaden der Neuen Weltordnung und der Schlüssel zum Verständnis der Geschichte und des aktuellen Zeitgeschehens. Ich werde sie und die „Fälschungsbehauptungen" später in diesem Buch beleuchten.)

Edith Starr Miller, eine Expertin für Religion und das Okkulte, nannte den Judaismus „einen Geheimbund, der sich als Religion ausgibt" und „eine Sekte mit dem Judaismus als Ritus".

Das eigentliche Ziel des Judaismus und aller Geheimgesellschaften, sagt Miller, bestehe darin, Menschen weiszumachen, dass sie die Agenda der Superreichen unterstützen. „Ungeachtet ihrer gemeinverständlichen Ziele sind die geheimen Bestrebungen der meisten Vereinigungen alle auf dasselbe Ergebnis ausgerichtet, nämlich die Konzentration von politischer, wirtschaftlicher und intellektueller Macht in die Hände einer kleinen Gruppe von Individuen, von denen jeder einen Teilbereich des internationalen Lebens der heutigen Welt, sowohl materiell als auch spirituell, regelt." („Occult Theocracy", 1933, S. 661)

Flavien Brenier vergleicht die Absichten des Judaismus mit denen der Freimaurerei: die Absicherung der politischen Macht und die allmähliche Modifizierung „der Auffassungen der Menschen in Richtung ihrer geheimen Doktrin". („Occult Theocracy", S. 80)

Das geheime Ziel des Judaismus ist dasselbe wie das der Freimaurer.

Papst Leo XIII. schrieb in seiner Enzyklika „Humanum genus" 1884, dass das höchste Ziel der Freimaurer darin besteht, „restlos die gesamte Glaubens- und Moralordnung der Welt auszumerzen, welche vom Christentum ins Leben gerufen wurde. ... Das würde bedeuten, dass die Grundlage und die Gesetze der neuen Gesellschaftsstruktur vom reinen Naturalismus abgeleitet werden."

Papst Leo XIII. sagte ebenfalls: „Die Freimaurerei ist eine beständige Personifizierung der Revolution; sie konstituiert eine Art umgekehrte Gesellschaft, die es sich zum Ziel gemacht hat, eine okkulte Oberhoheit auf die Gesellschaft, wie wir sie kennen, geltend zu machen, und deren einzige Daseinsberechtigung darin besteht, Krieg gegen Gott und seine Kirche zu führen." (De Poncins, „Freemasonry and the Vatican", S. 45)

Ein Experte auf dem Gebiet der Geheimgesellschaften schrieb, dass die Freimaurerei „gleichsam als Netz diente, mit welchem Einzelne gefangen, auf die Probe gestellt und ausgewählt werden, die für staatsfeindliche Zwecke eingesetzt werden können ... Der revolutionäre Vorstand nutzt, wo immer es möglich ist, arglose Gremien als Deckmantel und ahnungslose Menschen als ihre unbewussten Handlanger ..." (Miss Stoddard, „The Trail of the Serpent", S. 203)

Dies wird durch Adam Weishaupt, den Gründer der Illuminaten, bekräftigt, welcher schrieb: „Die [freimaurerische] Loge soll unsere Pflanzschule sein. All diejenigen, die nicht für Arbeit geeignet sind, sollen in der freimaurerischen Loge verbleiben und sich in dieser weiterentwickeln, ohne irgendetwas vom weiterführenden System zu wissen." (Webster, „Secret Societies and Subversive Movements", S. 210)

Diese Dummen, „Ahnungslosen" oder „nützlichen Idioten" haben den zusätzlichen Vorteil, dass sie jeden angehen, der es wagt, ihren Beweggrund in Frage zu stellen. Gutgläubige Menschen können es nicht erfassen, dass sie betrogen wurden, und klammern sich an ihre kostbare Identität. Sie ziehen eine bequeme Lüge der bitteren Wahrheit vor. So füllt Satan seine Ränge.

Der Holocaust überlistete die Juden dazu, Palästina einzunehmen, um eine „nationale Heimstatt" zu errichten. Israels wahrer Zweck ist die Hauptstadt der Eine-Welt-Tyrannei der Rothschilds. Aber wie viele Juden hätten ihr Geld und ihr Leben dafür geopfert? (Siehe Abschnitt Buch Drei: Zionismus und der Holocaust)

Irreführung ist Satans Vorgehensweise. Die Illuminaten sind im wahrsten Sinne des Wortes seine Diener. Das Ziel liegt darin, die Menschen bloßzustellen und sie dann die Schuld auf sich nehmen zu lassen. Wäre es sinnvoll, durchschnittlichen Juden oder Freimaurern die wahre Agenda mitzuteilen? Natürlich nicht. Sie würden sie nicht befürworten. Wenn sie es dann selbst herausfinden, ist es zu spät.

Juden werden über ihre Geschichte und ihre Religion im Dunkeln gelassen. Zwischen dem ersten und dem frühen 19. Jahrhundert wurde kein einziges jüdisches historisches Dokument verfasst. Später wurde einzig den Verfechtern des Judentums erlaubt, etwas zu veröffentlichen und angehört zu werden. Andersdenkenden Juden wie Norman Finkelstein wurden einflussreiche Positionen entzogen.

Zeitgleich wurde den gewöhnlichen Juden ein beschönigendes Selbstbild eines „unbeliebten Volks" dargeboten, nicht wegen des Angriffs ihrer Führer auf christliche Institutionen oder ihrer Rolle in der totalitären Neuen Weltordnung, sondern wegen ihrer überragenden Intelligenz, Geschäftstüchtigkeit und Hingabe an soziale Gerechtigkeit.

DER WAHRE CHARAKTER NEUZEITLICHER GESCHICHTE

„Die Problemstellung der Juden und ihr Einfluss auf die Welt sowohl in der Vergangenheit als auch in der Gegenwart führt zum Ursprung aller Dinge", schrieb Oscar Levy. (op. cit.)

Die moderne Geschichtsschreibung erwähnt den Umsturz der christlichen Zivilisation durch kabbalistische jüdische Bänker und durch die Menschen, die sie für sich gewannen, indem sie die Freimaurerei, den Kommunismus, den Zionismus, den Liberalismus, den Feminismus und den Sozialismus einsetzten. Die kabbalistischen Bänker wollen Gott sein, was die Ablehnung von Gott, die Zerrüttung der Kirche und die Entwicklung zu einer „weltlichen" Gesellschaft, die in Wirklichkeit nur ein Übergangsstadium zu etwas viel Dunklerem ist, zur Folge hat.

Das Christentum hatte nie eine Chance. Während das Christentum die Menschen lehrte, nach spiritueller Vollkommenheit zu streben, sieht der Judaismus Reichtum als Zeichen göttlicher Gunst an. Wie alle wahren Religionen ist das Christentum eine geistige Disziplin. Es stellt zwei Ordnungen auf: 1. Eine höhere Moralordnung (jenseitig oder spirituell) in Verbindung mit der Seele und ewigem Leben, und 2. Eine niedere materielle oder triebhafte Ordnung, welche mit dieser Welt und dem Körper assoziiert ist.

Die Essenz aller wahren Religionen liegt darin, dass die Menschheit aufsteigt, indem die niedere körperliche Ordnung (Gier, Lust, Macht) zugunsten unserer spirituellen Sehnsüchte (Wahrheit, Schönheit, Friede, Harmonie, Gerechtigkeit) maßgeregelt wird. So wie es für einen Asketen undenkbar ist, ein Bordell zu betreiben, kann ein frommer Christ kein Händler sein, d.h. etwas kaufen und wieder mit Gewinn verkaufen. Er möchte Gott und nicht dem Mammon dienen. Die Juden füllten mit Freuden diese Lücke und dominierten bald viele Bereiche des Handels. (Siehe Werner Sombart, „Die Juden und das Wirtschaftsleben")

Während also das Christentum (und die Zivilisation und Kultur) fordert, unsere körperlichen Gelüste einzudämmen, liegt die Priorität der Juden vielfach darin, Selbstbeherrschung als unterdrückerisch und krankhaft anzusehen. Viele Juden scheinen den Naturalismus, also die Hinwendung zu unseren körperlichen Begierden und Funktionen, vorzuziehen.

„Tu, was Du willst" ist das Motto der Illuminaten. „Lass uns wahllos allem hingeben, was uns unsere Leidenschaften nahelegen, und wir werden immer glücklich sein ... Das Gewissen ist nicht die Stimme der Natur, sondern nur die Stimme der Befangenheit", schrieb Marquis de Sade.

Ich bezweifle, dass Marquis de Sade ein Jude war. Der Zwiespalt zwischen der Seele und dem Körper betrifft augenscheinlich jeden. Das organisierte Judentum besitzt kein Monopol auf Maßlosigkeit. Aber de Sade wurde von den Medien und der Bildung, welche von den Illuminaten kontrolliert werden, ebenso legitimiert, wie die „Protokolle von Zion" sich damit brüsten, erfolgreich den Darwinismus, Marxismus und Nietzscheanismus in die Wege geleitet zu haben.

Wie Leon de Poncins schrieb, war der Jude immer der „Doktor des Unglaubens", der Feind des Glaubens und eine Bastion für Aufständische. („Judaism and the Vatican", S. 111-113)

Die einzige Ausflucht vor Maßlosigkeit besteht darin, zu lernen, dass die Objekte, nach denen wir gieren, überbewertet sind und unseren eigentlich spirituellen Hunger nicht stillen können. Allem Anschein nach ist den Illuminaten dies klar. Harold Rosenthal, ein Eingeweihter, veranschaulicht, wie sie in wörtlichem Sinne und bewusst das Werk des Teufels ausführen:

„Ihr Menschen begreift nie, dass wir Euch nur bedeutungslose Spielereien anbieten, die keine Erfüllung bringen. Die Menschen beschaffen sich eine, konsumieren sie und sind nicht erfüllt. Dann präsentieren wir eine andere. Wir haben eine unbegrenzte Anzahl äußerlicher Zerstreuungen, sodass der Blick nicht mehr nach innen gekehrt werden kann, um wahre Erfüllung im Leben zu finden. Ihr seid nach unserer Arznei süchtig geworden, wodurch wir Eure uneingeschränkten Meister geworden sind ...

Wir haben die Menschen zu unserer Philosophie von Zuwendung und Konsum bekehrt, sodass sie nie zufrieden sein werden. Ein unzufriedenes Volk sind die Schachfiguren in unserem Spiel der Unterwerfung der Welt. So suchen sie immer weiter und sind nie imstande, Zufriedenheit zu erlangen. In dem Augenblick, in dem sie das Glück außerhalb ihrer selbst suchen, werden sie unsere bereitwilligen Diener." (Siehe Kapitel „Die Protokolle von Zion: Aktualisiert von einem jüdischen Zeloten" Das ganze Interview kann online eingesehen werden.)

Ich, der ich im Jahre 1949 geboren bin, habe festgestellt, dass sich in der Gesellschaft zunehmend alles um Geld dreht. In meiner Jugend waren Börsen- und Immobilienspekulation nicht weit verbreitet. Investmentfonds wurden als zu komplex angesehen. Heutzutage kleben durchschnittliche Menschen am Aktienmarkt, wobei viele von ihnen sogar täglich handeln. Bei Immobilien lag der An- und Verkauf lediglich zur Wertsteigerung bis zum jüngsten Zusammenbruch im Trend.

ZUM GOTT ERKOREN

Während die Christen den Himmel und das ewige Leben wählten, entschieden sich die Juden für die Erde und das Diesseits. Die jüdischen Pharisäer wollten diese Welt zu einem Himmel machen – für sich selbst. Sie wollten Gott sein.

Diese Verleugnung und widerrechtliche Aneignung des Göttlichen beschreibt, wie ich das Satanische definiere. Ich schließe in diese Definition auch die Ablehnung dessen, was natürlich und gut ist (wie die Liebe zwischen Mann und Frau, Mutter und Kind, sprich den Feminismus) und den Trieb, andere zu verletzen und zu unterwerfen, mit ein. Wenn wir nach grenzenloser Macht, Geld und Sex als perversen Ersatz für unendliche Liebe streben, bringen wir das Satanische anstatt des Göttlichen zum Ausdruck. Der Beweggrund hinter der Neuen Weltordnung ist satanisch.

Der freimaurerische Führer Albert Pike bekannte sich zur freimaurerischen Verehrung Satans: „Der wahre Name Satans, wie der Kabbalist sagt, ist die Umkehrung von Yahveh; Satan ist kein dunkler Gott, sondern die Verneinung von Gott. … Luzifer, der Lichtbringer! Ein sonderbarer und mysteriöser Name für den Geist der Dunkelheit! Luzifer, der Sohn des Morgens! Er ist es, der das Licht bringt… Zweifelt nicht daran!" („Morals and Dogma", S. 102, 321)

Flavien Brenier sagt, dass die jüdische Lehre die Menschen eher zu Gottmenschen anstatt zu von Gott Erschaffenen macht: „Die Verheißung auf die umfassende Herrschaft, die sich in den Gesetzen der orthodoxen Juden wiederfindet, wurde von den Pharisäern nicht im Sinne der Herrschaft Gottes von Moses über die Nationen ausgelegt, sondern im Sinne einer materiellen

Herrschaft, welche von den Juden dem Universum aufgezwungen wurde."
(„Les Juifs et Le Talmud", 1913)

Eine drastische Äußerung ist in einem berühmten Brief von Baruch Levy
an Karl Marx zu finden, der in „Review de Paris" vom 1. Juni 1928 zitiert
wurde. Er zeigt auch auf, wie Sozialismus und Kommunismus bloß Mittel
waren, um sich Macht und Besitz widerrechtlich anzueignen.

„Die jüdischen Menschen im Ganzen werden ihr eigener Messias sein.
Seine Herrschaft über das Universum wird durch die Vereinheitlichung der
menschlichen Rassen und durch die Aufhebung der Grenzen erlangt werden.
Es wird eine universelle Republik ins Leben gerufen werden, in welcher die
Söhne Israels das führende Element werden. Wir wissen, wie wir die Volksmassen beherrschen können. Die Regierungen aller Nationen werden nach
und nach durch den Sieg des Proletariats in die Hände von Judah fallen. Das
ganze private Eigentum wird in den Besitz der Prinzen von Israel übergehen
– sie werden das Vermögen aller Länder besitzen. So wird das Versprechen
des Talmuds verwirklicht werden, dass, wenn die Zeit des Messias kommt,
den Juden das Eigentum aller Menschen der Welt zu Füßen liegt." (Siehe
Kapitel „Kommunismus – eine List von den jüdischen Illuminaten für Diebstahl und Mord")

Bella Dodd, ein ehemaliges Mitglied des Nationalrats der Kommunistischen Partei der USA, bezeugte, ihr wurde erzählt, dass sie im Falle von
Kommunikationsproblemen mit Moskau einen der drei vermögenden Kapitalisten, die in den Waldorf Towers leben, kontaktieren soll. Was Dodd
erstaunte, war, dass Moskau, wann immer diese Männer Anweisungen gaben, diese ratifizierte. Als sie gefragt wurde, wer diese Männer seien, ver-
weigerte Dodd aus Angst um ihr Leben die Aussage. Aber als sie gedrängt
wurde, endlich zu erzählen, wer den Kommunismus beherrsche, entgegnete
sie schlicht „Satan". (Siehe Kapitel „Bella Dodd – Die Neue Weltordnung ist
kommunistisch")

ISRAEL SCHAMIR

Israel Schamir, ein israelischer Jude, der zum Christentum konvertierte,
warnt, dass der Judaismus von den Juden verlangt, Jesus als Vermittler zwi-

schen Gott und Mensch zu ersetzen. Die Juden müssten für sich selbst entscheiden, ob sie Teil dieses Plans sein wollen oder nicht. („Pardes", 2005)

Der jüdische Messianismus (die Errichtung eines humanistischen „Para-
dieses auf Erden" nach jüdischen Vorgaben) verdrängt die spirituelle Erlösung. Der jüdische Holocaust ersetzt die Passion Christi. Das ist der Grund,
warum er Vorrang vor den anderen 60 Millionen Menschen hat, die im Zweiten Weltkrieg gestorben sind.

„Israel will die Welt unter seiner geistigen Führung vereinen", sagt Schamir. „Der Tempel Gottes … befindet sich in Jerusalem, dem Zentrum dieses
von Juden geleiteten Universums, und alle Nationen werden ihm ihren Tribut
leisten. Die Nationen werden Gott verehren, indem sie Yisrael dienen …"
(S. 72)

Schamir sagt, dass die Vergöttlichung von Juden bedingt, dass Menschen
keinen anderen Gott außer materielle Bereicherung und Sinneslust haben.
„In der jüdischen Auslegung erfordert die alleinige Heiligkeit [Unantastbar-
keit] von Jerusalem und von Israel die Entheiligung der Nationen und des
Rests der Welt. Es wird weder Kirchen noch Moscheen und weder christliche noch muslimische Priester geben. Die Welt wird ein gottloses Ödland
werden, bevölkert von gottlosen Tieren, den Nationen und ihren Hütern, den
Juden." (S. 73)

„Es beginnt mit kleinen Dingen: das Entfernen [christlicher] religiöser
Symbole in Schulen und auf öffentlichen Plätzen. Aber unsere Seelen deuten
diese Unterwerfung des Geistes als Beweis für den jüdischen Sieg …" (S.
78)

„Das jüdische Universum wird Stein um Stein errichtet und ein Zeichen
dafür ist die Herabsetzung des lehrenden und spirituellen Lebens der Nichtjuden … Amerikanische Filme erniedrigen ihre Zuschauer. Der vollständige
Sieg des jüdischen Geistes wird erst errungen, wenn ein geschwächter, unge-
bildeter Goy dankbar eine jüdische Hand ablecken und ihn für seine Führung
preisen wird." (S. 80-81)

Die sogenannte „Aufklärung" (engl. Enlightenment, benannt nach Luzifer, dem Lichtbringer) war in Wirklichkeit eine Zurückweisung von Gottes

Plan für die Menschen und eine törichte Behauptung menschlicher Überheblichkeit. Die Folge dieser widernatürlichen Philosophie ist, dass wir zunehmend in einem jüdisch-freimaurerischen Solipsismus leben, der auf der Missachtung von Gott, Natur und Wahrheit beruht.

Ich rechne damit, dass die meisten Juden auf diese Information nicht mit der Frage „Ist das wahr?" reagieren werden, sondern mit „Ist es für die Juden von Nachteil?". Das ist, was Wahrheiten betrifft, immer mehr der Regelfall in unserer solipsistischen Welt.

SOLIPSISTISCHE BLASE

Wie der jüdische Historiker Yuri Slezkine feststellte, machte die Moderne uns alle zu Juden. („Das jüdische Jahrhundert", 2004) Die Moderne ist eine Fehlfunktion, die daraus resultiert, dass man sich selbst zu Gott erhebt. Der moderne Mensch ist der Jude, der Ketzer, der Antiheld, derjenige, der sich von Gott, von der Gesellschaft und paradoxerweise von sich selbst entfremdet hat. Er lebt in einer selbsterschaffenen Wirklichkeit, getrennt von der Wahrheit.

Mia Farrows Beschreibung des neurotischen, sexbesessenen Woody Allen dient als Beispiel des modernen Mannes: „Woody lebte und fällte seine Entscheidungen, während er in einer Zone eingesperrt war, die fast ausschließlich von ihm selbst gestaltet und kontrolliert wurde. Er erkannte andere Wesen nur als Bestandteil seines eigenen Umfelds an und bewertete sie nach ihrem Beitrag zu seinem eigenen Dasein. Er war demnach außerstande, Mitgefühl zu empfinden, und verspürte keine moralische Verantwortung für jemanden oder für irgendetwas." (Mia Farrow, „What Falls Away", S. 208, zitiert in Jones, „The Jewish Revolutionary Spirit")

Wir leben in einer solipsistischen Welt. Die moderne jüdisch-freimaurerische Kultur erhöht die subjektive Wahrheit und meidet Allgemeinbegriffe (d.h. unsere allgemeine menschliche Erfahrung. Was uns daran gefällt, Mensch zu sein). Unsere Kultur verherrlicht Belanglosigkeiten und Nichtigkeiten. Obwohl „Seinfeld" brillant und sehr lustig war, war es eine Fernsehserie „über nichts". Sie handelte auch von Selbstsüchtigkeit und Selbstbefangenheit.

Die Neue Weltordnung, eigentlich jede Art der Herrschaft, setzt die Ablehnung objektiver Wahrheit voraus. Sie können nicht zugeben, dass sie beabsichtigen, uns seelisch und gedanklich, wenn nicht sogar körperlich, zu versklaven. So müssen sie das Konzept der Wahrheit insgesamt aufheben. Sie erzählen uns, dass die Wahrheit nicht erfahrbar und subjektiv ist. Die Menschen haben verschiedene Versionen von ihr, aber wir können nie die Wahrheit im Ganzen erfassen. Das ist, was sie uns glauben machen wollen.

REVOLUTION

Das organisierte Judentum spielt im Laufe der Geschichte im wahrsten Sinne eine umstürzlerische Rolle, indem durch den Sturz des Willens Gottes („Logos", der innewohnende Bauplan, die Ursache und Bestimmung der Schöpfung), das Kapern der Menschheit und das Hemmen ihrer Entwicklung Satans Werk ausgeführt wird.

Der eigentliche geheime Sinn der „Revolution" besteht darin, Gott zu stürzen und Ihn durch Luzifer zu ersetzen, der das Eigeninteresse der Illuminaten (d.h. Zentralbänker, organisiertes Judentum und Freimaurer) verkörpert. Alle anderen Beweggründe für die Revolution sind Augenwischerei.

Dies wurde von Christian Rakowski bei seiner Vernehmung durch den KGB bestätigt. „Das Christentum ist unser einziger wahrer Feind, da alle politischen und wirtschaftlichen Erscheinungen der bürgerlichen Staaten nur dessen Auswirkungen sind", sagte Rakowski. Frieden ist konterrevolutionär, da es Krieg ist, der der Revolution den Weg ebnet. (Siehe Artikel „Rothschilds Conduct ‚Red Symphony'" auf meiner Webseite)

Daher sabotierte das organisierte Judentum durch seinen freimaurerischen Arm schon immer die persönliche und soziale Identität, die auf Rasse, Religion (Gott), Nation und Familie fußt. Es verursachte Kriege (wie im Irak, in Afghanistan und möglicherweise auch im Iran und den Dritten Weltkrieg), Umsturz, Teilung, Korruption und strebte danach, Störung und abweichendes Verhalten zu normalisieren.

Alles nur, um zu beweisen, dass die heilbringende und natürliche Ordnung, die durch christliche Ideale repräsentiert wird, verdorben und heuchlerisch ist und von jüdischen Göttern abgelöst werden muss, also vom Kommunismus,

Sozialismus und ihrer jüngsten utopischen fingierten Tyrannei, der Neuen Weltordnung.

So sind Juden zur Demütigung anständiger Juden, wie ich einer bin, oft ganz vorne mit dabei, christliche Sitten wegzuwerfen und Störungen zu verursachen, unabhängig davon, ob es darum geht, die Geschlechtszugehörigkeit oder die Ehe zu untergraben oder mit Promiskuität, Pornographie, Homosexualität oder Abtreibung hausieren zu gehen.

Zum Beispiel normalisiert ein kürzlich erschienenes Musikvideo eines 50-jährigen französischen jüdischen Sängers und seiner heranwachsenden Tochter Inzest. Der ehemalige französische Premierminister Léon Blum (1872 – 1950), ein Jude, schrieb 1907: „Es ist natürlich und geläufig für Schwester und Bruder, Liebende zu sein." („Marriage", 1907) Wie der freimaurerische Revolutionär Guiseppe Mazzini sagte: „Wir korrumpieren, um zu regieren."

Heutzutage gibt es kaum noch Filme, die ansprechende moralische Beispiele bieten. Wenige von ihnen sind aufrichtig und aufschlussreich. Zu viele Hollywoodfilme, in die Juden involviert sind, sind schmutzig, vulgär, gewalttätig und erniedrigend. (Natürlich gibt es auch wunderbare Ausnahmen wie Julie Taymors „Across the Universe", 2007)

Der Autor und Regisseur Judd Apatow hielt neulich eine Rede, die seine Filme typisierte. Er sprach dabei über die unnatürliche Neugierde seiner 10-jährigen Tochter nach Analsex, die Vagina seiner Tochter, die knospenden Brüste seiner Tochter, seiner eigenen Vorliebe für Masturbation und letztlich das Ergrauen seiner Schamhaare. Dann kam sein Starschauspieler Seth Rogen, ein anderer Jude, der über seine Masturbationsgewohnheiten sprach, gefolgt von einem fachkundigen Diskurs über seine Hoden. Weil sie in Verbindung zu Studioleitern stehen, erlangen ihre unreifen Heimfilme weltweite Verbreitung und Medienbeifall.

Michael Posner (ein anständiger Jude) beschrieb diese ekelerregende Rede mit folgenden Worten: „Man fing an, den Eindruck zu gewinnen, dass, wenn es nicht auf irgendeine Art um Sex ging, keiner etwas zu sagen hatte. Genau genommen hatten sie, selbst wenn es um Sex ging, nichts Interessantes mitzuteilen." (Globe and Mail, 21. Juli 2008)

Diese Filmproduzenten bilden sich ein, sie wären ja „oh so verwegen und in". Für sie besteht Raffinesse darin, auf dem, was auch immer in der Gesellschaft an Unschuld, Anstand und menschlicher Würde übrig bleibt, herumzutrampeln. Sie befinden sich ständig mit der Zügelung auf Kriegsfuß, sie geben ernsthaft jedem sexuellem Verlangen nach und zeigen auf ihre Toilettenunfälle wie stolze Kleinkinder.

Warum präsentieren Erwachsene diese Obszönitäten als ob sie tapfer und erbaulich wären? Sie verspotten nicht nur die Gepflogenheiten, d.h. die Menschenwürde und den Anstand, sondern sie zeigen Gott die lange Nase. Ihr Gott ist Luzifer, ob sie es wissen oder nicht, welcher das Sinnbild der Auflehnung gegen die innewohnende natürliche und spirituelle Ordnung ist.

Das organisierte Judentum erinnert mich an einen Soldaten, der in einer Parade nicht im Gleichschritt marschiert. Die anderen Marschierenden weisen ihn darauf hin, aber er hat die Dreistigkeit, das Geld und die Medien, sie zu überzeugen, dass vielmehr sie aus dem Takt gekommen sind. Extrapolieren Sie das auf eine kosmische Ebene und Sie werden die Neue Weltordnung verstehen.

FAZIT

Die Kreuzigung Jesu symbolisiert die Zurückweisung der göttlichen Ordnung, welche absoluten spirituellen Idealen wie Liebe, Wahrheit, Gerechtigkeit, Güte, Schönheit, usw. nachempfunden ist. Gott ist eine spirituelle Dimension, in welcher diese Ideale für uns selbstverständlich sind. Wir wurden erschaffen, um diese Ideale zu manifestieren. Ich weiß nicht, ob Jesus Gott war, aber ich glaube, dass er Gott und seine Ideale vertrat. Seine Botschaft war, dass alle Menschen seinem Beispiel folgen sollten. Gott ist die Wirklichkeit. Wenn wir von der Wahrheit abweichen, werden wir unWirklicher und riskieren Auflösung.

Wir wissen, dass Essen und Sex existieren, weil unsere Körper danach gieren. In ähnlicher Weise dürsten unsere Seelen nach Gott und nach spirituellen Idealen. Das beweist, dass wir Seelen besitzen; tatsächlich sind wir Seelen. Allerdings werden wir nie auf unsere Seelen hören, wenn wir nicht an sie glauben. Wir werden spirituelle Ideale nie für wichtig erachten, wenn wir nicht erkennen, dass sie die höchste Wirklichkeit sind.

Die Neue Weltordnung ist das Bestreben, Gott zu stürzen und Ihn durch Satan zu ersetzen. Sie besagt, dass schwarz gleich weiß und böse gleich gut ist. Sie erzeugt eine fingierte Wirklichkeit, die geschaffen wurde, um wenigen zu dienen und viele zu versklaven.

Keinem heute lebenden Menschen sollte die Schuld an der Kreuzigung angelastet werden. Aber wir sind dafür verantwortlich, was wir tun, um die spirituelle Ordnung umzustürzen, die Jesus verkörperte.

Die Juden leben in einer Blase. Ihnen wird erzählt, sie seien wunderbare Menschen, die aus keinem ersichtlichen Grund verfolgt werden. Die jüdische Gesellschaft lässt kaum bis gar keine offizielle Selbstkritik zu. Die westliche Welt entwickelt sich zusehends zu einer geschlossenen Gesellschaft wie das Judentum. Aufrichtige Selbstkritik ist kein Selbsthass. Sie ist maßgeblich für die Gesundheit und das Überleben.

Die Juden werden über die Rolle des organisierten Judentums in der Neuen Weltordnung im Ungewissen gelassen. Im Grunde genommen steht der Zionismus (USA, EU, Israel) auf der einen Seite und der Antizionismus (Iran, Russland, China) auf der anderen Seite. Ich glaube, dass die Bänker unter den Illuminaten für beide vorgesehen haben, dass sie sich gegenseitig zerstören. Lassen Sie uns unsere Zerstörung nicht wie Lemminge hinnehmen.

Gründet die NWO vorrangig auf einem politischen, ethnischen oder okkulten Motiv? Alle drei Beweggründe sind maßgeblich und ergänzen sich einander, aber in Bezug auf „Red Symphony" würde ich die (politische) Macht an die oberste Stelle setzen.

Christian Rakowski, ein Insider in Bezug auf die Illuminaten, erklärte im Jahre 1937: „Die Tatsache, dass [die Bänker] unbegrenztes Geld kontrollieren, insofern, als sie es sich selbst kreieren, legt nicht die Grenzen ihrer Bestrebungen fest. ... Die Bänker besitzen den Trieb nach Macht und zwar nach Allmacht. Genauso wie Sie und ich."

„Sie entwarfen den kommunistischen Staat als eine in der Geschichte beispiellose ‚Maschine der totalen Macht'. Früher gab es auf Grund vieler Faktoren immer Raum für individuelle Freiheit. Verstehen Sie, dass diejenigen, die schon zum Teil über Nationen und weltliche Regierungen herrschen, Ansprüche auf eine absolute Herrschaft erheben? Man muss sich darüber im Klaren sein, dass dies die einzige Sache ist, die sie bisher noch nicht erreicht haben …" (Siehe Artikel „Central Bankers Seek Totalitarian Power" auf meiner Webseite).

Obwohl die Illuminaten von Juden begründet wurden, sehen sie sowohl Juden, die nicht den Illuminaten angehören, den jüdischen Messianismus, als auch die Freimaurerei als Mittel zum Zweck an.

Louis Marshalls berühmter Brief (26. Sept. 1918) veranschaulicht diese Tatsache. „Der Zionismus ist bloß ein Ereignis eines weitreichenden Plans. Er ist nur ein nützlicher Haken, an den man eine mächtige Waffe hängen kann." Marshall war der Rechtsberater der Zentralbänker Kuhn und Loeb und ein getreuer Anhänger des organisierten Judentums.

Da viele Juden Zionisten sind, müssen sie wohl ein „Ereignis eines weitreichenden Plans" sein. Wir können die Wahrheit nur so lange ignorieren, bis sie uns mit einem Schlag trifft. Ich wiederhole mich. Diese Bänker machten Hitler groß und finanzierten ihn. Im Grunde genommen sind sie verantwortlich für den Holocaust. Paul und Max Warburg waren die Direktoren von I.G. Farben, als ihr Unternehmen Hitler bezuschusst und seine Kriegsmaschinerie aufgebaut hatte. (Antony Sutton, „Wall Street und der Aufstieg Hitlers", 1976, S. 109, 147)

Ihr erklärtes Ziel ist der Dritte Weltkrieg; aktuelle Ereignisse reihen sich genauso aneinander, wie sie von Albert Pike fast 140 Jahre zuvor vorausgesagt wurden.

Henry Kissinger, der CEO der Neuen Weltordnung, sagte: „Ein Volk, das seit 2000 Jahren verfolgt wird, muss irgendetwas falsch gemacht haben."

Unser Fehler besteht darin, unseren Führern zu vertrauen. Juden und Freimaurer werden benutzt, um einen verborgenen totalitären Polizeistaat zu errichten. Sie erschaffen eine fiktive Zivilisation, die sich Geld, Sex und Gewalt verschrieben hat, gleichsam einer Parodie, wie in Uhrwerk Orange dargestellt, die der Selbstzerstörung geweiht ist.

„Wo keine Weissagung ist, wird das Volk wild und wüst." (Sprüche Salomos 29:18)

BUCH EINS

BÄNKER, JUDEN UND DER ANTISEMITISMUS

DAS BANKENKARTELL IST DIE URSACHE DER MISERE DER MENSCHHEIT

(Besprechung des Buchs „The Secrets of the Federal Reserve" von Eustace Mullins)

„Ich glaube, dass Bankinstitute unsere Freiheiten mehr bedrohen als stehende Armeen." - Thomas Jefferson

Im November 1949 arbeitete Eustace Mullins im Alter von 25 Jahren als Forscher in Washington, D.C., als Freunde ihn einluden, den berühmten amerikanischen Dichter Ezra Pound zu besuchen, der in der psychiatrischen Klinik St. Elizabeth als „politischer Gefangener" eingesperrt war.

Ezra Pound, der ein federführender Dichter und Kritiker war, machte James Joyce, W.B. Yeats und T.S. Eliot weltweit bekannt. Während des Zweiten Weltkriegs wurde er wegen seiner Rundfunksendungen bei Radio Rom, die Amerikas Kriegsmotive in Frage stellten, des Landesverrats angeklagt.

Pound beauftragte Mullins, Nachforschungen über die Macht des amerikanischen Bankunternehmens anzustellen. Mullins verbrachte zwei Jahre lang jeden Morgen in der Bibliothek des Kongresses und traf sich jeden Abend mit Pound. Das daraus resultierende Manuskript „The Secrets of the Federal Reserve" (z. Dt.: Die Geheimnisse der US-Notenbank Federal Reserve) erwies sich als zu brisant, als dass es irgendein amerikanischer Verleger drucken wollte. Neunzehn Herausgeber lehnten es ab. Einer sagte: „Das wird Ihnen in New York keiner veröffentlichen." Als es schließlich im Jahre 1955 in Deutschland erschien, konfiszierte die amerikanische Militärregierung alle 10.000 Exemplare und verbrannte sie. Das Buch ist im Internet verfügbar.

Warum scheint es so (verzeihen Sie mir dieses Wortspiel) brandgefährlich zu sein?

Es stellt die Vereinigten Staaten in einem grundlegend anderen Licht dar. „Trotz des Unabhängigkeitskriegs gegen England", schreibt Mullins, „blieben wir eine wirtschaftliche und finanzielle Kolonie von Großbritannien." Er sagt, dass zwischen 1865 und 1913 Bänker des Rothschild-Syndikats aus London Mittelspersonen wie J.P. Morgan und J.D. Rockefeller benutzten, um Kontrolle über die amerikanische Industrie zu erlangen und sie in Kartellen zu strukturieren.

Woher hatten diese Bänker das Geld? Seit über 200 Jahren konnten die europäischen Bänker den Kredit ihrer Gastländer in Anspruch nehmen, um das Geld zu drucken.

Im 17. Jahrhundert schlossen die Geldverleiher und die Aristokratie einen Pakt. Wenn der König die Papierwährung zu einer Verbindlichkeit gegenüber dem Staat macht, werden die Geldverleiher so viel Geld drucken, wie er möchte. So entstanden die Bank von England, die Bank von Frankreich und die Reichsbank, aber sie alle waren private Körperschaften.

Demzufolge konnten die Geldverleiher Zinsen auf ein Vermögen berechnen, welches sie aus dem Nichts kreiert haben. Die ganze Aristokratie übernahm Anteile der Zentralbanken und konnte somit eine erstarkende Regierung finanzieren und kostspielige Kriege führen. Diese Bande kaufte das Vermögen der Welt, indem sie unsere Kredite benutzte. Dieses Täuschungsmanöver ist der Kern dessen, was die Menschheit plagt.

Die Bänker haben ein eigennütziges Interesse daran, dass der Staat (d. h. das Volk) so viel Schulden wie möglich macht. Sie stehen hinter den marxistischen, sozialistischen und liberalen Bewegungen, die eine Zentralregierung und Sozialausgaben fordern. Sie stecken hinter den katastrophalen Kriegen des letzten Jahrhunderts.

Wenn man Geld aus dem Nichts schaffen kann, ist es natürlich ein gewaltiger Anreiz, Schulden zu nutzen, um Bevölkerungen zu kontrollieren und sich ihrer realen Vermögenswerte zu bemächtigen. Das ist der Kern der „Schuldenkrise der Dritten Welt". Ein unersättlicher Vampir, der dazu verdammt ist, das ganze Vermögen zu besitzen und die Menschheit zu versklaven, wurde auf die Welt losgelassen.

Vieles von Mullins Buch befasst sich mit der List, durch welche die Vereinigten Staaten in diese tödliche Umklammerung hineingezogen wurden.

Im Jahre 1913 gab die Owen-Glass-Gesetzesvorlage den Banken, die größtenteils unter ausländischer Kontrolle standen (und die sich als die „US-Notenbank" darstellten), das Recht, eine Währung zu kreieren, die auf dem Guthaben der Regierung der Vereinigten Staaten basierte, und im Gegenzug dafür Zinsen zu berechnen.

Um dies zu bewerkstelligen, mussten die Bänker die Wahl im Jahr 1913 fälschen, damit der Demokrat Woodrow Wilson gewählt wurde. (Sie brachten dem Amtsinhaber W.H. Taft eine Niederlage bei, indem sie durch ihren Lakaien Theodore Roosevelt für eine Stimmengleichheit sorgten.) Dann verabschiedeten ihre Strohmänner im Kongress am 22. Dezember die neue Bankengesetzgebung, nachdem ihre Gegensprecher in den Weihnachtsurlaub gegangen waren.

„Dieses Gesetz erschafft das gigantischste Kartell auf Erden", sagte der Kongressabgeordnete Charles Lindbergh zu der Zeit. „Wenn der Präsident diesen Gesetzesentwurf unterzeichnet, wird der unsichtbaren Herrschaft der Finanzmacht Gesetzeskraft verliehen werden. Die Menschen dürften es nicht sofort erkennen, aber der Tag der Abrechnung ist nur noch ein paar Jahre entfernt."

Mullins erklärt, dass das Gesetz gerade rechtzeitig verabschiedet wurde, damit das amerikanische Volk den Ersten Weltkrieg finanzieren konnte. Die europäischen Mächte konnten sich nicht länger den Luxus eines weiteren Kriegs leisten. Aber die Vereinigten Staaten waren verhältnismäßig schuldenfrei und machten die ganze Sache erst möglich.

Mullins legt überzeugend dar, dass seit T.R. Roosevelt jeder amerikanische Präsident ein Lakai der Bänker war. Im Jahre 2006 zahlte das amerikanische Volk über 400 Billionen US$ an Zinsen auf die nationale Verschuldung, wobei das meiste Geld zu den Zentralbänkern floss. Um diesen massiven Betrug aufrechtzuerhalten, üben die Bänker mit eiserner Hand Druck auf die politischen und kulturellen Staatsorgane aus. Nach Aussage von Mullins ist die „New York Times" im Besitz von Kuhn & Loeb, während Lazard Frères „The Washington Post" besitzt. In Europa verfügen die Rothschilds über Reuters wie auch über die französischen und deutschen Nachrichtendienste.

Amerikanische Herausgeber, Fernsehsender und Filmproduzenten unterliegen ähnlichen Verpflichtungen. Die Rockefellers, die Carnegies und die Fords statten die staatlichen Bibliotheken und Universitäten aus. Journalisten und Professoren plappern brav Fantasien über Demokratie und Freiheit nach. Mind-Control-Laboratorien, die von der CIA und dem Tavistock-Institut betrieben werden, denken sich Methoden aus, um die Bevölkerung zu kontrollieren. Die psychische Sterilisation der Frau („Feminismus") ist ein Beispiel dafür.

Letztendlich wird die kosmische Schlacht zwischen Gut und Böse offen ausgetragen.

DIE WELT BÄNKERSICHER MACHEN…

Internationale Bänker leben in Angst.

Sie haben keine Angst vor dem Hungertod, vor Krankheiten oder Krieg. Das sind die Sorgen von Kindern der Dritten Welt.

Bänker haben Angst davor, dass wir Einwände dagegen erheben könnten, ihnen jedes Jahr Milliarden von Zinsen auf Geldwerte, die sie aus dem Nichts erschaffen haben, zu zahlen, was durch unsere Steuern sichergestellt wird. (Der Vorstand der US-Notenbank, ein privates Kartell aus mehrheitlich ausländischen Privatbanken, erschlich sich dieses Monopol im Jahre 1913.)

Sie fürchten sich davor, dass wir wie der Hund eines Obdachlosen sagen könnten: „Ich kann das alleine."

Sie haben Angst, die Regierung könnte sogar noch einen Schritt weitergehen und ihrer „Verpflichtung" nicht nachkommen, Milliarden von Schein-Schulden zurückzuzahlen.

Sie fürchten sich davor, die Kontrolle zu verlieren. Sie wälzen sich nachts hin und her. Damit sie ruhig schlafen können, haben die Bänker bestimmte Maßnahmen ergriffen.

Diese Vorsichtsmaßnahmen helfen uns, die Welt zu verstehen, in der wir leben, und zu begreifen, warum sie für die Bänker sicherer, aber für jeden anderen gefährlicher und bizarrer wird.

Zuerst einmal sorgen Menschen, die Geldmaschinen besitzen, dafür, dass sie viele Freunde haben. Die Bänker halfen ihren Freunden, Monopole auf Öl, Chemikalien, Pharmazeutika, Transportwesen, Medien, usw. zu errichten und sicherten sich davon einen großen Anteil. Wie man sich vorstellen kann, halten diese Menschen wie Pech und Schwefel zusammen. Anwälte, Journalisten und Intellektuelle buhlen alle darum, ein Stück vom Kuchen abzubekommen. (Sich in den Dienst des Kartells der Kartelle zu stellen ist das, was als „Erfolg" angesehen wird.)

Die erste Maßnahme der Bänker ist, alle Politiker zu kaufen. Die Zweite besteht darin, die großen Medienbetriebe zu kaufen, um die Illusion zu verbreiten, dass Politiker eigene Entscheidungen treffen und unsere Interessen vertreten. Die dritte Vorsichtsmaßnahme liegt darin, Kontrolle über das Bildungssystem zu erlangen, um dafür zu sorgen, dass Menschen schon in jungen Jahren aufhören, selbst zu denken.

Dann nutzen die Bänker die Regierung und die Medien, um uns zu überzeugen, dass Religion, Nationalismus und die Kernfamilie ausgedient haben und dass wir das wollen, was sie wollen. Über diese Richtlinien wurde nie debattiert oder abgestimmt. Sie scheinen wie aus dem Nichts aufzutauchen und geben vor, den Volkswillen zu repräsentieren.

Wir „wollen" Weltlichkeit und die Trennung von Kirche und Staat. Obwohl wir über Jahrhunderte hinweg gut mit dem Christentum und den christlichen Werten zurechtkamen, wollen die Bänker, dass wir keinen spirituellen Bezug haben, welcher ihre Diktate durchkreuzen könnte.

Wir „wollen" eine Weltregierung („Globalisierung"). Die Bänker müssen Nationalstaaten, Freiheit und Demokratie abschaffen, um ihr Unternehmen zu optimieren und ihre Macht zu festigen. Die UN, NAU (Nordamerikanische Union), EU, der IWF und die Weltbank – bessere Kredithaie und Abnehmer – werden die Gesetze machen.

Wir „wollen" kulturelle Vielfalt. Den Ländern wird nicht gestattet, ihre nationalen Identitäten oder Traditionen beizubehalten. Letztes Weihnachten versuchte der Premierminister meiner Provinz den Christbaum während seiner Legislaturperiode in „multikultureller Baum" umzubenennen. Mulitkulturalität respektiert jede Kultur außer der europäischen christlichen Kultur. Jede Nation muss so bunt sein wie eine Schachtel Smarties – sodass keine Nation in der Lage ist, die Bänker herauszufordern.

Wir wollen „Feminismus". Diese Ideologie, die sich als Gleichberechtigung der Frauen ausgibt, soll eine auf Homosexualität ausgerichtete Persönlichkeitsstörung verbreiten. Wenn Frauen sich darauf konzentrieren, Karriere zu machen, legen sie weniger Wert darauf, einen Ehemann zu finden. Sie haben gar keine oder weniger Kinder, die von staatlichen Kindertagesstätten betreut werden.

Unter dem Deckmantel von „Frauen-" und „Schwulenrechten" werden wir umprogrammiert, damit wir androgyn werden und uns wie Homosexuelle verhalten, die gewöhnlich nicht heiraten oder Familien gründen. Psychologische und biologische Unterschiede zwischen Männern und Frauen sind keine „Klischees". Aber die Unterzeichner der letzten UN-CEDAW-Konvention (verabschiedet vom US-Senatsausschuss für auswärtige Beziehungen) verpflichteten sich dazu, „alle zweckdienlichen Maßnahmen zu ergreifen, um alle sozialen und kulturellen Verhaltensmuster von Männern und Frauen zu verändern". (Artikel 5)

Eine solche kommunistisch anmutende, soziale Umgestaltung ist schlichtweg eine Verfolgung der Heterosexuellen. Sie soll unsere natürliche Entwicklung hemmen. Mittlerweile hat sich die Geburtenrate halbiert, während sich die Scheidungsrate verdoppelt hat. Ein Heer von hochbezahlten Anwälten, Sozialarbeitern, Psychiatern und Bürokraten behandelt die Ausfälle. Diese eigennützigen Berufsgruppen sind die politische Anhängerschaft der Bänker.

Menschen – unterentwickelt, liebeshungrig, sexbesessen – ohne familiäre, religiöse oder nationale Identität sind leicht zu kontrollieren. (Sie treten allem bei; sie suchen nach einer Familie.) Aber für den Fall von Gegenwehr schufen die Bänker ein Feindbild, den „Terrorismus", um einen riesigen Sicherheitsapparat zu rechtfertigen.

Das Büro des Heimatschutzes (Department of Homeland Security) ist dafür ausgelegt, uns – die einheimische Bevölkerung – zu kontrollieren. Warum sollte dies notwendig sein? Wir sind mit Billionen von Dollar verschuldet und die Bänker wollen, dass wir zahlen. Eines Tages werden sie unsere Spielzeuge wegnehmen. Sollte das ein Problem darstellen, wird ein Orwell'scher Polizeistaat bereit stehen. Aber zuerst müssen die Muslime unterworfen und ausgeraubt werden.

Es ist albern, von den Vereinigten Staaten als unabhängiges Land zu sprechen. Amerikanische Politiker verpfändeten die Souveränität der Vereinigten Staaten im Jahre 1913. Seitdem waren die US-Soldaten nichts anderes als angeheuerte Schläger für internationale Bänker.

Supermacht als Superhandlanger

Die amerikanischen Steuerzahler und Soldaten machten den Ersten Weltkrieg möglich. Er fing nur sechs Monate nach der Gründung der „Fed" an. Sein Zweck war es, die Verschuldung zu erhöhen, die großen europäischen Nationalstaaten zu verkrüppeln, eine Generation abzuschlachten und zwei der Lieblingsprojekte der Bänker ins Leben zu rufen: Kommunismus (Russland) und Zionismus (Palästina). Nach Kriegsende wurde eine Weltregierung der Bänker – der Völkerbund (alias „Der Bund zur Gewährleistung von Frieden") – errichtet.

Die Vereinigten Staaten traten im Dezember 1941 nicht in den Zweiten Weltkrieg ein, um die westliche Zivilisation zu retten. England hielt mehr als zwei Jahre alleine die Stellung gegen Deutschland. Die Vereinigten Staaten traten dem Krieg genau sechs Monate, nachdem Hitler Russland angriff, bei. Die Absicht war, den Kommunismus zu retten! [Ich bin A.K. Chesterton („The New Unhappy Lords", 1969) für diese Einsicht zu Dank verpflichtet.] Aus demselben Grund bekam die UdSSR 5 Milliarden Dollar in Form von US-Leih-Pacht-Lieferungen, nachdem der Krieg beendet war.

Nachdem sich der Rauch gelegt hatte, tyrannisierten Kommunisten statt der Nazis Osteuropa. Die sowjetischen Agenten/US-Diplomaten Alger Hiss und Harry Hopkins gründeten die Vereinten Nationen zu Lande, welche John D. Rockefeller mit Geldmitteln unterstützte. Eine der ersten Handlungen der Vereinten Nationen war die Gründung Israels.

Ben Hecht schrieb (in „A Child of the Century"), dass „das zwanzigste Jahrhundert durch den Ersten Weltkrieg vollkommen zugrunde gerichtet wurde". Bevor Stefan Zweig („Die Welt von gestern") im Jahre 1942 Selbstmord beging, sprach er in demselben niedergeschlagenen Ton vom Niedergang der westlichen Zivilisation.

Der Planet wurde gekapert. Unsere Führer sind Betrogene, Opportunisten, Verräter oder alles zusammen. Fast alles, was wir über die neuzeitliche Geschichte wissen, ist eine Fälschung. Der Geruch eines moralischen Kompromisses liegt über unserem öffentlichen und kulturellen Leben. Alles, was von den Medien, der Bildung und der Regierung vorangebracht wird, ist verdächtig. Das passiert, wenn wir die Moralordnung, also Gott, verleugnen.

Das ist die Welt, die unsere Kinder erben werden. Eine Welt, die sicher ist … für internationale Bänker.

BÄNKER VERLANGEN, DASS WIR IHNEN GEHORCHEN

Aktuelle Ereignisse sind wie ein Stereogramm, das man lange anstarren muss. Aber wenn man weiß, wie man es betrachten muss, ergibt sich alsbald das Bild.

So unglaublich und bizarr es klingt, übernahm eine satanische (kabbalistische) okkulte Gesellschaft durch das Zentralbankensystem die Kontrolle über den Planeten. Sie strebt danach, uns ihre Tyrannei durch die Listen „Krieg gegen den Terror" und „Globalisierung" aufzuzwingen. Jeder Krieg war ein Trick, der angewendet wurde, um die Menschheit abzuschlachten und verrohen zu lassen und um den Reichtum und die Macht dieser Bande zu steigern, die ihren Sitz in der Bank von England hat.

Eine weitere Bestätigung dieser beunruhigenden Wahrheit ist ein gruseliger Brief, der regelmäßige Beachtung verdient. Der Brief, welcher vor einigen Jahren im Internet auftauchte, zerstreut jegliche Illusionen, dass wir freie Bürger sind, die in einer wohlgesinnten Demokratie leben. Der Absender des Briefes, „Euer Freund des Globalismus", weist die Bürger der Welt darauf hin, dass „Ihr unser Eigentum seid" und Knechtschaft „zu Eurem eigenen Wohl" akzeptieren müsst.

„Die Tage, uns Einhalt zu gebieten, sind schon vor langer Zeit verstrichen", schreibt unser Freund, der wie Big Brother klingt.

„Wir haben die volle Kontrolle über die Erde und ihre Finanzen und zugleich über die Propaganda der großen Medien, und es gibt einfach keinen Weg, dass uns irgendeine Nation oder Macht niederschlagen kann... Wir können amerikanische oder europäische Truppen, wohin immer wir wollen, wann wir wollen und zu gleich welchem Zweck, entsenden und Ihr geht pflichtbewusst unserem Geschäft nach... Wie viele Beweise braucht Ihr noch? ... Scheint es nicht vernünftig zu sein, dass Ihr uns einfach gehorcht und dient?"

Ich weise Sie darauf hin, dass Material wie dieses kognitive Dissonanz hervorrufen kann, weil sich das Bild der Wirklichkeit so von dem unterscheidet, das uns die Massenmedien vorgeben.

Der sechsseitige Brief wurde im Herbst 1999 geschrieben, aber er fand keine weite Verbreitung. Ich fasse seinen Inhalt hier zusammen, aber ich rate Ihnen dringend, ihn vollständig im Internet zu lesen. (Suchen Sie im Internet nach „Brief aus der ‚Neuen Weltordnung‘")

Der Brief könnte eine Fälschung sein, aber ich denke, dass er unsere gegenwärtige Realität beschreibt. Er stimmt mit dem überein, was viele Verschwörungstheoretiker unabhängig voneinander entdeckt haben, jedoch ist er anschaulicher und aufschlussreicher als alles, was sich diese ausdenken könnten.

DER BRIEF

Unser Freund des Globalismus sagt, er wolle uns die politische Wirklichkeit erklären, sodass wir „wissen würden, wie [wir] uns in der Neuen Ordnung verhalten sollten, die nun auf der Erde Gestalt annimmt".

Wie der Autor der „Protokolle von Zion" prahlt er damit, dass er eine geheime Macht repräsentiert, die die Welt kontrolliert und noch für alle unsichtbar ist.

„Wir leiten alles, dennoch wisst Ihr nicht, wen Ihr angreifen sollt. Ich muss sagen, dass diese verborgene Hand wundervoll ausgefeilt und in diesem Ausmaß in der Geschichte noch nie dagewesen ist. Wir beherrschen die Welt und die Welt kann noch nicht einmal herausfinden, wer sie regiert. Das ist wahrlich eine wunderbare Sache. In unseren Medien unterbreiten wir Euch genau das, von dem wir wollen, dass Ihr es tut. Dann gehorchen unsere kleinen Diener im Handumdrehen."

Aber er identifiziert sich selbst. Er repräsentiert eindeutig die Zentralbänker: „Euer eigenes Geld diente dazu, die Ketten zu schmieden, die wir Euch angelegt haben, da wir das gesamte Geld unter unserer Kontrolle haben."

Wie ich sagte, ist das Zentralbankenkartell die Triebfeder der Neuen Weltordnung. Indem fremden privaten Interessen die Befugnis erteilt wurde,

Geld auf der Grundlage unserer Kredite zu kreieren, weihten unsere Vorgänger die westliche Zivilisation dem Untergang. Diese privaten Interessen erkauften sich selbstverständlich die Kontrolle über alles und jeden und wollen nun ihre Kontrolle weltweit institutionalisieren.

„Unser Reich ist das Reich des Geldes", schreibt unser Freund des Globalismus. „Wir gaben Euch ein Stück Papier oder einige Zahlen auf einem Bildschirm, die wir als Geld bezeichneten. Es stützt sich auf nichts und ist durch nichts belegt, aber nach unserer Aussage ist es das. Wir kreieren es aus dem Nichts, wir drucken es, wir verleihen es, wir bestimmen seinen Wert und wir entwerten es. Alle Dinge, die mit Geld zu tun haben, liegen in unseren Händen."

Unser Freund des Globalismus zeigt auf, dass die Bänker eine symbiotische Beziehung zu uns haben. Wir erzielen Gewinne, indem wir von ihnen Geld leihen.

„Wir wollen, dass Ihr am System teilnehmt. Wenn Ihr ein Haus kauft, erhalten wir nicht nur die Steuereinnahmen, die wir zu unserem Zweck nutzen können, sondern erzielen auch große Zuwächse durch die Zinsen auf das Darlehen. Ihr dürftet durch die Zinsen alleine zwei- oder dreimal so viel für Euer Haus zahlen. Die Zinsen sind ebenfalls besteuert, welche wiederum verhängt wurden, damit sie in denjenigen einflussreichen Bereichen Verwendung finden, die wir auswählen. Wir wollen nicht, dass Ihr in die Freiheit ausbrecht und deshalb haben wir es so gemacht, wie wir es gemacht haben."

Einer dieser einflussreichen Bereiche ist die Bildung. Wir zahlen Steuern für „die Indoktrination Eurer Kinder in den staatlichen Schulen, die wir eingerichtet haben. Wir wollen, dass sie gut ausgebildet im System unseres Denkens aufwachsen. Eure Kinder werden das lernen, was wir ihnen lehren wollen, und Ihr zahlt dafür".

„Ihr seid unser Eigentum. Wir werden Euch nicht erlauben, zu kaufen oder zu verkaufen, es sei denn, Ihr unterwerft Euch unserer Autorität. Wenn Ihr gegen uns vor Gericht zieht, werden wir Euch dort zermürben und Ihr werdet letzten Endes verlieren. Wenn Ihr Gewalt anwendet, werdet Ihr schließlich in einem unserer Arbeitslager, genauer gesagt in der Sträflingsindustrie, landen. Ihr braucht unser Geld, unsere Unterhaltung, unseren Treibstoff und unsere

Versorgungseinrichtungen, um zu funktionieren, und wenn Ihr das alles nicht habt, fühlt Ihr Euch beraubt. Dadurch werdet Ihr dazu gezwungen, Euch unserem Willen zu fügen."

UNSERE FÜHRUNGSPERSONEN

Viele politische Führer werden aus den Reihen von Kriminellen und Perversen ausgewählt, weil sie erpresst werden können. Dass die Verderbtheit von Präsident Clinton enthüllt wurde, war „sehr hilfreich dabei, die moralischen Gewohnheiten der Jugend herabzusetzen".

Er verspottet die Versuche, Clinton des Amtes zu entheben: „Er ist nützlich für uns und er wird von niemandem aus dem Amt entlassen werden, bis wir bereit sind, dass er beseitigt wird … Die Führungsperson, die wir aufgebaut haben, wird dort verbleiben, bis es uns dienlich ist, einen anderen zu haben. Zu diesem Zeitpunkt setzen wir Euch unseren vorgeschlagenen Führer vor und Ihr stimmt für denjenigen, den wir wollen. Auf diese Weise beschäftigen wir Euch mit einer sinnlosen Wahl und lassen Euch in dem Glauben, dass Ihr daran beteiligt seid, Euren Präsidenten in das Amt einzuberufen."

Er führt Saddam Hussein und Slobodan Milošević als Anführer auf, die sich weigerten, zu gehorchen. „Es gibt nur Ruhm dafür, wenn man sich nach unseren Absichten richtet und macht, was wir sagen. Falls das jemand nicht macht, wird es solch einen traurigen und tragischen Ausgang geben. Ich wollte Euch wirklich ein solches Ende ersparen."

Was kleinere Fische angeht, sagt er, dass Rebellion lediglich als Ausrede für repressivere Gesetze dienen wird. Sie können Andersdenkende vor den Gerichten fesseln, die sie auch kontrollieren. Sie können Menschen wie David Koresh zerstören und gleichzeitig diskreditieren.

Er sagt, dass Liberale und Konservative „mit unserem Einverständnis dienen, aber es ist ihnen nicht erlaubt, den wahren Sachverhalt zu verbreiten. Indem auf allen Ebenen Kontroversen erzeugt werden, weiß keiner, was er tun soll. So gehen wir in diesem ganzen Durcheinander voran und erreichen ungehindert, was wir wollen."

Die Medien beschäftigen die Massen mit Sex und Gewalt, sodass die Menschen darauf programmiert werden, stumpfsinnig zu kämpfen, und „nicht die Unversehrtheit und die Gehirnleistung haben, um sich mit den wirklich wichtigen Angelegenheiten zu befassen, welche gänzlich in unsere Obhut übergeben wurden".

China und Russland stellen keine Herausforderung dar: „Wir haben keine Angst vor Russland oder China, weil wir bereits die volle Kontrolle ihres Systems innehaben. China weiß, dass wir jegliche Anzahl von Unternehmen in Amerika und sein gesamtes Kapitel mit einem Federstrich einfrieren können."

SCHLUSSFOLGERUNG

Es wird uns beigebracht, dass die Gesellschaft an einem Zeitalter der Aufklärung und des Fortschritts Anteil hat, aber das ist eine List. In Wirklichkeit streckt eine urtümliche räuberische Bestie ihre Klaue aus der Vergangenheit aus, um die Menschheit zu pfählen.

Früher oder später werden wir erkennen, dass wir den Höhepunkt einer teuflischen Verschwörung gegen die Menschheit miterleben. Menschliche Ereignisse ergeben nur einen Sinn, wenn wir uns darüber im Klaren sind, dass Anhänger von Satan ein weltweites Regime errichten, das ihrem bösen Gott geweiht ist. Ich weiß, dass das zu bizarr klingt, um wahr zu sein. Sie verlassen sich darauf.

Der „Brief von Eurem Freund des Globalismus" stimmt mit den anderen bedeutenden Enthüllungen der unsichtbaren Regierung überein: dem „Harold-Rosenthal-Interview", dem „House Report", den „Svali-Enthüllungen", „Die Kunst der Gehirnwäsche", „Lautlose Waffen für stille Kriege", dem „Bericht vom Iron Mountain", der „Red Symphony" und den „Protokollen der Weisen von Zion".

Wir leben in trügerischer Sicherheit. Leider werden die Menschen nicht aufwachen, bis ihnen die Annehmlichkeiten weggenommen werden, und dann wird es zu spät sein.

DIE „JÜDISCHE" VERSCHWÖRUNG IST BRITISCHER IMPERIALISMUS

Verschwörungstheoretiker glauben, dass die Geschichte der Neuzeit eine Langzeitverschwörung von einer internationalen Finanzelite widerspiegelt, um die Menschheit zu versklaven. Wie Blinde, die einen Elefanten untersuchen, schreiben wir diese Verschwörung jüdischen Bänkern, den Illuminaten, dem Vatikan, den Jesuiten, den Freimaurern, dem Schwarzen Adel und den Bilderbergern, usw. zu.

Die wahren Bösewichte sind im Mittelpunkt unseres wirtschaftlichen und kulturellen Lebens zu finden. Sie sind die dynastischen Familien, welche die Bank von England, die US-Notenbank und mit ihr verbundene Kartelle besitzen. Sie kontrollieren ebenfalls die Weltbank, den IWF und die meisten Geheimdienste auf der Welt. Ihre Identität ist geheim, aber Rothschild ist sicherlich einer von ihnen. Die Bank von England wurde 1946 verstaatlicht, aber die Befugnis, Geld zu kreieren, blieb in denselben Händen.

England ist in Wirklichkeit eine Finanzoligarchie, die von der „Krone" geführt wird, was sich auf die „City of London" und nicht auf die „Queen" bezieht. Die „City of London" wird von der Bank von England, einer privaten Körperschaft, geleitet. Die eine Quadratmeile große City ist ein souveräner Staat, der sich mitten im Großraum London befindet. Die City unterliegt gleichsam einem „Vatikan der Finanzwelt" nicht dem britischen Gesetz.

Die Bänker machen im Gegenteil dem britischen Parlament Vorschriften. Im Jahre 1886 schrieb Andrew Carnegie, dass „sechs oder sieben Männer die Nation in den Krieg stürzen können, ohne überhaupt das Parlament hinzuzuziehen". Vincent Vickers, ein Direktor der Bank von England von 1910 – 1919, machte die City für alle Kriege auf der Welt verantwortlich. („Economic Tribulation", 1940, zitiert in Knuth, „The Empire of the City", 1943, S. 60)

Das britische Reich war eine Ausdehnung der finanziellen Interessen der Bänker. Tatsächlich waren alle farbigen Kolonien (Indien, Hong Kong, Gibraltar) „Kronkolonien". Sie gehörten zu der City und unterlagen nicht dem britischen Gesetz, obwohl die Engländer sie erobern und für ihren Unterhalt aufkommen sollten.

Die Bank von England übernahm die Kontrolle über die Vereinigten Staaten während der Amtsperiode von Theodore Roosevelt (1901 – 1909), als sich ihr Mittelsmann J.P. Morgan über 25 % der amerikanischen Unternehmen aneignete. (Anton Chaitkin, „Treason in America", 1964)

CLUB OF THE ISLES

Laut dem „American Almanac" sind die Bänker Teil eines Netzwerks namens „Club of the Isles", das eine informelle Vereinigung von überwiegend in Europa ansässigen königlichen Hofstaaten einschließlich der Queen ist. Der „Club of the Isles" verfügt schätzungsweise über 10 Billionen US$ in Vermögenswerten. Er kontrolliert solche Konzernriesen wie Royal Dutch Shell, Imperial Chemical Industries, Lloyd's of London, Unilever, Lonrho, Rio Tinto-Zinc und Anglo American De Beers. Er dominiert die weltweite Versorgung mit Erdöl, Gold, Diamanten und vielen anderen lebenswichtigen Rohstoffen. Diese Güter dienen seiner geopolitischen Agenda.

Sein Ziel besteht darin, die menschliche Bevölkerung innerhalb der nächsten zwei oder drei Generationen von über 5 Milliarden Menschen auf unter eine Milliarde Menschen zu reduzieren und wortwörtlich „die menschliche Herde" im Zuge der Bewahrung ihrer eigenen globalen Macht und des Feudalsystems, auf welche sich diese stützt, „zu erlegen".

Der Historiker Jeffrey Steinberg könnte auf die Vereinigten Staaten, Kanada und Australien Bezug nehmen, wenn er schreibt, dass „England, Schottland, Wales und besonders Nordirland heute kaum mehr als Sklavenplantagen und soziale Umgestaltungslaboratorien sind, die den Zwecken … der ‚City of London' dienen …"

„Diese Familien bilden eine Oligarchie aus Kapitalgebern; sie sind die Macht hinter dem Windsor-Thron. Sie sehen sich selbst als die Erben der venezianischen Oligarchie an, die England in der Zeit von 1509 – 1715 unterwanderten und zerrütteten und die ein neues, bösartigeres britisch-niederländisch-schweizerisches Geschlecht des oligarchischen Systems des Reichs Babylon, Persien, Rom und Byzanz schufen …"

„Die City of London beherrscht die spekulativen Märkte der Welt. Eine eng verzahnte Vereinigung von Unternehmen, die an der Rohstoffgewinnung, dem Finanzwesen, dem Versicherungswesen, der Verkehrswirtschaft und der Lebensmittelproduktion beteiligt sind, kontrolliert den Löwenanteil des Weltmarkts und übt Kontrolle durch künstliche Engpässe über die Weltwirtschaft aus."

JUDEN AUS VENEDIG

Steinberg, der in Verbindung mit dem Wirtschaftswissenschaftler Lyndon LaRouche steht, führte dieses Übel auf die Abwanderung der venezianischen Handelsoligarchie nach England vor mehr als 300 Jahren zurück.

Obwohl es die Historiker der LaRouche-Bewegung nicht benennen, scheint es, dass viele Angehörige dieser Oligarchie Juden waren. Cecil Roth schreibt: „Der Handel von Venedig lag überwiegend in den Händen der Juden, den Vermögendsten unter der Handelsschicht." („History of the Jews in Venice", 1930)

Wie William Guy Carr in „Pawns in the Game" aufzeigt, wurden sowohl Oliver Cromwell als auch Wilhelm III. von Oranien-Nassau von jüdischen Bänkern mit Geldmitteln unterstützt. Die Englische Revolution (1649) war die erste einer Serie von Revolutionen, die darauf ausgerichtet waren, ihnen die Weltherrschaft zu ermöglichen. Die Gründung der Bank von England durch William im Jahre 1694 war der nächste entscheidende Schritt. Hinter der Fassade war England seit über 300 Jahren ein „jüdischer" Staat. (S. 20-24)

Die jüdischen Bankiersfamilien machten es zu einem Brauch, ihre weiblichen Nachkommen mit großzügigen europäischen Aristokraten zu vermählen. Nach dem jüdischen Gesetz sind die Nachkommen einer gemischten Ehe jüdisch, wenn die Mutter jüdisch ist. Zum Beispiel heiratete Hannah Rothschild im Jahre 1878 Lord Rosebery, welcher später Premierminister wurde. (Die männlichen Nachkommen heiraten Juden, wobei Victor Rothschild und sein Sohn Jakob Ausnahmen darstellen. Sie heirateten beide Nichtjuden.)

Im Jahre 1922 heiratete Louis Mountbatten, der Onkel von Prinz Philip und Cousin von der Queen, die Enkeltochter des jüdischen Bänkers Ernest

Cassel, eines der wohlhabendsten Männer der Welt. Die Mutter von Winston Churchill, Jenny (Jacobson) Jerome, war jüdisch.

Zu Beginn des 20. Jahrhunderts hatten nicht sehr wenige Adelsfamilien und Juden untereinander geheiratet. Wenn sie den Kontinent besuchten, waren die Europäer erstaunt, jüdisch aussehende Menschen mit englischen Namen und Akzent zu sehen.

Nach Aussage von L.G. Pine, dem Herausgeber von „Burke's Peerage", haben Juden „sich so eng mit dem britischen Adelsstand verbunden, dass die beiden Gesellschaftsschichten wohl kaum einen Schaden erleiden werden, der nicht auf Gegenseitigkeit beruht. Die Juden und die Lords sind so eng miteinander verbunden, dass in diesem Land ein Schlag gegen die Juden nicht möglich wäre, ohne auch die Aristokratie zu verletzen." („Tales of the British Aristocracy", 1957, S. 219)

BRITISCHES ISRAEL

Wenn europäische Aristokraten nicht durch Heirat untereinander jüdisch sind, sehen sich viele von ihnen als Nachfahren der biblischen Hebräer an. Die Habsburger sind über Heirat mit den Merowingern verbunden, welche behaupten, Nachfahren des Stammes Benjamin zu sein.

Dazu gehören viele Aristokraten der Bewegung „Britisches Israel" an, welche die Ansicht vertritt, dass der britische Herrscher das Oberhaupt der angelsächsischen „Verlorenen Stämme" Israels ist und dass die Apokalypse die vollständige Wiederherstellung des britischen Reichs sehen wird.

Nach Aussage von Barbara Aho verfolgen Rosenkreuzer und Freimaurer, die an den britischen Israelismus glauben, den Plan, einen aus ihrer Blutlinie auf den Thron des wiederaufgebauten Tempels in Jerusalem zu setzen. Diese Ernennung eines falschen Messias, den die Welt als Christus verehren wird, wurde über viele Jahrhunderte sorgfältig geplant und durchgeführt.

Barry Chamish schreibt, „es würde keinen modernen Staat Israel ohne die britische Freimaurerei geben. In den 60ern des 19. Jahrhunderts wurde die britisch-israelische Bewegung vom inneren Kreis der Freimaurer initiiert. Ihr Ziel bestand darin, einen jüdisch-freimaurerischen Staat in der türkischen

Provinz von Palästina zu errichten … Zu Beginn stellten britisch-jüdische freimaurerische Familien wie die Rothschilds und die Montefiores das Kapital zur Verfügung, um die Infrastruktur für die erwartete Einwanderungswelle zu bauen. Aber es erwies sich als schwierig, die Juden nach Israel zu locken. Sie mochten das europäische Leben zu sehr, als dass sie es aufgeben würden. So wurde Europa zu einem Alptraum für die Juden." („British Freemasonry Covets Israel", im Internet verfügbar)

Schlussendlich nahm das Ziel der jüdisch-britischen Elite, die Weltherrschaft zu erringen, die Gestalt des britischen und amerikanischen Imperialismus und später des Zionismus und der Neuen Weltordnung an.

IST DIE NEUE WELTORDNUNG „JÜDISCH"?

Beginnen wir damit, die „Neue Weltordnung" zu definieren.

Die Triebfeder der Neuen Weltordnung ist der Wunsch der Zentralbänker der Welt, ihre enorme Wirtschaftsmacht auf beständige globale Institutionen von politischer und sozialer Kontrolle zu übertragen.

Ihre Macht basiert auf ihrem Kreditmonopol. Sie nutzen Staatskredite, um Geld zu drucken, und verlangen von den Steuerzahlern, Millionen für Zinsen an sie abzuführen.

Zentralbanken wie die US-Notenbank geben vor, staatliche Institutionen zu sein. Sie sind es nicht. Sie sind in Privatbesitz von vielleicht 300 Familien. Es ist bezeichnend, dass der Großteil dieser Familien jüdisch oder teilweise jüdisch ist. Ich bin ein nicht praktizierender Jude, der der Meinung ist, dass diese Situation für die Menschheit und gleichermaßen für die Juden todbringend ist.

Der amerikanische Erfinder Thomas Edison beschrieb diesen ungeheuren Betrug wie folgt:

„Es ist absurd, dass wir sagen, unser Land könne Anleihen, aber keine Zahlungsmittel ausgeben. Beide sind Zahlungsversprechen, aber das eine mästet den Wucherer, während das andere den Menschen hilft."

Zentralbanken kontrollieren ebenfalls die Kreditvergabe an Unternehmen und Einzelpersonen. Robert Hemphill, der Kreditmanager der Notenbank in Atlanta, schildert diese untragbare Lage:

„Das ist ein niederschmetternder Gedanke. Wir sind von den Geschäftsbanken vollkommen abhängig. Jeder Dollar muss geliehen werden, der als Bargeld oder als Kredit im Umlauf ist. Wenn die Banken genügend synthetisches Geld kreieren, florieren wir; wenn nicht, verhungern wir. Wir haben absolut kein beständiges Geldsystem. Wenn man den vollständigen Überblick erlangt, ist die tragische Absurdität unserer hoffnungslosen Lage fast unvorstellbar, aber so ist es … Es ist wichtig, zu wissen, dass unsere heutige Zivilisation zusammenbrechen dürfte, außer die Menschen begreifen weitgehend die Sachlage und die Missstände werden schon bald behoben."

In einem berüchtigten Brief an die New Yorker Verbindungspersonen aus dem Jahre 1863 beschrieb der dem Rothschild-Syndikat angehörende Bänker John Sherman ihren Vorschlag für eine nationale Bank unter folgenden Bedingungen:

„Die Wenigen, die das System verstehen, werden entweder so an seinen Profiten interessiert oder so von seinen Gefälligkeiten abhängig sein, sodass von dieser Schicht kein Widerstand zu erwarten ist … Die große Masse des Volkes, die geistig nicht in der Lage ist, es nachzuvollziehen, wird ihre Last tragen, ohne sich zu beklagen und vielleicht sogar ohne zu ahnen, dass das System ihren Interessen abträglich ist."

SIND „DIE JUDEN" VERANTWORTLICH?

Die Neue Weltordnung ist ein mehrköpfiges Ungeheuer. Die Bänker sind an mehreren Fronten wie dem Kommunismus, dem Sozialismus, dem Liberalismus, dem Feminismus, dem Zionismus, dem Neokonservatismus und der Freimaurerei gleichzeitig tätig. Den meisten Anhängern ist nicht bekannt, dass diese „fortschrittlichen" Bewegungen alle insgeheim der „Weltrevolution" dienen, welche ein Euphemismus für die Vorherrschaft der Bänker und den Satanismus ist. (Siehe Artikel „Rothschilds Conduct ‚Red Symphony'" auf meiner Webseite)

Die Bänker kontrollieren die Großunternehmen, die Medien, die Geheimdienste, die Denkfabriken, die Stiftungen und die Universitäten der Welt. Sie sind verantwortlich für die Unterdrückung der Wahrheit. Juden spielen in all diesen Bereichen eine bedeutende Rolle, was eine Ursache des Antisemitismus ist. Natürlich streben ebenso viele andere Menschen nach „Erfolg".

Die Bänker sind auch in mehreren Ländern tätig. Sie sind in hohem Maße für den britischen und amerikanischen Imperialismus verantwortlich, dessen Absicht darin liegt, das Vermögen der Welt in Beschlag zu nehmen. In seinem Buch „Die Juden" (1927) schreibt der britische Sozialkritiker Hilaire

Belloc, dass das britische Reich eine Partnerschaft zwischen der jüdischen Finanz und der britischen Aristokratie darstellte.

„Nach Waterloo [1815] wurde London der Geldmarkt und die Verrechnungsstelle der Welt. Die Interessen des Juden als ein Finanzhändler und die Interessen dieses großen Handelsstaates näherten sich immer mehr an. Man könnte sagen, dass sie im letzten Drittel des 19. Jahrhunderts nahezu identisch wurden."

Die Vereinigung der jüdischen und britischen Interessen reichte bis zur Eheschließung.

„Es wurden massenweise Vermählungen zwischen dem, was einst die ansässigen Adelsfamilien dieses Landes waren, und den jüdischen vermögenden Kaufmännern veranlasst. Zu Beginn des 20. Jahrhunderts waren nach zwei Generationen diejenigen der großen ansässigen englischen Familien die Ausnahmen, in welchen kein jüdisches Blut zu finden war."

„In fast allen war die Abstammung mehr oder weniger erkennbar, in manchen Familien so stark, dass, obwohl der Name noch ein englischer Name und die Traditionen diejenigen eines rein englischen Geschlechts aus alter Vergangenheit waren, die Statur und der Charakter gänzlich jüdisch geworden waren ..."

Wenn die Heirat der Tochter von Al Gore mit dem Enkelsohn von Jakob Schiff dafür ein Hinweis ist, reicht diese Vermischung der jüdischen und nichtjüdischen Elite auch bis nach Amerika.

Die britische und die jüdische Zielsetzung der Weltherrschaft sind gleichbedeutend und benutzten die Freimaurerei als Werkzeug. Belloc schreibt, dass „speziell jüdische Institutionen, wie etwa die Freimaurerei (welche die Juden als eine Art Brücke zwischen ihnen selbst und ihren Gastgebern im 17. Jahrhundert ins Leben gerufen hatten), besonders stark in Großbritannien vertreten waren und dass dort eine politische Tradition entstand, die engagiert war und sich als sehr bedeutungsvoll erwies, demzufolge der britische Staat stillschweigend von ausländischen Regierungen als offizieller Schutzherr der Juden in anderen Ländern akzeptiert wurde."

„Es war Großbritannien, das erwartungsgemäß einschreiten [wo auch immer es zu einer jüdischen Verfolgung kam], die jüdischen finanziellen Bemühungen weltweit unterstützen und im Gegenzug Gewinn aus dieser Verbindung ziehen sollte."

Wenn Belloc Recht hat, ist die Neue Weltordnung eine Ausweitung des britischen Reichs, in welchem elitäre britische, amerikanische und jüdische imperiale Interessen nicht zu unterscheiden sind.

SCHLUSSFOLGERUNG: WAS IST JÜDISCH?

Die Mehrheit der Juden würde kein Teil der Neuen Weltordnung alias Globalisierung sein wollen, wenn sie ihren undemokratischen Charakter verstehen und erkennen würde, wie sie benutzt wird.

Der wahre jüdische Geist behauptet, dass Wahrheit und Moral absolut sind und nicht zurecht gestutzt werden können, um sie dem Eigeninteresse aus der eigenen Wahrnehmung anzupassen. G.J. Neuberger gibt diesen Geist in seiner Abhandlung „The Great Gulf Between Zionism and Judaism" wieder.

„Das jüdische Volk ist nicht für die Herrschaft über andere, nicht für Eroberung oder Kriegsführung ausersehen, sondern um Gott und damit der Menschheit zu dienen … Somit ist körperliche Gewalt keine Tradition oder kein Wert für die Juden. Die Aufgabe, für welche das jüdische Volk auserkoren ist, besteht nicht darin, ein Exempel an militärischer Überlegenheit oder technischen Errungenschaften zu statuieren, sondern nach Perfektion in moralischem Handeln und spiritueller Reinheit zu streben.

Das Schlimmste, das Grundlegendste und das, welches alle seine anderen Missetaten erklärt, von allen Verbrechen des politischen Zionismus ist, dass … der Zionismus darauf abzielte, das jüdische Volk von seinem Gott zu trennen, den göttlichen Bund hinfällig zu machen und eine „moderne" Eigenstaatlichkeit und eine betrügerische Herrschaft an die Stelle der erhabenen Ideale des jüdischen Volks zu setzen."

Die Bänker machen sich offensichtlich keine Gedanken über den wahren Judaismus oder ethnische Reinheit und waren durchaus bereit, Millionen von Juden zu opfern, um ihren Plan zu erreichen, indem sie Hitler aufbauten. Sie opfern Tausende weitere jüdische, amerikanische und muslimische Leben im Nahen Osten in ihrem Orwell'schen „fortwährenden Krieg für immerwährenden Frieden".

Dient die Neue Weltordnung einer „jüdischen" ethnischen Agenda oder einer Agenda der kabbalistischen Finanzelite? Ich wage zu behaupten, dass sie Letzterem dient und dass das organisierte Judentum für diese Agenda wie so viele andere opportunistische oder ahnungslose Gruppierungen ausgenutzt wurde.

Indem Privatpersonen die Möglichkeit gegeben wurde, Geld zu kreieren, schufen wir ein Ungeheuer, das den Planeten und damit die Menschheit zu verschlingen droht.

DER IMPERIALISMUS DES JÜDISCHEN KAPITALS

Ein im Jahre 1889 veröffentlichtes Buch, „The Great Red Dragon" von L.B. Woolfolk, legt für mich den Schluss nahe, dass der westliche Imperialismus aus der Notwendigkeit der jüdischen Bänker und ihrer nichtjüdischen Verbündeten heraus entstand, das Geld, welches sie aus dem Nichts schaffen können (auf Grund ihrer Kontrolle von Krediten), in reelles Vermögen umzuwandeln (d. h. Besitz der Welt).

Als sich diese Bänker im Jahre 1694 ein Kreditmonopol in England erschlichen, verwandelten sie sich in ein Monster, das mittlerweile die Menschheit gekapert hat. Das Bankenkartell, das seinen Sitz in London hat, verschlang geradezu den Planeten und wird sich nicht zufrieden geben, ehe es alles besitzt und die Menschheit gedanklich und spirituell, wenn nicht sogar körperlich, versklavt. Dies ist kurz gesagt die Neue Weltordnung.

Der letzte Vorstoß kam von einer Geheimgesellschaft, die Cecil Rhodes für Nathaniel Rothschild im Jahre 1891 gründete, um „das Vermögen der Welt abzuschöpfen" und „die Herrschaft über die ganze Welt zu übernehmen".

Eine kürzlich erfolgte Untersuchung der Vereinten Nationen besagt, dass 2 % der Weltbevölkerung 50 % des Vermögens innehaben, während die Hälfte knapp 1 % des Vermögens besitzt. Es ist unnötig zu erwähnen, dass die reichsten 2 % die in London ansässigen Bänker und die Menschen, die mit ihnen in Verbindung stehen, einschließen.

Heute verwirklicht der britische, amerikanische und zionistische Imperialismus die Agenda der „Weltregierung" der Bänker durch die Zerstörung von Religion, Nation, Rasse und Familie. Dieser Imperialismus stellt nicht die Interessen oder Wünsche von gewöhnlichen englischen, amerikanischen oder jüdischen Menschen dar, die selbst kolonialisiert werden.

DER ROTE DRACHE

L.B. Woolfolk war ein amerikanischer baptistischer Prediger, der die Machenschaften des Bankenkartells in den Jahrzehnten des amerikanischen Bürgerkriegs verfolgte. Er bestätigte seine Behauptungen durch Kontakte zu Mitgliedern dieses Kartells während seiner Besuche in London. Er sagt, dass „der große rote Drache" das Symbol der „jüdischen Londoner Finanzmacht" ist.

In seinem Buch, das im Internet einzusehen ist, beschreibt er, wie dieses Kartell die Wirtschaft der Vereinigten Staaten durch Zwischenhändler aufkaufte und es lange vor der Verabschiedung der US-Notenbank-Verordnung (Federal Reserve Act) im Jahre 1913 kontrollierte.

Woolfolk behauptet, dass bereits zum Jahre 1864, also vor fast 150 Jahren, das Vermögen der Welt in ihren Händen lag.

„Der Imperialismus des Kapitals, auf welchen ich hinweise, ist ein Knäuel von Kapitalisten – fast bis auf den letzten Mann Juden –, die ihren Hauptsitz im Finanzviertel von London, in der Threadneedle Street, Lombard und in anderen Straßen in diesem Umkreis errichten, wo Bänker anzutreffen sind. Diesen jüdischen Kapitalisten gelang es, die Industrie und den Handel der Welt in ihren eigenen Händen zu vereinen. – Sie besitzen fast alle Schulden der Welt – die Schulden der Nationen, der Staaten, der Landkreise, der Gemeinden, der Unternehmen und der Einzelpersonen –, die sich schätzungsweise insgesamt auf fünfundsiebzig Milliarden Dollar belaufen, auf welche sie jährlich ungefähr vier Milliarden an Zinsen erhalten. – Sie besitzen die Fabriken, den Transport und den Handel von Großbritannien und die meisten Fabriken, Transport und den Handel der ganzen Welt. – Sie erlangten Kontrolle über die Industrie und den Handel der ganzen Welt; und vereinen rasch den ganzen Geschäftsverkehr in ihren eigenen Händen. Sie halten Anteile an allen großen Branchen und Geschäftsfeldern aller Art und sie bestimmen alle Preise durch ihre eigenen willkürlichen Methoden. Diese Finanzmacht des Finanzviertels in London ist der einzige große herausragende Imperialismus, der auf der Welt existiert."

Woolfolk führt die Anfänge dieses Kartells auf die Britische Ostindien-Kompanie im frühen 18. Jahrhundert zurück.

„Im Jahre 1764 war die Britische Ostindien-Kompanie die größte und reichste Gesellschaft auf der Welt. Es war das einzige Unternehmen, das über ein territoriales Reich herrschte ... Es ereignete sich, dass der größere Anteil des Grundkapitals der Britischen Ostindien-Kompanie und der anderen Firmen, die anschließend aus den Dividenden des Mutterkonzerns gegründet wurden, in die Hände der Juden fiel. Die Juden wurden die großen Finanzkönige der Welt ... Die Geschichte dokumentiert keinen Verlauf einer Eroberung, in welchem Betrug, Hinterlist und Plünderung so miteinander vermengt wurden wie in der Unterwerfung von Indien durch die Britische Ostindien-Kompanie. Es war das erste Beispiel in der Geschichte der Welt, dass ein Handelsunternehmen eine imperiale Macht wurde; und seine imperiale Herrschaft war durch Raffgier, Täuschung und Betrug gekennzeichnet, was ein großes Unternehmen im herzlosen und gewissenlosen Streben nach Gewinn charakterisiert."

Nach der Erfindung der Dampfmaschine im Jahre 1775 verfügten nur die Kapitalisten der Britischen Ostindien-Kompanie über die Mittel, um von der industriellen Revolution zu profitieren. Sie gründeten hunderte von Aktiengesellschaften – Produktionsfirmen aller Arten, Kohlebergbau und Eisengewinnung, Eisenbahnen und Schiffe, Immobilien –, die ihre Eigentümerschaft verschleierten.

„In Wirtschaftskrisen, die sie oft verursachten und immer manipulierten, schafften sie es, systematisch konkurrierende Unternehmen zu ruinieren, sie aufzukaufen und die Minderheitsaktionäre zu berauben und auszuplündern; bis diese organisierten Kapitalisten letzten Endes sehr billig alle oder den größeren Teil des Kapitals der verschiedenen Unternehmen, Produktionen, des Handels und des Transports besaßen, welche ihren Ursprung in der Herstellung von Dampfmaschinen hatten. So perfektionierten sie die Kunst, konkurrierende Unternehmen zu zerschlagen und Minderheitsaktionäre hinauszuekeln, zu einem System und einer Wissenschaft."

Woolfolk stellt Vermutungen an, dass die Rothschilds nicht alleine agierten, sondern ein Syndikat von jüdischen Bänkern vertraten.

„Der Aufstieg des Hauses Rothschild kann als der erste große Zusammenschluss der Juden in einem Syndikat zur Durchführung eines gewaltigen Unternehmens, in welchem all ihr Kapital gebündelt werden könnte, festgehalten werden. Die Rothschilds wurden das Oberhaupt der jüdischen Geldkönige und waren seitdem das Oberhaupt der Juden, indem sie als ein Syndikat auftraten. Dieses Haus leitet vermutlich die jüdische Finanzmacht der Welt. Das Vermögen der Finanzmacht ist schlichtweg nicht berechenbar. Es kann sich nicht auf weniger als 160.000.000.000 US$ belaufen. Wahrscheinlich beträgt es an die 200 Milliarden Dollar ... Die Finanzmacht hat mittlerweile so viel Geld, dass sie keine Anlagemöglichkeiten dafür findet. Durch eine weitere Verdopplung wird sie ungefähr den ganzen Besitz der Welt innehaben. Zu Beginn ihrer Entwicklung bedeutete eine Verdopplung ihres Kapitals 100.000.000 US$. Nun entspricht eine Verdopplung ihres Kapitals 400.000.000.000 US$. Und der ganze Besitz der Welt beläuft sich auf weniger als 600.000.000.000 US$."

Nach Aussage von Woolfolk waren die Rockefellers und die meisten großen amerikanischen Finanziers der Industriellen bloß Mittelspersonen der Londoner Finanzmacht. Standard Oil ist ein klassisches Beispiel dafür, wie sie in jedem Unternehmen ein Monopol errichtete. Da die Finanzmacht die Eisenbahnstrecken besitzt, die für den Transport des Öls benötigt werden, drängte sie die Konkurrenten von Rockefeller aus dem Markt, indem sie die Preise erhöhten.

Dieses Kartell der Kartelle sorgte dafür, dass die Unternehmerschicht nicht aus der Reihe tanzte, indem sie das Schreckgespenst des Kommunismus schufen:

„Ihre Politik zeichnet sich dadurch aus, dass in den großen Städten die Begeisterung für kommunistische und sozialistische Strömungen aufrechterhalten wird; sodass die Geschäftsleute in ihrer Feindseligkeit diesen Ideen gegenüber auf Seiten der Finanzmacht bleiben. Es ist ein bedeutender Umstand, dass die meisten Verfechter des Sozialismus Juden sind, welche höchstwahrscheinlich Handlanger der Finanzmacht sind, die diese Bewegung zu ihrem eigenen Zweck aufrechterhalten ... Sie ist Teil der vollendeten Kunstfertigkeit dieser Geldkönige."

SCHLUSSFOLGERUNG

„The Great Red Dragon" ist eine wichtige Mahnung, dass bereits vor 150 Jahren das Vermögen und die Macht auf relativ wenige konzentriert waren.

Die neuzeitliche Geschichte spiegelt die verborgenen Machenschaften dieser Macht wider. Die ganze Welt wurde kolonialisiert.

Wir sehen heute die Anzeichen dafür, dass eine Hand alle großen multinationalen Konzerne führt. Zum Beispiel vertreten alle dieselbe Linie von Multikulturalität und Feminismus. Alle Präsidenten der Vereinigten Staaten sind Frontmänner dieses Bankenkartells. Ihre Kabinette wurden aus den Rängen des von Rockefeller kontrollierten Council on Foreign Relations (Rat für auswärtige Beziehungen) gewählt. Präsidenten, die sich der Finanzmacht widersetzen, werden beseitigt (d. h. zuletzt John F. Kennedy und Nixon). Alle Präsidentschaftskandidaten unterstützen Israel, das vom Bankenkartell als Hauptstadt ihrer Weltregierung gegründet wurde.

Ich dachte immer, dass dieses Kartell von dem Verlangen motiviert war, seine Macht zu festigen, aber nun frage ich mich, ob die sabbatianische jüdische Irrlehre nicht eine größere Rolle in ihrem Konzept spielt. Jeder, der etwas aus dem Nichts kreiert, glaubt, er sei Gott und wie Satan es verheißen hat, übernahmen diese Bänker die ganze Welt!

Dieses todbringende Problem entstand, weil anscheinend alle Nationen auf ein Netzwerk von jüdischen Bänkern angewiesen waren, damit sie ihnen ihr Geldvolumen schufen. Keine Nation hatte die Macht oder den Verstand, um sich von diesem weltumspannenden imperialistischen System zu lösen.

DAS JÜDISCHE JAHRHUNDERT

Kevin MacDonalds Buch „Die Kultur der Kritik" (2002) stellt das 20. Jahrhundert als das „jüdische Jahrhundert" dar. Vor hundert Jahren waren die Juden ein verarmtes Volk, das größtenteils von feindlichen Bevölkerungen umgeben in Osteuropa lebte. Heute ist Israel sicher errichtet und die Juden wurden zur wohlhabendsten und mächtigsten Elite im Westen.

Die westliche Welt wurde nach Aussage von MacDonald deutlich judaisiert. Nun machen jüdische Werte und Ansichten unsere Kultur aus. Auf Grund der tief sitzenden jüdischen Feindseligkeit gegenüber der traditionellen westlichen (d. h. christlichen) Kultur wurden die Gründervölker „durch ihre eigene Geschichte zutiefst beschämt, was sicherlich der Auftakt zu ihrem Niedergang als Kultur und als Volk war". (Kap. lxix)

Jüdische Organisationen fördern gezielt Richtlinien und Ideologien, die darauf ausgerichtet sind, kulturellen Zusammenhalt zu schwächen, während sie selbst die entgegengesetzten Strategien verfolgen. Obwohl sie Multikulturalität und Internationalismus im Westen vorantreiben, bestehen sie darauf, dass Israel eine reinrassige völkische Enklave für die Juden bleibt.

„Die gegenwärtige Einwanderungspolitik weist im Grunde genommen den Vereinigten Staaten und anderen westlichen Gesellschaften im evolutionären Sinne eine Rolle zu, welche sich nicht auf andere Nationen der Welt anwenden lässt", schreibt MacDonald. „Man beachte, dass amerikanische Juden kein Interesse daran haben, den Vorschlag zu machen, dass sich die Zuwanderung nach Israel gleichermaßen multi-ethnisch gestalten, oder … die Vorherrschaft der Juden gefährden sollte." (S. 323)

DIE PARTEI DER NATIONALEN ZERSETZUNG

MacDonald sagt, dass der Antisemitismus in Deutschland zur Zeit der Weimarer Republik auf der Wahrnehmung beruhte, dass „die jüdische kritische Auseinandersetzung mit der nichtjüdischen Gesellschaft darauf abzielte, die Bindungen des Zusammenhalts innerhalb der Gesellschaft zu lösen". Ein

Akademiker bezeichnete die Juden als „die klassische Partei der nationalen Zersetzung". (S. 163)

MacDonald vermutet, dass die Juden sich in Gesellschaften ohne einen unverkennbaren nationalen Charakter wohler fühlen. Er legt den Schwerpunkt darauf, wie jüdische geistige Strömungen, die von autoritären Persönlichkeiten angeführt wurden, das moderne geistige Leben übernahmen. Er erörtert Boas in der Anthropologie, Adorno in der Soziologie, Freud in der Psychologie und Derrida in der Philosophie.

Die „Frankfurter Schule" war zum Beispiel ein „marxistischer jüdischer Kult", die von dem jüdischen Millionär Felix Weil finanziert wurde. Theodor Adornos einflussreiches Buch „Der autoritäre Charakter" (1950) wurde in Wirklichkeit vom amerikanisch-jüdischen Komitee gesponsert. Es stellte nichtjüdische Gruppenzugehörigkeiten (einschließlich der christlichen Religion, des Patriotismus und der Familie) als Anzeichen einer psychischen Erkrankung dar (S. 162) und schrieb Antisemitismus der christlichen sexuellen Zügelung zu.

Die Gesellschaft nahm die Sichtweise von Adorno an, dass es keine objektive allgemeingültige Wahrheit und keine gemeinsame Wirklichkeit gibt. Jeder ist isoliert und unterschiedlich. Adorno widersetzte sich den Bestrebungen, „die Welt mit irgendeiner Allgemeingültigkeit, Objektivität oder Absolutheit oder mit einem einzigen Ordnungsprinzip, das die Gesellschaft homogenisieren würde, auszustatten ..." (S. 164)

Diese Philosophie lähmte die moderne westliche Kultur. Die westliche Zivilisation wurde auf der Grundlage errichtet, dass Wahrheit spirituell, allgemeingültig, absolut und erfassbar ist. Letztendlich ist Gott Wahrheit.

Die Universitäten von heute gaben die Suche nach der Wahrheit auf und dienen einer dem Bolschewismus ähnlichen sozialen Umgestaltung und Indoktrination. Ein Studium der Geisteswissenschaften ist heutzutage nicht nur Zeitverschwendung, sondern sogar schädlich. Weit davon entfernt, Bewahrer der westlichen Tradition zu sein, sind die Universitäten nun ihre Scharfrichter mit dem stillschweigenden Segen der Regierung.

EINE SELTENE AUSNAHME

Kevin MacDonald, ein Professor der Psychologie an der California State University, ist eine seltene Ausnahme. Sein mutiges, unentbehrliches Buch offenbart den zersetzenden Charakter unserer Zeit.

MacDonald, ein Mann der leisen Töne, der sein Thema mit wissenschaftlichem Abstand behandelt, trug eine Fülle von bemerkenswerten Details zusammen. Wussten Sie zum Beispiel, dass weiße Nichtjuden die am schwächsten vertretene Gruppe in Harvard ist? Sie stellen ungefähr 25 % der Studentenschaft dar. Während Asiaten und Juden zusammen nur 5 % der US-Bevölkerung ausmachen, stellen sie mindestens 50 % der Einschreibungen in Harvard.

„Die Vereinigten Staaten sind auf dem besten Wege, von einer asiatischen technokratischen Elite und einer jüdischen wirtschaftlichen, fachmännischen und medialen Elite dominiert zu werden", sagt MacDonald.

Er beschreibt ausführlich die jüdische Rolle bei der Förderung des Kommunismus, der außereuropäischen Zuwanderung und der NAACP (Nationale Organisation für die Förderung farbiger Menschen). Er dokumentiert den Würgegriff der Juden, in dem sich das kulturelle Leben der Vereinigten Staaten befindet, und zeigt auf, wie er angewendet wird, um die amerikanischen Gesinnung zu formen.

„Zum Beispiel schaffte es die Fernsehserie ‚All in the Family' nicht nur, die europäische Arbeiterklasse als dumm und engstirnig hinzustellen, sondern stellte jüdische Themen sehr positiv dar. Zum Ende ihrer 12-jährigen Laufzeit hat sogar der Erzfeind Archie Bunker ein jüdisches Kind bei sich zuhause aufgezogen, freundete sich mit einem schwarzen Juden an (implizierte Bedeutung: Judaismus hat keine ethnischen Bezüge), machte sich mit einem jüdischen Partner selbstständig, wurde Mitglied einer Synagoge, hielt eine Trauerrede auf einer jüdischen Beerdigung seines engen Freundes, usw. … Jüdische Rituale werden als ‚angenehm und adelnd' dargestellt … Es wird nie irgendeine vernünftige Erklärung für den Antisemitismus geliefert … Er wird als etwas absolut irrationales Böses hingestellt, was an jeder Ecke bekämpft werden muss." (Kap. lviii)

Demgegenüber wird das Christentum typischerweise in den Filmen als böse und Christen sogar als Psychopathen hingestellt. MacDonald führt den konservativen jüdischen Kritiker Michael Medved an, der sich beschwerte, dass er keinen ab 1975 produzierten Film finden konnte, in welchem das Christentum positiv dargestellt wurde. (Kap. lix)

JÜDISCH-CHRISTLICHE RIVALITÄT

MacDonald sieht Antisemitismus als das Ergebnis an, Interessenskonflikte zu legitimieren. Jedoch verteufeln jüdische Organisationen jeden, der die Dreistigkeit besitzt, die jüdische Vorherrschaft anzusprechen. Sie unterdrücken die Tatsache, dass die jüdisch-christliche Rivalität sehr tief in der westlichen Gesellschaft verwurzelt ist.

Meiner Ansicht nach läuft diese Rivalität auf den Umstand hinaus, dass jüdische Pharisäer die Botschaft Jesu von universeller Liebe und menschlicher Brüderlichkeit ablehnten. Seitdem sind Juden sozial und metaphysisch Ausgestoßene, allerdings besitzen sie unheimliche Kräfte der Selbstrechtfertigung. Juden wurden von weltlichen Drahtziehern, die darauf aus sind, die christliche Zivilisation zu zerstören, als Schachfiguren benutzt. Der „Trend der Moderne" des 20. Jahrhunderts ist in diesen Umständen zu erkennen.

Wie ich an anderer Stelle den Schluss nahelegte, ist der Judaismus mehr ein ethnischer Glaube als eine Religion. Den Juden wird erzählt, wir hätten die Mission, Gleichheit und soziale Gerechtigkeit zu schaffen. Tatsächlich benutzen Finanziers die Juden als Instrument, um eine totalitäre Weltordnung zu errichten. Ein Leitbild für die Menschheit sind wir nicht. Wir, die wir uns selbst betrogen haben, hintergingen andere und verursachten Persönlichkeitsstörungen und gesellschaftliche Spaltung. Unsere Rolle im Kommunismus ist eine Schande. Israels Umgang mit den Palästinensern ist beschämend. Wir Juden müssen herausfinden, wer wir wirklich sind, und uns zu uns selbst bekennen.

Wir können damit beginnen, „Die Kultur der Kritik" und die anderen Bücher von MacDonalds Trilogie, „Der Jüdische Sonderweg" (1994) und „Absonderung und ihr Unbehagen" (1998), zu lesen. MacDonalds Verleger schickte „Die Kultur der Kritik" an 40 jüdische wissenschaftliche Magazine, und es wurde nicht eine Besprechung seines Buches veröffentlicht. Es gab auch keine Berichterstattung in den bekannten Medien, keine Bestätigung seiner These und keine Prüfung des Ausmaßes unserer Gefangenschaft.

MacDonald schlägt keine Gegenmaßnahmen vor. Aber um die „Neue Weltordnung" zu bekämpfen, müssen die westlichen Nationen zu ihren christlichen und nationalen Wurzeln zurückkehren. Die Gründer der Kulturen sollten ihre Werte und Traditionen als ein Bindemittel für den gemeinschaftlichen Zusammenhalt wieder geltend machen. Minderheiten sollten willkommen geheißen werden, aber sie sollten nicht als Vorwand der Bänker benutzt werden, um nationalen Charakter und Zusammenhalt zu schwächen. Einwanderer wollen das nicht.

Bei der Geburt betritt jeder von uns ein Drama, das schon im Gange ist. Wir dürften spüren, dass etwas äußerst falsch läuft, aber wir können es nicht definieren. Tatsächlich befinden wir uns in einem fortgeschrittenen Stadium einer Langzeitverschwörung, welche die westliche Zivilisation untergräbt. Der „Modernismus" im 20. Jahrhundert war eine Erfindung, die darauf angelegt ist, den Menschen ihre familiäre, kulturelle und religiöse Identität zu entziehen, bevor sie in einem neuen dunklen Zeitalter versklavt werden. Die westlichen Gesellschaften müssen ihre christlichen und nationalen Wurzeln verfechten oder dieses Drama wird kein gutes Ende nehmen.

DAS RÄTSEL DES ANTISEMITISMUS

„Wir werden von Juden überschwemmt", bemerkte ein kanadischer Einwanderungsbeamter zu seinem Kollegen.

Das war im Jahre 1951. Er prüfte die Papiere eines jungen Paares mit einem kleinen Jungen. Mein Vater verstand Englisch. Er überlebte mit knapper Not die Nazis. Dies war sein Empfang in Kanada.

Glücklicherweise war dies kein schlechtes Omen. Wir kamen kaum mit Diskriminierung in Berührung und meiner Familie ging es gut.

Trotzdem wollten sich meine Eltern integrieren. Sie gaben ihren Kindern englisch klingende Namen und pflegten fast keinen Umgang mit der jüdischen Gemeinde. Unsere jüdischen Feierlichkeiten beliefen sich darauf, dass meine Mutter freitags die Kerzen anzündete und wir die wichtigen Feiertage begingen.

Meine Eltern sprachen selten von meinen Großeltern, die ums Leben gekommen sind. Sie schienen es als Fluch anzusehen, jüdisch zu sein. Ich passte mich an. Es ist daher ironisch, dass mein Vater, der nun 85 ist, sich von mir distanzierte, weil ich versuche, Antisemitismus anders als einen stark vereinfachten Begriff zu verstehen.

Die Tatsache, dass Antisemitismus nicht irrational ist, rechtfertigt nicht die Politik des Völkermords der Nazis. Man würde meinen, dass die Juden verstehen wollen, was sich wirklich ereignete. Wie sonst können sie sicherstellen, dass ihnen nicht dasselbe Schicksal erneut widerfährt?

VERTEIDIGUNGSMECHANISMUS

Antisemitismus ist kein irrationaler Hass oder eine Erkrankung der nichtjüdischen Seele, wie es sich die Juden vorstellen. Er ist ein gesunder Verteidigungsmechanismus von hauptsächlich christlichen und muslimischen Nationen, Kulturen, Rassen und Religionen, die von einem allmählichen und heimtückischen Ausrottungsprozess bedroht werden (d. h. Feminismus, Multikulturalität, Weltregierung).

Die meisten „antisemitischen" Bücher, die ich gesehen habe, sind bemerkenswerterweise frei von Hass und Groll. Sie befürworten keine Gewalt gegen Juden, sondern unterbreiten Maßnahmen ähnlich denen, die von den Juden heute in Israel angewendet werden, um den nationalen und ethnischen Charakter zu bewahren.

Sie tendieren dazu, vernünftig zu sein und stellen den Nichtjuden als ein schwaches Opfer der höheren jüdischen Intelligenz dar. Leon de Poncins würde sogar die jüdische Führung akzeptieren, wenn sie wohlwollend wäre.

Der Wettstreit zwischen den „christlichen" und „jüdischen" Weltanschauungen ist der zentrale Faktor in der Entwicklung der westlichen Welt.

„Die Ankunft Jesu war eine nationale Katastrophe für das jüdische Volk, besonders für die Führer", schrieb Leon de Poncins. „Bis dahin waren sie alleine die Söhne des Bundes; sie waren seine alleinigen Hohepriester und Begünstigten ... Die unüberwindliche Feindseligkeit, mit welcher der Judaismus das Christentum seit 2000 Jahren ablehnt, ist der Schlüssel und die Triebfeder der heutigen Zersetzung ... [Der Jude] verfocht die Vernunft gegen die mythische Welt des Geistes ... Er war der Doktor des Unglaubens; all diejenigen, die innerlich aufbegehrten, kamen entweder im Geheimen oder am helllichten Tage zu ihm ..." („Judaism and the Vatican", S. 111-113)

Die „Judenfrage" war seit hunderten von Jahren ein wesentlicher Streitpunkt. Schon im Jahre 1879 beklagte Wilhelm Marr, ein deutscher Journalist, dass nicht ehrlich darüber diskutiert werden könne:

„Seit 1848 genügte es, dass wir Deutschen auch nur die geringste Kleinigkeit, die Juden betreffend, kritisierten, um vollkommen von der Presse geächtet zu werden. Während unter den Juden ein Feingefühl gänzlich fehlt, wenn sie die Deutschen verspotten, wird von uns verlangt, dass wir sie wie zarte Glaswaren oder äußerst empfindliche Pflanzen behandeln." („Antisemitism in the Modern World: An Anthology", 1991, S. 85)

THEODOR FRITSCH (1852 – 1934)

Das bedeutendste Buch von Fritsch, der als der „einflussreichste deutsche Antisemit vor Hitler" bezeichnet wird, „Handbuch der Judenfrage" von

1896, erschien in dutzenden Neuauflagen und wurde während der NS-Zeit an deutschen Schulen gelehrt. Die meisten Exemplare wurden nach dem Zweiten Weltkrieg vernichtet.

Das „Handbuch" wurde im Jahre 1927 ins Englische übersetzt und wurde unter dem neuen Titel „The Riddle of the Jew's Success" von F. Roderich-Stoltheim, einem Pseudonym, veröffentlicht. Es ist extrem selten; Originalexemplare kosten an die 1000 US$.

Fritsch entspricht nicht dem Bild eines Hasspredigers mit Schaum vor dem Mund. Sein Buch beeindruckt mich als das Werk eines anständigen Mannes mit beachtlicher spiritueller Kenntnis. Seine zentrale Aussage ist, dass der Judaismus keine Anerkennung als monotheistischer Glaube verdient, da der jüdische Gott nicht universal ist.

„Es ist ein verhängnisvoller Irrtum unserer Theologen, den jüdischen Gott als identisch mit dem christlichen Gott anzusehen. Bei näherer Betrachtung stellt sich heraus, dass Jehovah der alleinige Gott des Judentums und nicht zugleich der Gott anderer Menschen ist."

Er zitiert viele Passagen des Alten Testaments, um aufzuzeigen, dass der Bundesschluss zwischen Juden und ihrem Gott „einen feindseligen Bedeutungsgehalt für alle nichtjüdischen Menschen mit sich bringt".

Folgendes Beispiel führte er an: „Heische von mir, so will ich dir Heiden zum Erbe geben und der Welt Enden zum Eigentum. Du sollst sie mit einem eisernen Zepter zerschlagen; …" (Psalm 2:8-9)

Daraus folgt, dass der Talmud (das jüdische Gesetzbuch) zwischen einem Moralsystem für Juden und einem für Heiden unterscheidet, wobei Letztere als Vieh oder als Aas angesehen werden. Fritsch führt viele Verweise auf, um nachzuweisen, dass es Juden erlaubt ist, zu lügen, zu betrügen oder die Nichtjuden zu bestehlen. (S. 57-65)

Fritsch schlussfolgert, dass Antisemitismus eine natürliche Reaktion auf diese feindselige Haltung ist, nach welcher, wie er behauptet, viele Juden tatsächlich handeln. Weil diese Glaubensinhalte vor Nichtjuden geheim gehalten wurden, sagt er, ist der Judaismus eine Verschwörung gegen Nichtjuden.

Ihr Ziel besteht darin, den Bund zu erfüllen und durch die Kontrolle über das Vermögen Herrschaft über die Menschheit zu erringen.

Er behauptet, dass alle Juden Teil dieses Komplotts sind und keiner davon ausgenommen werden kann. Ich respektiere das Recht der Deutschen und anderer Nichtjuden auf ein nationales Heimatland, aber ich bin der Meinung, dass er im Unrecht ist, wenn er für alle Juden dasselbe rassistische Maß anlegt.

Der gegen Nichtjuden gerichtete Charakter des Judaismus ist für viele Juden neu, welche genauso einer Gehirnwäsche unterzogen wurden wie die Nichtjuden.

Wie würde es Fritsch gefallen, für das, was andere Deutsche (z. B. Nazis) getan oder gesagt haben, verurteilt zu werden? Juden sind Individuen und sollten nach ihren persönlichen Taten beurteilt werden. Dem Großteil ist der Judaismus fremd geworden und sie würden Bibelstellen wie den oben zitierten Psalm abstoßend finden.

SCHLUSSFOLGERUNG

Juden müssen ihre Beziehung mit dem Judentum überprüfen. Ich kann nicht genug auf die Bedeutsamkeit der Ablehnung Jesu durch die Juden hinweisen.

Jesus verkörperte einen umfassenden Gott und eine universelle Moral. Seine Lehre stellte den nächsten naheliegenden Schritt dar, den die Juden ergreifen hätten sollen, wobei sie ihre ethnische Integrität bewahrt hätten.

Durch die Ablehnung der Lehre Jesu brachten die Pharisäer das jüdische Volk in eine Position des fortwährenden Widerspruchs mit den besten Interessen der Menschheit und dem höchsten und unabdingbaren Pfad der menschlichen spirituellen Entwicklung.

Sie brachten die Juden in einen Zustand dauerhafter metaphysischer Auflehnung, welcher zu persönlicher Entfremdung und zu Persönlichkeitsstörungen führt.

Jesus lehrte, dass Gott Liebe ist. Liebe ist der Masterplan. Liebe ist Licht. Liebe deinen Nächsten. Was du nicht willst, das man dir tut, das füg auch keinem anderen zu. Was könnten die Pharisäer an einer Botschaft auszusetzen haben, die menschliche Brüderlichkeit und die Maxime, das Wohl anderer dem eigenen vorzuziehen, predigt?

Sie leugnet ihren speziellen Anspruch, Gottes „auserwähltes Volk" zu sein und Gottes Willen zu vollziehen, welcher in Wirklichkeit ihr eigener ist.

BESTER FILM „CHICAGO" ZELEBRIERT JÜDISCHE MACHT UND DOPPELMORAL

„Erschieß mich nicht, ich bin ganz alleine", fleht ein Mann seine Ehefrau an, die seine Waffe auf ihn richtet, nachdem sie ihn mit zwei nackten Frauen im Bett erwischt.

„Aber ich kann zwei Frauen sehen", wendet sie ein.

„Glaub nicht, was Du siehst", weist er sie an, indem er den Grundsatz der Propaganda wiederholt. „Glaub, was ich Dir sage."

Die Frau erschießt ihren Ehemann in dieser Szene des Filmmusicals „Chicago". Aber der Film ist unter der zynischen Voraussetzung gedreht worden, dass das Publikum nicht so clever ist.

„Chicago" stammt von Fred Ebb, dem Verfasser des Musicals „Cabaret". Wo schon das Mantra von „Cabaret" „Geld regiert die Welt" lautet, verkündet die Fortsetzung, dass Macht auf Betrug, Geheimgesellschaften und Kontrolle über die Medien beruht.

Es ist bezeichnend, dass, als viele Amerikaner die Zionisten verdächtigten, ihr Land durch Tricks in einen weiteren fingierten Krieg zu treiben, ein Film, der insgeheim jüdische Macht und Doppelmoral zelebriert, die Auszeichnung für den Besten Film im Jahre 2002 erhielt.

CHICAGO

„Chicago" wurde im Todestrakt des Frauengefängnis in Chicago produziert, wo die Männermörderinnen frech verlauten lassen: „Er hat es verdient."

„Roxie Hart" ermordete ihren Liebhaber, weil er sein Versprechen brach, sie als Sängerin groß herauszubringen, und sie stattdessen verließ.

Der „irische" Anwalt Billy Flynn ist die einzige Person, die Roxies Hals retten kann. Flynn wird von dem halb-jüdischen Richard Gere gespielt, der in seiner Rolle jüdisch wirken soll. Indem ihm auch eine „irische" Identität zugesprochen wird, verkauft der Bühnenautor das jüdische Erlebte als etwas amerikanisch Erlebtes. Aber Juden verstehen die Botschaft.

Flynns Art des Handelns zeichnet sich dadurch aus, dass er eine Geschichte über seine Klientin erfindet, die die Menge begeistert, und eine Medienhysterie zu ihren Gunsten hervorruft. Es gibt eine unheimliche Szene, in der Flynn als riesiger Puppenspieler dargestellt wird, der Dutzende von Reporter-Marionetten im unteren Bühnenbereich kontrolliert.

In einer anderen Szene ist er ein Bauchredner, der für Roxie Hart spricht. (Stellen Sie sich Dubya oder McCain oder Obama auf seinem Schoß vor.) Am Ende tauscht er in einer Gerichtssaalszene Zwinkern und freimaurerische Handzeichen mit dem Richter aus.

Flynn verkündet Roxie zynischerweise: „Du musst Dir keine Sorgen machen. Es ist alles Zirkus, Kindchen. Ein Affenzirkus. Dieser Prozess, die ganze Welt – alles Showbusiness. Aber Du arbeitest mit einem Star, Kindchen – dem größten Star!"

Er beginnt ein Lied zu singen, das voller Andeutungen über jüdischen Selbsthass, Dreistigkeit, Hype und Verachtung für Nichtjuden ist:

„Liefer ihnen die altbewährte Show …

Was, wenn Deine Scharniere rostig wären?

Was, wenn Du in Wirklichkeit einfach abscheulich bist?

Lenk sie ab.

Und sie werden nie draufkommen!

Wie könnten sie unter all dem Getöse die Wahrheit verstehen?

Mach ihnen was vor und betrüg sie

Sie finden nie heraus, dass Du nur ein Niemand bist …

Sie lassen dich mit Mord davonkommen …"

Um dies unmissverständlich klar zu machen, hat eine andere Gefängnisinsassin, eine ungarische gläubige Katholikin, nicht das Geld oder die „Intelligenz", um Billy Flynn zu beauftragen. Wir sehen sie zu Jesus Christus beten, aber Jesus ist keine Hilfe. Sie wird gehängt. Wir sehen sie hängen. Wir sehen, dass ihr Sarg fortgetragen wird. Christen sind Verlierer.

Ihr Tod ist nur im Hinblick auf das, was Roxie geschehen könnte, wichtig. Die Entscheidung der Geschworenen steht noch aus. Die Zeitungen druckten zwei Auflagen mit den Schlagzeilen SCHULDIG und UNSCHULDIG. Die Zuschauer wissen, dass Roxie schuldig ist. Sie tötete einen Mann, der eine Frau und fünf kleine Kinder hat, bloß weil er sich ihrer ohne Gegenleistung annahm.

Wenn Hollywood seinen Job machen würde, wäre Roxie für schuldig befunden worden. Die Welt würde als ein Ort dargestellt werden, an dem Billy Flynns Täuschungsmanöver keinen Erfolg hätten, an dem bleibende Werte regieren würden und an dem man nicht „mit Mord ungestraft davonkäme". Aber Roxie wurde natürlich für unschuldig befunden. So funktioniert die Welt. Alles andere wäre moralisierend.

Aber ist das nicht auch moralisierend? Predigt es nicht Spott, Korruption und Verfall? „Chicago" versinnbildlicht eine Scheinreligion, in welcher der Mensch Gott missachtet und Gewinnen alles ist, worauf es ankommt.

Nach dieser weltlichen Religion verleiht Sex-Appeal der Frau Legitimität. Sie gehen davon aus, dass diese Legitimität sich auf Kunst und Handel ausweitet. Die wild tanzenden halbnackten Frauen in „Chicago" erinnern mich an Zirkusbären in Tutus. Sie stoßen ihre Becken in unser Gesicht. Es gibt keinen Sex-Appeal ohne Würde, keine Würde ohne Kultur und keine Kultur ohne Religion.

WELTLICHE TYRANNEI

In der Schlussszene von „Chicago" stehen Roxie Hart und ihre Partnerin, Velma Kelly, eine andere von Flynns zufriedenen Klienten, auf der Bühne.

„Danke für Euren Glauben an unsere Unschuld", sagen sie. „Wie Ihr wisst, haben viele Menschen den Glauben an Amerika verloren. Und daran, wofür Amerika steht. Aber wir sind die lebenden Beispiele dafür, was für ein wundervolles Land es ist."

Ironisch, nicht wahr? Sie sind schuldig und wir alle wissen das. Dennoch verkünden sie nach wie vor unverschämt ihre Unschuld. Sie projizieren ihren Selbstbetrug auf Amerika als Ganzes.

Die Show ist ihrer Botschaft treu. Glaubt, was wir Euch erzählen, nicht das, was Ihr seht. Amerikas Größe unter diesem neuen satanischen Zeitalter ist, dass sie Euch ermöglicht, „mit Mord davonzukommen". Amerikas Größe gibt vor, dass schwarz weiß ist.

KOMMUNISMUS – EINE LIST VON DEN JÜDISCHEN ILLUMINATEN FÜR DIEBSTAHL UND MORD

Im Jahre 1869 gab Jacob Brafmann, der vom Judentum zum Christentum konvertierte, ein Buch in russischer Sprache über die jüdische Gemeinschaftsorganisation, „Das Buch vom Kahal", heraus, das den Schluss nahelegt, dass – ohne Wissen vieler Juden und Nichtjuden – sich das organisierte Judentum tatsächlich gegen die nichtjüdische Bevölkerung in Russland verschwor. Wie die meisten Bücher dieser Art ist es nicht mehr erhältlich.

Glücklicherweise veröffentlichte im November 1881 Mme. Z.A. Ragozin eine eingehende Zusammenfassung im „The Century Magazine" (Vol. 23, Issue I) unter dem Titel „Russian Jews and Gentiles from a Russian Point of View". Diese beachtenswerte Abhandlung ist im Internet verfügbar.

Ragozin war eine Gelehrte der altorientalischen Geschichte, die ein halbes Dutzend Bücher über die Chaldäer, die Perser und die Assyrer in den 1880er Jahren herausbrachte.

„DER KAHAL"

Brafmanns Buch basierte auf einer Unmenge von internen Dokumenten des Kahals. Seine erschreckendste Enthüllung ist folgende:

Der Kahal befolgte die talmudische Vorschrift, dass nichtjüdisches Eigentum „jedem Juden freisteht", der gegen eine Gebühr von der Kommune („der Kahal") eine Vorabgenehmigung erhielt, sich dieses zu erschleichen. So offenkundig dies ein Ursprung des Antisemitismus ist, dürfte es ebenso die wahre räuberische Natur des Kommunismus (und der Neuen Weltordnung) hinter der idealistisch klingenden Schönfärberei verdeutlichen.

Beispielsweise erklärt Brafmann, der den jüdischen Historiker Simon Dubnow als „Spitzel" bezeichnete, dass der Jude „N" die Rechte für das Haus eines Nichtjuden „M" kauft.

„Er erwarb ‚Chasaka', das heißt, das Eigentumsrecht auf das Haus des Nichtjuden ‚M', in Kraft dessen ihm das Alleinrecht hiervon gegeben wurde, das gegen die Einmischung oder den Wettbewerb von anderen Juden absichert, um den Besitz des besagten Hauses ... ‚auf welchem Wege auch immer' an sich zu bringen. Bis es ihm letztendlich gelang, es in seinen offiziellen Besitz zu übertragen, ist er allein befugt, das Haus von seinem gegenwärtigen Besitzer zu mieten, in ihm Handel zu treiben, dem Besitzer oder anderen Nichtjuden, die in ihm wohnten, Geld zu leihen, um aus ihnen auf irgendeine Art, die ihm sein Erfindungsreichtum nahelegt, Profit zu schlagen ..."

Der zweite Teil dürfte ein Modell dafür liefern, wie Einzelpersonen die Untergebenen eines Juden wurden.

„Manchmal verkauft der Kahal einem Juden sogar eine bestimmte nichtjüdische Person ohne Grundbesitz. [Das wird als ‚Maaruphia' bezeichnet.] Es ist den Juden mancherorts untersagt, mit dieser Person in Beziehung zu treten, die von Ersterem rechtskräftig für sich beansprucht wurde; aber an anderen Orten steht es jedem Juden frei, ihm Geld zu leihen, ihn zu bestechen und ihn zu berauben, denn es wird gesagt, dass der Besitz eines Nichtjuden ‚hefker' [d. h. herrenloses Gut] ist. Er ist also für alle frei verfügbar und soll demjenigen gehören, wer auch immer Besitz darüber erlangt." (S. 29)

Nach Aussage von Brafmann „legen die Dokumente in möglichst klarer Weise dar, wie es Juden trotz ihrer eingeschränkten Rechte immer gelang, unerwünschte Personen aus den Städten und Stadtgemeinden, in denen sie sich angesiedelt haben, zu vertreiben, um das Vermögen und den Grundbesitz an diesen Orten in ihre Hände zu bekommen und um sich aller Konkurrenz im Handel und Gewerbe zu entledigen, wie es in den westlichen Provinzen von Russland, in Polen, Galizien und Rumänien der Fall war ..."

Das Verkaufen von Alkohol und das Verleihen von Geld waren Methoden, um sich Besitz zu erschleichen. Die jüdischen Wodkahändler tauchten zur Erntezeit auf und verkauften an die Farmer Alkohol auf Kredit. Binnen kurzer Zeit wurden die Trinkgewohnheiten der Bauern und der Zinseszins miteinander verknüpft, um den Besitz und zukünftige Ernten den Wodkahändlern zu übereignen. (E. Michael Jones, „Russian Roulette", Culture Wars, Mai 2006, S. 24)

EINE BAHNBRECHENDE ART DES STEHLENS

Fünfzig Jahre nach der Veröffentlichung von „Das Buch vom Kahal" wurde die christliche russische Zivilisation durch die bolschewistische Revolution brutal ausgelöscht, welche eine Angriffslinie der jüdischen Bänker unter den Illuminaten darstellte. Die wesentlichen Aspekte dieser Revolution waren, abgesehen vom Aufzwingen eines grausamen und verdorbenen Polizeistaats, die Beschlagnahmung von unermesslichem nichtjüdischen Vermögen und das Abschlachten von Millionen von Nichtjuden größtenteils durch Juden. Dieser Holocaust findet wenig Beachtung, da die jüdischen Illuminaten die Massenmedien und das Bildungssystem kontrollieren, indem sie selbstgerechte und hochbezahlte Dummköpfe ausnutzen, um ihre geistige Willkürherrschaft durchzusetzen.

Die Front der Rothschilds, bestehend aus Kuhn, Loeb & Co., erhielt eine stattliche Rendite für ihre 20 Millionen US$, mit denen sie die Revolution von 1917 finanzierten. Im Jahre 1921 zahlte Lenin ihnen 102 Millionen US$. („New York Times", 23. Aug. 1921) Außerdem durften sie die Bankkonten einbehalten, welche die Zarenfamilie der Romanows ihnen törichterweise anvertraut hatte.

Darüber hinaus übernahmen die jüdischen Bänker unter den Illuminaten die Eigentümerschaft der russischen Industrie. Dokumente des deutschen Geheimdiensts weisen die Bolschewisten an, die „russischen Kapitalisten, soweit sie es wünschen, zu vernichten, aber es würde keinesfalls möglich sein, die Zerstörung der russischen Unternehmen zu genehmigen".

Die deutsche Reichsbank ließ den Bolschewisten einen Betrag von mehr als 60 Millionen Rubel zukommen. In diesem Zusammenhang führt A.N. Field die Schriftstücke 10 und 11 zwischen den Bänkern und den Bolschewisten auf: „Sie liefern einen kompletten Überblick über die Bedingungen, nach welchen die deutschen Banken nach dem Krieg die russische Industrie kontrollieren sollten." („The Truth about the Slump", 1931, von A.N. Field, S. 62-72)

„DER ROTE TERROR"

Lenin und Trotzki gründeten den berüchtigten Geheimdienst „Tscheka" (später GPU, dann NKWD und schließlich KGB), um Eigentum zu entwenden und Widerstand zu zerschlagen.

„Die ersten Tscheka-Einheiten, die in jeder Gemeinde oder Stadt aufgestellt wurden, waren in erster Linie damit beauftragt, zaristische Bürokraten, Gendarme und hochrangige Offiziere, die Familien der Weißgardisten und alle Bürger, deren Eigentum auf 10.000 Rubel oder mehr geschätzt wurde, auszulöschen. Es gab tausende von Wissenschaftlern und Ingenieuren, die als ‚Ausbeuter' ermordet wurden, und ungefähr die Hälfte der Ärzte des Landes wurde entweder getötet oder gezwungen, das Land zu verlassen. Menschen wurden ungeachtet ihres Alters zuhause, auf den Straßen und in den Kellern des Hauptquartiers der Tscheka ermordet." (Slava Katamidze, „Loyal Comrades, Ruthless Killers: The Secret Services of the U.S.SR 1917 – 1991", S. 14)

Tausende von christlichen Priestern und Mönchen wurden ins Gulag geschickt und abgeschlachtet.

„Die Kirche wurde vom allerersten Augenblick an das Ziel der bolschewistischen Feindseligkeit. Der Widerstand gegen die Beschlagnahmung von Kircheneigentum, insbesondere von Gold- und Silbergegenständen, war besonders erbittert … Nun riefen Priester, die die Obrigkeiten beschuldigten, dass sie die meisten Einnahmen in ihre eigenen Taschen steckten, ihre Gemeinden dazu auf, sich gegen die Einziehung zur Wehr zu setzen." (Katamidze, S. 25)

Es wird angenommen, dass die Tscheka nach Aussage des mutigen jüdischen Autors Steve Plocker, der sagt, dass die Tscheka von Juden geleitet und ihre Mitarbeiter hauptsächlich Juden waren, für mindestens 20 Millionen Todesfälle verantwortlich ist. Die Tscheka wurde von Lenin und Trotzki bevollmächtigt, die jüdische Illuminaten waren und von jüdischen Bänkern unter den Illuminaten finanziert wurden.

„Viele Juden verkauften ihre Seele dem Teufel der kommunistischen Revolution und haben bis in die Ewigkeit Blut an ihren Händen kleben", schreibt Plocker. „Wir dürfen nicht vergessen, dass einige der bedeutendsten Mörder der heutigen Zeit Juden waren."

Viele gewöhnliche jüdische und nichtjüdische Kommunisten wurden dazu verleitet, zu glauben, dass der Kommunismus die ärmliche Arbeiterklasse, die Aufteilung des Vermögens und soziale Gerechtigkeit vertrat, was aber nicht die Mörder von ihrer Schuld freispricht. Wie heute auch unterzogen die jüdischen Illuminaten die Masse einer Gehirnwäsche. Jedoch durchschauten einige andere Juden die Täuschung und bekämpften heldenhaft den Kommunismus.

Die Puppenspieler der Illuminaten ziehen die Fäden, um die Illusion aufrechtzuerhalten, dass die Geschichte zufällig verläuft. Daher lehnte sich Stalin zu verschiedenen Zeiten gegen seine Handler auf und verfolgte ihre jüdischen Mittelspersonen. Viele glauben, dass Stalin letztendlich ermordet wurde, als er versuchte, endgültig durchzugreifen.

Das gegenteilige Spiegelbild des „roten Terrors" war die Verfolgung der Juden von den Nazis und die Einziehung ausgewählten jüdischen Vermögens in den 1930ern. Ich vermute, dass die jüdischen Bänker unter den Illuminaten verantwortlich für das Emporkommen der Nazis waren und ihnen die Enteignung des Vermögens ihrer „minderen jüdischen Brüder" und ihrer jüdischen Konkurrenten, die nicht den Illuminaten angehörten, zugutekam. Die großen deutschen Bänker waren in hohem Maße an der „Arisierung" des jüdischen Eigentums beteiligt.

SCHLUSSFOLGERUNG

Ein Krebs zerfrisst die westliche Zivilisation. Der Ursprung liegt bei den Zentralbänkern, welche den Illuminaten angehören und unsere wirtschaftlichen, politischen, kulturellen und geistigen Institutionen kontrollieren. Anders ausgedrückt verkörpert unsere „Führerschaft" eine okkulte Imperialmacht, die sich mit uns im Krieg befindet; und wir können sie nicht einmal erkennen, da unsere Institutionen unterwandert wurden.

Das heutige Amerika kann mit Russland vor der Revolution gleichgesetzt werden. Nach Aussage von W. Schulgin „befand sich der Verstand der Nation in den Händen der jüdischen Illuminaten und es wurde üblich, in jüdischen Kategorien zu denken … Trotz aller Einschränkungen kontrollierten die Juden die Gedanken des russischen Volks." (Jones, Culture Wars, S. 42) Natürlich kontrollieren die Illuminaten die jüdischen Gedanken.

Ein wahrer Jude (und Christ und Muslim) steht für Gott und eine universelle Moralordnung. Demzufolge kann eine Weltregierung nie „gut für die Juden" sein, unabhängig welchen Elitestatus sie genießen.

Weltlicher Humanismus kann Gott nicht ersetzen. Er ist das Gegenstück zu einer wahnsinnigen satanischen Agenda und noch mehr Brutalität, welche die Vergangenheit kennzeichnet.

SOWJETS VERSCHONTEN SYNAGOGEN ABER RISSEN KIRCHEN NIEDER

Ein Leser stellte eine durchdringende Frage: „Als die Bolschewisten in Russland an die Macht kamen, versuchten sie, die Religion zu zerstören. Ihre erklärte Philosophie war der Atheismus und sie schlossen christliche Kirchen und töteten den Klerus oder sperrten ihn ins Gefängnis."

„Aber schlossen sie auch jüdische Synagogen und ermordeten oder sperrten die Rabbiner ein? Die Antwort zu dieser Frage würde vieles von den Anfängen des Kommunismus erklären und ich hoffe, Du kannst die Wahrheit aufdecken."

Letzte Woche stieß ich zufällig auf die Antwort in einem Buch des amerikanischen Historikers Edwin Schoonmaker:

„Fünfzehn Jahre nachdem die bolschewistische Revolution gestartet wurde, um das marxistische Programm umzusetzen, konnte der Herausgeber von ‚American Hebrew' schreiben: ‚Solchen Informationen zufolge, die der Autor sich verschaffen konnte, während er vor ein paar Wochen in Russland war, wurde nicht eine jüdische Synagoge niedergerissen wie hunderte – vielleicht tausende der griechisch-katholischen Kirchen … In Moskau oder in anderen großen Städten kann man den Zerstörungsprozess christlicher Kirchen sehen … [wann immer] die Regierung den Standort für ein großes Gebäude braucht.' (American Hebrew, 18. Nov. 1932, S. 12) Abtrünnige Juden, die eine Revolution anführten, um die Religion als „Opium des Volkes" zu zerstören, hatten irgendwie die Synagogen von Russland verschont." („Democracy and World Dominion", 1939, S. 211)

Wenn die Kommunisten Gott und die Religion so sehr hassten, warum zerstörten sie nicht auch die Synagogen? Verehren das Christentum und der Judaismus denselben Gott? Oder kann eine Religion, die für sich allein Gott in Anspruch nimmt, eine Religion sein? Könnte es sein, dass der Judaismus in Wirklichkeit ein Geheimbund wie die Freimaurerei ist, bei welcher die Mitglieder die verborgene Agenda nicht kennen, die in der Tat durch den Kommunismus ausgedrückt wird? Obwohl in Wirklichkeit viele religiöse

Juden Antikommunisten waren, deuten Schoonmakers Informationen darauf hin, dass es eine Verbindung zwischen dem talmudischen Judaismus und dem heidnischen satanischen Kommunismus geben könnte.

Die in London ansässige jüdische freimaurerische Geheimverbindung der Bänker finanzierte die Bolschewisten und steht hinter der NWO. Der Kommunismus war ein Teil eines großen dialektischen Prozesses, durch welchen „das Leben in den Vereinigten Staaten bequem mit dem in der Sowjetunion verschmolzen werden kann", wie es der Präsident der Ford Foundation Rowan Gaither an den Untersuchungsbeauftragten des Kongresses Norman Dodd im Jahre 1953 formulierte.

Wenn der Kommunismus und die Demokratie tatsächlich unter dem Vorwand des erfundenen „Kriegs gegen den Terror" „bequem miteinander verschmolzen werden", dann wird die Zerstörung der Kirchen Christen und alle gottesfürchtigen Menschen, einschließlich der ethnischen Juden, wie ich selbst einer bin, beunruhigen.

Das entschiedene Auftreten der Juden in kommunistischen Bewegungen ist gut belegt. Worüber sich Juden nicht im Klaren sind, ist, dass der satanische Kommunismus die Ursache des Antisemitismus ist. Das Pentagramm ist das Symbol sowohl des Okkulten als auch der Sowjetunion. Im Laufe der Geschichte betrachteten Christen die Juden als Vermittler von Satan. Manche Juden dürften diesen Ruf verdient haben, aber alle wurden als Folge davon in Mitleidenschaft gezogen.

Weltliche Juden wurden durch Versprechungen von „öffentlichem Eigentum", „Gleichheit" und „sozialer Gerechtigkeit" hinters Licht geführt. Indem sie die spirituelle Erlösung zurückwiesen, begrüßten sie die Verlockung des Teufels einer diesseitigen Utopie. Dieselben Anreize werden nun benutzt, um nützliche Idioten für die Weltregierung anzuwerben.

Es ist erschreckend, dass der Kommunismus, eine Ideologie, die das rein Böse verkörpert und deren erklärtes Ziel es ist, unser Eigentum zu stehlen und unsere Liebe zur Familie, zu Gott, zur Nation, zur Rasse und zur Freiheit zu zerstören, in unserer Gesellschaft nicht nur akzeptiert ist, sondern auch Ansehen genießt. Wie tief sind wir gefallen! Der Kommunismus greift unsere Menschlichkeit selbst an. Natürlich agiert der Kommunismus heute unter neuen Namen – Menschenrechte (für manche), Feminismus, kulturelle Vielfalt, Postmoderne, Kommunitarismus, Weltregierung – und zeigt ein strahlendes Gesicht, um uns besser überlisten zu können.

Die sich im Besitz von den Bänkern befindlichen Massenmedien verschweigen die Geschichte, wie die Kommunisten die Zivilisation in Russland ausmerzten und über 25 Millionen Menschen ermordeten. Wir müssen dieses Wissen wieder aufleben lassen, bevor sie es nochmal tun. Denken Sie daran, das kommunistische Credo der Illuminaten lautet „der Zweck heiligt die Mittel".

Die Nazis erfanden nicht die Viehwagen für den Transport von Menschen. Schoonmaker zitiert Eugene Lyons, selbst ein überlisteter Kommunist, der über die Vertreibung von Bauern schrieb: „Millionen von Bauernhäusern wurden zerstört, die Bewohner in Viehwagen verladen und in den eisigen Norden oder in das ausgedörrte Zentralasien verfrachtet … Ich sah Wagenladungen der armseligen Männer, Frauen und Kinder, die in Viehwagen aus Luftlöchern wie in Käfige gesperrte Tiere herauslugten." (S. 239)

Wie die Nazis hatten die Bolschewisten Schwierigkeiten, große Menschenmengen zu töten und die Leichen zu beseitigen. Schoonmaker berichtet, dass französische Marinetaucher Felder von Leichen, die auf dem Grund des Hafens von Odessa verankert wurden, fanden. „Der Meeresgrund war mit aufrecht stehenden menschlichen Körpern übersät, welche das Wogen des Wassers … sanft schaukelte, als ob sie riesige Algen wären, und ihr Haar stand senkrecht nach oben und ihre Arme waren zur Oberfläche gestreckt … [Diese] unterseeischen Friedhöfe waren die letzte Ruhestätte einiger von Russlands edelgesinntesten Söhnen und Töchtern." (S. 235)

Diese Gräueltaten trugen sich im Jahre 1920 zu, zwei Jahre nachdem Grigori Sinowjew, (d. h. Hirsch Apfelbaum) Leiter der Dritten Internationale zur Vernichtung des russischen Bürgertums, d. h. zehn Millionen Menschen, aufrief!

Zweifellos ist der Fokus auf den Juden als unschuldiges Opfer geplant, um uns von dem Bild des bolschewistischen Juden als Mörder abzulenken. „Die Geschichte hat nichts so zutiefst Abstoßendes wie die namenlosen Grausamkeiten aufgezeichnet, an welchen sich diese menschlichen Dämonen oft weideten", schrieb E.J. Dillon.

Nach dem estländischen Journalisten Jüri Lina waren Karl Marx, Lenin und Trotzki, die alle jüdische Freimaurer waren, im Grunde gestörte Versager, die von den Bänkern unter den Illuminaten eingesetzt wurden, um die Massen zu hintergehen. Lenin war beispielsweise ein erfolgloser Anwalt, der nur sechs Fälle hatte, in denen er Ladendiebe vertrat. Er hat sie alle verloren. Eine Woche später gab er die Rechtswissenschaft auf, um ein hochbezahlter Revolutionär zu werden.

Lenin verkündete: „Friede bedeutet ganz einfach die Herrschaft des Kommunismus über die ganze Welt." Seine Schreckensherrschaft führte zu neun Millionen Todesfällen, aber man findet nie Vergleiche zu Hitler. Die von Juden dominierte Staatssicherheit, die Tscheka, veröffentlichte die Namen von 1,7 Millionen Menschen, darunter 300.000 Priester, die sie in den Jahren 1918 – 1919 ermordet hatten.

„Ein Strom von Blut floss durch Russland", schreibt Lina. „Laut den offiziellen sowjetischen Berichten wurden 1.695.904 Menschen von Januar 1921 bis April 1922 hingerichtet. Unter diesen Opfern befanden sich Bischöfe, Professoren, Ärzte, Beamte, Polizisten, Anwälte, Staatsbeamte und Schriftsteller … Ihr Verbrechen war ‚asoziales Denken'." („Under the Sign of the Scorpion", S. 90)

VOM BÜRGERTUM BIS ZU DEN CHRISTEN

Mit demselben Eifer, wie die Kommunisten das Bürgertum abschlachteten, schreibt Schoonmaker, „brachten sie den Klerus zur Strecke. Christliche Feiertage wurden abgeschafft … Eltern wurde verboten, ihren Kindern religiösen Unterricht zu geben … Eine Liga der Gottlosen wurde eingerichtet, um die Existenz jeder Spur von Glaube und Ehrfurcht bis zur Unglaubwürdigkeit zu verspotten."

Gerichtshöfe wurden umstrukturiert. Gerechtigkeit wurde nun durch die bolschewistische Rechtgläubigkeit definiert. Antisemitismus wurde ein Staatsverbrechen. Wissenschaft, Kunst und Bildung wurden alle dem marxistischen Standard angeglichen und oft schonungslos unterdrückt. Die klassische Literatur und sogar die Märchen verschwanden aus den Bibliotheken und Schulen.

Die Institution der Ehe wurde geändert. Man konnte sich scheiden lassen, indem man lediglich seinem Partner eine Karte sandte. Sie zogen sogar die „öffentliche Eigentümerschaft der Frau" in Betracht, aber es wurden Einwände erhoben. Im Jahre 1936 führte die „Emanzipation" dazu, dass Frauen „26 % aller Beschäftigen im Metall- und Maschinenbaugewerbe, 40 % in der Holzbearbeitung und 24 % aller sowjetischen Bergarbeiter ..." ausmachten. (S. 201)

Heute können wir in Amerika den stetigen Verfall von Kultur, Bildung, Religion, Ehe, Redefreiheit, Pressefreiheit und objektiver Wahrheit mit ansehen. Wir können die Bestrebungen sehen, jeden Aspekt unseres Lebens in zunehmendem Maße zu kontrollieren, während die zwei Systeme „bequem miteinander verknüpft werden".

SCHLUSSFOLGERUNG

Jüdische Berichterstatter versuchen händeringend, die „irrationale" nichtjüdische Krankheit, den Antisemitismus, zu verstehen. Sie müssen nur den Kommunismus und die Bestrebungen der Bänker, die Menschheit ihrem natürlichen Lauf zu entreißen, betrachten: Familie, Nation, Rasse und Religion (Gott).

Wenn die Juden sich geweigert hätten, Handlanger und Idioten für die größenwahnsinnige Geheimverbindung der Bänker zu sein, wenn sie den Kommunismus an der Seite ihrer christlichen Nachbarn bekämpft hätten, hätte es keinen Antisemitismus gegeben. (Obwohl viele Juden nie Kommunisten waren, hätte es den Kommunismus ohne die Juden nie gegeben.)

Jüdische Berichterstatter müssen sich fragen, wo der teuflische Geist seinen Ursprung hat, der die Menschheit bedroht. Sie müssen ihn sowohl als böse, als auch als ihnen fremd anprangern.

DER „GOTT", DER DER JÜDISCHEN ELITE DIENT

Im letzten Kapitel stellte ich fest, dass die Sowjets tausende von Kirchen niedergerissen haben, aber Synagogen verschonten. Wenn die Kommunisten Religion als „Opium des Volkes" betrachteten, warum schlossen sie den Judaismus nicht mit ein? Verehren Christen und Juden denselben Gott? Gibt es eine Verbindung zwischen dem Kommunismus und dem Judaismus?

Vielleicht hat die jüdische Elite einen anderen Gott. Ein Leser, „George", kannte eine Erbin einer reichen jüdischen Bankiersfamilie, die „nicht die Rothschilds sind, obwohl ihre Familie in einem Schloss wohnte, das den Rothschilds benachbart war".

„Leah war eine meiner Kommilitonen in der Universität Genf (Schweiz), wo ich Psychologie studierte ... Sie war eine attraktive blauäugige, blonde Dame. ... Da sie einen Davidsstern trug, fragte ich sie, ob sie gläubig sei. Sie antwortete ‚ja und nein' und fügte hinzu, dass sie an einen Gott der Juden glaubt, der eher den Juden dient als dass die Juden ihm dienen. Ich fragte unmittelbar, ob sie von einem Egregor spreche ... Sie antwortete nur mit ‚ja' und brach das Gespräch ab. Wir erwähnten nie wieder dieses Thema."

Laut Wikipedia ist ein „Egregor" ein okkultes Konzept, das eine „Gedankenform" oder einen „kollektiven Geist einer Gruppe" verkörpert, also eine eigenständige übersinnliche Wesenheit, die aus den Gedanken einer Gruppe von Menschen entsteht und die Menschen wiederum beeinflusst. Die symbiotische Beziehung zwischen einem Egregor und seiner Gruppe ist mit den neueren, nicht okkulten Konzepten eines Unternehmens (als ein Rechtsträger) und eines Mems vergleichbar."

George mutmaßt, dass die jüdische Elite den jüdischen Gott als ihren Egregor schuf, d. h. als ein Werkzeug ihres kollektiven Willens, also ihres Verlangens, die Ungläubigen zu bezwingen und absolut zu herrschen:

„Könnte es möglich sein, dass die alten levitischen Priester eine Möglichkeit fanden, eine übersinnliche Wesenheit aus dem kollektiven Geist des

Stammes Judah zu schaffen? Eine Wesenheit, die von einem kollektiven Geist hervorgebracht wurde, welchen die Leviten zu Selbstisolationismus und der Befürwortung der Rassentrennung, anders ausgedrückt zu einem extremen Ethnozentrismus ausformten? Eine Wesenheit, die entwickelt wurde, um dem ‚auserwählten Volk' zu helfen, die ‚fremden' Nationen zu zerstören und es mit irdischen Belohnungen zu versorgen? Eine Wesenheit, die aus der schwarzen Magie der levitischen Priester entsteht, welche als die ersten gelehrten Atheisten den universellen Gott von Moses verleugneten, weil sie sich einem ‚Herrn und Meister' nicht unterwerfen, sondern lieber selbst ‚Herren und Meister' mittels ihres sklavischen ‚Egregor'-Gottes werden wollten?"

Dieser „Egregor" ist Luzifer. Die jüdische Elite machte ihn zum bestimmenden Mem der Neuen Weltordnung. Die elitären Juden sind die „kommunistisch-kapitalistische Internationale", die untereinander verheirateten deutsch-jüdischen Bankiersfamilien, welche laut Christian Rakowski die Rothschilds, die Warburgs, die Schiffs und viele andere mit einschließen. Sie schlossen auch Mischehen mit den korrupten nichtjüdischen Eliten von Europa und Amerika, von denen viele glauben, sie seien Juden.

DER VERKOMMENE GEIST UNSERES ZEITALTERS

Da der jüdische Egregor auch hinter der Neuen Weltordnung steht, sollten wir uns in Erinnerung rufen, dass dieser Geisteshaltung zufolge nur die Unterzeichner („Gläubige") menschlich sind; jeder andere ist ein Tier, das ausgebeutet und/oder geschlachtet werden kann.

Nicholas Lysson liefert in seiner brillanten Abhandlung über den ukrainischen Holocaust („Holocaust and Holodomor") Beispiele dieses „Wir gegen sie"-Denkens im Talmud und dem Alten Testament. Beispielsweise führt er Jesaja 60:12 („… welche Heiden oder Königreiche [Israel] nicht dienen wollen, die sollen umkommen und die Heiden verwüstet werden.") und Jesaja 61:5-6 („… Fremde werden stehen und eure Herde weiden …: Und ihr werdet der Heiden Güter essen …") an.

Nicholas Lysson sagt, dass die vernichtendsten Passagen des Talmuds abgeschwächt oder nicht übersetzt wurden. Informationen über das gefürchtete

„Arendar"-System werden unterdrückt. (Siehe folgendes Kapitel „Die wahre Ursache des Antisemitismus")

Lysson erörtert, wie die jüdische Führung aktiv den Antisemitismus provoziert, weil er für den jüdischen Zusammenhalt und das Überleben unabdingbar ist. Die Juden bestätigen das. Behaupten die Juden, dass sie ohne ihren „Egregor", d. h. ohne ihre räuberische Agenda, keine gemeinsame Daseinsberechtigung hätten? Natürlich wird dies vor den gewöhnlichen Juden geheim gehalten wie in der Freimaurerei, welche nach Rakowski dafür vorgesehen ist, „den Triumph des Kommunismus" herbeizuführen.

DER KOMMUNISTISCHE EGREGOR

Die größte Massenschlachtung in der Geschichte war nicht der jüdische Holocaust, sondern der ukrainische Holodomor, d. h. der „Hunger". Nach Stalins eigener Schätzung starben zehn Millionen Ukrainer zum Großteil durch die Hände von bolschewistischen Juden.

Der Holodomor ereignete sich, da die Bolschewisten das ganze Getreide konfiszierten. Lysson schreibt: „Ein Viertel der ländlichen Bevölkerung, Männer, Frauen und Kinder, lagen tot oder sterbend in einem großen Herrschaftsgebiet mit etwa vierzig Millionen Einwohnern - es war wie ein riesiges Belsen. Der Rest, der in verschiedenen Stadien der Entkräftung war, hatte nicht die Kraft, seine Familien oder Nachbarn zu begraben. [Wie in Belsen] beaufsichtigten gut genährte Polizeitruppen oder Parteifunktionäre die Opfer.

Die Ausrottung der ukrainischen Kulaken wurde vom Kreml angewiesen, wo die bolschewistische Führung in Familienwohnungen lebte und eine brüderliche Atmosphäre aufrechterhielt, die von einem kollektivistischen Idealismus, d. h. ihrem Egregor, erfüllt war. So beschreibt der Historiker Simon Sebag Montefiore, der Nachkomme einer elitären britischen jüdischen Familie, den Schauplatz während des Holodomors. Natürlich erwähnt er nicht, dass die meisten der Hauptakteure Juden waren.

„Die Partei war fast ein Familienunternehmen. Ganze Clans waren Mitglieder der Führerschaft ... Diese erbarmungslose Bruderschaft lebte in einem schlaflosen Wahn von Erregung und Tatendrang, getrieben von

Adrenalin und ihrer Überzeugung. Sie, die sich selbst als Gott am ersten Tage ansahen, schufen eine neue Welt in einem rot-glühenden Rausch …" („Stalin: The Court of the Red Tsar", S. 40, 45)

SCHLUSSFOLGERUNG

Die Sowjets rissen keine Synagogen nieder, weil der Kommunismus den jüdischen „Egregor" zum Ausdruck brachte. Christen und Juden verehren allem Anschein nach nicht denselben Gott. Der christliche Gott, der von Jesus verkörpert wurde, ist universelle Liebe und Brüderlichkeit. Der jüdische Gott wurde durch einen kabbalistischen Egregor ersetzt, der nur elitären Juden „dient". Er repräsentiert ihren skrupellosen soziopathischen Drang nach Weltherrschaft. Derselbe Egregor – das Verlangen, Gott zu ersetzen – treibt die Neue Weltordnung an.

Der durchschnittliche kommunistische Jude oder Nichtjude war ein idealistischer Idiot. Marxismus, Gleichheit, usw. waren nur Schönfärberei, um die wahre Agenda zu verbergen: die Zerstörung der Rasse, der Religion, der Familie und der Nation; die Anhäufung des ganzen Vermögens und die Versklavung der Menschheit. Die Methoden haben sich verändert, aber die Agenda ist gleich geblieben.

Derselbe Ersatzidealismus durchdringt die Weltregierungsbewegung, die aus einer Unmenge frommer Opportunisten besteht, die ihr Erbe für einen Sitz am runden Tisch des Globalismus verkauft haben.

Machen wir uns nichts vor. Wir sehen uns mit etwas teuflisch Bösem konfrontiert, das skrupellos, bösartig und gerissen ist und unbegrenzte Ressourcen hat. Trotzdem müssen sich Juden und Nichtjuden zusammentun, um Luzifer zu verbannen, und verkünden, dass nur Gott selbst Gott ist, einzig Er die Moral ist und wir nur Ihm dienen.

DIE WAHRE URSACHE DES ANTISEMITISMUS

Meine jüdische Mutter, die im Jahre 1919 in Polen geboren wurde, erinnerte sich daran, dass sie als Kind das „Anwesen" ihres Großvaters besucht hatte und in einer großen, von Pferden gezogenen Kutsche gefahren war.

Diese Erinnerung steht im Widerspruch zu meinem Eindruck, dass Juden in Polen verfolgt wurden und arm waren. Die meisten, wie die Familie meines Vaters, waren tatsächlich sehr arm. Aber die Erinnerung meiner Mutter offenbart, dass andere Juden der herrschenden Klasse angehörten.

Israel Shahaks Buch „Jüdische Geschichte, jüdische Religion: Der Einfluss von 3000 Jahren" (1994) legt den Schluss nahe, dass diese sozialen Strukturen, die über Jahrhunderte entstanden sind, bis zum heutigen Tage weiterbestehen.

Laut Shahak hatte die jüdische Elite historisch oft eine symbiotische Beziehung mit der Führungsschicht. Die Juden würden „Unterdrückung über die Massen bringen". Im Gegenzug würde die regierende Klasse die Juden zwingen, ihren „Führern" zu gehorchen. Gelegentlich würde eine Verfolgung den Zweck erfüllen.

Heute spielen bestimmte Juden (im Finanzwesen, in der Regierung, im Bildungswesen und besonders in den Medien) eine bedeutende Rolle bei der Vorbereitung auf die „Globalisierung" durch die Elite, welche viele als eine moderne Form des Feudalismus ansehen.

DIE WAHRHEIT IST BITTER

Geschichtsschreibung ist Propaganda über die Vergangenheit. Die meisten Historiker erzählen nicht die Wahrheit, weil sie sonst entlassen werden würden. Israel Shahak, der im Jahre 2001 starb, war kein Historiker. Er war Professor der Organischen Chemie an der Hebrew University. Er besitzt den Respekt eines Wissenschaftlers vor der objektiven Wahrheit. Er war auch ein Überlebender eines Konzentrationslagers, ein Veteran der israelischen Armee und ein Vorkämpfer der arabischen Menschenrechte.

Shahak glaubt, dass die Juden sich selbst ihre Geschichte und Religion neu beibringen müssen. Die Juden sind eine „geschlossene Gesellschaft", die „Antisemitismus" benutzt, um Kritik, die als „Hass" oder „Selbsthass" betrachtet wird, verstummen zu lassen. (In Wirklichkeit ist das Aufdecken einer Dummheit Liebe und kein Hass.)

Shahak sagt, dass der Judaismus größtenteils ein primitives, materialistisches und autoritäres Glaubensbekenntnis ist. Der Talmud ist der jüdischen rassenideologischen Überlegenheit und der Verachtung für Jesus, das Christentum und Nichtjuden im Allgemeinen gewidmet. Die Kabbala beinhaltet viele Götter einschließlich Satan. (Shahak, S. 33)

Es folgt eine kurze Zusammenfassung von Shahaks Argumentation im Kapitel „The Weight of History".

Trotz ihrer Verfolgung waren die Juden im Verlauf der Geschichte immer ein fester Bestandteil der privilegierten Schicht. Dem ärmsten Juden ging es um ein Vielfaches besser als den Leibeigenen. Bis ungefähr 1880 bestand ihre wichtigste gesellschaftliche Aufgabe darin, „Unterdrückung über die Bauern im Auftrag des Adels und der Krone zu bringen".

Der klassische Judaismus (1000 – 1880 n. Chr.) entwickelte Hass und Verachtung für die Landwirtschaft als Tätigkeit und für die Bauern als Klasse. „Die vermeintliche Überlegenheit der jüdischen Moral und des Intellekts … ist mit einem fehlenden Einfühlungsvermögen für die Notleidenden dieses größten Teils der Menschheit, die hauptsächlich während der letzten 1000 Jahre unterdrückt wurden, nämlich für die Bauern, verbunden." (S. 53) Shahak führt jüdischen Hass und Verachtung für Bauern – „einen Hass, wie ich keinen gleichbedeutenden in anderen Gesellschaften kenne" – auf den großen ukrainischen Aufstand von 1648 – 54 zurück, in dem der ukrainische Kosakenführer Bohdan Chmelnyzkyj Zehntausende der „verfluchten Juden" tötete.

Damals dienten die Juden der polnischen Szlachta (dem Adel) und dem römisch-katholischen Klerus auf ihren ukrainischen Latifundien als „Arendar" – als Wegezoll-, Pacht- und Steuerbauern, Vollstrecker der Verpflichtungen zur Fronarbeit und Lizenznehmer von Feudalmonopolen (z.B. Monopole auf Bankwesen, Mühlwesen, Lagerhaltung und Destillation und Verkauf von Alkohol). Sie dienten auch zur Abschreckung der Christen, da sie Zehntabgaben an den Türen der griechisch-orthodoxen Kirchen der Bauern eintrieben und Gebühren verlangten, um diese Türen für Hochzeiten, Taufen und Begräbnisse zu öffnen.

Sie hatten die Befugnis, über Leben und Tod der ansässigen Bevölkerung zu entscheiden (die übliche Form der Hinrichtung war die Pfählung), und es stand kein Gesetz über ihnen, auf welches die Bevölkerung hätte zurückgreifen können. Die Arendars verpachteten Landbesitz für eine Dauer von nur zwei oder drei Jahren und hatten eine starke Motivation, die Bauern erbarmungslos auszupressen, ohne auf langfristige Konsequenzen Rücksicht zu nehmen.

Shahak betont, dass im traditionellen Judaismus ein Nichtjude nie „Dein Nächster" im Sinne von Leviticus 19:18 war – was zweifelsohne für einen „Arendar" nützlich ist, einer solchen Tätigkeit als Steuereintreiber nachzugehen.

Während die Nichtjuden im Allgemeinen verunglimpft wurden, machten die jüdischen Gesetze eine Ausnahme für die Elite. Ein König, Adliger, Papst oder Bischof konnte sich auf jüdische Ärzte, Steuereintreiber und Vollstrecker auf eine Art verlassen, wie sie einem Christen nicht vertrauen könnten. (S. 53)

In Shahaks Worten „sind Israel und der Zionismus ein Rückschritt zur Rolle des klassischen Judaismus, wie es weltweit stark zum Ausdruck kommt ..."

„Der Staat Israel übernimmt nun gegenüber den unterdrückten Bauern vieler Länder, nicht nur im Nahen Osten, sondern weit darüber hinaus, eine Rolle, die der der Juden in Polen vor 1795 nicht unähnlich ist: die eines Vollstreckers, bis hin zu der eines imperialen Unterdrückers." Er kommt auf Israels Rolle als Dreh- und Angelpunkt im imperialen System zu sprechen. Es verhilft angrenzenden arabischen Regimes dazu, an der Macht zu bleiben (S. 11), und bewaffnet Dritte-Welt-Diktatoren. Er fragt sich, warum religiöse Juden sich maßgeblich am Waffenhandel beteiligen und Rabbiner dazu schweigen.

Shahak glaubt, dass das jüdische Volk die „Willkürherrschaft" über ihre Religion überwinden muss. Nur durch eine „unerbittliche kritische Bewertung" der Vergangenheit werden sie eine „echte Revolution" erreichen. (S. 74)

SCHLUSSFOLGERUNG

Ein jüdischer Leser schrieb mir: „Es ist die jüdische Mission, ein Licht oder ein spiritueller Führer für die Nationen zu sein … Wir wahren einen ethischen und moralischen Gott, ohne welchen wir sofort in Barbarei verfallen würden. Und DAS ist es, was das Christentum dazu veranlasste, Juden die Jahrhunderte hindurch zu ermorden."

Ich bin anderer Ansicht. Viele Juden sind weit davon entfernt, „ein Licht auf die Menschheit zu werfen", und „bringen Unterdrückung über die Menschheit" im Auftrag der herrschenden Klasse. Dies und eine allgemeine Tendenz dazu, ein Monopol auf Geld, Macht und Kultur hin zu gesellschaftlich zerstörerischen Zielen zu errichten, ist der wahre Grund des Antisemitismus.

BUCH ZWEI

ILLUMINATEN, SABBATIANER UND DIE PROTOKOLLE

DIE VERSCHWÖRUNG RICHTET SICH GEGEN GOTT

Haben Sie es bemerkt?

Jedes Jahr geht es an Weihnachten ein bisschen weniger um Jesus und es ist ein bisschen weniger vom christlichen Geist erfüllt.

Der Geist des Gebens beschränkt sich heute auf Geschenke. Es ist kaum von christlicher Liebe die Rede. Manche Menschen könnten daran Anstoß nehmen, Satanisten vielleicht.

Gott ist Liebe. Satanisten sind keine großen Fans von Liebe. Sie haben heutzutage viel Einfluss.

Ein satanischer Kult, die Illuminaten, regiert die Welt, so unglaublich und bizarr das klingt. Barack Obama ist ein Mitglied, wie es viele aus der politischen und wirtschaftlichen Elite der Welt sind.

Die Illuminaten setzen sich aus vielen der reichsten Familien der Welt einschließlich der Rothschilds, der Rockefellers und der Windsors zusammen. Obwohl sie ein Lippenbekenntnis zur Religion ablegen, verehren sie Luzifer. Ihre Handlanger kontrollieren die Medien, die Bildung, die Unternehmen und die Politik der Welt. Diese Handlanger glauben wahrscheinlich, dass sie nach Erfolg streben, aber Erfolg bedeutet oft im wörtlichen Sinne, dem Teufel zu dienen.

Die Illuminaten, die Gefangene ihres Reichtums sind, ziehen Hass und Zerstörung der Liebe vor. Verständlicherweise können sie damit nicht an die Öffentlichkeit treten. Sie geben vor, moralisch zu handeln, während sie hinterrücks daran arbeiten, die Menschheit in einer Neuen Weltordnung zu versklaven.

Hiroshima, Dresden, Auschwitz, Kambodscha und Ruanda waren Opfergaben für ihren satanischen Gott. Sie sind für die beiden Weltkriege, die Große Depression und den Kalten Krieg verantwortlich. Der 11. September, der „Krieg gegen den Terror" und der Krieg im Irak sind ihre jüngsten Errungenschaften.

Wir nehmen an, dass sie unbegrenzte Macht und Reichtum wollen, aber dies sind Nebenprodukte. Die Illuminaten handeln aus Hass auf Gott und die Menschheit.

UNSERE LUZIFER VEREHRENDE ELITE

Das Ziel der Neuen Weltordnung ist das gleiche wie das des Kommunismus. Die Illuminaten schufen den Kommunismus als Mittel, um sich über den Willen Gottes hinwegzusetzen und die Menschheit zu versklaven. Karl Marx wurde beauftragt, den Menschen eine totalitäre Herrschaft („die Diktatur des Proletariats") unter dem Vorwand, sich für Gleichheit einzusetzen, zu verkaufen. Er war ein Satanist wie Trotzki, Lenin und Stalin.

In seinem Buch „Karl Marx und Satan" (1986) veranschaulicht Richard Wurmbrand den wahren Hass von Marx auf Gott und die Menschheit. Bereits im Jahre 1848 schrieb Marx über einen „kommenden Weltkrieg", der Gesindel wie die Russen, Tschechen und Kroaten auslöschen wird.

„Der kommende Weltkrieg wird nicht nur zur Folge haben, dass reaktionäre Klassen und Dynastien, sondern auch ganze reaktionäre Völker von der Erde verschwinden. Und das wird ein Fortschritt sein ... Eine Revolution, die sich so wenig um die durch sie zerstörten menschlichen Leben sorgt, wie sich ein Erdbeben um die Häuser kümmert, die es niederreißt. Klassen und Rassen, die zu schwach sind, um mit den neuen Lebensbedingungen fertig zu werden, werden untergehen. Ihr Name wird vergehen." (S. 40)

Marx schreibt in seinem Gedicht „Menschlicher Stolz", dass er „gottgleich und siegreich durch die Trümmer der Welt wandern wird ... Ich fühle mich dem Schöpfer gleich." (S. 31)

Marx war, weit davon entfernt, für die Arbeiterklasse einzutreten, ein Spitzel. Der österreichische Bundeskanzler Raab händigte im Jahre 1960 Chruschtschow ein Originalschreiben von Marx aus, das belegt, dass der „Begründer des Kommunismus" andere Revolutionäre denunzierte. (S. 33)

Der Grund, warum nur 13 der 100 Bände von Marx' Schriften veröffentlicht wurden, liegt darin, den wahren Charakter des Kommunismus zu verbergen. (S. 32)

SIE HASSEN DEN GOTT IN IHNEN

Pastor Wurmbrand, der in Rumänien ins Gefängnis gesperrt wurde, sagt, dass der Kommunismus im Wesentlichen befugter Satanismus ist. Christen wurden nicht nur brutal verfolgt und ermordet, sondern sie wurden auch dazu gezwungen, Gott zu lästern. Das Ziel des Kommunismus, also das Ziel der Neuen Weltordnung, besteht darin, Gott zu verhöhnen und Luzifer zu preisen. Eine kommunistische Zeitung gab zu: „Wir bekämpfen Gott: Um ihm Gläubige zu entreißen." (S. 77)

Marx spricht in „Die deutsche Ideologie" nach Hegel'scher Ausdrucksweise von Gott als dem Absoluten Geist. Marx meinte, dass „wir uns mit einer hochinteressanten Frage befassen: der Zersetzung des Absoluten Geistes". (S. 77)

Nach Aussage von Wurmbrand war die russische Revolution eine Zeit, in der „die Liebe, das Gute und eine gesunde Einstellung als schlecht und rückschrittlich betrachtet wurden ... Die Mädchen verbargen ihre Unschuld und die Männer ihre Treue. Zerstörung wurde als guter Geschmack gepriesen und Nervenschwäche galt als Zeichen eines feinen Geistes. So lehrten es die neuen Schriftsteller, die plötzlich aus dem Nichts aufgetaucht waren. Die Menschen erfanden Laster und Perversionen und sorgten dafür, dass sie ja nicht den Eindruck erweckten, moralisch zu sein." (S. 81)

Die Luziferianer stellen ihre Rebellion gegen Gott und die Natur als Fortschritt und Freiheit dar. Diese Toleranz bezieht sich nur auf die Zerstörung der göttlichen Ordnung. In der Initiation in den Siebten Grad des Satanismus schwört der Adept: „Nichts ist wahr und alles ist erlaubt." Marx sagte im Kommunistischen Manifest, dass jede Religion und Moral abgeschafft wird und dass alles erlaubt ist.

Die Religion der modernen westlichen Gesellschaft, der weltliche Humanismus, ist eine Front für den Illuminatismus (Verehrung von Luzifer). Die

Absicht des Illuminatismus liegt darin, die Menschheit von ihrer göttlichen Bestimmung zu trennen und Luzifer (d. h. die Illuminaten) an Gottes Stelle zu verehren. Unter dem Deckmantel einer humanistischen Utopie errichten sie eine Orwell'sche Hölle – die Neue Weltordnung, den Globalismus.

Das Ziel des Globalismus ist das gleiche wie das des Kommunismus. Die Weltelite verschleiert ihren Luziferianismus im heidnischen New Age und im Gaia-Kult. Lucifer Trust leitet die einzige Kirche der Vereinten Nationen und die einzige Statue im UN-Gebäude ist der heidnische Gott Zeus.

JESUS WÜRDE HEUTE GEKREUZIGT WERDEN

Jesus verkörperte Gottes Herrschaft. Die Pharisäer verehrten Luzifer. Die Frage, die sich der Menschheit stellt, hat sich nicht verändert. Wollen wir Gott oder Luzifer dienen?

Die Satanisten konditionierten uns so, dass sich unser Gehirn bei der Erwähnung von Religion kurzschließt. Sie lassen Gott für uns mysteriös, nicht erfahrbar oder nicht existent erscheinen.

Jesus sagte: „Gott ist Geist, und die ihn anbeten, die müssen ihn im Geist und in der Wahrheit anbeten." (Johannes 4:24) Gott ist absolute Liebe, Wahrheit, Gerechtigkeit, Güte und Schönheit. Wenn man diese Dinge als etwas Reales ansieht, unabhängig davon, ob man sie erfüllt oder nicht, dann glaubt man an Gott.

Liebe ist die Grundlage der menschlichen Entwicklung. Gott will durch Seine Schöpfung manifestiert werden. Dies setzt voraus, dass wir Ihm gehorchen. Wir wurden nach Gottes Ebenbild geschaffen. „Darum sollt ihr vollkommen sein, gleichwie Euer Vater im Himmel vollkommen ist." (Matthäus 5:48) Je mehr wir spirituelle Ideale verkörpern, desto gottgleicher und wirklicher werden wir. Das Gegenteil trifft genauso zu.

Wir opfern uns für das auf, was wir lieben. Wenn wir Gott lieben, opfern wir uns für Ihn auf. Die Menschen fragen sich, wie sie die Neue Weltordnung bekämpfen können. Nichts würde die Illuminaten mehr stören als das Wiederaufblühen des Glaubens an Gott. Millionen von Menschen, die bereit sind, für Gott zu kämpfen und zu sterben, würden sie in Angst und Schrecken versetzen. Deswegen entwurzeln sie den Islam.

SCHLUSSFOLGERUNG

Wir werden bewusst auf Sklaverei oder Zerstörung vorbereitet. Sie schaffen jetzt die Voraussetzungen durch den „Krieg gegen den Terror". Sobald sie den Islam unter ihre Kontrolle gebracht haben, werden sie sich dem Westen ernsthaft zuwenden.

In der Zwischenzeit gewöhnen uns die Massenmedien (Filme, Musik, Videospiele und Fernsehen) an Grausamkeit und Gewalt. Es herrscht eine wiederholte und herabsetzende Besessenheit von Sex, Nacktheit, Körperfunktionen und Homosexualität vor.

Wenn unsere Führer keine Luziferianer wären, wären die Medien und Künste von den Themen Wahrheit und Lüge, Gut und Böse, Schönheit und Hässlichkeit beherrscht. Wir wären moralisch erhöht und inspiriert.

Stattdessen werden unsere Seelen mit Sägemehl gefüttert. Wir werden erniedrigt, zerstreut und getäuscht wie Menschen mit einer unheilbaren Krankheit oder illegale Siedler auf einem fremden Planeten.

Wenn es wirklich die Absicht der Illuminaten ist, Gott aus der Welt zu schaffen, folgt daraus, dass wir Gott in den Mittelpunkt unseres Bewusstseins rücken sollten. Die Menschen fragen: „Was sollen wir tun?" Schauen Sie sich nicht bei anderen nach Führung um. Suchen Sie nach Gottes Führung. Die Dunkelheit lässt sich am besten bekämpfen, indem man sie mit Licht erhellt.

Das ist, wovor sich die Illuminaten fürchten. In den Protokollen der Weisen von Zion schreibt der Autor: „Es gibt nichts Gefährlicheres für uns als Eigeninitiative; wenn sie von einem Genie stammt, kann eine solche Initiative mehr erreichen als Millionen von Menschen, unter welchen wir Zwietracht gesät haben." (Protokoll 5)

Fühlen Sie sich nicht von der Welt niedergedrückt! Sie hat sich nicht verändert, nur weil wir uns jetzt ihrer wahren Natur bewusst sind. Nutzen Sie jeden neuen Tag für die Erfüllung Ihrer von Gott gegebenen Bestimmung!

DAS GRUNDPROBLEM: ILLUMINATEN ODER JUDEN?

„Henry, die einzige Lösung für all diese Probleme besteht darin, alle Juden zu töten."

Ich bekam diese E-Mail letzte Woche von Bob als Reaktion auf meinen Artikel über bionische Frauen.

„Töte all die Juden und diese Dinge werden sich schlagartig ändern. Ich weiß, Du würdest nie einen derartigen Vorschlag bringen, aber es ist die einzige Lösung. Die Protokolle wurden verwirklicht. Sag den Menschen einfach, sie sollen die Juden töten und unsere Probleme sind gelöst. Henry, Du könntest ein Marrane werden und Dich wie ein Bastard verleugnen."

Wenn sich die wirtschaftlichen und politischen Verhältnisse verschlechtern, nimmt die Feindseligkeit gegenüber Juden zu.

„Es wird bald eine Zeit kommen, in der wir die Juden bekämpfen müssen, weil sie Juden sind und wir nicht", verkündete J.B. Campbell in „Jewish Rule" auf der Webseite Rense.com. „Sie werden uns keine andere Wahl lassen, genauso wie sie den Russen, den Palästinensern, den Ungarn und nun den Libanesen keine andere Wahl ließen, außer zu kämpfen oder nach Gefangenschaft, Durst, Hunger und Folter eines schlimmen Todes zu sterben."

John Kaminski schreibt: „Die Illuminaten sind allesamt jüdisch, wurden von einem Juden gegründet, der zum Christentum konvertierte, und werden von Juden angeführt, die das Geld kontrollieren. Jetzt werden sie von jüdischen Autoren als willkommener Mythos benutzt, um zu behaupten, dass das Problem nicht wirklich jüdisch ist."

Kaminski nimmt auf mich Bezug. Er nannte mich einen „zionistischen Spion". Der satanische jüdische Kult, die Sabbatianer, könnte der Kern des Problems sein, aber es reicht weit über sie hinaus, damit es die okkulte Welt überhaupt erfassen kann.

Die Beschimpfung „Illuminatenspitzel" kann so zurückgegeben werden. Menschen wie Kaminski dienen unwissentlich der Agenda der Illuminaten, indem sie gewöhnliche Juden zum Sündenbock machen. Sie lenken die Aufmerksamkeit von der eigentlichen Ursache des Problems ab.

Wie sich zeigen wird, sind die Illuminaten keineswegs „allesamt jüdisch". Töte jeden Juden und das Problem wird bestehen. (Natürlich spricht dies die jüdischen Illuminaten und ihre vielen jüdischen Mitläufer/Handlanger, d. h. Zionisten, Kommunisten, Feministen, Liberale, Sozialisten, Neokonservative, usw., nicht von ihrer Schuld frei. Noch spricht es diejenigen Juden frei, die sich weigern, sich vom organisierten Judentum zu distanzieren.)

Ich verweise Kaminski und seinesgleichen an Fritz Springmeier, ein stiller Held der Menschlichkeit und nun ein amerikanischer politischer Gefangener, welcher dutzende Abtrünnige der Illuminaten befragte. Der wegbereitende Experte auf dem Gebiet der Illuminaten sagt, dass das Problem viel größer als „die Juden" ist. Es ist antireligiös (wie im Satanischen), nicht rassisch.

„Die Verschwörung als jüdisch zu bezeichnen ist irreführend. Der Vater von ihr im Ganzen ist Satan. Sie ist satanisch und wird jeden nutzen, den sie kann." („Bloodlines of the Illuminati", S. 126)

FRITZ SPRINGMEIER

Die Menschheit ist Fritz Springmeier für die Enthüllung der Illuminaten und ihrer Methoden in einem halben Dutzend bedeutender Werke Dank schuldig.

Seine maßgeblichen Werke sind „Be Wise as Serpents" (1991) und „Bloodlines of the Illuminati" (1999). Auf der Rückseite listet er hunderte Namen von Mitgliedern der Illuminaten-Organisationen wie die Pilgrims Society, Bohemian Grove, Skull & Bones und verwandte Bruderschaften auf. Die Namen spiegeln das damalige und heutige amerikanische Establishment wider. Sie sind nicht ausschließlich jüdisch.

Ich zähle nur ein paar auf: Astor, Ball, Bennett, Bundy, Grace, Hammer, Kennedy, Brady, Acheson, Rockefeller, Dulles, Bedell Smith, Carnegie, Cowles, du Pont, Harriman, Schiff, Roosa, Brzeziński, Kissinger, Forbes,

Donovan, Javits, Mellon, Turner, Coffin, Heinz, MacLeish, Stanley, Pinchot, Whitney, Walker, Steadman, Taft, usw.

Eine vergleichbare Untersuchung könnte von den Mitgliedern anderer Fronten der Illuminaten wie zum Beispiel bei den Bilderbergern, dem Council on Foreign Relations, der Trilateralen Kommission und dem Club of Rome angestellt werden.

Ja, es ist wahrscheinlich, dass jüdische Sabbatianer wie die Rothschilds die Triebfeder hinter den Illuminaten sind, aber es mangelt nicht an Nichtjuden, welche sich der satanischen Bewegung anschließen wollen.

Wussten Sie, dass Garry Trudeau, der Zeichner von Doonesbury, Mitglied von Skull & Bones ist? Ned Lamont, welcher versuchte, Joe Lieberman zu stürzen, ist der Urenkel von Thomas Lamont, dem Vorstandsvorsitzenden von J.P. Morgan, der die amerikanischen Kommunisten finanzierte. Diese Typen geben vor, dass sie sich gegeneinander stellen. Wir können uns aussuchen, welchen Satanisten wir haben wollen.

Es ist frustrierend, dass Menschen wie Kaminski nur die Juden und nie die Nichtjuden wahrnehmen können. Dann beschuldigen sie alle Juden ungeachtet ihrer Schuld und nehmen all die schuldigen Nichtjuden aus der Verantwortung. Sie scheinen eine einfache Schwarz-Weiß-Lösung der Probleme der Welt zu brauchen. Sie können dem Verrat ihrer eigenen ethnischen, nationalen und religiösen Führer nicht ins Auge sehen. Es ist leichter, gewöhnliche Juden zu verachten als den mächtigen Reichen entgegenzutreten. Ich fordere Kaminski und andere dazu auf, Fritz Springmeier zu lesen und ihr Augenmerk auf die Schuldigen zu richten, unabhängig davon, ob sie Juden sind oder nicht.

MACHER UND AKTEURE

Wegen der Enthüllung der Illuminaten wurde Fritz Springmeier ein Bankraub im Jahre 1997 angehängt und 2003 zu neun Jahren Gefängnis verurteilt. Sie versuchten, aus Springmeier einen Ted Kaczynski Unabomber zu machen. Lesen Sie Ausschnitte des Interviews mit Springmeier, um zu sehen, wie intelligent er ist und wie böse sie sind.

Wer sind die Illuminaten?

„Die Illuminaten sind die Macher und Akteure der Welt. Sie sind eine elitäre Gruppe von Blutlinien – wie ich diese Stämme oder Familien bezeichne –, von denen es 13 bedeutende Blutlinien gibt. Sie sind das, was man „Satanisten über Generationen" nennt. Das bedeutet, dass sie ihre heimliche Hexerei über viele Jahrhunderte ausübten und ihre Religion von einer Generation an die nächste überlieferten. Sie führen ein Doppelleben. Sie haben ein Leben, das die Welt sieht, und dann haben sie ein heimliches Leben, das die Welt nicht wahrnimmt. Es gab nur sehr wenige Menschen, die es fertig brachten, die Verschwiegenheit zu durchbrechen."

„Die herausragendsten 13 Blutlinien sind die Astor, Bundy, Collins, du Pont, Freeman, Kennedy, Li, Onassis, Rockefellers, Rothschild, Reynolds, Krupp, Russell ... Dann gibt es eine 13. Blutlinie, welche die merowingische Blutlinie ist. Ich nenne sie einfach nur die 13. und dann gibt es noch die Van Duyn Illuminaten Blutlinie. Die 13. Blutlinie, die Merowingische, ist äußerst wichtig. Sie umfasst die königlichen Familien Europas."

Was ist ihr Ziel?

„Letztendlich [besteht ihr Ziel darin], das, was die Menschen als die Neue Weltordnung bezeichnet haben, mit einem Mann, welcher die Aufmerksamkeit der Welt auf sich ziehen und die Bezeichnung ‚der Antichrist' tragen wird, auf die Welt zu bringen. Das ist das höchste Ziel und ich versuche nicht, auf Menschen religiös einzuwirken, sondern das ist einfach eine schlichte Tatsache. Wenn man an entprogrammierte Menschen gerät, wird man sehen, dass viele der Dinge, für deren Ausführung man sie programmiert hat, mit einem ausgeklügelten Plan übereinstimmen, um die Welt unter der Herrschaft des Antichristen zu vereinen."

„[Der Princeton-Historiker] James Billington („Fire in the Minds of Men") hält fest, wie all die Revolutionen von dieser okkulten Elite entfacht wurden. Der Begriff Revolution geht aus der okkulten Idee hervor, dass wir uns zurück ins Goldene Zeitalter zurückentwickeln. Es geht um das große Streben nach dem Goldenen Zeitalter, dem Millenarismus. Darum geht es im Kommunismus. Wenn man die frühen Gründer des Kommunismus betrachtet – sie versuchten uns durch die Revolution ins Goldene Zeitalter zurückzuführen, das untergegangen ist. Es geht immer um eine sozialistische, kommunistische Art der Utopie, [eine Mischung aus] ‚1984' und ‚Animal Farm'."

Warum wenden sie auf Traumata beruhende Bewusstseinskontrolle an ihren eigenen Familienmitgliedern an?

„Es ist geradezu notwendig. Wenn man an dem geheimen Leben der Illuminaten teilnehmen will, ist es grundlegend, eine programmierte multiple [Persönlichkeit] zu sein. Es gibt ein paar unter den Illuminaten, welche keine programmierten multiplen Persönlichkeiten sind. Man muss an einer Reihe von üblichen Ritualen teilgenommen haben – St. Winebald, St. Agnes, das Große Opfer, Walpurgisnacht, Beltane, alle Sonnenwenden und Tagundnachtgleichen, Lammas, Allerheiligen, Dämonischer Abend – an all diesen Standardritualen. Diese Rituale sind sehr schrecklich. Sie schließen Menschenopfer mit ein. Opferungen von Babys am Dämonischen Abend. An verschiedenen Sabbatfeiertagen muss eine junge Frau oder ein junger Mann geopfert werden.

Das ist nichts, womit die normale Psyche umgehen kann. Die Bewusstseinskontrolle und die Erzeugung mehrerer Persönlichkeiten, wodurch ein Dr. Jekyll und Mr. Hyde Effekt entsteht – ist sehr entscheidend für diese Sache, die fortlaufend von Generation zu Generation weitergegeben wird. Sie werden in Alchemie, indischer Hexerei, Druidismus, henochischer Magie, Gnosis, hermetischer Magie, Kabbalistik, Plato und Sufismus ausgebildet – sie werden über all die verschiedenen Teilgebiete des okkulten Systems Bescheid wissen."

Was ist die Funktion eines Traumas?

„Die Illuminaten nehmen ein kleines Kind von ungefähr zwei Jahren und beginnen, es mit den schlimmsten Traumata, die man sich vorstellen kann, zu traumatisieren, sodass sie diese Mauern des Erinnerungsverlusts erzeugen können. Sie finden diese dissoziierten Teile der Psyche, die genau wie ... Disketten sind und oft fügen sie ihre Programmierung in diese dissoziierten Teile der Psyche ein, sodass dieser Teil zu dem wird, was sie wollen ... [Anderswo sagt er, dass Bewusstseinskontrolle der Antrieb für Josef Mengeles Experimente war; dieser Mengele war Illuminat und setzte seine Arbeit nach dem Krieg in den Vereinigten Staaten fort.]

Die Illuminaten können ein bestimmtes Kind nehmen, Dinge im Unbewussten manipulieren und all die richtigen Türen für diese Person öffnen und sie können ihnen die Stipendien und die Schulbildung und alles, was sie brauchen, verschaffen und es ist Bewusstseinskontrolle, die sie auch in diese Richtung lenkt, wenn sie ihnen zusätzlich den Antrieb für die Karriere dieser Person verleihen. Das Endprodukt ist, dass man letztlich jemanden erhält, der ein Ingenieur oder ein Anwalt oder ein Politiker ist, welche höchst qualifiziert für das sind, was sie tun. Barack Obama passt in diese Beschreibung.

Eine sehr vorsichtige Schätzung – ich sollte noch nicht einmal Schätzung sagen, weil ich es aus ungefähr sieben verschiedenen Blickwinkeln berechnet habe – das vorsichtige Ergebnis besagt, dass 2 Millionen Amerikaner durch Traumata programmiert wurden, die auf totaler Bewusstseinskontrolle beruhen."

Das höchste Ziel?

„Das ganze langfristige Ziel davon ist, und wenn ich sage langfristig, meine ich, dass sie nicht lange brauchen werden, um uns bei der Geschwindigkeit, mit der sie voranschreiten, dorthin zu bekommen – das Endziel von all diesem ist, letzten Endes einen ganzen Planeten von bewusstseinskontrollierten Sklaven zu schaffen, der von einem Supercomputer kontrolliert werden kann. Sie manipulieren unsere Gedanken und unsere Gesinnungen, steuern uns, hüten uns (sie betrachten uns als Tiere – die Illuminaten halten sich selbst für Gott, Gott für die Menschen und uns für Tiere) und treiben uns in die Richtung, die wir einschlagen sollen."

SCHLUSSFOLGERUNG

Lassen Sie uns nicht in die Teile-und-Herrsche-Falle der Illuminaten geraten. Springmeier behauptet, dass dies „ein Krieg gegen das Böse und nicht gegen eine Rasse ist". Er sagt, dass, wie ein Virtuose mit einer alten Violine, „die Hand eines Meisters jeden in eine wunderschöne Sache verwandeln kann". Er behauptet, dass viele Mitglieder von Illuminatenfamilien Jesus gefunden und sich befreit haben. Gleichermaßen können viele Opfer der Illuminaten, unabhängig davon, ob sie jüdisch sind oder nicht, durch die Botschaft von Wahrheit und Liebe erreicht werden. Wir können alle entprogrammiert werden.

DER HÖCHSTRANGIGE ABTRÜNNIGE DER ILLUMINATEN: „DIE ROTHSCHILDS HERRSCHEN MIT DRUIDISCHEN HEXEN"

Halloween ist eine passende Zeit, um zu lernen, dass ein „Großer Druidenrat" aus 13 „Hexen" die Illuminaten kontrolliert und achtmal im Jahr an den „Hexensabbaten" (einschließlich Halloween) zusammenkommt, wenn Millionen von okkulten Gläubigen an Orgien teilnehmen, welche manchmal mit einem Menschenopfer einhergehen.

Meine Quelle ist der höchstrangige Abtrünnige der Illuminaten in der Geschichte, ein Hexenhohepriester, ein Mitglied des Rates der Dreizehn und zur Illuminatenblutlinie der Collins gehörend, welche die Hexerei im 17. Jahrhundert in die Vereinigten Staaten brachte.

Er schreibt den Illuminaten die Rolle als eine riesige, hoch organisierte und mächtige okkulte Verschwörung zu, die die Menschheit in einem satanischen Schraubstock festhält.

Die Illuminaten sind „Tausende von Verschwörungen, die parallel nebeneinander agieren", sagt er. Zum Beispiel spiegeln sich die Schwüre und die Initiationsriten der Hexerei genau in der Freimaurerei wider.

Sein Name ist John Todd (auch Cristopher Kollyns genannt). Im Jahre 1972, als Todd „gerettet" wurde und die Illuminaten enthüllte, herrschte er über ein Gebiet der Vereinigten Staaten, das 13 Staaten umfasste und 5000 Hexenzirkel, d. h. zusammengerechnet 65.000 Priester und Priesterinnen, beinhaltete. Das sind nur die Priester und nicht die Kultgemeinschaft.

Dieser Verfechter der Menschlichkeit wäre uns heute unbekannt, wenn nicht auf einer Webseite, die von „James", einem in Japan lebenden Amerikaner, geführt wird, und auf einer anderen Seite, welche dem gefürchteten Wes Penre gehört, über ihn berichtet würde.

Skeptiker sagen, dass es, wenn es die Illuminaten wirklich gäbe, Abtrünnige geben müsste. Es gibt eine Menge von Aussteigern; Kliniken, die Betroffene der CIA-Bewusstseinskontrolle und des satanischen rituellen Missbrauchs behandeln, sind voll von ihnen.

Aber diejenigen, die reden, werden aus dem Weg geräumt. Todd wurde im Jahre 1987 fälschlich der Vergewaltigung bezichtigt und zu 30 Jahren Haft verurteilt. Nach Aussage von Fritz Springmeier wurde Todd, als er 1994 freigelassen wurde, „von einem Hubschrauber aufgegriffen" und ermordet. („Bloodlines of the Illuminati", S. 93)

Aber auf der Webseite von James befindet sich eine Aufnahme von Todd, wie er aus dem Gefängnis in South Carolina im April 2004 entlassen und danach wieder in die „Station zur Behandlung von Verhaltensstörungen" des South Carolina Dept. of Mental Health eingesperrt wird. Die Anrufe an Direktor Chad Lominick wurden nicht beantwortet. (Könnte jemand herausfinden, ob Todd dort ist und noch lebt? Das ist das Mindeste, was wir ihm schuldig sind.)

Todd stellte viele schockierende Enthüllungen bereit, welche, wie Fritz Springmeier bestätigt, nur von einem Mann stammen können, der tatsächlich ein Mitglied des Rats der Dreizehn war.

DIE ILLUMINATEN BENUTZEN JUDEN

Todd sagte ungefähr im Jahre 1978 in einer Rede, dass die Illuminaten die Juden als eine Front benutzen.

„Die Illuminaten wissen, dass die Menschen etwas über sie in Erfahrung bringen werden ... Das Beste, was sie machen können, ist, Eure Aufmerksamkeit auf etwas anderes zu lenken und zu sagen, dass es sich damit hätte. So lenkten sie die Aufmerksamkeit von sich auf den Zionismus ... Das einzige Problem ist, dass die meisten der Illuminaten keine Juden sind. Ihre Begründer waren Juden von Geburts wegen, aber nicht aus religiösen Gründen. Sondern die meisten ihrer Anführer waren abgesehen von den Rothschilds gälisch: schottisch-gälisch oder französisch-gälisch. Das hat nichts mit den Juden zu tun. Bei meiner Familie und den meisten, die dem Großen Druidenrat angehören, reichen ihre Familienstammbäume bis auf die heidnischen Tempel in Rom, Griechenland und England, also auf die ursprüngliche Priesterschaft, zurück. Manche lassen sich bis Ägypten und Babylon zurückverfolgen. Es hat nichts mit den Juden zu tun."

[David Livingstone schreibt: „Elizabeth Hirschman und Donald Yates dokumentieren in ihrer Studie ‚When Scotland was Jewish' die jüdische Herkunft vieler führenden Familien Schottlands. Sie beginnen mit den Sinclairs und Stuarts, führen aber auch die Familien Forbes, Bruce, Campbell, Gordon, Caldwell, Fraser, Leslie, Christie, Kennedy und Cowan (Cohen) auf.]

Todd macht deutlich, dass die Rothschilds, eine Familie von sabbatianischen jüdischen Kabbalisten, an der Spitze der Hierarchie der Illuminaten stehen:

„Die Rothschilds führen die Illuminaten an und haben in jedem Land eine Familie ... Sie sind das Oberhaupt der Illuminaten. In den Vereinigten Staaten haben wir die Rockefellers. David Rockefeller ist sowohl der Leiter des Rats für auswärtige Beziehungen als auch der Trilateralen Kommission, welche in den Vereinigten Staaten die Bezeichnung für die Illuminaten ist."

„An der Spitze jeder Pyramide kann man einen Deckstein mit einem Auge darin erkennen. Der Deckstein steht für die Familie der Rothschilds oder das Tribunal, welche die Illuminaten leitet; sie waren ihre Gründer. Das Auge stellt Luzifer dar, ihren Gott und ihre Stimme. Die ersten drei oberen Blöcke finden sich auf jeder Pyramide wieder. Der obere Block stellt das dar, in was ich initiiert wurde, den Rat der Dreizehn, auch der Große Druidenrat genannt. Sie nehmen nur Befehle von den Rothschilds entgegen und von niemand anderem. Sie sind ihre private Priesterschaft. Der Rat der 33 befindet sich direkt unter ihnen, welcher die 33 höchsten Freimaurer der Welt umfasst. Als nächstes kommt der Rat der 500, welchem einige der reichsten Menschen und Konglomerate auf der Welt angehören – [einschließlich der Bilderberger und der Familien wie die du Ponts und Kennedys]."

„Der Orden des Golden Dawn ist eine Gesellschaft der Hexerei, der dem vierten Block dort oben entspricht, und ist der private Hexenzirkel der Rothschilds. Sie wählen jedes Mitglied höchstpersönlich aus." Er sagt, C.S. Lewis und J.R.R. Tolkien waren beide Mitglieder des Golden Dawn. Der große Druide Isaac Bonewits und die ACLU gründeten eine Organisation, um Christen zu verklagen, die das Okkulte verunglimpfen. Er bezieht Scientology und den Nationalen Kirchenrat in die Struktur der Illuminaten mit ein.

TODDS AUSSTIEG

Todd führt seine Abtrünnigkeit auf ein Meeting zurück, das im Jahre 1972 um den Tag der Arbeit herum stattfand. Sie erhielten sechs Briefe von der Diplomatenpost aus London.

„Dr. [Raymond] Buckland durchtrennte das Siegel und nahm sechs Briefe heraus, die mit diesem Wappen der Illuminaten versiegelt waren. Die ersten vier waren nur geschäftlich, Geld, das wir hier und dort und so weiter zahlen sollten. Genau genommen besteht der Große Druidenrat aus nichts anderem als verherrlichten Bänkern. Sie schreiben jeden Monat Schecks im Wert von Millionen von Dollar an Menschen in politischen und religiösen Bereichen. Aber die letzten beiden Briefe veranlassten mich dazu, aussteigen zu wollen."

„Nun selbst wenn ich daran beteiligt war, eine Weltregierung zu errichten, lächelte ich irgendwie immer darüber, dass dies jemals passieren würde, dass wir seriös waren, dass es eine Art kleines Spiel war, das wir spielten. So lange die Rothschilds all das Geld hatten, um es für unsere Pläne aufzuwenden, machten wir weiter und gaben das Geld aus. Daher nahm ich es nie ernst, bis wir die letzten beiden Briefe öffneten."

„Nun in dem ersten der letzten beiden Briefe, den wir öffneten, befand sich eine Darstellung und in dieser Darstellung war ein Acht-Jahres-Plan für die Übernahme der Welt aufgeführt, der im Dezember 1980 endete. Dann öffneten wir den letzten Brief, in dem stand:

,Wir fanden einen Mann, von dem wir glauben, dass er der Sohn Luzifers ist. Wir glauben, dass er durch sein Wirken und unsere Unterstützung Herrscher dieser Welt werden, alle Kriege beenden und dieser vom Krieg geplagten Welt endlich Frieden bringen kann.' Das bedeutete nun geradezu, dass wir eine Person gefunden haben, die so unglaublich mächtig ist, dass sie die Menschen überzeugen könnte, sie wäre ihre einzige Rettung. Das bedeutete nun wörtlich in christlichem Verständnis, dass er von einem Dämonen besessen ist, wie es noch nie jemand gesehen hat!"

Todd sagte, dass der Übernahme-Plan mit einem wirtschaftlichen Zusammenbruch einherging, bei dem selbst Unternehmen der Illuminaten pleitegingen. Sie haben die Mittel, um eine solche Katastrophe zu überstehen.

Er behauptet, dass Philippe de Rothschild seiner Geliebten Ayn Rand den Plan für ihren Roman „Der Streik" überließ. (Interessanterweise wurde dieser Roman mit Angelina Jolie in der Hauptrolle, die Mitglied des *Council on Foreign Relations* ist, verfilmt.)

Todd sagt, dass angesichts eines wirtschaftlichen Zusammenbruchs die Illuminaten eine Militärmacht (einschließlich Gefängnisinsassen) ausbildeten, um die Vereinigten Staaten zu übernehmen. Dies gibt auch Svali, eine weitere Abtrünnige der Illuminaten, wieder, welche untergetaucht ist.

Er behauptet, Millionen würden wie in der bolschewistischen Revolution in einer wild chaotischen Schreckensherrschaft getötet werden. Todd sagt, dass die einzige Sache, die diesen Plan verhindern kann, der weitverbreitete Waffenbesitz innerhalb der Bevölkerung der Vereinigten Staaten ist.

In den 1980er Jahren sprach er von einem Plan, der besagte, die Welt in einem Dritten Weltkrieg in Schutt und Asche zu legen, nur Jerusalem zu verschonen und von dort zu herrschen.

ABSCHLIESSENDE BEMERKUNGEN

Wie Todd weiter oben schon andeutete, sagt er, dass die Illuminaten eine Menge Geld aufwenden, um Menschen, insbesondere christliche Evangelisten und Prediger, zu bestechen.

„Vieles von dem, was man in Kirchen sieht und von dem man denkt, es sei lediglich Liberalismus, ist Bestechung. … Es ist ziemlich schwer für einen Pfarrer,… eine halbe Million Dollar abzulehnen, wenn es ihm als Bestechungsgeld angeboten wird, und sie können sogar noch höher gehen. Tatsächlich bekam eine Kirche, die ich kenne, in zwei Jahren acht Millionen Dollar und eine weitere erhielt zehn Millionen Dollar in einem Jahr! So kommen sie zu etwas Geld."

Todd behauptet, Rock'n'Roll-Musik war dazu gedacht, die Zuhörer mit einem dämonischen Zauber zu belegen. Ich weiß, das klingt weit hergeholt, aber ich bitte Sie eindringlich, sich Todds Vortrag „Witchcraft of Rock and Roll" im Internet anzuhören. Er behauptet, dass die Illuminaten christlichen Rock einführten, um die Botschaft zu kontrollieren. Der Name der Gruppe „KISS" steht für „Kings in Satanic Service" (zu Dt.: Könige im Dienste Satans).

SCHLUSSFOLGERUNG

Jeder, der Todds Vorträge liest, kann sehen, dass er im Satanismus aufgezogen wurde, wie er behauptete, und ein fundiertes Verständnis davon besitzt. Fritz Springmeier sagte, dass Todd Dinge wusste, für die er (Springmeier) Jahre brauchte, um sie zu begreifen.

Todds Botschaft scheint zu bizarr zu sein, als dass man sie glauben könnte. Aber im Zusammenhang mit dem vorgetäuschten Anschlag des 11. September, dem erfundenen Krieg gegen den Terror, der Aufhebung des Verfassungsschutzes, der Errichtung eines Polizeistaates, dem Versagen des Kongresses und der Medien, dem Senken des geistigen Niveaus und der Homosexualisierung der Gesellschaft, der Sexualisierung von Kindern, dem eindeutigen Satanismus, der Verdorbenheit und Pornografie in der „Unterhaltungs"-Industrie ergeben Todds Aussagen viel Sinn.

Die Menschheit ist das Opfer einer ungeheuerlichen Verschwörung von unsäglichen Ausmaßen. Unsere Führer, die wir bezahlen, um uns vor solchen Dingen zu beschützen, sind entweder Betrogene oder Verräter.

Die Menschheit besitzt die Intelligenz und die Mittel, sich so zu entwickeln, wie ihr zugedacht ist, aber wir werden vom leibhaftigen Teufel in einen Abgrund zurückgezerrt. Was können wir tun? Erzählen Sie es mir. Sie müssen die Massen täuschen. Helfen Sie, die Wahrheit zu verbreiten, solange wir es noch können.

SEXSKLAVEN DER ILLUMINATEN
ZEICHNEN EIN ENTSETZLICHES BILD

Zwei Frauen, die von den Illuminaten gefoltert, einer Gehirnwäsche unterzogen und prostituiert wurden, zeichnen ein verstörendes Bild davon, wie es in der Welt wirklich zugeht. Beide sagen, dass sie als Kinder Führern der Welt zur Prostitution angeboten wurden.

Sie sind Brice Taylor, Autorin von „Thanks for the Memories" (1999), und Cathy O'Brien (mit Mark Phillips), Autorin von „Die TranceFormation Amerikas" (1995).

Diese Bücher stimmen überein und bestätigen die Enthüllungen der Programmiererin der Illuminaten, „Svali". (Siehe Artikel „Illuminati Defector Details Pervasive Conspiracy" auf meiner Webseite) Wenn man die Welt verstehen will, muss man die Schriften dieser drei Frauen lesen.

Grundsätzlich wird jedes Land von einer Schattenregierung geführt, welche ihre Loyalität der Neuen Weltordnung schuldig ist, die von einem Rat der Illuminaten mit 13 Mitgliedern kontrolliert wird.

Nach Aussage von Svali „vertritt jeder Herrscher ein Gebiet von Europa, das er in seiner Macht hält; und jeder repräsentiert eine alte dynastische Blutlinie". Amerikanische Führer sind oft direkte Nachfahren, unabhängig davon, ob sie ehelich oder unehelich sind.

Laut Taylor ist Henry Kissinger der CEO der Illuminaten, der es normalerweise vorzieht, im Hintergrund zu bleiben. Unsere politischen Führer wurden auf Grund ihrer moralischen Schwächen, ihrer Erpressbarkeit und ihrer Bereitwilligkeit, den Plan der Illuminaten voranzubringen, auserwählt. Sie lassen ihre Beziehungen spielen, sodass unsere Führer auf mysteriöse Weise an Bekanntheit gewannen. Es spielt keine Rolle, welcher Partei sie angehören. Sie dienen im Geheimen der „Sache".

Viele sind Produkte eines Lebens, das wahrscheinlich Pädophilie, Drogenhandel und Drogenkonsum, Kinderpornografie, Sodomie, Bewusstseinskontrolle, Vergewaltigung, Folter, satanische Rituale und Menschenopfer beinhaltet. Ihnen werden viele Gelegenheiten geboten, um sich ihren Lastern hinzugeben, was anhaltenden Gehorsam und Solidarität gewährleistet.

Drogenhandel, Mädchenhandel, Prostitution und Pornografie finanzieren die heimlichen Programme der Neuen Weltordnung. Teile der CIA, des FBI, der Küstenwache, des Militärs und der Polizei sind genauso wie die Mafia darin verwickelt.

Diese Informationen könnten einige Menschen beunruhigen oder erzürnen. Ich konnte mich selbst über zwei Jahre lang nicht dazu durchringen, diese Bücher zu lesen. Die Qual und Verdorbenheit, die sie beschreiben, ist unerträglich. Meine mentalen Filter wollten es nicht aufnehmen. Es ist schwierig, darüber zu schreiben.

Die Öffentlichkeit hat ein kindliches Vertrauen in ihre Führer, besonders in Präsidenten. Die Beschuldigung, dass sie in Wirklichkeit einem sadistischen, kriminellen, verräterischen Syndikat angehören, ist ein unglaublicher Verrat.

Wir reagieren mit Ablehnung und Entrüstung. Wir wollen nicht eingestehen, dass wir hintergangen werden und unsere Auffassung der Wirklichkeit falsch ist. Durch die Senkung des geistigen Niveaus sind wir nicht imstande, den gesunden Menschenverstand zu gebrauchen und abgestimmt zu handeln. Wir weigern uns, uns darüber Gedanken zu machen, was sie für uns bereithalten könnten. Da ist es besser, den Boten lächerlich zu machen und sich anderen Dingen zuzuwenden.

Diese Frauen hätten schweigen und etwas verdienten Frieden und Glück finden können. Stattdessen gehen sie große Risiken ein, um die Menschheit vor unserer Gefahr zu warnen. Werden wir ihnen zuhören?

SEXROBOTER

Sowohl Cathy O'Brien als auch Brice Taylor waren Opfer des MK-Ultra Bewusstseinskontrollprogramms der CIA, welches dazu entwickelt wurde, menschliche Roboter zu schaffen, um Aufgaben zu erfüllen, die von Prostitution über Kurierdienste bis zu Morden reichen.

Ihre Familien gehören geheimen satanischen Sekten an, die ihre Kinder von Generation zu Generation sexuell missbrauchen, um das Trauma zu erzeugen, das eine multiple Persönlichkeitsstörung verursacht. In diesem traumatisierten Zustand zersplittert die Psyche in viele Teile. Die Opfer weisen außergewöhnliche Fähigkeiten der Erinnerung und des Durchhaltevermögens auf und können leicht programmiert werden, um alles zu tun.

Diese Kulte operieren in vielen Organisationen einschließlich Wohltätigkeitsorganisationen, Kirchen, Jugendverbänden, Freimaurerlogen, Tagesstätten und Privatschulen.

Die Gesellschaft wird derselben Art einer auf Traumata beruhenden Programmierung durch anhaltenden Krieg und Gräueltaten unterzogen, welche Auschwitz, Hiroshima, die Kennedy-Attentate, den 11. September, Abu Ghraib und Turbulenzen an den Finanzmärkten miteinschließen. Zum einen werden wir kollektiv desensibilisiert und zum anderen werden wir darauf programmiert, unser Augenmerk auf Sex, Gewalt, Belanglosigkeiten und bedeutungslose gesellschaftliche Rituale zu richten.

Beide Frauen wurden als Babys sexuell missbraucht. Cathy O'Brien wurde oft der Penis ihres Vaters anstatt eines Babyfläschchens gegeben. Der Kongressabgeordnete Gerald Ford, der mit der Michigan-Bande an Drogenhandel und Kinderpornografie beteiligt war, nahm sie in das MK-Ultra Programm auf. (Kein Wunder, dass Betty Ford alkoholabhängig war.)

O'Briens Vater bot sie als Kind Freunden, Geschäftspartnern und Politikern als Gefälligkeit oder für Geld zur Prostitution an. Sie tauchte auch in zahlreichen Kinderpornografie- und Sodomiefilmen auf. Wenn man dieses Buch liest, wird man verstehen, wer JonBenét Ramsey war und warum es keine andere Lösung als ihre Ermordung gab.

VERDORBENHEIT

O'Brien (geboren im Jahre 1957) sagt, sie diente einer Reihe von Politikern einschließlich der Kokain schnupfenden Clintons (eine Dreierbeziehung), Ronald Reagan, George H.W. Bush, Dick Cheney, Pierre Trudeau, Brian Mulroney, der Gouverneure Lamar Alexander und Richard Thornburgh, Bill Bennett (Autor von „The Book of Virtues"), der Senatoren Patrick Leahy,

Robert Byrd (ihr Handler) und Arlen Specter. Bemerkenswert ist die fehlende Nennung von Jimmy Carter und Richard Nixon. Taylor (geboren im Jahre 1951) schlief mit John F. Kennedy und Lyndon B. Johnson im Alter von zehn bis zwölf Jahren und als Teenager.

Als O'Briens Tochter Kelly im Jahre 1980 geboren wurde, arbeiteten sie oft als Mutter-Tochter-Team zusammen. George H.W. Bush mochte besonders Kelly. Cheney ist kein Kinderschänder, da seine großen Genitalien Kinder erschrecken. (S. 195)

Dick Cheney erzählte ihr, wobei er sich auf George Bush bezog: „Ein Vizepräsident ist nur ein verdeckter Agent, der in der Drogenindustrie die Kontrolle für den Präsidenten übernimmt." (S. 158)

George Bush Jr. war einmal dabei, aber ihm wird nichts angelastet. (S. 196) O'Brien wurde im Jahre 1988 von Mark Phillips gerettet. Es ist wahrscheinlich, dass Bush Jr. in diese Bewusstseinskontrolle und Drogen- und Sexszene involviert ist. Gerüchte über ihn sind im Umlauf und sein Verhalten ist unberechenbar. Erinnern Sie sich an den Brezel-Unfall? Im Jahre 2003 beging Margie Schoedinger, eine schwarze Frau aus Texas, die den Präsidenten wegen Vergewaltigung verklagte, „Selbstmord".

Sen. Robert Byrd, der die Ausgaben der Nation kontrolliert, rechtfertigte vor Cathy seine Beteiligung an der Verbreitung von Drogen, an Pornografie und an Mädchenhandel als Mittel zur „Erlangung der Kontrolle über alle illegalen Aktivitäten weltweit", um verdeckte Aktivitäten durch Schwarzgeld zu finanzieren, die „Weltfrieden durch die Herrschaft über die Welt und totale Kontrolle herbeiführen würden."

Er sagte, dass „95 % der Menschen von den 5 % angeführt werden wollen". Das ist der Beweis dafür, dass „die 95 % nicht wissen wollen, was wirklich in der Regierung vor sich geht". Byrd glaubte, dass die Menschheit einen „riesigen Schritt in der Entwicklung durch die Schaffung einer überlegenen Rasse machen" muss.

Byrd glaubte an „die Vernichtung der unterprivilegierten Nationen und Kulturen" durch Genozid und Genmanipulation, um „die Begabteren, die Blonden der Welt" zu vermehren. (S. 118)

O'Brien besuchte eine Reihe von geheimen paramilitärischen Geländen überall in den Vereinigten Staaten wie eines auf dem Mount Shasta in Kalifornien. „Ich lernte, dass diese nicht so geheime militärische Präsenz aus Spezialeinheiten aus trainierten Robotersoldaten, schwarzen, nicht gekennzeichneten Helikoptern und einem streng geheimen Waffenarsenal, das auch Ausrüstung zur elektromagnetischen Bewusstseinskontrolle umfasste, besteht."

Auf diesen Geländen wurden O'Brien und ihre Tochter oft zum Vergnügen der CIA, des Militärs und Politikern wie wilde Tiere gejagt, gequält und vergewaltigt.

O'Brien arbeitete als Sexsklavin auf dem Bohemian Grove, auf der perversen Spielwiese der Elite am Russian River in Kalifornien. Sie behauptet, dass der Ort unter Videoüberwachung steht, um Anführer der Welt bei kompromittierenden Handlungen zu erfassen.

„Sklaven in fortschreitendem Alter oder mit fehlerhafter Programmierung werden willkürlich während Ritualen auf dem bewaldeten Gelände des Bohemian Grove ermordet ... Es gab einen Raum mit Fesseln und Folterungen, eine Opiumhöhle, ritualisierte Sexaltäre, Räume für Gruppenorgien ... Ich wurde als „Puppe" im Spielwarenladen und als Urinal im Raum „Golden Arches" benutzt." (S. 169-170)

Seltsamerweise werden bewusstseinskontrollierte Sexsklaven auch als Diplomaten und Lobbyisten benutzt. Auf einer Gouverneurskonferenz wies der Sekretär des Bildungswesens Bill Bennet O'Brien an, „diese Gouverneure in ihrem schwächsten Moment zu überzeugen, sie in die Knie zu zwingen, während Du vor ihnen kniest, und sie zu überzeugen, dass globale Bildung [die Bildungsinitiative 2000] der Weg in die Zukunft ist, falls es überhaupt eine Zukunft geben sollte". (S. 173)

ABSCHLIESSENDE BEMERKUNGEN

Warum ließen die Illuminaten diese Frauen am Leben? Ich weiß es nicht. Ich weiß nicht, wie viele sie getötet haben. Vielleicht wollen sie, dass die Wahrheit nach und nach bekannt wird. Vielleicht besitzen sie noch einen letzten

Rest Anstand. Vielleicht sind sie sich ihrer Macht sicher und denken, diesen Frauen würde nicht geglaubt werden.

Wie die Ermordung Kennedys und der 11. September belegen, wurden die Vereinigten Staaten (und die meisten Länder) vollkommen von einer luziferianischen internationalen kriminellen Elite unterwandert. Die Rolle der Politiker, der Medien und des Bildungswesens besteht darin, die Schafe in einem Zustand der Täuschung und Ablenkung zu belassen, während die Elite heimlich ihr Ziel der Welttyrannei voranbringt. Die heutige westliche Gesellschaft ist ein gewaltiger Betrug.

Es ist eine Tragödie, dass unerschrockene junge amerikanische Soldaten einer Gehirnwäsche unterzogen wurden, um zu glauben, dass sie die Freiheit fördern, wenn doch das Gegenteil der Fall ist. Ein Leser sagt mir, dass dieser Artikel Verrat ist. Ist es patriotisch, Verrätern zu gehorchen?

Die Bevölkerung des Westens ist verdorben, egozentrisch und selbstgefällig. Wie können die Dinge so schlecht sein, wenn wir doch so vieles haben? Wir sind uns nicht im Klaren darüber, dass uns die Annehmlichkeiten sofort wieder durch Einschränkung der Kreditvergabe weggenommen werden können.

Wir merken nicht, dass wir abgelenkt werden, während unsere politischen und sozialen Institutionen, unsere Bollwerke gegen eine Willkürherrschaft, unterwandert und demontiert werden. Unsere Kinder werden einer Gehirnwäsche unterzogen.

Fragen Sie nicht: „Was können wir tun?" Das ist konditionierte Hilflosigkeit. Finden Sie es selbst heraus. Übernehmen Sie Verantwortung. Es gibt keine schnelle Lösung für dieses Dilemma. Aber wir müssen für die Wahrheit eintreten. Sie haben zwar die Waffen dafür, die Massen zu täuschen, aber wie Cathy O'Brien sagt: „Die Wahrheit verschwindet nicht."

EINE KURZDARSTELLUNG DER ILLUMINATEN

Die Politik verbannte die Religion aus der öffentlichen Debatte, aber die Religion bietet nach wie vor die beste Darstellung der politischen Realität.

Der Kern politischer Auseinandersetzungen ist genau genommen spirituell, eine kosmische Schlacht zwischen Gott (das Gute) und Satan (das Böse) um die Seele des Menschen.

Der Kampf findet zwischen einer internationalen Finanzelite, die sich Satan verschrieben hat und von den Illuminaten angeführt wird, und dem Rest der Menschheit, der weiterhin an Gottes Plan festhält, statt. Die ahnungslosen Massen leben wie Kinder in einer Traumwelt.

Dieser Kampf wird nicht zwischen Nationen, Religionen oder zwischen linken oder rechten Ideologien ausgefochten. Diese okkulte Elite bringt beide Seiten jedes Konflikts hervor und kontrolliert sie, um ihre langfristige Agenda zu verschleiern und gleichzeitig voranzutreiben.

Der Plan der Elite besteht darin, den Planeten zu ihrem privaten neofeudalen Reservat umzugestalten. Dies beinhaltet die Reduzierung der Weltbevölkerung durch Seuchen, Katastrophen oder Krieg; Bewusstseinskontrolle/ Züchtung der Überlebenden zu Leibeigenen; und das Emporheben Luzifers zu Gott.

Innerhalb der nächsten 10 – 20 Jahre könnte eine verheerende Katastrophe eintreten. Unsere Uhr ist abgelaufen. Wir werden von den Medien betrogen und durch Sex abgelenkt, während die Elite verschiedene Manipulations- und Kontrollmethoden an uns ausprobiert und uns aufzwingt.

Tausende von Organisationen wie die Vereinten Nationen unterstützen praktisch ohne staatliche Kontrolle die „Weltregierungsagenda" der Elite. In jüngerer Zeit stiftete die Elite die Anschläge des 11. Septembers an, um ihren „Krieg gegen den Terror", den repressiven „Patriot Act" und den Irakkrieg zu rechtfertigen. Die Überschwemmung in New Orleans, Impfungen, die

Vogelgrippeepidemie und Stromausfälle sind weitere Tests oder mögliche Vorboten. Sie gründeten eine Saatgutbank auf einer abgeschiedenen norwegischen Insel für den Fall eines nuklearen Kriegs.

Intellektuelle und engagierte Menschen verdrehen ihre Augen, wenn ihnen von dieser Verschwörung berichtet wird. Sie sind durch ihre „Bildung" und die Massenmedien hypnotisiert.

Die Bezeichnung „Illuminaten" hört sich fantastisch an, aber sie sind KEIN Hirngespinst. Sie, die sich innerhalb der Freimaurerei verbergen, sind die Kirche von Satan. Ihre Mitglieder waren bekannt, ihre Prämissen wurden angegriffen. Ihre Pläne und der Schriftverkehr wurden sichergestellt und veröffentlicht. Bei offiziellen Ermittlungen bezeugten Abtrünnige die ernste Gefahr. Sie wurden verboten, aber sie gingen in den Untergrund. Sie wurden seither so mächtig, dass sie im wahrsten Sinne des Wortes das moderne Zeitalter (unter dem Deckmantel von „Fortschritt", „Reform" und „Revolution") definierten und nun die Zukunft der Menschheit bedrohen.

DER URSPRUNG DER FUNKTIONSSTÖRUNG DES MODERNEN ZEITALTERS

Die Bezeichnung „Illuminaten" bedeutet „die Erleuchteten" und bezieht sich auf Luzifer, den „Lichtbringer". Ihre grundlegende Philosophie ist, etwas, das „wahre Vernunft" (d. h. universelle Moral) genannt wird, durch „Vernunft" (d. h. Zweckmäßigkeit) zu ersetzen.

„Tu, was Du willst" (d. h. „Toleranz") war das Motto der freimaurerischen Illuminaten. Die Illuminaten werden die Wirklichkeit bestimmen, nicht Gott oder die Natur. Der Illuminatismus oder der „Humanismus" ist eine weltliche Religion und ein Übergang zum Satanismus. Der Verfall des allgemeinen Anstands macht dies in zunehmendem Maße sichtbar. Schauen Sie sich auf der Welt um, die zusehends dem Spiel „Grand Theft Auto" oder einem Horror- oder Katastrophenfilm aus Hollywood ähnelt.

Wenn jedem, unabhängig davon, ob es eine Pflanze, ein Hund oder ein Kind ist, ein wenig Nahrung und Liebe gegeben werden, werden sie gemäß einem angeborenen Bauplan gedeihen. Die Illuminaten möchten uns von diesem innewohnenden Konzept abkoppeln, indem sie Dysfunktionen in

Gestalt von „sexueller Befreiung" und „Gleichheit" fördern.

Im Jahre 1770 beauftragte Mayer Rothschild den 22-jährigen Adam Weishaupt – Dozent an einer Universität (und Sohn eines Rabbiners, der katholisch erzogen wurde) – die Crème de la Crème der europäischen Gesellschaft für einen geheimen Kult zu gewinnen, der dafür vorgesehen ist, den Kurs der westlichen (d. h. christlichen) Zivilisation umzukehren.

Ich verweise auf „Final Warning", ein E-Book von David Allen Rivera, und auf James Wardners herausragendes Buch „Unholy Alliances". (S. 34-51)

Die Illuminaten wurden am 1. Mai 1776 gegründet. Weishaupt schrieb: „Die große Stärke unseres Ordens liegt in seiner Geheimhaltung, lasst ihn nie unter seinem eigenen Namen an irgendeinem Ort in Erscheinung treten, sondern immer verdeckt unter einem anderen Namen und einer anderen Tätigkeit. Nichts ist geeigneter als die drei unteren Grade der Freimaurerei; die Öffentlichkeit ist mit ihnen vertraut, erwartet nicht viel von ihnen und schenkt ihnen daher wenig Beachtung."

Auf dem Konvent von Wilhelmsbad am 20. Dezember 1781 gelangten sie mit den Freimaurern zu dem Einverständnis, die Hierarchie der Illuminaten an die höchsten drei Grade der Freimaurerei anzugliedern. Nach seiner Rückkehr nach Hause berichtete Comte de Virieu, ein Freimaurer aus der martinistischen Loge in Lyons: „Ich kann Dir nur sagen, dass all das sehr viel ernst zu nehmender ist als Du glaubst. Die Verschwörung, die sie ersonnen haben, ist so wohldurchdacht, dass es für Monarchie und Kirche unmöglich sein wird, ihr zu entgehen."

Nesta Webster beschreibt in ihrem Buch „World Revolution" die Vorgehensweise der Illuminaten. Sie lässt sich auf Adolf Hitler ebenso wie auf Timothy Leary anwenden: „Die Kunstfertigkeit des Illuminatismus liegt in der Anwerbung von Dummköpfen sowie Adepten und darin, Menschen mit vollkommen unterschiedlichen Zielen dazu zu bringen, dem geheimen Zweck der Sekte zu dienen, indem die Träume von rechtschaffenen Visionären oder die Pläne von Fanatikern bestärkt werden, die Eitelkeit von ehrgeizigen Egoisten umschmeichelt wird, auf einen unausgeglichenen Geist eingewirkt wird oder solche Leidenschaften wie Gier und Macht ausgenutzt werden."

Die Illuminaten setzten auch Bestechungen mit Geld und Sex ein, um die Kontrolle über Menschen in hohen Stellungen zu erlangen, und erpressten sie dann mit der Androhung des finanziellen Ruins, öffentlicher Bloßstellung oder Ermordung. Dies dauert bis zum heutigen Tage an.

Weishaupt schrieb: „Man muss sich manchmal auf die eine Weise, manchmal auf die andere Weise ausdrücken, sodass unseren Untergebenen unsere eigentliche Absicht unzugänglich bleibt." Und was war diese Absicht? Sie bestand in „nichts Geringerem, als Macht und Reichtümer zu erlangen, weltliche oder religiöse Regierungen zu untergraben und die Weltherrschaft zu erreichen."

Die oberste Priorität war das Anwerben von Schriftstellern, Verlegern und Lehrern. Das moderne Pantheon bedeutender Denker, von Darwin zu Nietzsche bis zu Marx, waren Schachfiguren oder Handlanger der Illuminaten. Weishaupt schrieb von einer Universität: „All die Professoren sind Mitglieder der Illuminaten ... So werden all die Schüler Anhänger des Illuminatismus werden." (Wardner, S. 45)

Als der Orden sich in Deutschland verbreitete, wurde von solchen führenden jüdischen Familien wie den Oppenheimern, den Wertheimern, den Schusters, den Speyers, den Sterns und natürlich den Rothschilds Geld beigesteuert. Gerald B. Winrod schrieb in seinem Buch „Adam Weishaupt: A Human Devil" von den „39 Hauptdelegierten, die Weishaupt unterstanden, von denen 17 Juden waren".

Von Bayern aus verbreitete sich der Orden der Illuminaten wie ein Lauffeuer ... Bald hatten sie über 300 Mitglieder aus allen Gesellschaftsschichten einschließlich Studenten, Händlern, Ärzten, Anwälten, Richtern, Professoren, Beamten, Bänkern und sogar Pfarrern. Einige ihrer namhaften Mitglieder waren: der Herzog von Orléans, Herzog Ernst August von Sachsen-Weimar-Coburg-Gotha, Fürst Karl von Hessen-Kassel, Johann Gottfried von Herder (Philosoph), Graf Klemens von Metternich, Katharina II. von Russland, Graf Gabriel de Mirabeau, Marquis von Constanza ("Diomedes"), Herzog Ferdinand von Braunschweig ("Aaron"), Herzog Karl August von Sachsen-Weimar, Johann Wolfgang von Goethe (Dichter & Freimaurer), Joseph II. von Russland, Christian VII. von Dänemark, Gustav III. von Schweden und König Poniatowski von Polen.

Zur Zeit des dritten Freimaurerkongresses in Frankfurt im Jahre 1786 kontrollierten die Illuminaten nahezu alle Freimaurerlogen, welche drei Millionen Geheimbundmitglieder überall in verschiedenen deutschen Provinzen, Österreich, Ungarn, England, Schottland, Polen, Frankreich, Belgien, Schweiz, Italien, Holland, Spanien, Schweden, Russland, Irland, Afrika und Amerika vertraten. (Wardner, S. 39)

In den 1790er Jahren ging in den Vereinigten Staaten eine Angst vor den Illuminaten um. In Charlestown verkündete der Pastor Jedidiah Morse im Jahre 1798: „Praktisch alle bürgerlichen und kirchlichen Einrichtungen in Europa wurden schon in ihren Grundfesten durch diese schreckliche Organisation erschüttert, die Französische Revolution an sich kann ohne Zweifel auf ihre Machenschaften zurückgeführt werden …" (Wardner, S. 48)

William Russell gründete im Jahre 1832 einen Ableger der Illuminaten in Yale, den er „Skull & Bones" nannte. Präsident G.W. Bush, sein Vater und John Kerry sind Mitglieder.

Am 9. September 1785 legten der Jurist Joseph von Utzschneider und zwei weitere Aussteiger die Ziele der Illuminaten vor einem Untersuchungsgericht offen: Abschaffung der Monarchie und aller befehligten Staatsorgane; Abschaffung des Privateigentums (welches die Illuminaten sich aneignen werden); Aufhebung des Patriotismus (Nationen) und der Familie (durch die Abschaffung von Ehe, Moral und durch die von der Regierung vorgeschriebene „Bildung" der Kinder) und letztendlich die Abschaffung aller Religionen, besonders des Christentums.

Dies sind genau die Ziele des Kommunismus, die von Marx im Jahre 1848 formuliert wurden. Die Illuminaten und der Kommunismus gehen Hand in Hand. Der Ausdruck „die Roten" stammt von dem „roten Schild" aus dem Namen der Rothschilds.

Im Jahre 1794 brachte der Herzog von Braunschweig ein Manifest auf Grundlage beschlagnahmter Dokumente der Illuminaten heraus. Er sagte: „Die Unruhe, die unter den Menschen herrscht, ist ihr Werk … Sie begannen, indem sie die Religion in den Schmutz zogen … Sie erfanden die Menschenrechte … und drängten die Menschen dazu, ihren Fürsten die Anerkennung dieser vermeintlichen Rechte abzuringen. Der Plan, den sie ausarbeiten, um alle sozialen Bindungen zu brechen und die ganze Ordnung zu zerstören, wurde in ihren Reden und Handlungen offenbart. Sie überschwemmten die Welt mit einer Vielzahl von Schriften; sie warben Lehrlinge jeder Gesellschaftsschicht und jeder Stellung an; sie verführten die scharfsinnigsten Männer, indem sie ihnen falsche Absichten vorgaukelten." („Light-bearers of Darkness", S. 10)

SCHLUSSFOLGERUNG

Die Menschheit hat einen falschen Weg eingeschlagen und scheint dem Untergang geweiht zu sein. Die politische, kulturelle und wirtschaftliche Elite besteht entweder aus Betrogenen oder aus willigen Handlangern einer satanischen Verschwörung kosmischer Verhältnisse.

Wenn wir und unsere Kinder leiden und vorzeitig sterben müssen, kennen wir zumindest den wahren Grund. Das ist ein Privileg, das Millionen unserer Vorfahren nicht zuteilwurde.

Gott und Satan schlossen eine Wette um die Seele des Menschen ab. Wenn Gott gewinnt, schwelgt der Mensch in der Herrlichkeit seines göttlichen Geburtsrechts. Falls Satan gewinnt, wird der Mensch vernichtet. Dies ist kurz gesagt der religiöse Charakter der Politik.

DIE MENSCHHEIT IST EINEM OKKULTEN ANGRIFF AUSGESETZT

Wie Sie wissen, legt die Finanzelite großen Wert darauf, uns einen äußeren Feind zu präsentieren: die Hunnen, die Nazis, die Kommunisten, muslimische Terroristen, usw. Sie schaffen auch einen inneren Feind, indem sie uns nach Rasse, Geschlecht und Gesellschaftsschichten unterteilen. Dann lässt sie sich noch wirtschaftliche, soziale und natürliche Feinde wie den Krieg gegen die Armut, Drogen und die globale Erwärmung einfallen.

So lenken sie die Aufmerksamkeit von sich selbst ab, nämlich von dem wahren Feind, den Illuminaten, die innerhalb der Freimaurerei organisiert sind, einem internationalen satanischen Kult, der unser politisches, kulturelles und wirtschaftliches Leben durch magischen Scharfsinn kontrolliert.

Ihre selbstgefälligen Symbole, die ihren Triumph bekunden, sind überall zu finden: auf dem Großen Siegel der Vereinigten Staaten und den Logos unzähliger Unternehmen, der UN und sogar der Stadt Winnipeg, in der ich lebe. Achten Sie auf Punkte in Kreisen, Pyramiden ohne Deckstein, Augen des Horus und geschwungene Linien, die Sonnenaufgänge symbolisieren.

Alle Politiker, die gute Aussichten auf Erfolg haben, sind Freimaurer einschließlich Bush, Obama, Clinton und McCain. Sie sind keine ernsthaften Gegenspieler. Bush verdoppelte die Staatsverschuldung und halbierte den Wert des US-Dollars, aber wurde er jemals dafür kritisiert? Unter seiner Präsidentschaft erlebten wir den 11. September, den Irakkrieg, Hurrikan Katrina (gebrochene Dämme) und die Hypothekenkrise. Keiner wurde dafür verantwortlich gemacht.

Was die internationale Spitze betrifft, sind Obama und Ahmadinedschad, Sarkozy, Merkel und Putin, Bush und McCain ungeachtet ihrer vorgetäuschten Meinungsverschiedenheiten allesamt Mitglieder dieses Klubs. Sie arbeiten für das internationale Bankenkartell und werden von einer kleinen Armee von Mitläufern und Opportunisten unterstützt. Nichts davon wäre möglich, wenn sie nicht auch im Besitz der Massenmedien wären.

Unser politisches Leben ist im Grunde Theater. Der Autor der „Protokolle von Zion" spottet: „Wer würde denn jemals ahnen, dass all diese Menschen gemäß einem politischen Plan, auf den niemand im Verlauf so vieler Jahrhunderte gekommen wäre, unter unserer Regie stehen?" (Protokoll 13)

Schon im Jahre 1823 schrieb Hoëné-Wroński: „Geheimgesellschaften sind in unabhängige Gruppierungen aufgeteilt und sind sich scheinbar feindlich gesinnt, wenn sie die gegensätzlichsten Meinungen unserer Zeit bekunden, sodass sie alle Parteien im Einzelnen und mit Überzeugung politisch, religiös, wirtschaftlich und literarisch lenken. Sie sind wiederum in einer unbekannten Zentrale vereinigt, damit sie in eine gemeinsame Richtung gelenkt werden ... in einem unbekannten Oberkomitee, das die Welt regiert." („Light-bearers of Darkness", S. 2)

Die Weltregierung, die „Neue Weltordnung", ist das Ziel der Freimaurerei. Die Ordnung wird aus Chaos erschaffen. Sie wird durch einen „dialektischen Prozess" von Sitzkriegen erreicht, die durch False-Flag-Operationen, eine auf Gehirnwäsche beruhende Propaganda („Sensibilisierungstraining") sowie Verleumdung und Nötigung verursacht werden.

Laut Jüri Linas Buch „Architects of Deception" ist die Freimaurerei der Judaismus für die Nichtjuden. Sie basiert auf der Kabbala und ist „das politische Exekutivorgan der jüdischen Finanzelite". (Siehe Artikel „Freemasonry: Mankind's Death Wish" auf meiner Webseite)

Sie wird von freimaurerischen Juden geleitet. Offenbar gehören Juden allen Logen an, aber Nichtjuden können nicht Mitglied jüdischer Logen wie z.B. des B'nai B'rith werden. Diese bilden die Exekutive.

Wir sind Zeugen des Höhepunkts eines tausend Jahre langen Kreuzzugs einiger pharisäischer Juden und ihrer Verbündeten, um die christliche Zivilisation umzustürzen und eine primitive Gewaltherrschaft zu errichten, die in den „Protokollen von Zion" detailliert erläutert wird.

AUSWEITUNG DES FINANZIELLEN MONOPOLS

Jüri Lina zitiert Professor Valeri Yemelyanov, der auf dem Kongress einer sowjetischen kommunistischen Partei im Jahre 1979 anmerkte: „Die jüdische freimaurerische Pyramide kontrolliert 80 % der Wirtschaft der kapitalistischen Länder und 90 – 95 % der Informationsmedien." (S. 163)

Im Jahre 1938 beschrieb der Eingeweihte Christian Rakowski (Chaim Rakover) die Situation wie folgt:

„In Moskau herrscht der Kommunismus vor, in New York der Kapitalismus. Beides ist sowohl These als auch Antithese. Man analysiere beides. Moskau ist subjektiver Kommunismus, aber [objektiv gesehen] Staatskapitalismus. New York: subjektiver Kapitalismus, aber objektiv Kommunismus. Eine personenbezogene Synthese, die Wahrheit: Die finanzielle Internationale und die kommunistisch-kapitalistische Internationale sind eins. ,Sie'."
„Sie" bezieht sich auf die „Illuminaten", die höchste Stufe der Freimaurerei.

Am 19. November 1937 richtete der einflussreiche Fabier Nicholas Murray Butler folgende Worte an ein Bankett in London: „Der Kommunismus ist das Instrument, mit welchem die Finanzwelt nationale Regierungen stürzen und anschließend mit einer Weltpolizei und mit Weltgeld eine Weltregierung errichten kann."

Rakowski sagt, dass das wirkliche Ziel der Freimaurerei darin liegt, den Kommunismus zu etablieren. Der Kommunismus (d. h. die NWO) beinhaltet die Zerstörung der vier Säulen unserer menschlichen Identität: Rasse, Religion, Nation und Familie. Das ist die wahre Bedeutung von „Vielfalt", „Multikulturalität", „Feminismus", „Pornografie", „sexueller Befreiung" und „Schwulenrechten". (Siehe „Rothschilds Conduct ,Red Symphony'" auf meiner Webseite oder in meinem Buch „Cruel Hoax")

Der heidnische freimaurerische Zauber wird mit einer erstaunlichen Beständigkeit und Gleichförmigkeit durch die Massenmedien und das Bildungssystem erwirkt. Beispielsweise kann man in letzter Zeit Darstellungen von starken Frauen in männlichen Rollen und Aufrufen an Frauen in traditionellen Gesellschaften, nach Unabhängigkeit zu streben, nicht entgehen.

Paul Copin Albancelli schrieb im Jahre 1909: „Die Freimaurer wiederholen, was sie von den Predigern der Okkulten Mächte gehört haben: Der Journalist ..., der Herausgeber ..., der Pornograf ..., der Professor ... Der Bewusstseinszustand, der erzeugt wird und von welchem die Logen erfüllt sind, ... ist das weltliche Medium, das überall angetroffen wird und den Geist verändert. Und da die Freimaurer dieser Pflicht als Propagandisten nachgehen, ohne sich selbst als Freimaurer zu erkennen geben, wird die Tätigkeit, die sie ausüben, nicht als freimaurerisch erkannt." ("The Jewish Conspiracy Against the Christian World", S. 173-174)

WAHRNEHMUNGSVERMÖGEN

Die Freimaurerei zeigt der Welt nicht ihr wahres Gesicht. Lina schreibt, dass die Freimaurerei „eng mit Sozialismus und Kommunismus sowie mit dem organisierten Verbrechen verbunden ist. Die vorrangige Aufgabe der Freimaurerei ist, das Wissen über die wirkliche Welt zu bekämpfen und die Fakten der wahren Geschichte zu ignorieren." (S. 281)

Die exoterische Freimaurerei ist für Dummköpfe. Es geht um Wohltätigkeit und darum, „aus guten Menschen bessere Menschen zu machen", usw. Die wirkliche Freimaurerei, die esoterische (oder die okkulte), die nur Eingeweihten bekannt ist, handelt davon, die Welt für Luzifer zu unterwerfen.

Daher müssen wir immer zwischen dem Offiziellen und dem Inoffiziellen, zwischen dem Subjektiven und dem Objektiven unterscheiden.

Offiziell leben wir in einer freien Gesellschaft. Inoffiziell sind unsere „Führer" Betrogene oder Verräter, die sich unserer vollständigen Versklavung verschrieben haben.

Offiziell haben wir eine freie Presse und ein freies Bildungssystem. Inoffiziell finden nur Ansichten Gehör, die der okkulten (freimaurerischen, „aufklärerischen") Agenda entsprechen.

Offiziell sind Kunst und Unterhaltung freie Ausdrucksformen. Inoffiziell wird bis auf einige Ausnahmen nur die Unterhaltung gefördert, die das okkulte Programm voranbringt. Unzählige Filme fallen unter die Kategorie vorhersagende Programmierung – sie lehren den Menschen, mit satanischen Szenarien und schrecklichen Katastrophen zu rechnen.

Offiziell steuerten muslimische Terroristen am 11. September Flugzeuge in die Symbole der amerikanischen Freiheit und des Wohlstands, was zu ihrem Einsturz führte, wobei über 3000 Leute getötet wurden. Inoffiziell sprengten die Instrumente der freimaurerischen Finanzelite –

Geheimdienste, Geheimgesellschaften – die Gebäude, um das Ausweiden der Bürgerrechte, den Beginn willkürlicher Kriege und eine 5 Billionen US$ hohe Geldverschwendung auf Staatskosten zu rechtfertigen.

Offiziell bekunden Wahlen den Willen und den Wunsch der Menschen nach Veränderung. Inoffiziell werden Wahlen benötigt, um die Illusion der Freiheit aufrechtzuerhalten und die Steuern und die Gremien sicherzustellen, die für endlose Kriege gebraucht werden.

Offiziell glauben sie an unser Land. Inoffiziell tun sie alles, um es zu zersetzen, damit die Bevölkerung eine Weltregierung akzeptieren wird.

Offiziell sind sie Christen. Barack Obama ist ein Christ. Inoffiziell ist der Luziferianismus (Freimaurerei, kabbalistischer Judaismus, Säkularismus) die Religion des nachaufklärerischen Westens. George Bush und Barack Obama sind Satanisten, die stolz das Symbol des gehörnten Ziegenbocks gebrauchen. Indem sie sich zum Christentum bekennen, bringen sie es in Verruf.

SCHLUSSFOLGERUNG

Im Augenblick würde ich sagen, dass das aufschlussreichste Buch über unsere Misere „Architects of Deception" von Jüri Lina ist. Ich habe es schon einmal besprochen, aber ich empfehle es ein weiteres Mal. Hier ist ein noch ein Beispiel der Enthüllungen, die es enthält: „Die meisten von George Washingtons Generälen und die Unterzeichner der Unabhängigkeitserklärung waren Freimaurer." Die Werte der Erklärung sind gültig, aber sie fallen unter die Kategorie des „Offiziellen".

Inoffiziell sagt Lina: „Die Freimaurer errichteten die Vereinigten Staaten von Amerika als eine wirksame Basis für ihre weltumspannenden Tätigkeiten und um ihr höchstes Ziel zu erreichen – die rassenideologische Vorherrschaft über die Welt."

Unser Leben basiert auf einem ungeheuerlichen Betrug. Unsere politischen und kulturellen Führer werden anhand ihrer Bereitwilligkeit, uns wegen Ruhm und Reichtum zu betrügen, auserwählt. Die Menschheit geriet in den Übergangsbereich zwischen Wirklichkeit und einem okkulten Zauber.

Unsere einzige Hoffnung besteht darin, dass das „Offizielle" das „Inoffizielle" übertrumpft und dass die Dummköpfe aufwachen, bevor es zu spät ist.

DER SATANISCHE KULT, DER DIE WELT REGIERT

„Wie gehet es zu, dass einer wird ihrer tausend jagen, und zwei werden zehntausend flüchtig machen? Ist es nicht also, dass sie ihr Fels verkauft hat und der HERR sie übergeben hat?" (Deuteronomium 32:30)

„Konvertiere zum Islam oder stirb." Dies war die Wahl, vor die der türkische Sultan im Jahre 1666 Schabbatai Zwi, einen selbsternannten jüdischen „Messias", stellte.

Als Zwi vorgab, zum Islam überzutreten, bediente er sich einer gängigen Praxis unter den Juden. Aber Zwi war kein gewöhnlicher Jude. Er führte einen verbreiteten Irrglauben an, der auf einer satanischen Linie der Kabbala basiert. Die Rabbiner denunzierten ihn und seine Anhänger.

Nach seinem „Übertritt" folgten über eine Million Anhänger, welche später Geldgeber wie die Rothschilds miteinschlossen, seinem Beispiel. Aber sie täuschten nicht nur vor, Muslime oder Christen zu sein. Sie gaben auch vor, Juden zu sein. Sie waren die Vorfahren der Illuminaten und des Kommunismus.

Bella Dodd, eine Abtrünnige des Kommunismus, deckte auf, dass die kommunistische Partei während der 1930er Jahre 1100 Mitglieder in das katholische Priestertum eintreten ließ. Sie wurden Bischöfe, Kardinäle und Päpste.

Dieser satanische Kult unterwanderte und zersetzte durch die Anwendung dieser Chamäleon-Strategie die meisten Regierungen und Religionen und errichtete eine unsichtbare Tyrannei, ohne viel Aufmerksamkeit zu erregen. Der begnadete jüdische Wissenschaftler Clifford Shack drückt es mit folgenden Worten aus:

„Durch Unterwanderung, Heimlichkeit und List gelang es dem unsichtbaren Netzwerk, uns alle zu beherrschen. 41 Jahre nach Schabbatai Zwis Tod, im Jahre 1717, wollten sie Maurerzünfte in England unterwandern und die

Freimaurerei gründen ... [Zwis Nachfolger] Jakob Frank hatte einen gro-ßen Einfluss auf den inneren Kern der Freimaurerei, der sich im Jahre 1776 herausbildete und als die Illuminaten bekannt wurde. Die Freimaurerei wur-de die heimliche Antriebskraft hinter Ereignissen wie den [amerikanischen, französischen und russischen] Revolutionen, den Gründungen der Vereinten Nationen und Israels, beiden Weltkriege (einschließlich des Holocausts!) und der Ermordung der Kennedy-Brüder, die zusammen mit ihrem Vater versuchten, die Bestrebungen des Netzwerks auf amerikanischem Boden zu verhindern.

Sabbatianer/Frankisten, die auch als ‚Kult des allsehenden Auges' be-zeichnet werden (betrachten Sie eine Ein-Dollarnote, um sich über ihren Einfluss auf IHR Leben klar zu werden!), sind politische und religiöse Cha-mäleons. Sie sind überall ..., wo Macht ist. Sie sind die Guten und die Bö-sen. Die Zeit des Zweiten Weltkriegs ist ein Paradebeispiel. Die folgenden Führer waren Mitglieder des ‚Kults des allsehenden Auges' (Sabbatianer/ Frankisten): Franklin D. Roosevelt; Winston Churchill; Adolf Hitler; Euge-nio Pacelli (Papst Pius XII.); Francisco Franco; Benito Mussolini; Hirohito und Mao Tse-tung.“

FOLGEN

Wenn Mr. Shack richtig liegt, arbeiten Historiker, Lehrer und Journalisten zusammen daran, eine falsche Realität aufrechtzuerhalten und uns von der Wahrheit abzulenken. Unsere Welt und unsere Wahrnehmung der menschli-chen Erfahrung werden von einem okkulten Geheimbund geformt. Unsere Kultur ist eine ausgeklügelte psychologische Operation.

Es ist offensichtlich, dass die Sabbatianer und ihre Nachfahren unsere Aufmerksamkeit in Anspruch nehmen sollten. Stattdessen entziehen sie sich unserem Blick. Sie waren maßgeblich an der sogenannten „Aufklärung“, dem „Säkularismus“ und dem „Modernismus“ beteiligt, die lediglich kleine Schritte in Richtung ihres Satanismus sind.

Nach Aussage des Rabbiners Marvin Antelman glauben sie, dass Sünde heilig ist und um ihrer selbst willen begangen werden sollte. Da der Messias kommen wird, wenn die Menschen entweder rechtschaffen oder vollkommen verdorben sind, entschieden sich die Sabbatianer für die Verkommenheit: „Da wir nicht alle Heilige sein können, lasst uns alle Sünder sein."

Ihr blasphemischer Segen „der das Verbotene erlaubt" wurde später zu „Tu, was Du willst", der Bekundung des „religiösen" Empfindens der Illuminaten. Sie glauben jenseits aller Moral, dass der Zweck die Mittel heiligt. („To Eliminate the Opiate", Band 2, S. 87)

Im Jahre 1756 wurden Jakob Frank und seine Anhänger von den Rabbinern exkommuniziert. Antelman behauptet, dass die Sabbatianer hinter den liberalen und revolutionären Bewegungen des 19. Jahrhunderts steckten. Sie standen auch hinter den Reformbewegungen und den konservativen Strömungen im Judaismus einschließlich der „Haskala", d. h. der jüdischen Assimilation. Anders ausgedrückt wurden die Juden von den Sabbatianern beeinflusst, „sich einzufügen", und wissen es nicht einmal.

Das ist ihre Taktik. Sie plädieren nicht für ein satanisches Reich auf der Erde. Sie werden von ihnen sanft in diese Richtung gelenkt, indem sie die Existenz von Gott in Frage stellen und „sexuelle Befreiung", „Unabhängigkeit" der Frauen, „Internationalismus", „Multikulturalität" und „religiöse Toleranz" fordern. Diese alle haben einen Hintergedanken: „Alle gemeinschaftlichen Kräfte außer unserer eigenen" zu korrumpieren und zu untergraben (d. h. Rasse, Religion, Nation und Familie).

SEXUELLE EXZESSE ALS RELIGION

Uns wird erzählt, „freizügiger Sex" wäre „fortschrittlich und modern". In Wirklichkeit gibt sich die sabbatianische Sekte seit mehr als 350 Jahren dem Teilen der Ehefrau mit einem anderen Mann, Sexorgien, Seitensprüngen und Inzest hin. Sie förderten auch Sex zwischen den Rassen. Sie führten viele von uns in ihren Kult ein.

Antelman führt die Verhandlungen eines Rabbinatsgerichts an, an dem Shmuel, der Sohn von Shlomo, gestand, dass er sich von der Thora abgewandt und seine Frau dazu ermuntert hatte, mehrmals mit Hershel Sex zu haben. „Ich bin schuldig. Sie wollte nicht." (S. 111)

Sexuelle Freizügigkeit ist bezeichnend für den Kommunismus, der direkt aus dem Sabbatianismus hervorging. Jakob Frank prostituierte seine schöne Frau, um einflussreiche Männer anzuwerben. Weibliche Mitglieder der kommunistischen Partei wurden auf die gleiche Weise benutzt. Adam Weishaupt, der Gründer der Illuminaten, schwängerte seine Schwägerin.

Eine passende Anekdote: In seinem Buch „Geheimakte Mossad" beschrieb Victor Ostrovsky, ein Überläufer des Mossad, wie man sich beim Mossad entspannt. Bei einer Party versammelten sich die Mitarbeiter einschließlich vieler unverheirateter junger Frauen, komplett nackt um einen Pool.

DER „HOLOCAUST"

Der Einfluss der sabbatianischen Verschwörung ist offensichtlich und zugleich verborgen. Zum Beispiel wird der Begriff „Holocaust" ohne Berücksichtigung seines wahren Bedeutungsgehalts benutzt. Der Rabbiner Antelman erläutert, dass der Ausdruck schon lange vor dem Zweiten Weltkrieg ein „Brandopfer" wie in einer Opferdarbringung bezeichnete. (S. 199)

Er zitiert Bruno Bettelheim, der sagt, dass „es ein Sakrileg, eine Entweihung von Gott und Mensch, ist, den herzlosesten, brutalsten, grauenvollsten, abscheulichsten Massenmord als ‚Brandopfer' zu bezeichnen." (S. 205)

Wessen Opferung war es? Zu welchem Zweck? Offensichtlich hat es etwas mit der okkulten Ausübung der Sabbatianer zu tun. Jedes Mal, wenn wir dieses Wort benutzen, beteiligen wir uns unwissentlich an ihrem Sakrileg.

Nach Aussage von Antelman hassten die Sabbatianer die Juden und trachteten nach ihrer Ausrottung. Er führt Rabbiner an, die schon 1750 davor warnten, dass, wenn die Juden die Sabbatianer nicht aufhielten, sie von ihnen vernichtet werden würden. (S. 209)

Und tatsächlich als einige Juden versuchten, das europäische Judentum vor dem Genozid zu retten, sagt Antelman, dass „die konservativen und die reformorientierten Gemeinschaften [in den Vereinigten Staaten] lustig weitermachten, während sie diese Tätigkeiten ignorierten. Die Organisationen des sogenannten Establishments wie der amerikanische jüdische Kongress, das amerikanische jüdische Komitee und B'nai B'rith taten praktisch nichts." (S. 217)

Die Sabbatianer heiraten nur innerhalb ihrer dämonischen Sekte. Sie ehelichen oft reiche, einflussreiche Nichtjuden. So war die Mutter des momentanen vierten Barons (Jacob) Rothschild nicht jüdisch, noch ist es seine Frau.

Als weiteres Beispiel lässt sich die Vermählung von Al Gores Tochter Karenna mit Andrew Schiff, dem Urenkel von Jakob Schiff, im Jahre 1997 anführen. Gores Vater war ein Senator, der von Armand Hammer (Occidental Petroleum) finanziell unterstützt wurde, dessen eigener Vater der Gründer der amerikanischen kommunistischen Partei war. Wie die Clintons, Dubya und Obama ist Al Gore auch ein Mittelsmann der Illuminaten.

SCHLUSSFOLGERUNG

Ein bösartiger satanischer Kult, dessen List und Macht so groß sind, dass sie ihren Krieg gegen die Menschheit normal und unausweichlich erscheinen lassen können, hat die Menschheit im Griff. Selbst wenn ihre Verschwörung aufgedeckt wird, können sie jeden davon überzeugen, dass es rassistisch und geschmacklos ist, sie zu glauben. Sie halten die Menschen auf Pornos fixiert, während sie einen Polizeistaat errichten.

Die westliche Gesellschaft ist moralisch zugrunde gerichtet. Dieses ausgeklügelte Netzwerk des Kults kontrolliert die Politik, Informationen und die Kultur. Die meisten Führer sind Betrogene oder Verräter. Die „Bildungsschicht" wurde bestochen, während die Öffentlichkeit abgelenkt wird und in Ahnungslosigkeit lebt.

Wie die meisten Nationen und Religionen wurden die Juden von innen heraus zersetzt. Die Zionisten sind Schachfiguren der Sabbatianer, die den „Holocaust" benutzten, um die Errichtung von Israel in die Wege zu leiten. Millionen von Juden wurden „geopfert", um eine Hauptstadt für die sabbatianische Neue Weltordnung zu errichten.

WARUM HASSEN DIE ILLUMINATEN DIE JUDEN?

„Wenn es darauf ankommt, haben die Illuminaten einen absoluten satanischen Hass auf die Juden", teilte mir ein Kontakt mit, der mit einer prominenten Illuminatenfamilie Geschäfte tätigte.

„Judenhass energetisiert sie spirituell", fuhr er fort. „Ich habe zu viel darüber gelesen, das sich auf die Lüge versteift, dass die Verschwörung auf höchster Ebene jüdisch ist. Zugegebenermaßen scheint es so und gegen eine Menge Fakten ist kaum etwas einzuwenden, aber ich weiß aus erster Hand von der Tiefgründigkeit des Judenhasses unter bedeutenden Menschen. Diese Menschen (zumindest diejenigen, die ich kenne) sind keine zionistischen Bänker, sondern gänzlich Nichtjuden."

Allem Anschein nach spielen die Juden eine überproportional große Rolle in der Neuen Weltordnung der Illuminaten. Wie lässt sich dieser scheinbare Widerspruch erklären?

An die Nachforschungen des Rabbiners Marvin Antelman anknüpfend, legte Barry Chamish die Irrlehren des Schabbatai Zwi und Jakob Frank offen, die im 17. beziehungsweise im 18. Jahrhundert eine Spaltung verursachten. Dies war im Grunde genommen eine satanische Strömung, die die jüdische Lehre auf den Kopf stellte. Alles, was Gott verboten hatte, war nun erlaubt. Sünde anstatt Rechtschaffenheit war der Weg zur Erlösung. Sexuelle Verdorbenheit (besonders Frauentausch-Orgien) wurde gefördert, um die Familie und das soziale Gefüge zu zerstören. Sie wollten ein unbeschriebenes Blatt, um die Gesellschaft von Grund auf neu zu gestalten. Dies ist der Ursprung des Freudianismus und der sexuellen Befreiung.

Ein glühender Hass entwickelte sich zwischen satanischen Juden und den Rabbinern, die versuchten, die Ketzer aus der Gemeinschaft auszustoßen. Diese Spaltung spiegelte sich zum Teil in der Kluft zwischen den westlichen Juden, die ihre Religion wegen des „säkularen Humanismus und der Vernunft" ablegten, und den östlichen Juden („Ostjuden"), die größtenteils strenggläubig blieben, wider. Viele weltliche Juden wurden bei dem Versuch,

Religion durch den Glauben an eine irdische Utopie zu ersetzen, radikal. Die Illuminaten betrogen sie mit ihrem verlogenen kommunistischen/sozialistischen Traum. „Verändert die Welt" war und ist ihr irreführendes Motto. Es lebt in Barack Obamas „Change" (z. Dt.: Veränderung) weiter.

Schabbatai Zwis Nachfolger Jakob Frank (1726 – 1791) verbündete sich mit den Rothschilds, den Machthabern hinter den Illuminaten. Sie gründeten reformorientierte und konservative Schulen des Judaismus, welche sie als die „Befreiung von den Grenzen des jüdischen selbstauferlegten Gesetzes und Ghettos" ausgaben. Sie ermunterten die Juden, sich anzupassen, Mischehen zu schließen, ihre Namen zu ändern und sogar zum Christentum überzutreten. Sie griffen ausgewählte Anhänger heraus, um ihre satanische Agenda voranzubringen, indem sie die christliche Zivilisation von innen heraus zersetzten.

Der Hintergrund von Sen. John Kerry passt perfekt in dieses Profil. Sein Großvater war ein den Frankisten angehörender Jude namens „Kohn", der einen irischen Namen annahm und zum katholischen Glauben übertrat. Sein Vater arbeitete für die CIA. Seine Mutter gehörte der Familie Forbes an, welche wie viele der „hochrangigen Familien" Amerikas ein Vermögen mit dem Drogenhandel (Opium) machte. Kerry selbst ist ein Mitglied von „Skull & Bones" der Illuminaten.

Während der letzten Wahlen stellte Wesley Clark fest, dass er halbjüdisch ist. Madeleine Albright gab zu, dass sie jüdisch ist. Ihr Vater Josef Korbel war Condoleezza Rices Mentor an der Denver University. Davor wurde er beschuldigt, Kunstschätze einer bedeutenden tschechischen Familie gestohlen zu haben, als er ein kommunistischer Beamter in der Nachkriegszeit war.

Es zeichnet sich eine Verschwörung von Juden, Nichtjuden, Halbjuden und verdeckter Juden ab, die durch ihre Treue zu einer satanischen Weltherrschaft vereint sind. Winston Churchill, dessen Mutter jüdisch war, und der momentane Baron Jacob Rothschild, dessen Mutter nicht jüdisch war, passen auf diese Beschreibung.

Es existiert eine überraschende Auflistung von amerikanischen Präsidenten, die im Verdacht stehen, halbjüdisch zu sein, darunter Abraham Lincoln, Teddy Roosevelt, Franklin D. Roosevelt, Eisenhower und Lyndon Johnson.

Es ist möglich, dass Mitglieder der nationalsozialistischen Führung auch halbjüdisch waren. Hitlers Großmutter gab ihre Beschäftigung bei den Rothschilds in Wien auf, als sie mit Hitlers Vater schwanger wurde. In seinem 1964 erschienenen Buch „Bevor Hitler kam" behauptet der Autor Dietrich Bronder, der selbst ein Jude ist, dass die folgenden Persönlichkeiten alle jüdisches Blut hatten: Heß, Göring, Strasser, Goebbels, Rosenberg, Frank, Himmler, von Ribbentrop, Heydrich und viele andere. (Kardel, „Adolf Hitler – Begründer Israels", S. 4) In den 1930er Jahren betrug die Quote der jüdisch-deutschen Mischehen 60 % und dies muss eine Zeit lang so weitergegangen sein. Es gab weit mehr gemischte Juden als „reine" und 150.000 „Mischlinge" dienten in der Armee der Nazis.

Svali vermutete folgende Ursache dahinter, warum die Illuminaten religiöse Juden hassen: „Die Juden bekämpften historisch das Okkulte. Man führe sich Deuteronomium und das Alte Testament vor Augen, um zu sehen, wie Gott durch das jüdische Volk versuchte, das Land von den okkulten Gruppierungen zu säubern, die dort agierten, wie etwa diejenigen, die Baal, Astarte und andere kanaanitische und babylonische Gottheiten verehrten."

Es ist an der Zeit, dass die Juden dieses Erbe wiederentdecken und diesen Auftrag wieder aufnehmen.

Abschließend lässt sich sagen, dass eine satanische Irrlehre den Judaismus verdarb. Diese Satanisten gehören zu den Illuminaten und hassen andere Juden, womöglich weil Juden dafür vorgesehen waren, einen moralischen Gott zu repräsentieren. Oder vielleicht einfach, weil sie Dummköpfe sind.

Das langfristige Ziel der Illuminaten besteht darin, die Menschheit von ihrer göttlichen Bestimmung abzubringen und sie zu unterwerfen, indem sie ausgeklügelte Methoden der Bewusstseinskontrolle (d. h. Massenmedien, „Bildung", „sexuelle Befreiung", Migration, kulturelle Vielfalt, usw.) einsetzen. Die Menschheit wird im Labor der Illuminaten neu strukturiert.

WAS JEDER JUDE (UND NICHTJUDE) WISSEN SOLLTE

Christopher Jon Bjerknes, ein 50-jähriger Gelehrter aus der Region Chicago, meint zu wissen, was die Menschheit plagt, und glaubt, dass dieses Wissen notwendig ist, um das Armageddon aufzuhalten.

Er sagt, dass ein ketzerischer Kult, die „sabbatianischen Frankisten" das organisierte Judentum einschließlich des Zionismus und der Freimaurerei kontrolliert. Sie begannen als Anhänger von Schabbatai Zwi (1626 – 1676) und später von Jakob Frank (1726 – 1791). Sie glauben, dass Schabbatai Zwi der Messias (Gott) war und seine Seele in der Rothschild-Dynastie wiedergeboren wurde, welche nun den „König der Juden" darstellt.

Gemäß ihrem messianischen System setzt die Erlösung voraus, dass die Rothschilds zu Gott werden, d. h. zum König der Welt. Das wird mit der Opferung von zwei Dritteln aller Juden und der Vernichtung und Versklavung des Rests der Menschheit einhergehen. Bjerknes glaubt, dass dieser wahnsinnige Glaube tatsächlich die treibende Kraft hinter der Geschichte einschließlich aller Kriege und der „Weltregierung" darstellt.

Bjerknes ist stolz auf sein norwegisch-jüdisches Erbe. (Sein Großvater mütterlicherseits, ein berühmter Musiker, war jüdisch.) Er schrieb zwei umfangreiche Bücher – eines über Albert Einstein als Plagiator und ein anderes über den armenischen, an den Sabbatianismus angelehnten Genozid –, die hunderte Seiten über die unterdrückte jüdische Geschichte enthalten. Sie können als PDFs auf seiner Webseite http://www.jewishracism.blogspot.com eingesehen werden.

Bjerknes' Aussagen sind stichhaltig und stimmen mit den „Protokollen von Zion" überein, in welchen der Autor darüber spricht, sein „Königreich" zu erlangen.

Die Sabbatianer glauben, dass ihr König dazu verpflichtet ist, die Juden zurück nach Israel zu führen und die Nichtjuden zu vernichten. Sie glauben, dass der Messias erst erscheinen wird, wenn die Welt dem Bösen erliegt, und sie sind entschlossen, diese Prophezeiung zu einer sich selbst bewahrheitenden zu machen. So ist das Böse aus ihrer satanischen Sichtweise gut. Bjerknes' Ansicht nach stellt dies einen „jüdischen Krieg gegen die Menschheit" dar. Wenn Bjerknes von „jüdisch" spricht, meint er „sabbatianisch".

Die Sabbatianer sind oft sexuell degenerierte Menschen, die sich auf Partnertausch, Orgien und Inzest einlassen. Sie geben oft vor, Christen oder Muslime zu sein, um sich in die nichtjüdische Gesellschaft einzuschleichen, damit sie diese zerstören können. („The Jewish Genocide of Armenian Christians", S. 64-65)

Bjerknes führt Deuteronomium als ein Beispiel dieser jüdischen rasseni-deologischen Vorherrschaft an: „Denn du bist ein heiliges Volk dem HERRN, deinem Gott, Dich hat der HERR, dein Gott erwählt zum Volk des Eigentums aus allen Völkern, die auf Erden sind." (7:6) „Dass alle Völker auf Erden werden sehen, dass du nach dem Namen des HERRN genannt bist, und werden sich vor dir fürchten." (28:10)

Er führt Sacharja (13:8-9) als Beweis an, dass die Juden abgeschlachtet werden: „Und soll geschehen im ganzen Lande, spricht der HERR, dass zwei Teile darin sollen ausgerottet werden und untergehen, und der dritte Teil soll darin übrigbleiben."

„Und ich will den dritten Teil durchs Feuer führen und läutern, wie man Silber läutert, und prüfen, wie man Gold prüft. Die werden dann meinen Namen anrufen, und ich will sie erhören. Ich will sagen: Es ist mein Volk; und sie werden sagen HERR, mein Gott!" (Er führt diesbezüglich auch Hesekiel 5:12-13 an.)

Auf den Seiten 43 – 46 von „Jewish Genocide" führt Bjerknes Hinweise auf den Plan aus dem Talmud und dem Alten Testament auf, die Nichtjuden auszurotten und zu versklaven.

Zum Beispiel werden in den Passagen Genesis 25:23 und 27:38-41 die Nichtjuden den Juden als ihre Sklaven und Sklavensoldaten versprochen und der Anreiz geboten, die Nichtjuden auszurotten, einfach weil sie es wagen, ihnen ihre Bestimmung übelzunehmen.

DIE ROTHSCHILDS FOLGEN EINEM BIBLISCHEN PLAN

Zu Beginn des 19. Jahrhunderts starteten die Rothschilds eine Kampagne, die Juden nach Israel zurückzuführen, indem sie dort Grund erwarben und Pläne schmiedeten, das Osmanische Reich zu zerschlagen. Später kauften sie den Suezkanal, um ihren Einfluss im Nahen Osten auszuweiten. Bjerknes schreibt:

„Der Untergang des Osmanischen Reichs und der Massenmord an den armenischen Christen waren ein Schritt auf dem langen und turbulenten jüdischen Marsch in Richtung Tod der Menschheit. Der Untergang des russischen Reichs war ein weiterer, gefolgt von der wiederholten Zerstörung Europas, vor allem Deutschlands, in den Weltkriegen, durch welche dieser jüdische Kult versuchte, die messianische Prophezeiung künstlich zu erfüllen und die Juden von Europa gegen ihren Willen zu zwingen, nach Palästina zu fliehen." (S. 66)

Nach Aussage von Bjerknes war die jüdische Unterstützung das Einzige, an dem es dem Plan der Rothschilds mangelte, um eine Weltregierung in Jerusalem mit ihnen als König zu errichten:

„Sie konnten Ägypten und die Türkei zugrunde richten. Sie konnten Russland ruinieren. Sie konnten jüdische Nichtsnutze kaufen. Sie konnten sogar den Papst kaufen, aber es war der einzige Weg, Juden in großer Zahl nach Palästina zu zwingen, Hitler und Stalin an die Macht zu bringen und die Juden massenhaft und in bislang ungekanntem Ausmaß zu verfolgen." (S. 291)

CHRISTEN WURDEN HINTERS LICHT GEFÜHRT

Bjerknes warnt die Christen eindringlich:

„In den heutigen, von den Juden beherrschten Medien finden wir viele Juden, die dem Publikum verkünden, dass die Endzeit kommen wird und dass die Christen ihre eigene Vernichtung in einem positiven Licht sehen sollten, als ob es die göttliche Erfüllung der christlichen und jüdischen Prophezeiung wäre. Viele Christen wurden von diesen Scharlatanen hinters Licht geführt … Die Zerstörung der Welt und ihrer Nationen tritt als Folge des vorsätzlichen Eingreifens unermesslich vermögender Juden und nicht infolge Gottes

Willen ein. Diese jüdischen Führer betrachten die hebräische Bibel als einen Plan, den sie mit Bedacht erfüllen …" (S. 327)

Wie meine Leser wissen, sehe ich die Neue Weltordnung als eine Verschwörung der Elite an, die vorwiegend aus dem Verlangen der Zentralbänker heraus entstand, ihr Monopol auf Kredite und Macht auszubauen. Ich glaube, dass die Juden einen wichtigen Bestandteil darstellen, aber die Juden unter den Illuminaten verachten einige ihrer „weniger bedeutenden Brüder" genauso wie die Nichtjuden. Sie vereinnahmten lieber die nichtjüdischen Eliten (welche mächtiger und dienlicher sind) durch Mischehen, Freimaurerei und Arianismus. Man betrachte beispielsweise die nichtjüdischen Mitglieder des „Skull & Bones" der Illuminaten. Bjerknes glaubt nicht, dass die Illuminaten noch im Geschäft sind und spielt die Rolle der Nichtjuden herunter. Meiner Meinung nach ist er auf diesem Auge blind.

In einer E-Mail erwiderte Bjerknes, dass Mischehen Bestandteil der „jüdischen" Strategie sind:

„Ich glaube, dass mächtige jüdische Interessen vorsätzlich versuchten, seit 2500 Jahren die jüdisch messianische Prophezeiung zu erfüllen, und viele Nichtjuden dazu verleiteten, sie beim Erreichen ihrer Ziele zu unterstützen. Sie warben auch viele Nichtjuden durch Mischehen, Freundschaft und eigennützige Interessen an, die keine Dummköpfe sind, sondern unmenschliche Taten aus Gier, Selbstgefälligkeit oder wegen anderen unmoralischen Gründen begehen. Sind sie der Meinung, dass das, was sie tun, schlecht ist? Ich vermute, einige sind dieser Meinung.

Ich habe nichts dagegen einzuwenden, Geheimgesellschaften und die Verbindungen in der Elite zu identifizieren. Ich sehe lediglich keinen Grund, diese als Illuminaten zu bezeichnen. Was den Weg der Politik im Großen und Ganzen und die Persönlichkeiten, die den Dritten Weltkrieg vorantreiben, betrifft, denke ich, dass ich und unzählige andere bewiesen haben, dass es eine jüdische Bewegung ist, und dass die Illuminaten nichts anderes als ein kleiner Teil dieser jüdischen Bewegung sind, um eine Apokalypse herbeizuführen, deren Anfänge mindestens 2500 Jahre zurückreichen. Natürlich wird nicht alles, was sich heutzutage zuträgt, von einer jüdischen Hand gelenkt. Aber ich glaube, dass mächtige jüdische Interessen … in der Lage sind, mehr Einfluss auszuüben als alle anderen Gruppierungen zusammen, allein schon aus dem Grund, dass sie so viele Organisationen, Religionen und Regierungen unterwanderten und einen solchen überproportionalen Einfluss auf die Medien haben."

SCHLUSSFOLGERUNG

Ich würde dieses Material nicht darlegen, wenn ich es nicht für wichtig halten würde, den jüdischen Messianismus zu beleuchten. Wenn die Geschehnisse in der Welt tatsächlich durch den Größenwahn der Rothschilds in Gang gebracht werden, welcher sich auf den sabbatianischen, kabbalistischen, alttestamentlichen und talmudischen Fanatismus stützt, denke ich, dass es Juden und Nichtjuden gleichermaßen wissen wollten und Einwände dagegen erheben würden.

UNABHÄNGIGER HISTORIKER DECKT DIE KABBALISTISCHE VERSCHWÖRUNG AUF

David Livingstone, der 49-jährige Autor von „Terrorism and the Illuminati: A Three-Thousand-Year History" (2007) sagt, dass die Kabbalisten, die sich selbst zu Gott erklärten, die Menschheit gekapert haben.

„Die Kabbala legt dar, dass Gott den Menschen erschuf, um Ihn selbst zu erkennen", sagt Livingstone. „Die Kabbalisten deuten es in der Weise, dass sie sich die Rolle von Gott anmaßen können. Sie müssen nicht zuerst einem absoluten moralischen Standard gerecht werden."

Livingstone sagt, dass alle okkulten Strömungen ihren Ursprung in der Kabbala haben (die auf das 6. Jahrhundert vor Christus, zur Zeit Babylons, zurückgeht). Der Kabbalismus achtet nicht die universellen moralischen Standards, die von Moses aufgestellt wurden (der wiederum der Judaismus ist, mit dem ich mich identifiziere).

Livingstone behauptet, dass die meisten Blutlinien der Illuminaten, einschließlich der europäischen Königshäuser, ketzerische Juden, Kryptojuden und Möchtegernjuden beinhalten. („Kryptojuden" sind Juden, die vorgeben, sie wären Christen oder Muslime oder besäßen einen anderen religiösen oder ethnischen Hintergrund.)

In seinem Buch geht Livingstone der Ahnenreihe dieser khasarischen Blutlinien nach, welche die Rothschilds, die Habsburger, die Sinclairs, die Stuarts, die Merowinger, die Lusignans und die Windsors miteinschließen.

„Das große Geheimnis unserer Geschichte ist diese Geschichte über den Aufstieg der ketzerischen Kabbalisten zur Weltmacht", sagt Livingstone. „Gewöhnliche Juden und die Menschen im Allgemeinen haben keine Ahnung, wie sie manipuliert werden."

„Diese Kabbalisten glauben, Luzifer wäre der wahre Gott. Sie machen sich nichts aus ihren eigenen Nationen. Ihr einziges Ziel im Leben besteht darin, die Menschheit zu erniedrigen und herabzuwürdigen und Gott zu beweisen, dass das menschliche Experiment ein Fehlschlag ist. Sie erreichen dieses Ziel nach und nach durch ihre Kontrolle über die Wirtschaft, Bildung, Medien und die Regierung."

ZUR PERSON

David Livingstone wurde im Jahre 1966 in Montreal geboren. Sein Vater (ein Schullehrer) war jamaikanisch-kanadischer und seine Mutter französisch-kanadischer Abstammung. Im Alter von sieben Jahren fragte er seine Eltern, wer Plato und Sokrates waren. Als sie ihm erzählten, dass sie Wahrheitssuchende waren, war er bestürzt. „Ihr meint, die Menschen wissen nicht, was Wahrheit ist?" Er beschloss, es in Erfahrung zu bringen.

Livingstone begann ein Geschichtsstudium, aber brach es im Jahre 1992 ab, als er sich bewusst wurde, dass er indoktriniert wurde. „Als ich hörte, dass die indogermanische [arische] Rasse sich wie aus dem Nichts aus den Kaukasiern entwickelt hatte, wurde ich misstrauisch, und begann mit einer 13-jährigen Recherche, die zu meinem ersten Buch „The Dying God: The Hidden History of Western Civilization" führte.

In diesem Buch analysierte Livingstone den Mythos der westlichen Zivilisation, die versucht, Fortschritt in Hinsicht auf die Ablehnung der Religion und die Übernahme des Weltlichen darzustellen, was in Wirklichkeit eine Maske für das Okkulte, d. h. die Kabbala, ist. (Siehe Artikel „Lucifer is the Secret God of Secular Society" auf meiner Webseite)

Während Livingstone sein Buch verfasste, zahlte er seine Rechnungen, indem er in British Columbia Bäume pflanzte und in Montreal Möbel polsterte. Er, der als Agnostiker erzogen wurde, konvertierte im Jahre 1992 zum Islam, nachdem er eine Studie über die großen Weltreligionen angestellt hatte. Er heiratete im Jahre 2000 und hat drei Kinder, die alle jünger als sechs Jahre sind.

TERRORISMUS UND DIE ILLUMINATEN

Livingstones neuestes Buch, das die 2500 Jahre alte kabbalistische Verschwörung von den alten Zeiten bis in die Gegenwart aufzeichnet, ist voller interessanter neuer Informationen.

Zum Beispiel gingen im 16. Jahrhundert in Spanien die „Alumbrados", die eine christliche Irrlehre vertraten und die von Kryptojuden, genannt „Marranos", gegründet wurden, dem Illuminatenorden voraus. Der Begründer des Jesuitenordens, Ignatius von Loyola, war ein Marrano/Alumbrado. (S. 114) Wenn daher Menschen heute darüber streiten, ob es die Jesuiten oder die Zionisten sind, die für unsere Probleme verantwortlich sind, sprechen sie in Wirklichkeit von ein und derselben Bestie.

Der kabbalistische Rabbiner Isaak Luria, ein Anhänger Loyolas, stellte den Grundsatz auf, dass sie aktiv werden müssen, um die Prophezeiung, also die Erlösung durch die Ankunft des Messias und die Herrschaft der Illuminaten, herbeizuführen. Dies bedeutete, „den Lauf des Schicksals durch die Anwendung von Magie zu beeinflussen und schließlich die erforderlichen politischen und moralischen Voraussetzungen zu schaffen, um [den Messias, also den Antichristen] in Empfang zu nehmen. Das ist der Auftrag für eine Neue Weltordnung." (S. 115)

Mit den Massenmedien und dem Bildungssystem, die unter der Kontrolle dieser Kabbalisten stehen, ist es einfach, diese „Magie" zu wirken. Es ist leicht, Millionen davon zu überzeugen, dass Passagierflugzeuge das Pentagon und Shanksville Pennsylvania trafen (trotz der Tatsache, dass dort keine Wrackteile eines Passagierflugzeugs zu finden waren) und das World Trade Center infolge eines „Brands" einstürzte.

Die Irrlehren der Sabbatianer und der Frankisten des 17. Jahrhunderts folgten auf die Lehren der Alumbrados und führten direkt zu den Illuminaten im 18. Jahrhundert. Livingstone schreibt:

„Die Frankisten waren nicht nur auf die Ausrottung und Erniedrigung des Großteils der jüdischen Gemeinschaft, die sich weigerte, ihre Abweichungen zu akzeptieren, ... sondern auch aller Religionen aus und machten sich die zionistischen Ideale zunutze, um ihr Streben nach der Weltherrschaft zu verschleiern. Die Frankisten glaubten, dass ... alles, was [von der Thora] verboten war, nun erlaubt oder sogar verpflichtend war. Dies umfasste unzulässige sexuelle Vereinigungen, Origen und Inzest ..."

„Trotz der Tatsache, dass die Frankisten nach außen hin religiös waren, trachteten sie nach der Vernichtung jeder Religion und jedes bejahenden

Glaubenssystem und träumten von einer allgemeinen Revolution, welche die bisherige [Gesellschaftsordnung] mit einem einzigen Schlag wegfegen würde ... Für Jakob Frank symbolisiert die gesetzlose Zerstörung all den luziferianischen Glanz, all die Töne und Zwischentöne des Wortes Leben." (S. 125)

[Franks Buch „The Words of the Lord" anführend, schreibt Jüri Lina: „Er glaubte, dass Gott bösartig war. Frank verkündete, er selbst sei der wahre Messias. Er gelobte, nicht die Wahrheit zu sagen, lehnte jedes moralische Gesetz ab und erklärte, dass der einzige Weg zu einer neuen Gesellschaft die totale Vernichtung der gegenwärtigen Zivilisation ist. Mord, Vergewaltigung, Inzest und das Trinken von Blut waren vollkommen vertretbare Handlungen und Rituale." („Under the Sign of the Scorpion", S. 22)]

Es ist leicht, den Ursprung des Kommunismus und des Anarchismus in dieser wahnsinnigen Philosophie wiederzuerkennen. Es ist einfach, den Terror der französischen und bolschewistischen Revolutionen, die sowjetischen Gulags und die nationalsozialistischen Konzentrationslager, die Schlachtfelder von Kambodscha und China, die „Schrecken-und-Ehrfurcht"-Taktik im Irak und den Staub des World Trade Centers zu erkennen.

Es ist leicht, zu erkennen, dass diese verkommene jüdische Sekte der Grund dafür ist, warum alle Juden der Sittenlosigkeit und des Umsturzes verdächtigt wurden. Viele Juden wurden durch das Versprechen der Kommunisten/Frankisten auf wirtschaftliche Gerechtigkeit und öffentliches Eigentum hereingelegt. (Das ist, was die Kabbalisten unter „Magie" verstehen – Täuschung und Lügen.) Sogar gewöhnliche Juden ließen sich Zeit, um sich von dieser schädlichen Bewegung und ihren zionistischen, neokonservativen und freimaurerischen Ausprägungen (die nicht das sind, was sie vorgeben, zu sein) zu distanzieren.

Die Rothschilds und die meisten des jüdischen Finanzestablishments waren Frankisten. Da sie mit ansässigen Eliten Mischehen schlossen, waren sie für die bolschewistische Revolution und die beiden Weltkriege verantwortlich. Bedauerlicherweise dürften sie einen Dritten Weltkrieg planen, welcher den Islam gegen den Zionismus kämpfen lässt.

Livingstone geht im Einzelnen darauf ein, wie die Kabbalisten, indem sie durch ihre Kontrolle über Saudi-Arabien, die Bank von England und den britischen/amerikanischen Imperialismus operieren, sich verschworen, das Osmanische Reich zu zerschlagen und den Nahen Osten rückständig zu halten. Er erläutert auch, wie sie weiter eine Vielzahl von Kulten wie den Wahhabismus (18. Jahrhundert) und den Salafismus (20. Jahrhundert) und freimaurerische Geheimgesellschaften wie die Muslimbruderschaft (1930er Jahre) benutzten, um in Vorbereitung auf den bevorstehenden „Krieg der Zivilisationen" den Islam zu spalten, fanatischen Fundamentalismus zu schaffen und Terror zu nähren.

„Die untersten [terroristischen] Reihen dürften ernsthaft glauben, sie würden den Islam verteidigen und dem ‚westlichen Imperialismus' die Stirn bieten. Jedoch dienen [sie] derselben Sache der Illuminaten ..., deren Kanäle in den britischen und amerikanischen Regierungen bis zu den oberen Rängen der Macht und nach außen hin in die unteren Bereiche der kriminellen und okkulten Untergründe vordringen." (S. 241)

Livingstone glaubt nicht, dass das derzeitige iranische Regime von den Illuminaten unabhängig ist. Sie errichteten es, als sie den Schah absetzten und Ayatollah Khomeini einsetzten. In jedem Krieg kontrollierten die Illuminaten beide Seiten des Konflikts und der Dritte Weltkrieg wird keine Ausnahme sein.

SCHLUSSFOLGERUNG

Eine der Belohnungen meiner Arbeit ist, Menschen wie David Livingstone zu kennen. Ich lege Studierenden der kabbalistischen Verschwörung eindringlich nahe, „Terrorism and the Illuminati: A Three-Thousand-Year History" zu lesen. Nur wenige Werke bieten so viel Einblick in den wahren Charakter der Welt, in der wir leben. Livingstones Webseite ist unter www.thedyinggod.com zu finden.

DAS KABBALISTISCHE KOMPLOTT, UM DIE MENSCHHEIT ZU VERSKLAVEN

Gottes schöpferische Kraft tritt in der Menschlichkeit durch die Liebe eines Mannes zu seiner Ehefrau und den Wunsch, seine Familie in einem sicheren und förderlichen Umfeld großzuziehen, in Erscheinung. Sie wird durch eine Frau erwidert, die den Samen ihres Mannes empfängt (welcher seinen Geist symbolisiert) und ihn nährt.

Demnach sind die kabbalistischen Zentralbänker darauf erpicht, den Dynamo des männlichen und weiblichen (aktiven und passiven) Prinzips zu neutralisieren, indem sie Frauen dazu bringen, sich der männlichen Rolle zu bemächtigen. Die Bänker übernehmen letztendlich selbst die initiierende männliche Rolle oder „Gottes" Rolle.

Nach dem Buch „Light-bearers of Darkness" ist die jüdische Kabbala ein mächtiges System, um Kontrolle über die Menschen zu erlangen, indem sie sich sexuelle Energien zunutze macht und sie pervertiert.

In den Studien des Okkultismus (zitiert in „Light-bearers of Darkness") sagt Henri de Guilbert, dass der kabbalistische Jude „sich selbst als die Sonne der Menschheit, das Männliche, betrachtet, welches im Gegensatz zu dem steht, was andere Menschen sind, nämlich das Weibliche, und das Eintreten des messianischen Zeitalters manipuliert und sicherstellt. Um diese soziologische Erscheinung zu verwirklichen, vergrößert der Jude institutionell seinen Einfluss über Geheimgesellschaften, die von ihm gegründet wurden, um überall seine antreibende Kraft auszuweiten .... [und hofft,] die weltumfassende Republik zu verwirklichen, die durch den Gott der Menschheit, dem Juden der Kabbala, gesteuert wird." (S. 21)

AUFHEBUNG DES GESCHLECHTS

So nutzten die kabbalistischen Bänker überall die Bildung und die Medien, um die Bevölkerungen des Westens zu neutralisieren und die Institution der Ehe und Familie zu zersetzen.

„Wir kastrierten die Gesellschaft durch Angst und Einschüchterung", rühmte sich Harold Rosenthal im Jahre 1976. „Ihre Männlichkeit besteht nur noch in Verbindung mit einer weiblichen äußeren Erscheinungsform. So kastriert wurde die Bevölkerung gefügig und leicht beherrschbar. Wie bei allen Wallachen ... drehen sich ihre Gedanken nicht um die Belange der Zukunft und ihre Nachwelt, sondern nur um die Gegenwart und die nächste Mahlzeit." (Siehe Kapitel „Die Protokolle von Zion: Aktualisiert von einem jüdischen Zeloten")

In einem kürzlich erschienenen Artikel „Child-Man in the Promised Land" sagt die Wissenschaftlerin Kay Hymowitz, dass amerikanische Männer ihre Jugendzeit in das mittlere Lebensalter ausweiteten.

„Im Jahre 1970 waren 69 % der 25-jährigen und 85 % der 30-jährigen weißen Männer verheiratet; im Jahre 2000 waren nur 33 % beziehungsweise 58 % verheiratet."

Das Playboy Magazin warb früher für sich selbst mit einer Anzeige: „Was für ein Mann liest den Playboy?" Die Beschreibung passt am besten auf einen Homosexuellen. (Siehe Artikel „Playboy and the (Homo) Sexual Revolution" auf meiner Webseite)

Inzwischen stellten die Frauen die Ehe zurück und eigneten sich die männliche Rolle als Beschützer und Versorger an. „Im Jahre 1960 waren 70 % der 25-jährigen amerikanischen Frauen verheiratet und hatten Kinder, im Jahre 2000 waren es nur noch 25 %. Im Jahre 1970 waren nur 7,4 % aller 30- bis 34-jährigen Amerikaner unverheiratet; heutzutage beträgt die Quote 22%. Dieser Wandel brauchte etwa eine Generation, um sich zu vollziehen, aber in Asien und Osteuropa trat die Veränderung unvermittelter ein. Im heutigen Ungarn sind 30 % der Frauen in ihren frühen 30ern alleinstehend, im Vergleich dazu stehen ihnen 6 % der Generation ihrer Mütter im selben Alter gegenüber. (Hymowitz, „The New Girl Power")

Unverheiratete Frauen in den Vereinigten Staaten gebaren 40 % aller Babys, die 2007 zur Welt kamen. (U.S. News & World Report, 19. März 2009)

Mittlerweile wurden schätzungsweise eine Million der Kinder in den Vereinigten Staaten mittels Samenspende gezeugt und jedes Jahr kommen 30.000 hinzu. Viele werden von Lesben geboren, die gewillt sind, das

„maßgebende heterosexuelle" Gesellschaftsmodell zu verändern. Kalifornien steht ganz oben auf dem Plan der kabbalistischen Bänker, die heterosexuellen Normen mit den homosexuellen Normen zu ersetzen.

Ein neues Gesetz schreibt Schulen vor, „Geschlechtsumwandlungen, Transvestismus, die gleichgeschlechtliche Ehe und alle Aspekte der Bisexualität und Homosexualität positiv darzustellen". Diese Verordnung betrifft Kinder vom Kindergarten bis zur 12. Klassenstufe in staatlichen Schulen in Kalifornien.

Bruce Shortt, der Autor von „The Harsh Truth About Public Schools" stellt fest: „Kinder, die in diesen Schulen erzogen werden, werden nicht mehr verstehen, dass Gott uns männlich und weiblich erschaffen hat. Kindern wird erzählt, dass, weil es viele sexuelle Orientierungen und geschlechtliche Identitäten gibt, sie einfach ihre eigenen Schlussfolgerungen ziehen müssen, welche sexuelle Orientierung und Wahl des Geschlechts ,richtig für sie' sind. Damit geht die Botschaft einher, dass man wirklich nicht sagen kann, ob man etwas mag, bevor man es nicht ausprobiert hat. Die voraussichtlichen Auswirkungen dessen sind für Kinder, die Institution der Familie, unsere Kirchen und unsere Kultur entsetzlich."

Die christlich europäische Mehrheit wird einem unablässigen Programm der sozialen Umgestaltung durch die kabbalistischen Bänker unterzogen. Der Großteil, der so einer Gehirnwäsche („Schuldkomplex") unterzogen wurde, dass er glaubt, nur Minderheiten hätten Menschenrechte, wird geschwächt und in „Sklaven, die ihre Knechtschaft lieben" umgewandelt.

DER LANGFRISTIGE PLAN

Das Video „The History of Political Correctness" legt dar, dass vieles dieser sozialen Umgestaltung von Intellektuellen der „Frankfurter Schule" ersonnen wurde, um die westliche Zivilisation zu unterwandern. Einige dieser „kulturellen Marxisten" waren im wahrsten Sinne des Wortes sowjetische NKWD-Agenten. Fast alle waren marxistische Juden. Das Video zeigt, wie Amerikaner dazu verleitet wurden, zu denken, Revolution gelte als angesagt, und die Zerstörung ihrer Gesellschaft willkommen zu heißen. Diese Dummköpfe besetzen nun all die einflussreichen Positionen in der Kultur der Vereinigten Staaten.

Im Wesentlichen ist die Menschheit das Opfer eines „unmenschlichen Schwindels" von kosmischem Ausmaß. Wenn man Geld aus dem Nichts schafft, kann man viele „Handlanger für den Wandel" kaufen. Unsere Elite denkt eigentlich, dass sie die Welt besser gestaltet. So können sie riesige Gehälter einkassieren und sich dazu heilig fühlen. In Wirklichkeit errichten sie einen Weltpolizeistaat, die „Neue Weltordnung", die insgeheim Satan geweiht ist. Sie sind an der Vertuschung des 11. Septembers mitschuldig; und der „Krieg gegen den Terror" ist eine List, uns unsere Rechte abzuerkennen.

Der „Jude der Kabbala" ist der Zentralbänker, seine Verbündeten und seine Gefolgsleute. Der durchschnittliche Jude weiß nichts von diesem Plan. Jedoch irrt er sich, wenn er davon ausgeht, dass dieser, weil er sich dessen nicht bewusst ist, nicht existiert. Er liegt falsch, wenn er annimmt, dass er eines Tages nicht dafür verantwortlich gemacht wird. Alle Gruppierungen und Religionen wurden unterwandert. Unabhängig davon, ob sie kommunistisch oder zionistisch sind, wurden viele Juden durch das organisierte Judentum betrogen und manipuliert.

Der durchschnittliche Jude ist genauso für die NWO verantwortlich wie der durchschnittliche Amerikaner für den Krieg im Irak. Jedoch müssen wir alle Einwände erheben, wenn unsere Religion oder Nation für Böses vereinnahmt wird.

IST DER PLAN FÜR DEN
RASSENKONFLIKT AUCH EIN HOAX?

Auf Wikipedia steht, dass das Buch „A Racial Program for the Twentieth Century" (1912) ein weiterer antisemitischer Schwindel ist. Der Eintrag besagt, dass das Buch und der Autor Israel Cohen nicht existieren.

Der Grund für diese Lüge? Dieses Buch enthält eine berühmte Passage, in der sich die Strategie der kommunistischen Illuminaten bezüglich der Rassen offenbart, die später auf Frauen und andere Minderheiten unter dem Deckmantel von „Feminismus" und „kultureller Vielfalt" angewandt wurde:

„Wir müssen erkennen, dass die mächtigste Waffe unserer Partei die Spannung zwischen den Rassen ist. Indem wir die Tatsache in das Bewusstsein der dunkelhäutigen Rassen rücken, dass sie jahrhundertelang von den Weißen unterdrückt wurden, können wir sie an das Programm der kommunistischen Partei anpassen. In Amerika werden wir einen unterschwelligen Sieg anstreben. Während wir die schwarze Minderheit gegen die Weißen aufbringen, werden wir uns bemühen, den Weißen einen Schuldkomplex wegen ihrer Ausbeutung der Schwarzen anzuerziehen. Wir werden die Schwarzen unterstützen, in jeder Gesellschaftsschicht, in den Berufen und in der Welt des Sports und der Unterhaltung zu Bekanntheit aufzusteigen. Mit diesem Ansehen wird der Schwarze in der Lage sein, mit den Weißen Mischehen zu schließen, und einen Prozess einleiten, der Amerika unserer Sache ausliefern wird."

Rep. Thomas Abernethy nahm diese Passage in den Congressional Record (Protokolle der Kongressdebatten) am 7. Juni 1957 auf (Vol. 103, S. 8559, Seitenanfang). Der Wikipedia-Eintrag besagt, dass Abernathy das Zitat in einem Brief an den Editor von „The Washington Star" las und daraufhin die Zeitung entschied, dass es ein Hoax war, und sich entschuldigte. „Das Zitat bewahrte sich bis zum heutigen Tag einige Popularität unter Rassisten und Antisemiten", höhnt Wikipedia.

Später fügte ich diese Zeilen dem Wikipedia-Eintrag hinzu: „Allerdings passt die Beschreibung des Autors auf Israel Cohen (1879 – 1961), einen

produktiven zionistischen Autor, der das Vorwort zu Israel Zangwills ‚Der
König der Schnorrer' ebenso wie zu 30 anderen Büchern verfasste. Wie viele angebliche ‚Fälschungen' beschreibt das Zitat Ereignisse, die sich später
offenbarten, und die Tätigkeiten der kommunistischen Partei der Vereinigten
Staaten." Dieser Absatz wurde gleich wieder gelöscht.

Cohen war der Generalsekretär der zionistischen Weltorganisation. Falls
dies derselbe Cohen ist, bedeutet das, dass Zionismus und Kommunismus
identisch sind.

MYRON FAGAN

„Internationale" Juden dienen wie andere Befürworter des Globalismus dem
kranken größenwahnsinnigen Programm der Rothschilds der diktatorischen
Weltregierung. „Nationale" Juden wie andere Patrioten sind vorrangig ihrem
Land und ihren Mitbürgern gegenüber loyal. Wie Benjamin Freedman war
Myron Fagan (1887 – 1972) einer der Letzteren, ein mutiger Amerikaner,
der den größten Teil seines Lebens die kommunistische Agenda der Bänker
bekämpfte.

Myron Fagan, ein erfolgreicher Bühnenautor und Regisseur des Broad-
way, traf sich mit Israel Cohen, Israel Zangwill und George Bernard Shaw
auf einer Party, um die Premiere von Zangwills Theaterstück „The Melting
Pot" im Jahre 1910 zu feiern. Er kannte die drei Männer als Begründer der
Fabian-Gesellschaft.

Cohen erzählte Fagan, dass er beabsichtigte, „A Racial Program for the
Twentieth Century" als eine „humanitäre" Fortsetzung zu „The Melting Pot"
zu verfassen. Zu jener Zeit erkannte Fagan nicht, dass das Theaterstück, das
beschrieb, wie Juden und Schwarze über die Voreingenommenheit der Weißen triumphieren, reine Propaganda und Teil der kommunistischen Kampagne war, um, wie zuvor beschrieben, „Schuld" bei weißen Liberalen zu
nähren.

Alles ergab im Jahre 1957 einen Sinn, als Fagan das Zitat in „The Washington Star" im Zusammenhang mit der Debatte über die Aufhebung der
Rassentrennung in Schulen las. Im Jahre 1966 rief er sich in Erinnerung:

„Dieses Buch wurde im Jahre 1913 veröffentlicht ... Die NAACP und die ADL [Antidiffamierungsliga] wurden [von den Bänkern] fast zur gleichen Zeit gegründet, um diese Richtlinien auszuführen. Dies ereignete sich vor mehr als einem halben Jahrhundert. Besteht noch irgendein Zweifel, dass dies dafür vorgesehen war, unseren derzeitigen Aufruhr der Schwarzen zum Zweck einer Schwarzen Revolution in Gang zu setzen?"

„Wenn das nicht Beweis genug ist, brachten im Jahre 1935 die ‚Workers Library Publishers' der kommunistischen Partei ein Flugblatt mit dem Titel ‚THE NEGROES IN A SOVIET AMERICA' heraus. Es forderte die Schwarzen auf, sich vor allem im Süden zu erheben, einen sowjetischen Staat im Süden aufzubauen und sich für die Aufnahme in die Sowjetunion zu bewerben ... Es enthielt die implizierte Zusicherung, dass der „Aufruhr" von allen amerikanischen Roten befürwortet würde, und auf Seite 38 versprach es, dass eine sowjetische Regierung den Schwarzen größere Leistungen zuteilen würde und jegliche Handlung der Diskriminierung oder Voreingenommenheit gegen einen Schwarzen unter dem revolutionären Gesetz eine Straftat darstellen wird ..."

„... Als Abernathy den Auszug von Israel Cohen in dem Congressional Record veröffentlichte, brachten wir (Cinema Educational Guild, Inc.) umgehend ein ‚Nachrichtenblatt' heraus, in welchem wir die ganze Geschichte veröffentlichten – und vor den bevorstehenden Aufständen der Schwarzen warnten ..."

„Zwei Jahre vergingen und keiner versuchte gar, die Sache zu leugnen, aber plötzlich nach zwei Jahren, während diesen die ADL und ähnliche Gruppierungen ALLE Exemplare des Buchs aufgestöbert und zerstört hatten, verkündeten sie, dass das Ganze ein Schwindel war, dass es nie ein solches Buch oder einen ‚Israel Cohen* gegeben hatte ... Warum warteten sie zwei Jahre? Und wie konnten sie die Existenz eines Autors namens Israel Cohen angesichts all der Bücher, die er geschrieben hatte, leugnen? Exemplare, von denen ich welche besitze. Wichtiger noch ist es, sich ins Gedächtnis zu rufen, dass Israel Cohen die treibende Kraft in allen ‚fabianischen sozialistischen' und kommunistischen Strömungen in England gewesen war – also dass ich ihn persönlich getroffen hatte, als er tatsächlich auf diesem Bankett über das Buch sprach."

(Fagan, „UN is Spawn of the Illuminati", 1966)

FOLGEN

Der Kommunismus und der Zionismus sind die Stellvertreter der Rothschilds: zwei Zangen im Plan der Bänker für die diktatorische Weltregierung, die sich derzeit als „Globalisierung" ausgibt.

Die Förderung der Frauen und der Minderheiten ist Teil einer Agenda, den europäischen heterosexuellen christlichen Charakter der westlichen Gesellschaft zu zersetzen. Genauso wie Masseneinwanderung und Mischehe. Das meiste von dem, was als moderne Kultur (TV, Filme, Literatur, Expertenmeinungen, usw.) und Politik angesehen wird, ist Propaganda und soziale Umgestaltung. Beispielsweise ist die Schmähung wegen „Sexismus" und „Rassismus" eigentlich dafür vorgesehen, Geschlecht und Rasse zu schwächen.

„Schuld" ist eine starke Waffe für sie. Frauen wurde beigebracht, dass sie seit Jahrhunderten „unterdrückt" wurden, da sie ihre Kinder aufziehen mussten, während Männer harte Arbeit verrichteten und im Kampf starben.

Eine weitere „Fälschung" – die „Protokolle von Zion" – besagt: „Wir werden alle Tatsachen der vorangegangenen Jahrhunderte aus dem Gedächtnis der Menschen streichen, die für uns nicht wünschenswert sind, und nur diejenigen belassen, die all die Fehler der Regierung der Gojim abbilden." (Protokoll 16)

Wir werden nie erfahren, wie viele andere Bücher wie „A Racial Program for the Twentieth Century" die Bänker unterdrückten.

DIE BEHAUPTUNG, DIE PROTOKOLLE WÄREN EINE „FÄLSCHUNG", IST NICHT HALTBAR

Neben der Bibel sind „Die Protokolle der Weisen von Zion" vielleicht das meist gelesene Buch der Welt. Es wurde im Jahre 1903 in Russland veröffentlicht und ist angeblich der durchgesickerte Masterplan der „jüdischen Weltherrschaft". Es handelt von solchen Dingen, die auf geheimen Workshops einer okkulten Vereinigung gelehrt werden würden.

Auf unterschiedliche Arten stehen sowohl Zionisten als auch Nazis für sich bösartig ausbreitenden Antisemitismus und Genozid. Aber Juden sollten mit Sicherheit nicht für die Machenschaften einer winzigen Geheimgesellschaft verantwortlich gemacht werden, von der sie noch nie etwas gehört haben. Die überwiegende Mehrheit der Juden würde sich von diesem Masterplan distanzieren, wenn sie glauben würden, dass er existiert.

Man kann mit Sicherheit allen Rassismus und Genozid in schärfster Form verurteilen und trotzdem davon überzeugt sein, dass die Protokolle echt sind. Meiner Ansicht nach ist die Gleichsetzung mit dem Antisemitismus in Wirklichkeit ein Trick, um von diesem Masterplan abzulenken.

Der Plagiatsvorwurf ist Teil einer Propagandakampagne, die von wissentlichen und unwissentlichen Mitarbeitern in akademischen Institutionen und in den Medien geführt wird.

DIE FÄLSCHUNGSBEHAUPTUNG

Uns wird erzählt, dass die „Protokolle von Zion" ein Hoax sind, eine „erwiesene Fälschung", die von der zaristischen politischen Polizei (die Ochrana) ausgeheckt wurde, um Antisemitismus zu schüren und Revolutionäre zu diskreditieren.

Aber der „Beweis" ist in keiner Weise überzeugend. Er besteht aus drei Artikeln, die von Philip Graves in „The London Times" (16. – 18. August

1921) veröffentlicht wurden. Nach Aussage von Graves sind die Protokolle ein geschmackloses Plagiat von Maurice Jolys „Gespräche in der Unterwelt zwischen Machiavelli und Montesquieu" (1864), das Kapitel für Kapitel übernommen wurde.

Es war einfach, diese Behauptung aufzustellen, solange Jolys Buch nicht erhältlich war. Die Polizei von Napoleon III. konfiszierte es sogleich, als es herausgebracht wurde.

Aber es ist jetzt erhältlich und ich bitte Sie, die zwei Texte zu vergleichen. Meiner Ansicht nach sind sie im Grundton, Inhalt und Zweck komplett unterschiedlich. Mit einem Umfang von 140 Seiten sind die Gespräche zweimal so lang wie die Protokolle. Das meiste davon enthält keine Anklänge an die Protokolle.

Der Kernpunkt an Graves' Argumentation ist, dass bestimmte Verweise und Passagen in den Protokollen von den Gesprächen übernommen wurden. Er behauptet, dass es 50 von diesen gibt und legt ungefähr ein Dutzend vor.

Ihre verblüffende Ähnlichkeit zu den Protokollen lässt keinen Zweifel aufkommen, dass ein Plagiat begangen wurde. Allerdings beeindruckte Philip Graves „das Fehlen jeglicher Bemühung auf Seiten des Plagiators, sein Plagiat zu vertuschen". Ich glaube, das kommt daher, dass Joly von den Protokollen abschrieb und nicht andersherum.

Der Plan wird in den Protokollen als „jahrhundertealt" beschrieben. Mit hoher Wahrscheinlichkeit sind sie älter als die „Gespräche" von 1864. Joly kannte sich gut mit den Protokollen aus und schrieb von ihnen ab, um die unbeliebte autoritäre Haltung von Machiavelli lebendiger darzustellen, welche er Napoleon III. zuschrieb.

Joly, der Jude und dessen richtiger Name Joseph Levy war, war zeit seines Lebens Freimaurer und Mitglied der „Loge von Misraim", in welcher das Dokument der Protokolle seinen Ursprung hatte. Er war der Günstling von Adolphe Crémieux (Isaac Moïse Crémieux, 1796 – 1880), das Oberhaupt der Loge und ein Minister der mit Juden besetzten Regierung von Léon Gambetta. (Siehe Kerry Bolton, „The Protocols of Zion in Context", Renaissance Press, 2003)

Joly, der im Jahre 1879 Selbstmord beging, hatte die Angewohnheit, zu plagiieren. Er wurde bezichtigt, einen bekannten Roman von Eugène Sue, nämlich „Die Geheimnisse von Paris" (1845), kopiert zu haben. Auch ein Werk eines Anderen von Crémieux' Schützlingen, Jacob Venedey, das den Titel „Machiavelli, Montesquieu, Rousseau" (1850) trägt, ist älter als das Buch Jolys.

Mme. Justine Glinka, die Tochter eines russischen Generals, der in Paris lebte, beauftragte im Jahre 1884 Joseph Schorst, ein Mitglied der Misraim Loge von Joly, um vertrauliche Informationen zu erhalten. Schorst beschaffte für eine Summe von 2500 Francs Glinka „Die Protokolle der Weisen von Zion". Daraufhin wurde er aufgespürt und in Ägypten ermordet.

Die zaristische Regierung, die schon in hohem Maße unterwandert war, reagierte nicht auf das Dokument. Glinka gab es später einem Freund, der es Professor Sergius A. Nilus weiterleitete, der es wiederum erstmalig im Jahre 1901 veröffentlichte.

Nach der bolschewistischen Revolution wurde Nilus in Kiev im Jahre 1924 verhaftet, ins Gefängnis gesperrt und gefoltert. Der Vorsitzende des Gerichts sagte, er „fügte ihnen durch die Veröffentlichung der Protokolle nicht absehbaren Schaden zu". („Waters Flowing Eastward", Paquita de Shishmareff, 1999, S. 74-76)

Jedoch sind im veröffentlichten Dokument Verweise zu finden, die darauf hindeuten, dass es aus dem Jahre 1894 und nicht aus dem Jahre 1884 stammt. In Protokoll 10 wird auf den Panamaskandal von 1892 Bezug genommen. Der Autor sagt, dass ihre politischen Marionetten einen „unentdeckten Makel, ein wenig Panama" haben müssen.

Am Ende von Protokoll 16 wird auf „einen unserer besten Mittelsmänner, Bourgeois" verwiesen, der schon die Bildung der Jugend zersetzte. Léon Victor August Bourgeois (1851 – 1925) wurde im Jahre 1890 Minister für Unterricht. Dies lässt mich annehmen, dass Glinka das Dokument um 1894 herum und nicht im Jahre 1884 erhielt.

Aber ich glaube, dass in Anbetracht der Aussage, dies wäre ein „jahrundertealter Plan", Joly Zugang zu einer älteren Version hatte und sich demzufolge die Ähnlichkeiten ergeben.

POLITISCHER KONTEXT

Philip Graves' Artikel hat den Beigeschmack einer zionistischen Propagandaoperation. Graves' „Enthüllungsbericht" über die Protokolle erschien im August 1921, als die Zionisten den Völkerbund drängten, Palästina unter dem britischen Mandat in ein Heimatland für Juden umzuwandeln.

Philip Graves erzählt die unglaubwürdige Geschichte, dass ein „Mr. X" ihm die Gespräche in Konstantinopel übergab, wo er der Korrespondent der Times war. Mr. X legte sie als „unwiderlegbaren Beweis" dar, dass die Protokolle ein Plagiat sind.

Mr. X war ein weißer Russe. Angesichts der jüdischen Rolle in der bolschewistischen Revolution erscheint es unwahrscheinlich, dass ein weißer Russe behilflich wäre, die Protokolle zu diskreditieren. Graves behauptet, dass Mr. X das Buch von einem, halten Sie sich fest, „ehemaligen Mitglied der Ochrana" kaufte, der nach Konstantinopel geflohen war. Sollen wir glauben, dass die Ochrana eben diese Kopie benutzte, um die Protokolle „zu plagiieren"?

Douglas Reed, der zu jener Zeit ständiger Mitarbeiter bei der Times war, liefert in „The Controversy of Zion" (Kapitel 34) ergänzende Hintergrundinformationen. Im Mai 1920 veröffentlichte Lord Northcliffe, ein Teilhaber von „The Times", einen Artikel über die Protokolle mit dem Titel „The Jewish Peril, A Disturbing Pamphlet, A Call for an Enquiry". Er fasste zusammen:

„Eine objektive Untersuchung dieser vermeintlichen Dokumente und ihrer Herkunft wäre sehr wünschenswert … Sollen wir die ganze Sache ohne Überprüfung unbeachtet lassen und nicht gegen den Einfluss eines Buchs wie diesem vorgehen?"

Dies war nach der bolschewistischen Revolution Teil einer kurzlebigen öffentlichen Erkenntnis, dass der Kommunismus von jüdischer Natur war und eine echte Gefahr für die westliche Zivilisation darstellte. Selbst Winston Churchill mischte sich mit seinem berühmten Artikel „Zionism Vs. Bolshevism: A Struggle for the Soul of the Jewish People" (z. Dt.: Zionismus gegen Bolschewismus: Ein Kampf um die Seele des jüdischen Volkes) ein.

Dann besuchte Northcliffe im Mai 1922 Palästina und schrieb, dass Groß-britannien zu voreilig damit war, es den Juden zuzusichern, da es eigentlich 700.000 muslimischen arabischen Bewohnern gehörte.

Mr. Wickham Steed, der Herausgeber von „The Times" im Jahre 1921, weigerte sich, den Artikel zu drucken und Northcliffe versuchte, ihn zu ent-lassen. Irgendwie brachte es Steed fertig, während Northcliffe in Europa im Urlaub war, ihn als „geistesgestört" zu erklären und zwangsweise einzuwei-sen. Später beklagte Northcliffe, dass er vergiftet wurde, und starb plötzlich im Jahre 1922.

Douglas Reed war Northcliffes Sekretär, aber er erfuhr nichts von diesen Geschehnissen, bis sie in der „Official History" von „The Times" in den 1950er Jahren erschienen. Zweifellos war Northcliffe einigen mächtigen Leuten zu nahe getreten, als er die Protokolle vertrat und das britische Man-dat in Palästina ablehnte.

DIE FÄLSCHUNGSBEHAUPTUNG IST ÜBERTRIEBEN

Philip Graves und andere Verfechter stellen überspitzte Behauptungen auf. Sie tun Unrecht daran, zu behaupten, dass die Protokolle die Gespräche Ka-pitel für Kapitel plagiieren.

Graves schreibt, dass „das siebte Gespräch … mit dem fünften, sechsten, siebten und teilweise mit dem achten Protokoll übereinstimmt."

Bei einem Umfang von acht Seiten sind diese Protokolle zweimal so lang wie das siebte Gespräch. Sie enthalten großteils Material, das nicht im sieb-ten Gespräch oder irgendwo anders zu finden ist. Ich zähle einige Beispiele allein aus dem Protokoll 5 auf.

Protokoll 5 besagt, dass „unser Reich durch eine Willkürherrschaft von solch überwältigendem Ausmaß gekennzeichnet sein wird", dass es „alle Gojim ausmerzen wird, die sich uns in Wort und Tat widersetzen".

Im Gegensatz dazu sagt das siebte Gespräch, dass „Tod, Zwangsenteig-nung und Folter in der Innenpolitik moderner Staaten nur eine geringe Rolle spielen sollten".

Protokoll 5 sagt, dass „wir [den Gojim] ihren Glauben an Gott raubten" und „ihnen den Gedanken ihrer eigenen Rechte einpflanzten", wobei sie die Autorität der Könige schwächten. Es ist nichts Vergleichbares im Gespräch sieben zu finden.

Protokoll 5 besagt, dass „wir die Gojim so zermürben werden, dass sie sich genötigt sehen, uns die internationale Macht anzubieten, die es uns schrittweise ermöglicht, alle Staatskräfte der Welt zu übernehmen und eine Superregierung zu bilden". Es ist nichts Vergleichbares im Gespräch sieben zu finden.

Protokoll 5 sagt, dass sich der „Motor" aller Staaten „in unseren Händen" befindet und dieser Motor „Gold" ist. „Wir wurden von Gott selbst auserwählt, um über die ganze Erde zu herrschen." Es ist nichts Vergleichbares im Gespräch sieben zu finden.

AUF DER ANDEREN SEITE

Der Autor der Gespräche wählt ein paar Passagen oder Verweise aus den Protokollen aus, die unverändert oder in leicht abgewandelter Form auftreten.

Beispielsweise findet sich in den Gesprächen: „Überall steht die Gewalt über dem Recht. Politische Freiheit ist nur ein relativer Begriff. Die Notwendigkeit zu leben bestimmt die Staaten genauso wie die Individuen."

In den Protokollen entspricht dies: „Nach dem Naturgesetz liegt das Recht in der Gewalt. Politische Freiheit ist eine Konzept, aber keine Tatsache, und man muss wissen, wie man sie [die politische Freiheit] als Köder nutzt, wann immer es notwendig erscheint, die Massen für sich zu gewinnen ... für eine bestimmte Partei zum Zweck, eine andere, die an der Macht ist, zu stürzen." (Protokoll 1)

Graves lässt den letzten Teil weg, um die Ähnlichkeit größer erscheinen zu lassen, als sie ist.

Die Gespräche (7) sagen: „Revolutionärer Aufruhr, der im eigenen Land unterdrückt wird, sollte in ganz Europa entfacht werden." In den Protokollen steht (7): „In ganz Europa ... müssen wir Unruhen, Zwietracht und Feindseligkeiten schaffen." Es wird nicht erwähnt, dass diese im eigenen

Land unterdrückt werden sollen.

Diese Parallelen können dadurch erklärt werden, dass die Protokolle dem Werk Jolys zeitlich vorangehen und er mit ihnen vertraut war.

SCHLUSSFOLGERUNG

Die beiden Bücher unterscheiden sich im Grundton und in ihrem Zweck. Die Gespräche erscheinen uns heute akademisch, esoterisch und bedürfen einer Auslegung. Sie waren ein versteckter Angriff auf Napoleon III., dessen Ansichten Joly Machiavelli zuschreibt. Ironischerweise bedient er sich dort der Protokolle. Napoleon ist nicht darauf hereingefallen und Joly wurde verhaftet.

Im Gegensatz dazu versteht sich die Echtheit der Protokolle für jeden Sachkundigen mit einem offenen Geist von selbst. Sie beschreiben die Welt, in der wir leben.

Was würden Sie tun, wenn Ihr Plan für die Weltherrschaft aufgeflogen wäre? Würden Sie es zugeben? Nein, Sie würden ein Heer von Marionetten einsetzen, um das Dokument als eine Fälschung zu stigmatisieren, die auf „Vorurteil" und „Antisemitismus" gründet. Sie betrieben mit Perfektion diese „Schadensbegrenzung", was eine Demonstration ihrer Macht ist, sogar angesichts der Wahrheit zu täuschen.

Dies ist die einzige Verschwörung, die vorherrscht, obwohl ihr Plan frei verfügbar ist. Sie demonstriert die Gutgläubigkeit (oder Bestechlichkeit) der Bildungsschicht und der Massen.

Die Illuminaten (die ranghöchsten freimaurerischen Juden und ihre nichtjüdischen Verbündeten) teilten den Massen ein wenig Vermögen und Einfluss zu (Liberalismus, Sozialismus), um die höchste Macht für sich selbst sicherzustellen. Laut den Protokollen werden sie ihnen diese Zuwendungen im Endeffekt entziehen, sobald ihre „unsichtbare Regierung" unbesiegbar ist. Der „Krieg gegen den Terror" sollte in diesem Zusammenhang gesehen werden.

Meiner Ansicht nach sind „Leugner dieser Protokolle" an dieser Verschwörung beteiligt, welche für das meiste Leid der Menschheit verantwortlich ist und zu sehr viel mehr Leid führen wird. Als Jude möchte ich nicht, dass diese Verantwortung mir oder anderen unschuldigen Juden oder Freimaurern auferlegt wird.

DIE PROTOKOLLE VON ZION:
EINFÜHRUNG UND ZUSAMMENFASSUNG

Viele Menschen glauben, dass die „Protokolle der Weisen von Zion" antisemitische „Hassliteratur" und eine Fälschung sind.

Der Nobelpreisträger Alexander Solschenizyn schrieb, dass das Buch „den Geist eines Genies" aufweist. Ziemlich gut für eine Fälschung, finden Sie nicht?

Solschenizyn sagte, dass es von „großer Gedankenkraft und Verständnis" zeugt. „Sein Aufbau (indem es Freiheit und Liberalismus fördert, welche in einem gesellschaftlichen Umbruch aufgelöst werden) liegt deutlich oberhalb den Fähigkeiten eines gewöhnlichen Geistes ... Es ist komplexer als eine Atombombe."

Ich glaube, dass die Protokolle echt sind. Sie sind Vorträge, die an jüdische Luziferianer (Illuminaten, Freimaurer) gerichtet sind und detailliert einen unfassbaren Plan beschreiben, die westliche Zivilisation umzustürzen, die Menschheit zu unterwerfen und „das ganze Vermögen der Welt ... in unseren Händen" zu konzentrieren. Sie wurden für diese jüdischen Freimaurer in Paris als regelmäßig stattfindende Seminare abgehalten. Der Autor beschreibt sie als eine „Erläuterung unseres Programms" und beginnt oft mit den Worten „Heute sprechen wir über ...".

Der Rabbiner Ehrenpreis (1869 – 1951), der von 1910 an Oberrabiner von Schweden war, schrieb Berichten zufolge im Jahre 1924: „Ich war schon lange sehr gut mit dem Inhalt der Protokolle vertraut und zwar viele Jahre bevor sie überhaupt in der christlichen Presse veröffentlicht wurden. Die Protokolle der Weisen von Zion waren in der Tat nicht die ursprünglichen Protokolle, sondern ein komprimierter Auszug derselbigen. Es gibt nur zehn Menschen auf der ganzen Welt, die etwas über den Ursprung und die Existenz der Originalprotokolle von den 70 Weisen von Zion erfahren haben. (Zitat ohne Quellenangabe aus „1001 Quotations About Jews" im Internet)

Dieser „komprimierte Auszug" wird durch den häufigen Gebrauch von Auslassungspunkten untermauert, was darauf hindeutet, dass Wörter ausgelassen wurden.

Wissenschaftler spekulierten, ob Adam Weishaupt, Theodor Herzl oder Ascher Ginsberg die Protokolle verfasste. Anfangs dachte ich, es wäre Mayer Amschel Rothschild (1744 – 1844) selbst gewesen. Später glaubte ich, sie könnten von Lionel Nathan Rothschild (1809 – 1879), James de Rothschild (1792 – 1868) oder Adolphe Crémieux (1796 – 1880) stammen. Es ist schwer, das genau zu bestimmen, weil ich denke, dass dieses Schriftstück laufend von verschiedenen Autoren überarbeitet wurde.

Die Protokolle 20 – 23, die das „finanzielle Programm …, die Krönung und den ausschlaggebenden Punkt unserer Pläne" beschreiben, sind der Grund, warum ich meine, dass der Autor ein Bänker und wahrscheinlich ein Rothschild war. Diese Vorträge setzen detaillierte finanzwirtschaftliche Kenntnisse und ein fundiertes psychologisches Verständnis voraus. Zudem bekundet der Autor, dass die ganze Macht letztlich beim „König der Juden" liegen wird, was die Bezeichnung ist, unter der die Rothschilds bekannt waren.

ZUSAMMENFASSUNG DER PROTOKOLLE DER WEISEN VON ZION

Wenn Sie das lesen, wird es ersichtlich werden, dass vieles aus diesem Programm bereits eingetreten ist. Dies ist eine Pflichtlektüre für jeden, der die Welt verstehen möchte, in der wir leben. Die Protokolle weisen einen krankhaften Hass auf Nichtjuden und das Verlangen, sie zu schwächen und zu versklaven, auf. Diese werden als „Gojim" oder Vieh bezeichnet.

PROTOKOLL 1

Der Plan wird als „unser System" bezeichnet. Das Protokoll besagt, dass die Menschen „mit Gewalt" regiert werden: „Nach dem Naturgesetz liegt das Recht in der Gewalt." Die meisten Menschen sind willens, ihre Mitmenschen zu ihrem Vorteil zu hintergehen. (Das kommunistische Motto lautet „der Zweck heiligt die Mittel".)

Das Versprechen der „Freiheit" (d. h. Liberalismus, Reform, Revolution) wird benutzt, um der Alten Ordnung (dem Monarchen, dem Landadel, der Kirche, der Streitmacht) die Macht zu entziehen und uns auszuhändigen. Die Macht des „Goldes" und die „Gewaltherrschaft des Vermögens" liegen vollständig in unseren Händen. Der Staat ist von uns abhängig oder er geht zugrunde.

Wenn der Staat skrupellos einen äußeren Feind überwältigen kann, sind freimaurerische Juden, die die „Zerstörer der Gesellschaft und des Gemeinwohls" sind, als „innerer Feind" sicherlich dazu berechtigt, irgendeine Art der List anzuwenden.

Die Moral steht einer erfolgreichen Eroberung im Wege und ist eine Verpflichtung für jede politische Führung. Das Ziel besteht darin, „alle bestehenden Kräfte der Ordnung und Regulierung" zu zerschlagen und der „oberste Herrscher" derjenigen zu werden, die so dumm sind, dass sie ihre Befugnisse niederlegen und auf liberale Beschwörungen hereinfallen.

Ihre Macht ist „stärker", da sie „unsichtbar bleiben" wird, bis sie unüberwindbar ist. Dies ist ein „strategischer Plan, von dem wir nicht abweichen können" oder wir riskieren, „die Arbeit vieler Jahrhunderte zerstört zu sehen".

„Unser Leitspruch ist ... Gewalt und Vorspiegelung", d. h. Betrug. Der Verfasser betont, dass das Ziel darin besteht, „sich des Eigentums der anderen zu bemächtigen" und „alle Regierungen unserer Superregierung zu unterwerfen".

Die Worte „Freiheit, Brüderlichkeit und Gleichheit" sind „Köder", welche die freimaurerischen Juden seit alter Zeit gebrauchten, um „die genealogische Aristokratie der Gojim" zu stürzen, welche die einzige Verteidigung der Menschen war. Sie wird durch die „Aristokratie des Geldes" ersetzt.

Im Laufe der Geschichte machten sie sich Gier, Lust und Eitelkeit der Menschen zunutze, um ihre Mittelsmänner zu verführen.

In anderen Worten ist „Demokratie" ein perfektes Instrument für ihre verdeckte Kontrolle. Es war viel schwieriger, Monarchen zu stürzen. Durch die Demokratie, das „Ersetzen der Vertreter des Volks, verfügen wir frei über sie und haben die Befugnis, sie einzusetzen".

PROTOKOLL 2

„Kriege sollten nach Möglichkeit nicht zu Gebietsgewinnen führen", sondern sollten beiden Seiten ihre Abhängigkeit von „unserer internationalen Agentur" [d. h. Mittelsmänner] aufzeigen, welche „über Millionen stets wachsamer Augen verfügt und nicht durch irgendwelche Einschränkungen behindert wird."

Dies impliziert, dass sie den Ausgang von Kriegen steuern und Millionen von Spionen (Freimaurer, Juden?) haben.

„Unser internationales Recht wird dann nationale Rechte abschaffen ...", so wie das Zivilrecht der Staaten die Bürger regiert.

Nichtjüdische Führer („Verwalter") werden nach ihrem strikten Gehorsam ausgewählt und werden von „Beratern" gelenkt. Die Gojim „können sich amüsieren, bis die Stunde schlägt ..." Wir pflanzten ihnen die falschen Lehren ein, indem wir „mittels unserer Presse das blinde Vertrauen in diese Theorien steigerten".

„Denkt daran, wie wir den Darwinismus, Marxismus und Nietzscheanismus erfolgreich in die Wege geleitet haben. Für uns Juden sollte es jedenfalls klar auf der Hand liegen, was für einen zersetzenden Einfluss diese Richtlinien auf die Denkweise der Gojim hatten."

„Die Presse fiel in unsere Hände. Sie formt das Gedankengut der Menschen. Ihre Rolle besteht darin, Unzufriedenheit zum Ausdruck zu bringen und zu erzeugen. Dank der Presse liegt das Gold in unseren Händen, obwohl wir viele der Unsrigen opferten. Jeder ist vor Gott tausend Gojim wert."

PROTOKOLL 3

„Es bleibt ein kleiner Spalt übrig, der überwunden werden muss, bevor alle Staaten von Europa wie in einen kräftigen Schraubstock in die Windungen einer symbolischen Schlange gesperrt werden, durch die wir unser Volk symbolisieren."

„Wir schufen eine Kluft zwischen der umsichtigen Hoheitsgewalt und der blinden Macht des Volkes, sodass beide jede Bedeutung verloren, denn wie ein blinder Mann und sein Stock sind sie einzeln machtlos."

„Wir machten aus Staaten Arenen für Gladiatoren, in denen eine Menge von verworrenen Themen disputiert wird ...“

„Wir treten als die vermeintlichen Retter des Arbeiters auf ... und wir schlagen ihm vor, den Reihen unserer Streitkräfte – Sozialisten, Anarchisten, Kommunisten – beizutreten, die wir immer getreu unserem vorgeblichen brüderlichen Grundsatz (der Solidarität der ganzen Menschheit) unserer sozialen Freimaurerei fördern. Die Aristokratie war daran interessiert, die Arbeiter wohlgenährt, gesund und kräftig zu sehen. Wir sind an genau dem Gegenteil interessiert – an ihrer Verringerung, an der Ausrottung der Gojim.“

PROTOKOLL 4

„Wer und was befindet sich in der Lage, eine unsichtbare Macht zu stürzen? Und genau das ist unsere Stärke.

Die nichtjüdische Freimaurerei dient blind dazu, uns und unsere Ziele zu verschleiern, aber der Plan für das Vorgehen unserer Macht, sogar ihr Sitz, bleibt für die ganze Menschheit ein unbekanntes Mysterium.“

Freiheit wäre möglich, wenn sie „auf dem Glauben an Gott und auf der Brüderlichkeit der Menschheit beruht und von dem Konzept der Gleichheit losgelöst ist, deren Existenz allein schon durch die Gesetze der Schöpfung verneint wird ...“

„Aus diesem Grund ist es für uns unbedingt erforderlich, jede Religion zu zersetzen, das grundlegende Prinzip der Göttlichkeit und des Geistes aus den Köpfen der Gojim herauszureißen und an dessen Stelle ... materielle Bedürfnisse zu setzen.“

Die Gojim dürfen keine Zeit zum Nachdenken haben, sondern ihre Aufmerksamkeit muss vielmehr auf Industrie und Handel gerichtet werden. „Alle Nationen werden im Streben nach Gewinn und im Wettlauf darum verschlungen und werden von ihrem gemeinsamen Feind keine Kenntnis nehmen.“

Wir müssen die Industrie auf eine „Grundlage der Spekulation“ stellen, sodass das Vermögen zu unserer Schicht fließt.

Der erbarmungslose Wettkampf wird das hervorbringen, was keiner vorher geschaffen hat, nämlich „enttäuschte, kalte und herzlose Gesellschaften".

Dieser Materialismus ermöglicht es uns, die unteren Schichten der Gojim gegen unsere Konkurrenten um die Macht, „die Privilegierten und die Intellektuellen der Gojim", aufzubringen.

PROTOKOLL 5

Der Autor führt aus, dass eine Willkürherrschaft für die Welt unumgänglich ist, die er erschafft, nämlich für eine Welt, „in der Gefühle gegenüber dem Glauben und der Gemeinschaft durch weltbürgerliche Überzeugungen ausgelöscht werden".

Die folgenden Absätze stellen die zugrundeliegende Argumentation des „Kommunitarismus" und des Kriegs gegen den Terror dar.

„Wir werden eine zunehmende Zentralisierung der Regierung erzeugen, um alle Kräfte der Gemeinschaft in unseren Händen zu halten. Wir werden alle Handlungen des politischen Lebens unserer Bürger schematisch mit neuen Gesetzen regeln. Diese Gesetze werden Stück für Stück all die Gefälligkeiten und Freiheiten zurücknehmen, die von den Gojim zugestanden wurden, und unser Reich wird durch eine Willkürherrschaft von solch überwältigendem Ausmaß gekennzeichnet sein, dass es jederzeit und an jedem Ort in der Lage ist, alle Gojim auszumerzen, die sich uns in Wort und Tat widersetzen."

Die Vereinigung der Gojim hätte die Illuminaten aufhalten können, aber „wir brachten die persönlichen und nationalen Ansichten und den religiösen Hass und den Rassenhass der Gojim gegeneinander auf, deren gewaltige Ausweitung wir im Laufe der letzten zwanzig Jahrhunderte förderten ... Wir sind zu stark. Keiner kann unserer Macht entgehen. Die Nationen können nicht einmal mehr zu einer unbedeutenden privaten Übereinkunft kommen, ohne dass wir nicht im Geheimen unsere Hand im Spiel haben."

„Durch mich herrschen Nationen. Und es wurde von den Propheten verkündet, dass wir von Gott selbst auserwählt wurden, über die ganze Welt zu herrschen ... Die Räder der Maschinerie aller Staaten werden durch die Kraft des Motors bewegt, der in unseren Händen liegt, und dieser Motor ist das Gold. ... Vermögen muss frei verfügbar sein, um ein Monopol auf Industrie und Handel zu errichten: Dies wird schon von einer unsichtbaren Hand in allen Teilen der Welt umgesetzt."

„Unser oberstes Ziel unserer Regierung ist, den öffentlichen Geist herabzuwürdigen ... und von ernsthaften Überlegungen wegzuführen, die dazu geeignet wären, Widerstand zu erregen; die Stärken des Geistes in Richtung eines Scheingefechts von bedeutungsloser Beredsamkeit zu lenken."

„Wir werden die liberale Erscheinung aller Parteien und aller Ausrichtungen annehmen und wir werden dieser Erscheinung durch Redner eine Stimme verleihen, die so viel reden werden, dass sie die Geduld ihrer Zuhörer ausreizen werden ..."

„Um die öffentliche Meinung unter unsere Kontrolle zu bekommen, müssen wir sie in einen Zustand der Verwirrung versetzen, indem wir von allen Seiten so viele widersprüchliche Ansichten zum Ausdruck bringen ..., damit die Gojim in dem Labyrinth ihren Kopf verlieren und zu dem Schluss kommen, dass es das Beste ist, in politischen Dingen überhaupt keine Meinung zu haben ... [Die zweite geheime Voraussetzung für unseren Erfolg] ist, in allen Parteien Zwietracht zu säen und alle gemeinschaftlichen Kräfte zu beeinträchtigen, die immer noch nicht gewillt sind, sich zu unterwerfen ... Mit all diesen Mitteln werden wir die Gojim zermürben, dass sie sich genötigt sehen, uns die internationale Macht von einer Art anzubieten, die es uns ermöglicht, ohne jede Gewalt alle Staatskräfte der Welt zu übernehmen und eine Superregierung zu bilden."

PROTOKOLL 6

Wir errichten „gewaltige Monopole", von denen sogar die großen Vermögen der Gojim abhängen, sodass „sie zusammen mit den Staatskrediten am Tag nach dem politischen Zusammenbruch zugrunde gehen werden ..."

„Wir müssen auf jede erdenkliche Art den Stellenwert unserer Superregierung in den Vordergrund rücken, indem wir sie als Beschützer und Wohltäter all derjenigen darstellen, die sich uns freiwillig unterwerfen."

„Wir wollen, dass die Industrie sowohl die Arbeitskräfte als auch das Kapital vom Land abzieht und uns mittels Spekulation das ganze Geld der Welt übereignet wird und dabei alle Gojim in die Reihen des Proletariats gestürzt werden. Dann werden sich die Gojim vor uns beugen, aus keinem anderen Grund, als das Recht zugesprochen zu bekommen, zu existieren."

Bezug auf den Kommunismus: „Damit den Gojim die wahre Bedeutung der Dinge nicht vorzeitig bewusst wird, werden wir sie mit einem vermeintlichen inbrünstigen Wunsch, den Arbeiterklassen zu dienen, verschleiern …"

PROTOKOLL 7

„Eine Zunahme der Polizeikräfte ist notwendig … außer uns sollte es nur die Massen des Proletariats, ein paar Millionäre, die unseren Interessen ergeben sind, die Polizei und Soldaten …" geben.

„Wir müssen die Regierung der Gojim zwingen", unserem Plan zuzustimmen, der „sich schon der ersehnten Durchführung nähert", indem wir ihnen vorschreiben, der „öffentlichen Meinung" zu gehorchen, die wir durch diese große Macht, die schon in unseren Händen liegt, nämlich die Presse, kontrollieren.

„Um kurzum unser System, die Regierung der Gojim in Europa unter Kontrolle zu halten, zusammenzufassen, werden wir unsere Stärke einem von ihnen durch terroristische Anschläge zeigen und allen, wenn wir die Möglichkeit eines allgemeinen Aufstands gegen uns in Betracht ziehen, mit den Geschützen Amerikas oder Chinas oder Japans antworten."

PROTOKOLL 8

„Solange es noch ein Risiko sein wird, unseren jüdischen Brüdern verantwortungsvolle Posten in unseren Staaten zu übertragen, werden wir sie Personen übergeben, deren Vergangenheit und Charakter solcher Art sind,… dass sie, wenn sie unsere Anweisungen missachten, kriminellen Anklagen entgegensehen oder verschwinden müssen – dies, um sie dazu zu bringen, bis zu ihrem letzten Atemzug für unsere Interessen einzustehen."

PROTOKOLL 9

Eine „durchgängig gleiche Anwendung" unserer Grundsätze kann den „hartnäckigsten [nationalen] Charakter" verändern und wir „werden ein neues Volk den Reihen derjenigen hinzufügen, die wir schon unterworfen haben".

„Tatsächlich merzten wir schon jede Art der Herrschaft außer unserer aus … Wenn irgendwelche Staaten Protest gegen uns erheben, geschieht dies heutzutage nur der Form halber auf unseren Wunsch hin und durch unsere Anweisung, denn ihr Antisemitismus ist in der Führung unserer geringeren Brüder für uns unerlässlich."

„Durch uns schreitet der alles verschlingende Terror fort. In unserem Dienst stehen Menschen aller Ansichten und aller Lehren, Monarchisten, die selbige wiederherstellen wollen, Demagogen, Sozialisten, Kommunisten und alle möglichen utopischen Träumer. Ein jeder von ihnen unterhöhlt die letzten Reste der Autorität und strebt danach, all die bestehenden Formen der Ordnung zu stürzen … Wir werden ihnen keine Ruhe lassen, bis [alle Staaten] offen und ergeben unsere internationale Superregierung anerkennen."

„Um einen harten [politischen] Wettstreit weiterzuführen, muss man Geld haben, und das ganze Geld befindet sich in unserem Besitz."

Wir übernahmen die Kontrolle über „die Institutionen der Gojim", indem wir den „chaotischen Freibrief des Liberalismus nutzen. Wir nehmen auf die Rechtspflege, die Durchführung von Wahlen, die Presse, die persönliche Freiheit, vor allem aber auf die Erziehung und Ausbildung als den Grundpfeiler einer freien Existenz Einfluss".

„Wir täuschten, verwirrten und verdarben die Jugend der Gojim, indem wir sie nach Grundsätzen und Theorien erzogen, welche uns als falsch bekannt sind, obwohl wir es veranlasst haben, dass sie ihr eingeimpft wurden."

PROTOKOLL 10

„Wie allerdings sollen die Gojim die zugrundeliegende Bedeutung der Dinge erfassen, wenn ihre Vertreter den Großteil ihrer Energie darauf verwenden, sich zu unterhalten?"

„Indem wir allem das Gefühl, sich selbst wichtig zu nehmen, einimpfen, werden wir unter den Gojim die Bedeutung der Familie und ihres erzieherischen Werts zerstören und ihnen so die Möglichkeit entziehen, dass sich Individuen hervortun, denn die Masse, die von uns gelenkt wird, wird sie weder zum Vorschein treten lassen, noch ihnen überhaupt Gehör schenken; sie ist gewöhnt, nur uns anzuhören, die wir sie für Gehorsam und Aufmerksamkeit bezahlen. Auf diese Weise werden wir eine so gewaltige blinde Macht schaffen, dass sie nie imstande sein wird, sich ohne die Führung unserer Verbindungsmänner zu bewegen … Das Volk wird sich diesem Regime unterwerfen, weil es wissen wird, dass von diesen Führern ihr Verdienst sowie die Zuwendung und der Erhalt aller Arten von Wohltaten abhängen werden."

„Als wir das Gift des Liberalismus in diesen Staatsorganismus einbrachten, durchlief seine ganze politische Beschaffenheit eine Veränderung. Die Staaten wurden von einer tödlichen Krankheit befallen – einer Blutvergiftung. Es muss nur noch das Ende ihres Todeskampfes abgewartet werden. Durch den Liberalismus entstanden konstitutionelle Staaten, die an die Stelle dessen traten, was der einzige Schutz der Gojim war, und zwar die Diktatur … Dann kam die Zeit, in der es möglich wurde, die Ära der Republiken zu verwirklichen; und dann kam es dazu, dass wir den Herrscher durch die Karikatur einer Regierung ersetzten, durch einen Präsidenten, der aus dem Pöbel, aus der Mitte unserer Marionetten, unserer Sklaven, herausgepickt wurde. Das ist die Grundlage des Sprengkörpers, den wir unter die nichtjüdischen Völker legten."

„Die Anerkennung unseres Herrschers wird kommen, wenn die Völker, die durch Unregelmäßigkeiten und Unfähigkeit völlig ermüdet sind – ein Umstand, für den wir sorgen werden –, von ihren Herrschern lautstark fordern ‚Weg mit ihnen und gebt uns einen König über die ganze Welt, der uns vereinigen und die Ursachen der Zwietracht aufheben wird – Grenzen, Nationalitäten, Religionen, Staatsschulden –, der uns Frieden und Ruhe schenken wird, die wir nicht unter unseren Herrschern und Vertretern finden können'."

So müssen wir „die Menschheit vollkommen durch Zwietracht, Hass, Streit und Neid erschöpfen und sogar Qual, Hunger, Einimpfung von Krankheit und Not nutzen, sodass die Gojim keinen anderen Ausweg sehen, als Zuflucht in unserer totalen Herrschaft über Geld und über alles andere zu suchen. Aber wenn wir den Nationen der Welt Raum zum Atmen geben, wird der Augenblick, nach dem wir trachten, wahrscheinlich niemals wieder so nahe sein."

PROTOKOLL 11

„Mit diesen Kombinationen meine ich die Pressefreiheit, das Vereinigungsrecht, die Freiheit der Wissenschaft, die Entscheidungsfreiheit und vieles andere, das für immer aus dem Gedächtnis des Menschen verschwinden muss …"

„Die Gojim sind eine Schafherde und wir sind die Wölfe. Und wisst Ihr, was geschieht, wenn die Wölfe die Herde zu fassen bekommen?"

„… Wir werden ihnen weiterhin versprechen, ihnen all die Freiheiten zurückzugeben, die wir ihnen genommen haben, sobald wir die Feinde des Friedens niedergeschlagen und alle Parteien gezähmt haben … Es ist die Zeit nicht wert, darüber zu diskutieren, wie lange man sie auf die Rückkehr ihrer Freiheiten warten lassen kann …"

Dieses Programm ist dafür konzipiert, für Juden über einen Umweg das zu erreichen, was anderenfalls nicht möglich ist. Dies war die Grundlage unserer Organisation der „geheimen Freimaurerei", ein von dem „nichtjüdischen Vieh", welches von den Logen angezogen wurde, unvermutetes Motiv.

„Gott ließ uns, seinem auserwählten Volk, das Geschenk der Verstreuung zuteilwerden, welches uns nun an die Schwelle der Herrschaft über die ganze Welt brachte."

PROTOKOLL 12

„Die Mehrheit der Öffentlichkeit hat nicht die geringste Ahnung, welchen Zielen die Presse wirklich dient. [Nach unserer Revolution] wird keiner ungestraft die Unfehlbarkeit unserer Regierung [in Frage stellen] … Unter denjenigen, die Angriffe gegen uns führen, werden sich auch Organe befinden, die von uns eingerichtet wurden, aber sie werden Punkte angreifen, deren Abänderung wir im Voraus festlegten. Keine einzige Meldung wird die Öffentlichkeit ohne unsere Kontrolle erreichen."

„… Wir werden unsere eigene Opposition [Presse] einrichten, die das anbieten wird, was wie das genaue Gegenteil von uns erscheint. Unsere wahren Gegner werden diese vorgetäuschte Opposition als ihre eigene akzeptieren und uns ihre Karten aufdecken."

„Wir werden einen sicheren Triumph über unsere Gegner haben, da sie keine Presseorgane zur Verfügung haben, durch die sie ihren Ansichten vollen und endgültigen Ausdruck verleihen können."

PROTOKOLL 13

„Der Bedarf nach dem täglichen Brot zwingt die Gojim, zu schweigen und unsere ergebenen Diener zu sein."

„Darüber hinaus lenken wir [die Massen] mit Unterhaltungen, Spielen, … Kunst und Sport von Fragen ab, bezüglich derer wir uns veranlasst sehen, ihnen etwas entgegenzusetzen. Da es für die Menschen immer ungewohnter wird, nachzudenken und sich selbst eine Meinung zu bilden, werden sie beginnen, auf dieselbe Weise wie wir zu sprechen, da wir alleine ihnen neue Denkanstöße anbieten werden … natürlich durch solche Personen, von denen keine Solidarität mit uns angenommen wird."

„Wer würde denn jemals ahnen, dass all diese Menschen gemäß einem politischen Plan, auf den niemand im Verlauf so vieler Jahrhunderte gekommen wäre, unter unserer Regie stehen?"

PROTOKOLL 14

„Wenn wir unser Reich erlangt haben, wird keine andere Religion als die unsrige von uns erwünscht sein … Wir müssen daher alle anderen Formen des Glaubens ausmerzen."

Wir werden auch die Torheit der nichtjüdischen Regierungen bloßstellen, die „den fantastischen Plänen sozialer Wohltätigkeiten [d. h. Sozialismus, Kommunismus] nachjagten und nie bemerkten, dass diese Pläne stets einen schlechteren und nie einen besseren Staat zur Folge haben …"

„Unsere Philosophen werden all die Mängel der verschiedenen Glaubensinhalte der Gojim erörtern. Aber niemand wird jemals die wahre

Betrachtungsweise unserer Religion in Frage stellen, weil sie niemand vollständig erfassen wird, ausgenommen die Unsrigen, die niemals ihre Geheimnisse verraten werden."

„Unsere Weisen, die zu Führern der Gojim ausgebildet wurden, werden [Material] verfassen, welches dazu benutzt wird, die Geister der Gojim zu beeinflussen und sie in die Richtung des Verständnisses und der Wissensformen zu lenken, wie sie von uns festgelegt wurden."

PROTOKOLL 15

Um in den nichtjüdischen Gesellschaften die Ordnung wiederherzustellen, denen wir „tief verwurzelte Zwietracht und Protestantismus" einpflanzten, müssen wir uns „unerbittlicher Maßnahmen" bedienen, um Widerstand im Keim zu ersticken. Wir müssen eine Aura der Unverwundbarkeit schaffen, wie sie die russische Aristokratie hatte. Abgesehen vom Papsttum war die russische Aristokratie „bis in die jüngste Zeit der einzige ernst zu nehmende Feind, den wir in der Welt hatten." [Ist es nicht merkwürdig, dass sie das im Jahre 1894 sagen konnten?]

Nach der Revolution werden sie alle Geheimgesellschaften auflösen, aber bis dahin werden wir „freie Freimaurerlogen begründen und verbreiten", damit wir „zu unserer geheimen Hauptzentrale und zu Mitteln der Einflussnahme gelangen … und alle revolutionären und liberalen Elemente verbinden".

Dank der Freimaurerei: „Die geheimsten politischen Pläne werden uns bekannt sein und werden noch am Tag ihrer Konzeption unter unsere Leitung fallen. Unter den Mitgliedern werden sich fast alle Agenten der internationalen und nationalen Polizei befinden und sie sind in der Lage, ihre eigenen jeweiligen Maßnahmen gegen die Aufsässigen einzusetzen, aber auch unsere Tätigkeiten zu verdecken [d. h. in unserem Auftrag zu handeln, ohne dass wir dafür belangt werden] und Vorwände für Unmut, usw. [d. h. Provokationen] zu liefern." Demzufolge spielen die Polizei und Geheimdienste in unserer Gesellschaft eine Rolle.

Wenn es ein Komplott gegen uns gibt, „wird es am Ende kein anderer als einer unserer zuverlässigsten Diener sein".

Die nichtjüdischen Freimaurer werden vollständig manipuliert. „Die Gojim treten den Logen in der Hoffnung bei, ein Stück vom öffentlichen Kuchen abzubekommen." Er verunglimpft die nichtjüdischen Freimaurer: „Sie haben das Erscheinungsbild von Tigern, aber die Seelen von Schafen und der Wind bläst ungehindert durch ihre Köpfe." Wir gaben ihnen das „Steckenpferd" des „Kollektivismus", obwohl es die Gesetze der Natur verletzt. „Ist das nicht der Beweis dafür, dass der Verstand der Gojim im Vergleich zu unserem eigenen unterentwickelt ist? Genau dies garantiert hauptsächlich unseren Erfolg."

Der Autor spricht davon, vor nichts haltzumachen, ganz gleich welches Opfer man erbringen muss. Er schert sich nicht um die „Saat des nichtjüdischen Viehs", aber die Opferung der Juden hatte die Verbesserung des Übrigen zur Folge.

Wir beschleunigen den Tod derjenigen, die „unsere Geschäfte" behindern. „Wir richten Freimaurer auf solche Art und Weise hin, dass keiner mit Ausnahme der Bruderschaft jemals einen Verdacht schöpfen wird, nicht einmal die Opfer selbst ... Sie alle sterben, wenn es erforderlich ist, scheinbar an einer gewöhnlichen Art von Krankheit. Obwohl die Bruderschaft darüber Bescheid weiß, erhebt sogar sie selbst keinen Widerspruch dagegen. Durch solche Maßnahmen entfernten wir aus der Mitte der Freimaurerei den geringsten Widerspruch gegen unsere Einstellung." (Siehe Kapitel „Die Illuminaten ermordeten mindestens zwei weitere Präsidenten")

Die höhere Intelligenz des auserwählten Volkes bestärkt, dass „die Natur selbst für uns vorgesehen hat, dass wir die Welt lenken und beherrschen".

Er beschreibt eine patriarchalische Gewaltherrschaft, die darauf gründet, dass sich die Menschheit dem unterwirft, was stärker ist. Im Vergleich zu dieser Macht sind die Völker der Welt und auch ihre Regierungen „nur unmündige Kinder".

PROTOKOLL 16

„Wir müssen all diese Grundsätze in ihre Bildung einbringen, die so bravourös ihre Ordnung zerstörten. Aber wenn wir an der Macht sind, werden wir alle irritierenden Themengebiete aus dem Bildungsweg streichen und aus der

Jugend gehorsame Kinder der Obrigkeit machen, die denjenigen lieben, der als Unterstützer und Hoffnung auf Frieden und Ruhe herrscht."

„Wir werden alle Tatsachen der vorangegangenen Jahrhunderte aus dem Gedächtnis der Menschen streichen, die für uns nicht wünschenswert sind, und nur diejenigen belassen, die alle Fehler der Regierung der Gojim abbilden."

„Wir werden jede Art von Freiheit des Unterrichts aufheben ... Lehrer werden lesen, was als freie Lektüren genehmigt wurde ... Diese Lehren werden von uns auf die Stufe eines Glaubensdogmas als eine Übergangsstufe zu unserem Glauben erhoben."

„Wir werden zu unserem eigenen Nutzen das letzte Fünkchen des eigenständigen Denkens verschlingen und entreißen ... [Wir werden] die Gojim in gedankenlose, unterwürfige Unmenschen verwandeln, die auf Dinge warten, die vor ihren Augen dargeboten werden, um eine Vorstellung davon zu bekommen."

(Dies deutet darauf hin, dass vieles der sozialen und politischen Kritik nicht konstruktiv, sondern in Wirklichkeit gewollt zersetzend ist.)

PROTOKOLL 17

„Wir haben schon längst dafür gesorgt, die Priesterschaft der Gojim in Verruf zu bringen und dadurch ihre Mission auf Erden zu zerstören, die jetzt noch ein großes Hindernis für uns darstellen könnte ... Was andere Religionen angeht, werden wir noch weniger Mühe haben, mit ihnen fertig zu werden ..." (Denken sie dabei an sexuellen Missbrauch durch katholische Priester?)

„Der König der Juden wird der wirkliche Papst des Universums sein, der Herrscher einer internationalen Kirche."

„... Wir werden [bestehende Kirchen] durch Kritik bekämpfen, durch die eine Spaltung herbeigeführt werden soll ..." (Denken sie dabei an die gleichgeschlechtliche Ehe?)

„Nach unserem Programm wird ein Drittel unserer Untertanen nach dem Prinzip des Freiwilligendienstes an den Staat aus Pflichtgefühl den Rest unter Beobachtung halten."

„Ebenso wie heutzutage unsere Brüder [d. h. Juden] auf eigene Verantwortung dazu angehalten sind, Glaubensabtrünnige aus ihrer eigenen Familie dem Kahal [jüdischer Rat] anzuzeigen ..., wird es in unserem Reich überall auf der Welt für alle unsere Bürger verpflichtend sein, die Pflicht des Dienstes an den Staat zu wahren ..." (Denken sie dabei an den KGB, die Stasi oder die Gestapo?)

PROTOKOLL 18

„... Wir nahmen den nichtjüdischen Königen durch zahlreiche Anschläge auf ihr Leben durch unsere Handlanger – die blinden Schafe unserer Herde, die leicht durch ein paar liberale Phrasen zu Verbrechen bewegt werden konnten, sofern man ihnen nur einen politischen Anstrich verlieh – das Ansehen. Wir zwangen die Herrscher, ihre Schwäche einzugestehen, indem wir ihnen offensichtliche Maßnahmen zur heimlichen Verteidigung anbieten, und somit werden wir die Obrigkeit zerschlagen."

[Zum Beispiel wurde Zar Alexander II. durch eine Bombe im Jahre 1881 ermordet. Der Innenminister Wjatscheslaw Konstantinowitsch von Plehwe wurde im Juli 1904 getötet. Peter Stolypin, der Premierminister, wurde im September 1911 ermordet.]

PROTOKOLL 19

„Ich hoffe, dass es uns gelang, die Gojim daran zu hindern, sich diese Werkzeuge anzueignen, um sich gegen Aufruhr zu behaupten. [Diese „Werkzeuge" sind 1. das Beschmutzen durch Diebstahl oder sexuellen Missbrauch und 2. das Statuieren eines bedeutsamen Exempels an einem Schuldigen.] Aus diesem Grund priesen wir durch die Presse und auf indirekte Weise in Reden ..., in geschickt zusammengestellten Geschichtslehrbüchern den Märtyrertod an, ... den die Aufwiegler aus der Idee heraus, für das Gemeinwohl zu sterben, auf sich nahmen. Diese Propaganda führte zu einem Anwachsen des Anteils der Liberalen und brachte Tausende der Gojim in die Reihen unseres Viehbestandes."

PROTOKOLL 20

Dies befasst sich mit dem „finanziellen Programm", der „Krönung und dem entscheidenden Punkt unserer Pläne". Der Sachverstand des Autors in diesen Angelegenheiten legt den Schluss nahe, dass er ein Bänker ist.

„Wenn wir unser Reich erlangt haben, wird unser autokratisches Reich es vermeiden,... die Massen mit Steuern zu belasten, um sie daran zu erinnern, dass es die Rolle als Vater und Beschützer übernimmt."

Es wird eine gestaffelte Vermögenssteuer eingeführt werden. „Eine Steuer, die im Prozentsatz im Verhältnis zum Vermögen ansteigt, wird viel höhere Staatseinnahmen als die derzeitige Einkommens- oder Grundsteuer bringen, die für uns jetzt aus dem einzigen Grund dienlich ist, dass sie Unannehmlichkeiten und Unmut unter den Gojim erregt."

„Wirtschaftskrisen wurden von uns für die Gojim zu keinem anderen Zweck erzeugt, als Geld aus dem Umlauf zu entziehen."

„Die Emission des Geldes sollte mit dem Bevölkerungswachstum übereinstimmen ..."

„Der Goldstandard war der Ruin der Staaten, die ihn annahmen, denn er konnte den Bedarf nach Geld nicht decken, je mehr Gold wir, soweit es möglich war, aus dem Umlauf nahmen."

„Die unterentwickelte Gedankenkraft der rein tierischen Gehirne der Gojim ist in dem Umstand klar ersichtlich, dass sie sich von uns Geld liehen,... ohne jemals daran zu denken, dass eben diese Gelder, zuzüglich einem Aufschlag für die Zahlung von Zinsen, von ihnen durch ihre eigenen Staatskassen aufgebracht werden müssen, um die Schulden bei uns zu begleichen. Was hätte einfacher sein können, als das Geld, das sie wollten, von ihrem eigenen Volk zu nehmen?"

PROTOKOLL 22

„In unseren Händen befindet sich die größte Macht unserer Zeit – Gold ... Gewiss muss man keinen weiteren Beweis erbringen, dass unsere Herrschaft von Gott vorherbestimmt ist? Sollten wir mit solch einem Reichtum nicht sicherlich imstande sein, den Beweis zu erbringen, dass all das Böse, das wir über so viele Jahrhunderte hinweg begehen mussten, uns schlussendlich als Grund des wahren Wohlergehens – das Wiederherstellen jedweder Ordnung – diente?"

„Unsere Ordnung wird die krönende Ordnung sein und das ganze Glück der Menschheit umfassen. Der Glanz dieser Autorität wird alle Völker zu einen mystischen Kniefall und einer ehrerbietigen Furcht vor ihr anregen. Wahre Stärke vereinbart sich nicht mit irgendeinem Recht, nicht einmal mit dem von Gott: Keiner wagt es, ihr so nahe kommen, um ihr den geringsten Teil streitig zu machen."

PROTOKOLLE 23 – 24

Der „König der Juden", der dynastische Erbe des Königs David, wird der König der Welt sein. Er wird alle bestehenden Herrscher ersetzen. Ansonsten enden die Protokolle mit einer eigenartigerweise harmlosen Anmerkung, wobei sie eine wohlwollende Regierung versprechen, die Frieden und Ordnung im Austausch gegen totale Unterwerfung gewährleistet. Es finden sich viele Patentlösungen wie Folgende:

„Arbeitslosigkeit ist die gefährlichste Sache für eine Regierung. In dem Moment, in dem uns die Macht übertragen wird, hat ihre Existenz ein Ende. Betrunkenheit wird ebenfalls gesetzlich verboten werden …"

„Der König der Juden darf nicht seinen Leidenschaften ausgeliefert sein … Die heilige Saat von David muss seinem Volk alle persönlichen Neigungen opfern. Unser höchster Herr muss von vorbildlicher Unbescholtenheit sein."

„Unterzeichnet von den Vertretern von Zion des 33. Grades."

DIE PROTOKOLLE VON ZION: AKTUALISIERT VON EINEM JÜDISCHEN ZELOTEN

Im Jahre 1976 war der Plan für die „jüdische Weltherrschaft", der in den „Protokollen der Weisen von Zion" erläutert wurde, schon weitestgehend umgesetzt. Harold Wallace Rosenthal, ein 29-jähriger persönlicher Assistent des New Yorker Senators Jacob Javits, hatte das Gefühl, dass die jüdische Macht unangreifbar war. Er konnte sich etwas Geld dazu verdienen, indem er die Geschichte Walter White Jr., dem Redakteur des monatlich erscheinenden konservativen Magazins „Western Front", erzählte.

„Zu viele Juden haben nicht den Mut, zu erzählen, wie wir leben und planen, aber ich bin nichts und niemandem innig verbunden", erzählte Rosenthal White.

„Es ist zu spät für Ihre christlichen Leser, sich zu verteidigen. Diese Zeit ist längst vorbei. Vor langer, langer Zeit mussten wir zu Angreifern werden! Das ist zweifellos einer unserer großen Lebensinhalte. Wir sind Angreifer!"

Dieses schockierende 17-seitige Interview, das im Widerspruch zum jüdischen Selbstbild des Opfers steht, war einige Zeit lang im Internet zu finden. Es steht auf einer Stufe mit den Enthüllungen von Benjamin Freedman und C.G. Rakowski bezüglich der Darstellung der Kräfte, von denen die Welt wirklich gelenkt wird.

Rosenthal benötigte Geld für Glücksspiel, aber seine Offenheit kostete ihm das Leben. Am 12. August 1976 wurde er in einem vereitelten „Anschlag der PLO" in Istanbul getötet. Walter White kam zu dem Schluss, dass dieser Vorfall ein Deckmantel für die Ermordung von Rosenthal war.

Eine Rosenthals gedenkende Stiftung, „Fellowship in International Relations", führt das Werk diskret weiter, das er indiskret offen legte. Seltsamerweise gibt es kein Foto von Rosenthal auf ihrer Webseite.

Laut Wikipedia absolvierte er sowohl die Cambridge University als auch die Harvard Graduate School mit Hilfe eines Stipendiums. Nachdem er für den Kongressabgeordneten Hugh Carey (Bezirk New York) gearbeitet hatte, wechselte er in das Büro von Senator Walter Mondale (Bezirk Manhattan), für den er die Gesetzgebungsagenda leitete. Nach einer befristeten Anstellung bei der Rockefeller Brothers Foundation kehrte Harold in den Senat zurück, um für Sen. Jacob Javits zu arbeiten. Er war eindeutig ein „Insider".

Rosenthal sagt: „Die meisten Juden wollen es sich nicht eingestehen, aber unser Gott ist Luzifer ... und wir sind sein auserwähltes Volk. Luzifer ist sehr lebendig."

Diese Äußerung lässt sich gesamtheitlich auf die moderne Kultur anwenden. Wir wollen es uns nicht eingestehen, dass unsere „weltliche" Gesellschaft auf einer kosmischen Auflehnung gegen Gott beruht. Ihr wahrer satanischer Charakter wird täglich offensichtlicher.

EINBLICKE

Rosenthal sagt, dass die „Juden" ein irdisches Reich errichteten, indem sie zum Teil die Vision Jesu eines spirituellen Reichs zurückwiesen, das auf brüderlicher Liebe beruht. Sie wollten einen Kriegerkönig, nicht einen Friedensfürsten.

„Zu Jesu Lebzeiten trachteten die Juden nach einem materiellen und irdischen Königreich, aber Jesus bot den Juden ein spirituelles Reich. Dieses konnten sie nicht kaufen, daher lehnten sie Jesus Christus ab und ließen ihn kreuzigen."

Jüdische Bänker beabsichtigen, die Welt entsprechend ihrer eigenen Interessen von Jerusalem aus zu regieren. Er sagt, dass die jüdische Religion im Wesentlichen ein Deckmantel für ein Rassengebot ist. „Wir können inmitten anderer Menschen und Staaten leben, indem wir sie davon überzeugen, dass die Juden kein eigenständiges Volk, sondern die Vertreter eines religiösen Glaubens sind ..."

„Jüdische" Macht wurde erlangt, indem Kontrolle über das Währungssystem errungen wurde.

„Es gelang uns, die Gesellschaft in sich selbst zu spalten, indem wir die Arbeitskräfte gegen das Management ausspielten. Dies war vielleicht eine unserer größten Leistungen, denn in Wahrheit ist es eine Dreiecksbeziehung, wenngleich es scheint, dass immer nur zwei Punkte in Erscheinung treten. In der modernen Industrie … entspricht das Kapital, dessen Macht wir repräsentieren, der Spitze des Dreiecks. Sowohl das Management als auch die Arbeitskräfte bilden die Basis dieses Dreiecks. Sie stehen sich fortwährend einander gegenüber und ihre Aufmerksamkeit ist nie auf die Spitze ihres Problems gerichtet."

„Durch unsere Nationalbank, die Federal Reserve, vergeben wir Buchkredite, die wir aus dem Nichts kreiert haben, an alle lokalen Banken, die Mitgliedsbanken sind. Sie gewähren ihrerseits der Industrie Buchkredite. Dadurch tun wir mehr als Gott, denn all unser Vermögen ist aus dem Nichts erschaffen. Sie wirken schockiert! Seien Sie es nicht! Es ist wahr, wir tun genau genommen mehr als Gott."

„Mit diesem vermeintlichen Kapital stürzen wir die Industrie, das Management und die Arbeitskräfte in Schulden uns gegenüber, deren Schulden nur steigen und nie getilgt werden. Durch dieses stetige Wachstum sind wir in der Lage, das Management gegen die Arbeiterschaft auszuspielen, sodass sie sich nie zusammenschließen, gegen uns vorgehen und eine schuldenfreie industrielle Utopie einleiten werden."

Durch die Kontrolle des Bankwesens erwarben die „Juden" ein vollständiges Monopol auf „die Filmindustrie, die Rundfunknetze und die sich neu in der Entwicklung befindlichen Fernseh-Medien … Wir bemächtigten uns der Herausgabe aller Schulmaterialien … Sogar Eurer Musik! Wir zensieren die Lieder, die zur Publikation freigegeben wurden, lange bevor sie die Musikverlage erreichen … Schon bald werden wir die vollständige Kontrolle über Euer Denken innehaben."

Er sagt, Fernsehprogramme seien sorgfältig konzipiert, „um sinnliche Emotionen und nie den logisch denkenden Verstand anzusprechen. Hierdurch werden die Menschen programmiert, gemäß unseren Weisungen und nicht entsprechend ihrem Verstand zu reagieren."

Er behauptet, dass die „Juden" christliche Kirchen kontrollieren und diese nutzen, um die Menschen an Konzepte wie Rassengleichheit heranzuführen.

„Kein Gesetz wurde jemals verabschiedet, dessen Vorzüge zuvor nicht von den Kanzeln herab verkündet wurden. Ein Beispiel hierfür ist die Rassengleichheit, die zur Eingliederung und letztendlich zur Bastardisierung führte. Der leichtgläubige Klerus erzählt seinen Gemeindemitgliedern in einem Atemzug, dass wir ein besonderes, auserwähltes Volk sind, während er im nächsten Atemzug verkündet, dass alle Rassen gleich sind. Ihre Widersprüchlichkeit wurde nie entdeckt. So erfreuen wir Juden uns einer Sonderstellung in der Gesellschaft, während alle anderen Rassen auf eine einheitliche Rasse reduziert werden. Aus diesem Grund entwickelten wir den Schwindel der Gleichheit, wodurch wir alle auf eine niedrigere Stufe herabsetzten."

Er prahlt, dass sie die Amerikaner kontrollieren, indem sie die Schuld nutzen. „Ihr Menschen habt keinen Mut. Wir legen Eure Ansichten fest – wir pflanzen Euch sogar einen „Schuldkomplex" ein, sodass Ihr Euch nicht traut, das Judentum offen zu kritisieren."

„Wir Juden traten mit Problem um Problem an das amerikanische Volk heran. Dann fördern wir beide Seiten des Problems, sodass Verwirrung herrscht. Seine Augen auf die Probleme gerichtet, scheitert das Volk daran, zu erkennen, wer hinter all dem steckt. Wir Juden spielen mit der amerikanischen Öffentlichkeit wie eine Katze mit einer Maus."

Rosenthal behauptet, dass die Gesellschaft sich aus diesem Todesgriff nur durch gewaltsames Handeln und nicht durch Bildung lösen kann.

„Die Geschichte wurde mit Blut und nicht mit Tinte geschrieben. Kein Brief, Artikel oder Buch scharte jemals die Menschen zusammen oder beendete eine Gewaltherrschaft. Wir verstehen dieses Prinzip und appellieren immer an die Menschen, Briefe an den Präsidenten und den Kongress zu schreiben … Wehe uns, wenn sie je die Sinnlosigkeit dessen erkennen, den Stift niederlegen und zum Schwert greifen."

Rosenthal spricht davon, wie eine „jüdische" unsichtbare Regierung auch die UdSSR kontrollierte.

„In Russland gibt es zwei getrennte Regierungen, wobei die eine offensichtlich und die andere unsichtbar ist. Die sichtbare wird von verschiedenen Nationalitäten gebildet, wohingegen die unsichtbare aus ALLEN JUDEN zusammengesetzt ist. Die mächtige sowjetische Geheimpolizei nimmt ihre Befehle von der unsichtbaren Regierung entgegen. Es gibt ungefähr sechs bis sieben Millionen Kommunisten im sowjetischen Russland, wovon 50 % Juden und 50 % Nichtjuden sind, aber den Nichtjuden wird nicht vertraut. Die kommunistischen Juden sind vereint und vertrauen einander, während die anderen sich gegenseitig ausspionieren. Ungefähr alle fünf bis sechs Jahre ruft der geheime jüdische Vorstand zur Säuberung der Partei auf und viele werden liquidiert. Wenn gefragt wurde „warum?", lautete die Antwort: „Weil sie beginnen, zu viel über die jüdische Geheimregierung zu verstehen. Russische Kommunisten haben eine geheime Gruppenordnung, die nur aus Juden zusammengesetzt ist. Sie entscheiden über alles, was die sichtbare Regierung betrifft. Genau diese einflussreiche Organisation war für die geheime Verlagerung des Zentrums des Kommunismus nach Tel Aviv verantwortlich, woher jetzt alle Anweisungen stammen."

Er behauptet, dass die Juden die Vereinten Nationen kontrollieren, die „nichts anderes als eine Falltür in das riesige Konzentrationslager der Roten Welt" sind. Er sagt, dass diese unsichtbare Macht für die Kriege und Revolutionen der letzten 200 Jahre verantwortlich ist.

ECHTHEIT DES INTERVIEWS

Zeitweise erscheint das Interview fast zu belastend und wir fragen uns, ob es echt ist. Warum würde jemand, der sagt, dass er nationale Bekanntheit anstrebt, zulassen, dass solch ein Interview aufgenommen wird? Konnte er nicht erpresst werden? Er trifft viele wenig schmeichelhafte und unwahre Verallgemeinerungen über Juden, was ebenfalls unglaubwürdig erscheint. Phasenweise schwenkt er merklich von Überheblichkeit zu Panik um. An einer Stelle sagt er, dass die Juden planten, zusammenzupacken und zu fliehen.

Im Jahre 2005 führte ich ein Telefongespräch mit Des Griffin, dem Autor des Klassikers „Fourth Reich of the Rich". Des erzählte mir, dass er in Walter Whites Haus in Kalifornien eingeladen war und sich das Band des Interviews anhörte. Der angebliche Rosenthal im Interview klang wie ein schlechter Schauspieler, der von einem Skript abliest. Einige Wörter wurden wiederholt. Er sagt, dass die Informationen vollkommen glaubhaft sind, aber die Verschwörung real ist und nicht noch durch einen Betrug ausgeschmückt werden muss.

Tatsächlich klingt der erste Teil des Interviews gestellt und unnatürlich. „Wir planen gegenwärtig Pläne für einen raschen Auszug. Wir wissen, dass, wenn der Tag anbricht, ihn nichts daran hindern kann. Alle Bestrebungen unsererseits werden das Licht dieses Tages nur heller strahlen lassen und die Aufmerksamkeit darauf richten."

Es erscheint seltsam, dass er die Juden als „Parasiten" bezeichnet und gesagt haben soll, sie wären nicht idealistisch. In Wirklichkeit sind viele Juden, wie ich selbst, in höchstem Maße idealistisch. Die Bänker nutzten den Idealismus, um ihre „geringeren Brüder" jahrhundertelang zu manipulieren.

Auf der anderen Seite klingt der zweite Teil des Interviews glaubwürdiger. Die zwei Männer streiten sich über Geld; der Dialog ist glaubhaft; und Rosenthal gebraucht auf überzeugende Weise jiddische Ausdrücke.

Letzen Endes werden Sie zu Ihrem eigenen Schluss kommen. Mein Eindruck ist, dass es für das, was Des Griffin hörte, eine Erklärung geben könnte (vielleicht war Rosenthal betrunken oder stand unter Drogeneinfluss?). Meines Erachtens enthält das Interview Informationen, die über alles, was ein amerikanischer Konservativer schreiben könnte oder würde, hinausgehen.

Der arrogante Tonfall, die rassische Überlegenheit betreffend, klingt ebenfalls echt. Rosenthal bekräftigt, dass die Juden eine Rasse und keine Religion sind, was ich für wahr halte. Er sagt, dass ein Jude eine Jude bleibt, unabhängig davon, ob er zu einer anderen Religion übertritt oder nicht. Er bringt seinen Unglauben in Bezug auf die Rückgratlosigkeit und Leichtgläubigkeit der amerikanischen Menschen zum Ausdruck. An vielen Stellen ähnelt der Tonfall auf eine unheimliche Weise dem der „Protokolle von Zion".

Ich bezweifle, dass ein christlicher Konservativer wie Walter White zu einer solchen Sache imstande wäre, derentwegen er die „Juden" verachtet.

DIE BÄNKER UNTER DEN ILLUMINATEN STREBEN DURCH WIRTSCHAFTLICHE METHODEN EINE „REVOLUTION" AN

Die dem Illuminatenorden angehörenden Bänker hatten uns am 10. Oktober 2008 dort, wo sie uns wollten. Jeder war in Panik, stieß alles von realem Wert – Gold, Immobilien, Öl – ab und stürzte sich auf den US-Dollar, ein Tauschmittel, das von den Bänkern unter den Illuminaten mit Hilfe ihrer Lakaien in der Regierung aus dem Nichts geschaffen wird.

Warum der plötzliche Ansturm auf den US-Dollar? Es herrscht eine gewaltige Verknappung, da die Bänker unser Geld in Hypotheken steckten und dann den Immobilienmarkt zusammenbrechen ließen. Billionen verschwanden. Nun müssen ihre Lakaien in der Regierung „Kredite in Höhe von Billionen aufnehmen", um den Verlust zu decken. Das Ergebnis: Die Bänker sind um Billionen reicher.

Taten sie dies vorsätzlich? Denken Sie, dass Rich Fuld, der CEO von Lehman Brothers, eine Abfindung in Höhe von 250 Millionen US$ dafür bekam, dass er sein Unternehmen in den Ruin trieb? Nein, das ist wahrscheinlich seine Ausgleichszahlung dafür, dass er seine Beschäftigten und sein Land verkaufte. Rechnen Sie das auf die ganze Finanzbranche hoch.

Im Lauf der Geschichte nutzten die den Illuminaten angehörenden Bänker immer Krieg und Wirtschaftsunruhen, um ihr Ziel voranzubringen. Seitdem wir wirtschaftlichen Wohlstand genossen haben, richtete ich mein Augenmerk auf Krieg. Aber nun muss ich erkennen, wie sie wirtschaftliche Not nutzen, um ihre Weltregierung voranzutreiben.

Wenn man darüber nachdenkt, ist es genial. Eine Wirtschaftskrise hat kein Blutvergießen und keine Zerstörung von wertvollem Besitz zur Folge. Im Gegenteil ermöglicht es den Bänkern, reales Vermögen zu Niedrigstpreisen abzugreifen. Und die Menschen werden gezwungenermaßen alles hinnehmen, um den köstlichen Wohlstand wiederzuerlangen, den sie einst kannten.

THE RED SYMPHONY

Der Schlüssel zum Verständnis unserer Welt ist das Verhör von Christian Rakowski (Chaim Rakover), einem Insider der Illuminaten, aus dem Jahre 1938 durch die stalinistische Geheimpolizei, den NKWD. Rakowski war ein Genosse von Trotzki und ehemaliger Botschafter in Paris. („The Red Symphony" ist unter http://mailstar.net/red-symphony.html einsehbar.)

Rakowski erläutert, dass das wahre Ziel des Kommunismus dasselbe wie das der Neuen Weltordnung ist, also im Wesentlichen eine Diktatur des freimaurerischen jüdischen Zentralbankenkartells. Die eigentliche Bedeutung der „Revolution" und aller sozialistischen und liberalen Aktivität ist diese Diktatur, die als „Internationalismus" und „Weltregierung" nur schlecht getarnt ist. Die Propaganda, sich für die Arbeiterklasse und die Gleichheit, usw. einzusetzen, ist eine List, um die Zentralisierung von Vermögen und Macht in die Hände dieses verhältnismäßig kleinen Netzwerks von satanistischen Bänkern und Managern, die als die „Illuminaten" bekannt sind, zu verbergen.

Sein Vernehmungsbeamter zwang ihn, Namen zu nennen. Rakowski erwiderte, dass er nur Walther Rathenau und Lionel Walter Rothschild sicher benennen konnte. Aber er nahm an, dass die folgend Genannten Mitglieder waren: „Als eine Institution die Bank von Kuhn, Loeb & Company of Wall Street: [und] die Familien Schiff, Warburg, Loeb und Kuhn; ich sage Familien, um auf mehrere Namen hinzuweisen, da sie alle miteinander … durch Heirat verbunden sind; dann Baruch, Frankfurter, Altschul, Cohen, Benjamin, Strauss, Steinhardt, Blom, Rosenman, Lippmann, Lehman, Dreifus, Lamont, Rothschild, Lord, Mandel, Morgenthau, Ezekiel, Lasky … Jeder dieser Namen, die ich aufgezählt habe, selbst von denjenigen, die nicht zu ‚Ihnen' gehören, könnte immer anhand eines wichtigen Vorhabens auf ‚Sie' zurückgeführt werden."

Rakowski erläutert, dass Krieg für die Revolution notwendig ist. Die Bänker unter den Illuminaten finanzierten Hitler, weil sie die Kontrolle über Stalin verloren hatten. Nun forderte Rakowski Stalin auf, in den Schoß der Gemeinschaft zurückzukehren und sie zu unterstützen, Hitler zu vernichten, anderenfalls würden sie Hitler freie Hand lassen. Folglich wurde Hitler für einen Krieg an zwei Fronten aufgestellt. Zunächst schmiedeten die beiden Diktatoren im August 1939 ein Bündnis (nur Monate, nachdem die

Faschisten die Kommunisten in Spanien niedergeschlagen hatten). Dann, als Hitler und Stalin in Polen einmarschierten, erklärten die Alliierten einzig Hitler den Krieg.

Rakowski schildert, wie die Illuminaten Wirtschaftsunruhen nutzen, um totalitäre Kontrolle zu erlangen.

Er sagt, dass der 24. Oktober 1929, der Tag des New Yorker Börsencrashs („der Beginn der sogenannten ‚Depression'"), wichtiger als die bolschewistische Revolution im Jahre 1918 war. Er zerschlug den „klassisch amerikanischen" Individualismus und führte zu „einer Blütezeit des Schmarotzertums, und Vermögen ist ein großer Schmarotzer". Es begann „eine wirkliche Revolution".

„Obwohl die Macht des Geldes eine politische Macht ist, bevor sie nur auf indirektem Wege genutzt worden war, sollte die Macht des Geldes nun aber in direkte Macht umgewandelt werden. Der Mann, durch den sie sich einer solchen Macht bedienten, war Franklin Roosevelt. Haben Sie es begriffen? Beachten Sie folgendes: Im Jahr 1929, dem ersten Jahr der amerikanischen Revolution, verlässt Trotzki im Februar Russland; der Crash ereignet sich im Oktober …, die Finanzierung von Hitler wird im Juli 1929 vereinbart. Sie glauben, dass all dies durch Zufall geschah? Die vierjährige Regierungszeit von Hoover wurde für die Vorbereitung genutzt, die Macht in den Vereinigten Staaten und der UdSSR zu ergreifen; dort mittels einer finanziellen Revolution und hier [in Russland] mit Hilfe von Krieg und der Niederlage [von Stalin], welche folgen musste." (Vollständiger Text in „Fourth Reich of the Rich", Des Griffin, S. 273)

OBAMA IST IHR FRANKLIN D. ROOSEVELT

Barack Obama wird oft beobachtet, wie er das Handzeichen des Baphomet der Illuminaten gebraucht. Ja, eigentlich sollte der Daumen nach innen zur Handfläche zeigen und seine Ausrede dafür lautet, dass es die amerikanische Zeichensprache für „Ich liebe Euch" ist. Genauso wie Bush, welcher vorgab, dies wäre das Symbol für das texanische Longhorn, brauchen diese Satanisten eine Geschichte zur Tarnung. Haben Sie sich jemals gefragt, warum das Symbol in der amerikanischen Zeichensprache dem Zeichen von Satan so ähnlich ist? Die amerikanische Zeichensprache wurde von den Rockefellers finanziert und von Helen Keller, einer Theosophin, also Freimaurerin, entwickelt.

Die Geschichte wiederholt sich, da die freimaurerischen jüdischen Bänker immer in dieselbe alte Trickkiste greifen. Falls dies ein Hinweis darauf ist, können wir uns auf harte wirtschaftliche Zeiten einstellen. Wenn die Regierung ihre eigenen Kredite kontrollieren würde, könnten wir die Konjunktur ohne Kostenaufwand durch Schulden oder Zinsen mühelos wieder in die Höhe treiben. Aber unter dem Umstand, dass die Zentralbänker die Kredite kontrollieren, frage ich mich, ob sie genug tun werden, das Vermögen wiederherzustellen, das sie aus dem System entnahmen.

MARIONETTE DER ILLUMINATEN

(Symbol der Obama-Kampagne 2008: Geläufiges Motiv der Illuminaten: Ein Punkt in einem Kreis (Penis in der Vagina) und der luziferianische Sonnenaufgang)

Die verlogene Natur unseres öffentlichen Lebens ist sämtlich auf den grundlegenden Betrug, nämlich die private Kontrolle der Illuminaten über Staatskredite, zurückzuführen. Demnach läuft ein staatlich gefördertes Entvölkerungsprogramm in Gestalt des Feminismus und der Schwulenrechte. So erlebten wir das Spektakel zweier unter Bewusstseinskontrolle stehender Marionetten der Illuminaten, die um die Präsidentschaft der Vereinigten Staaten wetteiferten.

Der Fall von Barack Obama war der Ungeheuerlichste. Er konnte nicht einmal nachweisen, dass er amerikanischer Staatsbürger ist. Es gibt Berichte darüber, dass sein wirklicher Vater, der kommunistische Aktivist Frank Marshall Davis, ein Vergewaltiger und Pädophiler war, der vermutlich seinen Sohn sexuell missbraucht hatte. Bill Ayers verfasste als Ghostwriter Obamas

Autobiografie im Jahre 1995 „Ein amerikanischer Traum: Die Geschichte meiner Familie". Garantierte der jüdische Buchverlag der Illuminaten Simon & Schuster dem vielversprechenden Präsidenten des Harvard Law Reviews einen sechsstelligen Vorschuss? Wer schrieb Obamas „Hoffnung wagen"?

Larry Sinclair behauptet, dass er in den späten 1990ern Sex mit Obama hatte und mit ihm Crack rauchte. Eigentümlicherweise ist solch ein Lebenslauf für die Illuminaten ideal. Obama kann leicht gesteuert werden oder anderenfalls werden die von den Illuminaten kontrollierten Medien über diese Geschichten nicht mehr hinwegsehen. (Um eine nicht richtig funktionierende Marionette zu sehen, schauen Sie sich die YouTube-Videos über Obama ohne Teleprompter an.)

Joe Biden prophezeite, dass Obama nach Amtsantritt auf die Probe gestellt wird, seine Anhängerschaft verraten und in den Umfragen abstürzen wird. Es ist seltsam, dies vor den Wahlen zu sagen. (Beachten Sie, dass die Republikaner dies übergangen haben – was darauf hindeutet, dass sie sich abgesprochen hatten.)

SCHLUSSFOLGERUNG

Ich rechne mit einem dem Franklin D. Roosevelt ähnlichen „New Deal" von Obama, der zweifellos viel mehr staatliche Kontrolle und mehr „Internationalismus" beinhalten wird. Wie Franklin D. Roosevelt wird Obama als eine Art Retter geehrt werden. Diese Entwicklungen sind schon jetzt klar.

Das Ziel ist immer dasselbe: die volle Kontrolle über das Vermögen und die Menschheit durch die satanistischen Größenwahnsinnigen und ihre Lakaien, die über unsere Kredite verfügen. Ihr Gefährt ist die Weltregierung und ihr Werkzeug der Stunde ist Barack Obama.

WAS IST „KOMMUNISMUS"?

Der Kommunismus ist ein Monopol auf alles, einschließlich des Gedankenguts, das vom „Staat" durchgesetzt wurde. Der „Staat" ist eine Front der den Illuminaten angehörenden jüdischen Zentralbänker, die im Besitz seiner Verbindlichkeiten sind. Alles, was die Macht des „Staates" ausbaut, ist kommunistisch. Die Weltregierung wird dies auf eine neue Stufe heben.

„Ist Krieg nicht schon ein revolutionärer Akt? Krieg? Die Kommune (1870). Seitdem war jeder Krieg ein Riesenschritt in Richtung Kommunismus." Christian Rakowski (alias Chaim Rakover) war ein Handlanger von Leo Trotzki und Mitglied der Illuminaten. Jeder Krieg wird von den Illuminaten ausgelöst und dient als ein Schritt in ihrer „Revolution", also das Ersetzen von Gott durch Satan.

Die meisten Menschen glauben, dass der Kommunismus eine Ideologie ist, welche sich dem Einsatz für die Arbeiter und die Armen widmet. Dies war eine unglaublich erfolgreiche List, die Millionen Menschen manipulierte.

Unter diesem Vorwand befasst sich der „Kommunismus" damit, das ganze Vermögen und die Macht in die Hände des Zentralbankenkartells (der Rothschilds und ihrer Verbündeten) zu konzentrieren, indem diese als Staatsmacht getarnt wird.

Das Zentralbankenkartell ist das höchste Monopol. Es besitzt ein fast weltweites Monopol auf staatliche Kredite. Sein Ziel besteht darin, dieses in ein Monopol auf alles umzuwandeln – politisch, kulturell, wirtschaftlich und spirituell. Eine-Weltregierung = Monopol der Rothschilds = Kommunismus.

Jede Weltanschauung, die im weiteren Sinne Vermögen und Macht in die Hände des „Staates" konzentriert, ist Kommunismus in anderer Gestalt. Diese Ideologien – Sozialismus, Liberalismus, Faschismus, Neokonservatismus, Zionismus und Feminismus – sind Fronten des „Kommunismus" und werden vom Zentralbankenkartell organisiert und finanziert. Aktuelle Ereignisse werden alle von den Zentralbänkern geplant, um die staatliche Macht auszuweiten.

THE RED SYMPHONY

Nach den „Protokollen der Weisen von Zion" ist „The Red Symphony" die beste Enthüllung der wirklichen Beschaffenheit der Welt.

„The Red Symphony" ist ein Verhör von Christian Rakowski, einem sowjetischen Insider, durch die stalinistische Geheimpolizei (NKWD) aus dem Jahre 1938. Der Wortlaut dieses Verhörs ist unter http://www.mailstar.net/ red-symphony.html oder in Des Griffins, „Fourth Reich of the Rich" einzusehen.

Ich stellte meinen Lesern dieses brisante 50-seitige Schriftstück im Jahre 2003 vor. Es lüftet den Schleier der neueren Geschichte und erläutert die tatsächliche Bedeutung der Revolution, des Kommunismus, der Freimaurerei und des Kriegs. Es sollte nicht an die Öffentlichkeit dringen. Der Übersetzer, ein Dr. J. Landowsky, fertigte eine unautorisierte Kopie an.

Das menschliche Experiment wird durch private Interessen gefährdet, die sich überall der Befugnis bemächtigten, Geld zu schöpfen.

Die neuere Geschichte spiegelt den schrittweisen Prozess wider, durch den sie das ganze Vermögen und die Macht sich selbst übertrugen, indem sie die westliche Zivilisation zerstören und einen Weltpolizeistaat errichten. Im Jahre 1938 konnte Rakowski sagen, dass die ganze Welt durch die sabbatianischen (Illuminaten, Freimaurer) jüdischen Bänker und ihre Verbündeten kontrolliert wird.

In seiner Autobiografie „Mein Leben" schrieb Leo Trotzki: „Christian G. Rakowski ... beteiligte sich aktiv an den internen Abläufen von vier sozialistischen Parteien – der bulgarischen, der russischen, der französischen und der rumänischen –, um eines Tages einer der Führer der Sowjetischen Föderation, ein Mitbegründer der Kommunistischen Internationalen, Vorsitzender des sowjetischen Rats der Volkskommissare und sowjetischer Botschafter in England und Frankreich zu werden ..."

Rakowski, dessen wirklicher Name Chaim Rakover war, wurde bei Stalins Säuberungsaktion der Parteifraktion von Trotzki zum Tode verurteilt. Er versuchte, sein Leben zu retten, indem er Stalin von den Illuminaten eine Nachricht übermittelte.

Im Prozess erzählte Rakowski seinem Vernehmungsbeamten, dass die Bänker den kommunistischen Staat als eine „Maschine der totalen Macht" entwarfen, die es in der Geschichte so noch nie gegeben hatte. Früher gab es auf Grund vieler Faktoren immer „Raum für individuelle Freiheit. Verstehen Sie, dass diejenigen, die schon zum Teil über Nationen und weltliche Regierungen herrschen, Ansprüche auf eine absolute Herrschaft erheben? Man muss sich darüber im Klaren sein, dass dies die einzige Sache ist, die sie bisher noch nicht erreicht haben …"

Eine bösartige Kraft lähmt unser nationales Leben. Rakowski benennt sie: „Wenn Sie können, stellen Sie sich eine geringe Anzahl von Menschen vor, die durch den Besitz realen Vermögens uneingeschränkte Macht innehaben, dann werden Sie erkennen, dass sie die absoluten Herrscher über die Börse [und die Wirtschaft] sind … Wenn Sie dann noch genug Vorstellungskraft besitzen,… werden Sie [ihren] gesetzlosen, moralischen und sozialen Einfluss, also einen revolutionären Einfluss, sehen … Verstehen Sie es nun?"

„… Sie kreierten Buchgeld in der Absicht, sein Volumen auf einen nahezu unendlichen Wert anwachsen zu lassen. Und ihm Schallgeschwindigkeit zu verleihen … Es ist eine Abstraktion, ein Gedankenkonstrukt, ein Wert, Zahl, Kredit, Glaube …" (S. 245-246)

Natürlich müssen sie ihr Kreditmonopol absichern, indem sie eine „Weltregierung" errichten. Dieses verwehrt jedem Land, seine eigenen Kredite auszugeben oder seine Schulden nicht anzuerkennen.

MARXISMUS

Die Revolutionsbewegung, von der die moderne Geschichte bestimmt wird, war ein Instrument, um den Einfluss der Bänker durch die Zerstörung der alten Ordnung zu institutionalisieren. Der Marxismus ist, „bevor er ein philosophisches, wirtschaftliches und politisches System war, eine Verschwörung, die die Revolution zum Ziel hat".

Rakowski äußert sich verächtlich über „den grundlegenden Marxismus … den demagogischen populären Marxismus", der benutzt wird, um die Intellektuellen und die Massen hinters Licht zu führen. (S. 238) Marx wurde von Rothschild beauftragt, die Massen zu überlisten. Rakowski sagt, dass

Marx „sich bei der ganzen Menschlichkeit ins Fäustchen lacht". (Griffin, S. 240) Natürlich erwähnte Marx nie die Rothschilds. (S. 243)

Was die Freimaurerei betrifft: „Jede freimaurerische Organisation versucht alle erforderlichen Voraussetzungen für den Sieg der kommunistischen Revolution zu schaffen; das ist das offsichtliche Ziel der Freimaurerei", sagt Rakowski, der selbst ein ranghoher Freimaurer war.

Das Ziel der Revolution ist kein geringeres als die Neudefinition der Wirklichkeit hinsichtlich der Interessen der Bänker. Dies beinhaltet die Propagierung, die subjektive Wahrheit über die objektive Wahrheit zu stellen. Wenn Lenin „das Gefühl hat, dass etwas wirklich ist", dann ist es real. „Für ihn war jede Wirklichkeit, jede Wahrheit angesichts des Einzigen und des Absoluten relativ: nämlich angesichts der Revolution."

Das beschreibt den Kabbalismus: Kabbalistische Juden gestalten die Wirklichkeit, da sie glauben, sie wären die Verbindung zu Gottes Willen. (Anders ausgedrückt ist die Menschheit auf einen gewaltigen Betrug hereingefallen.)

Mit anderen Worten ist weiß gleich schwarz und oben gleich unten. So war es in der Sowjetunion; und jetzt werden im Westen Wahrheit und Gerechtigkeit durch ein politisches Diktat ersetzt. „Politische Korrektheit", ein bolschewistischer Ausdruck, ist heute im allgemeinen Sprachgebrauch weitverbreitet. Dementsprechend wurde Homosexualität, die Psychiater immer als eine Entwicklungsstörung ansahen, im Jahre 1973 durch politisches Diktat zu einer „Wahl des Lebensstils". Heute regen staatliche Schulen die Kinder dazu an, „mit ihrer Sexualität zu experimentieren". Das ist krankhaft und unnatürlich, aber genau darum geht es im Satanismus und in der „Revolution" wirklich, nämlich um die Aufhebung der heilsamen innewohnenden Ordnung.

Rakowski staunt darüber, dass „die Bänke, auf denen die schmierigen Wucherer saßen, um ihre Gelder einzutauschen, nun zu Tempeln wurden, die prachtvoll mit ihren heidnischen Kolonnaden an jeder Ecke heutiger großer Städte stehen, und die Menschen in Scharen dorthin gehen,… um dem Gott des Geldes gewissenhaft ihre Einlagen all ihrer Besitztümer zu bringen …"

Er sagt, dass der sowjetische fünfzackige Stern die fünf Rothschild-Brüder mit ihren Banken symbolisiert, die immense Anhäufungen von Reichtümern besitzen, die größten, die man je kannte.

„Ist es nicht eigenartig, dass Marx diese Tatsache nie anspricht?", fragt Rakowski. „Ist es nicht seltsam, dass die Volksmassen während der Revolutionen nie die Bänker, ihre Villen oder Banken angreifen?"

KRIEG

Krieg ist das Mittel, mit dem die Zentralbänker ihre Agenda vorantreiben. Rakowski sagt, dass Trotzki hinter der Ermordung des Erzherzogs Ferdinand (die den Ersten Weltkrieg auslöste) steckte. Er ruft sich den Satz in Erinnerung, den die Mutter der fünf Rothschild-Brüder gebrauchte: „‚Wenn meine Söhne es so wollen, wird es keinen Krieg geben.' Dies bedeutet, dass sie die Lenker, die Herren über Krieg und Frieden, aber keine Herrscher sind. Können Sie sich eine Sache von solch kosmischer Tragweite vorstellen? Ist Krieg nicht schon ein revolutionärer Akt? Krieg? Die Kommune (1870). Seitdem war jeder Krieg ein Riesenschritt in Richtung Kommunismus."

Nach der Ermordung von Walther Rathenau [Außenminister der Weimarer Republik und Illuminatenmitglied] im Jahre 1922, vergaben die Illuminaten politische oder finanzielle Positionen nur an Mittelspersonen, behauptet Rakowski. „Offenkundig an Personen, die vertrauenswürdig und loyal sind, was auf tausend Arten sichergestellt werden kann: Sodass man versichern kann, dass diese Bänker und Politiker [die im Licht der Öffentlichkeit stehen] ... nur Strohmänner sind ..., auch wenn sie sehr hochrangige Stellungen besetzen und man sie als die Urheber der Pläne, die umgesetzt werden, erschienen ließ." Denken wir an Barack Obama.

Im Jahre 1938 erläuterte Rakowski drei Ursachen für den bevorstehenden Zweiten Weltkrieg. Die Erste besteht darin, dass Hitler begann, sein eigenes Geld zu drucken. „Das ist eine schwerwiegende Sache. Viel gravierender als all die äußeren und grausamen Faktoren im Nationalsozialismus."

Zum Zweiten „behindert der voll ausgeprägte Nationalismus Westeuropas den Marxismus ... Die Notwendigkeit der Zerstörung des Nationalismus ist alleine einen Krieg in Europa wert."

Schließlich kann der Kommunismus nicht siegen, sofern er nicht das „noch lebendige Christentum" abschafft. Er spricht von der „permanenten Revolution", die bis zur Geburt Jesu zurückreicht, und von der Reformation als „ihren ersten Etappensieg", da sie das Christentum spaltete. Dies deutet darauf hin, dass die „Verschwörung" auch einen rassischen oder religiösen Faktor beinhaltet.

„Eigentlich ist das Christentum seit all den politischen und wirtschaftlichen Erscheinungen der bürgerlichen Staaten unser einziger wirklicher Feind. Das Christentum, das den Einzelnen steuert, ist imstande, den revolutionären Entwurf des wertfreien sowjetischen oder atheistischen Staates aufzulösen."

Jetzt treiben die Zentralbänker den Dritten Weltkrieg wie in „Kampf der Kulturen" voran. Man ersetze in der obenstehenden Aussage das Christentum durch den Islam und lasse „Christen" gegen sie kämpfen.

SCHLUSSFOLGERUNG

Die neue Weltordnung erzeugt eine falsche Realität, die unsere geistige Versklavung abbildet. Legionen von Experten, Professoren und Politikern setzen ihre Richtlinien durch. Sie sind die Agentur („Handlanger"), wie sie in den Protokollen der Weisen von Zion selbstgefällig bezeichnet werden.

Die Gesellschaft ist vollkommen zerrüttet. Die Regierung, die Bildung, die Unterhaltung und die Nachrichtenmedien stehen unter dem Einfluss des Zentralbankenkartells. Die Privatwirtschaft vertritt die gleiche Linie bezüglich Themen wie „kultureller Vielfalt". Dasselbe gilt für Denkfabriken, Stiftungen, Nichtregierungsorganisationen, Berufsverbände und bedeutende Wohltätigkeitsorganisationen. Geheimdienste dienen den Zentralbänkern. (Der Artikel „How the Fed Bought the Economics Profession" stellt die Vorlage für alle Berufe dar.)

Das hat zur Folge, dass die Gesellschaft hilflos ist, wenn es darum geht, ihr eigentliches Problem anzugehen: die Ansammlung der Macht in den Händen der an die Kabbala glaubenden Bänker. Wir werden durch die falsche Beschuldigung des „Antisemitismus" matt gesetzt, während die meisten Juden das Gesamtbild nicht kennen. Es mangelt nicht an Lakaien, die oft

Freimaurer und freimaurerische Juden sind, die am Gewinn des Betrugs der Bänker teilhaben wollen. So wird heutzutage „Erfolg" definiert.

Die Menschheit ist dem Untergang geweiht, solange diese Bänker die Gesellschaft steuern. Worin besteht die Abhilfe? Man verstaatliche die Zentralbanken, erkenne die Schulden nicht an, die aus dem Nichts kreiert wurden, zerschlage die Kartelle, vornehmlich Hollywood und die Medien, und führe ein, Wahlkämpfe strikt staatlich zu finanzieren. Darüber hinaus brauchen wir ein spirituelles Wiederaufleben, eine Rückbesinnung auf wahre Religion oder zumindest eine Bejahung von Gott und eine Moralordnung.

Aber solange die Menschen ihre Interessen im Licht des Status Quo betrachten, sind unsere Probleme systemisch und werden nicht verschwinden.

BELLA DODD – DIE NEUE WELTORDNUNG IST KOMMUNISTISCH

Der Krieg gegen den „Terrorismus" soll die Gesellschaft in einen kommunistischen Überwachungsstaat umgestalten.

Im Jahre 1954 warnte uns Bella Dodd, eine hochrangige Aussteigerin aus der kommunistischen Partei der Vereinigten Staaten, dass die jüdischen Bänker unter den Illuminaten hinter dem Kommunismus stecken und dieser satanische Kult die USA kontrolliert.

Auf ihr Buch „School of Darkness" sollte noch einmal eingegangen werden.

„Die Ziele des Kommunismus werden stetig vorangetrieben ... Der Einzelne sieht sich mit einer so ungeheuerlichen Verschwörung konfrontiert, dass er nicht glauben kann, dass sie existiert." – J. Edgar Hoover (1956)

Bella Dodd war eine führende Persönlichkeit in der kommunistischen Partei von Amerika (CPUSA) in den 1930ern und 1940ern. Ihr Buch „School of Darkness" (1954) deckt auf, dass der Kommunismus ein Schwindel war, der von Finanziers begangen wurde, um „den Normalbürger zu kontrollieren" und die Welttyrannei voranzutreiben. Es versteht sich von selbst, dass dieses wichtige Buch vergriffen und in keiner Gebrauchtbuchhandlung erhältlich ist. Es kann im Internet unter http://genus.cogia.net eingesehen werden.

Bella Dodd wurde im Jahre 1904 als Maria Assunta Isabella Visono in Italien geboren. Sie war eine brillante und engagierte Frau und machte einen Abschluss am Hunter College und an der NYU Law School. Sie wurde Vorsitzende der Lehrergewerkschaft von New York und war bis 1949 Mitglied im Nationalrat der CPUSA.

Dodd beschreibt den Kommunismus als einen „sonderbaren geheimen Kult", der die Zerstörung der westlichen (d. h. christlichen) Zivilisation zum Ziel hat. Millionen von naiven Idealisten („Unschuldigen") werden durch das Gerede von der Unterstützung der Armen getäuscht, aber der Kommunismus macht sich nur etwas aus Macht. Beispielsweise fand Dodd heraus, dass es keine Sozialforschung in der Parteizentrale gab. „Wir sind eine revolutionäre Partei, keine Reformpartei", wurde ihr gesagt. (S. 163)

DIE SCHAFFUNG VON „MENSCHEN, DIE SICH ANPASSEN"

Die kommunistische Partei wirkt, indem sie soziale Einrichtungen wie die Kirchen, Schulen, Massenmedien und die Regierung unterwandert und zersetzt. Ihre Absicht bestand darin, „eine neue Art von Menschen zu schaffen, die mit dem Plan der Welt übereinstimmen, von der sie mit Überzeugung davon ausgingen, sie zu kontrollieren." (S. 162)

Beispielsweise legt Dodd offen, dass die CPUSA in den 1930er Jahren 1100 Mitglieder veranlasste, katholische Priester zu werden. Sie unterwanderten auch das amerikanische Bildungssystem, indem sie die Führung der Lehrergewerkschaften und der gelehrten Gesellschaft übernahmen. Nur Menschen, die den „Ansatz des materialistischen, kollektivistischen internationalen Klassenkampfs" akzeptierten, kamen voran. (S. 98)

Frauen in die Kriegsanstrengungen einzubinden, entsprach ihrem langfristigen Programm:

„Die Partei tat alles, was sie konnte, um Frauen dazu zu bewegen, in die Industrie zu gehen. Ihre Modedesigner entwarfen für sie eine spezielle Mode und ihre Liedtexter verfassten bestimmte Lieder, um sie anzuspornen ... Sie planten, dass der Umgang mit Bedingungen wie in Kriegszeiten ein fester Bestandteil des zukünftigen Bildungsprogramms werden sollte. Die bürgerliche Familie als soziale Einheit sollte überflüssig werden." (S. 153)

Es sollte keine Familie außer der Partei und den Staat geben. Dodd half dabei, den Kongress der amerikanischen Frauen auszurichten, den Wegbereiter der feministischen Bewegung.

„Da es vermeintlich eine Friedensbewegung war, zog sie viele Frauen an. Aber in Wirklichkeit war sie nur eine erneute Offensive, um die amerikanischen Frauen zu kontrollieren ... Wie die Jugend und Minderheiten wurden sie als Reserve für die Revolution betrachtet, da sie leichter durch Emotionen angesprochen werden können." (S. 194-195)

ZERSETZUNG DER VEREINIGTEN STAATEN WURDE IN DEN 1930ER JAHREN VOLLENDET

Als Franklin D. Roosevelt Russland im Jahre 1933 anerkannte, ignorierte er wissentlich das gewaltige Programm der Bespitzelung und Zersetzung der CPUSA. Die Liberalen leugneten, dass sich dies zutrug, und beschwerten sich über eine „Hexenjagd". Wissen Sie was? Der „verrückte Konservative" hatte Recht.

Ein neues Buch „The Secret World of American Communism", das auf den neu geöffneten Archiven des Kreml beruht, bestätigt, dass die CPUSA eine Marionette von Moskau war und die Regierungen von Roosevelt und Truman praktisch von sowjetischen Agenten geleitet wurden, nämlich von Alger Hiss, Harry Hopkins und Harry Dexter White, um einige zu nennen.

In den Kriegsjahren wandte sich die CPUSA tatsächlich vom Klassen-kampf ab und schloss sich Roosevelts sogenanntem „Lager des Fortschritts" an, welches „progressive Kapitalisten" beherbergte.

„Die kommunistische Partei übernahm nun die Verantwortung, der Arbei-terklasse eine strenge Disziplin aufzuerlegen. Kein Arbeitgeber war effek-tiver oder unnachgiebiger, Streiks unter den Arbeitern zu unterbinden oder Beanstandungen auf ein Minimum zu reduzieren ... Obwohl die Löhne wäh-rend dieser Jahre ein wenig anstiegen, waren sie nicht mit dem Gewinnzu-wachs und der Zunahme der Monopolstellungen auf Grundbedürfnisse ver-gleichbar ... Die Kriegsproduktion befand sich größtenteils in den Händen von zehn Großunternehmen ... Die Kommunisten verschwiegen sorgsam derartige Informationen." (S. 153)

Die Kriegsjahre gingen mit einer verblüffenden Abstimmung zwischen der kommunistischen Partei und Amerikas Finanzelite einher. Die Elite finan-zierte eine ausgeklügelte Propaganda-Agentur, die als das Russische Institut bezeichnet wurde und sich in der Park Avenue gegenüber von Rockefellers Council on Foreign Relations in der 68. Straße befand. Hier „vermischten sich berühmte Namen wie Vanderbilt, Lamont, Whitney und Morgan mit denen kommunistischer Führer". (S. 153)

Auf Roosevelts Drängen „löste" Stalin die Komintern (kommunistische Internationale) auf, um die CPUSA wie eine amerikanische Partei aussehen zu lassen. Der CPUSA-Führer Earl Browder erlangte nationale Bekanntheit und beratschlagte sich mit hochrangigen Kabinettsmitgliedern Roosevelts.

Die gemeinsamen amerikanisch-russischen Kriegsanstrengungen sollten die Grundlage der Neuen Weltordnung darstellen. Aber unerklärlicherweise änderte sich die Politik und Browder wurde augenblicklich ein Niemand. Offenbar hatte die Finanzelite beschlossen, dass die Zeit für eine Weltregierung nicht reif war. Ein kalter Krieg würde viel lukrativer sein. Dodd wurde erzählt, dass sich die Partei in Zukunft oft auf der Gegenseite nicht nur der Regierung, sondern auch der amerikanischen Arbeiter wiederfinden wird.

„Ich sah dies nun mit den besten Beweggründen und mit dem Wunsch, den Arbeitern zu dienen ... Ich und tausend andere wie ich waren zu einem Verrat an ebenjenen Menschen verleitet worden ... Ich war auf der Seite von denjenigen gewesen, die nach der Zerstörung meines eigenen Landes trachteten." (S. 229)

Wie verängstigte Mäuse hasteten die Mitglieder der CPUSA, um die neue Parteilinie umzusetzen. Dodd versuchte, auszutreten, aber ihr wurde gesagt: „Keiner verlässt die Partei. Du stirbst oder Du wirst hinausgeworfen." (S. 197)

Letzten Endes wurde Dodd ausgeschlossen und als „schwarzenfeindlich, antipuertorikanisch, antisemitisch, arbeiterfeindlich und als Verteidigerin der Unternehmer" verleumdet. (S. 220) Kommt Ihnen das bekannt vor? Nach mehr als 20 Jahren unermüdlicher Aufopferung hatte sie weder Familie noch Freunde. Die Partei war ihre Familie gewesen. Ihr „Hass war zu meinem Hass gemacht worden".

„Das ist der Schlüssel zur geistigen Versklavung der Menschheit. Das Individuum wird zu einem Nichts gemacht ... Es handelt als der physische Teil einer höheren Gruppenintelligenz ... Es hat keine Kenntnis von den Plänen der höheren Gruppenintelligenz, die beabsichtigt, es zu benutzen." (S. 158)

„EINE GEHEIME GUT ORGANISIERTE WELTMACHT"

Bella Dodd war in Bezug auf die Menschen hinter der kommunistischen Partei vorsichtig. Ihr wurde einst gesagt, sie solle zwei Multimillionäre anrufen, die in den Waldorf Towers leben, falls sie den Kontakt mit Moskau verlor. Anderswo erwähnt sie „eine geheime gut organisierte Weltmacht". Sie hat sichtlich Angst davor, offen zu sein. Sie vermutet, dass ein „Selbstmord" von einem der Anführer der CPUSA in Wirklichkeit Mord war. (S. 172)

Aber sie liefert einen möglichen Hinweis. Sie sagt, dass jede der neun Etagen der parteieigenen Zentrale an der 35 East 12. Straße dem Geschäftsbetrieb der CPUSA gewidmet war. In der sechsten Etage befanden sich die „Publikationsbüros der jiddischen Zeitung, der „Freiheit", und der „jüdischen Kommission". (S. 162) Tatsächlich spielten Juden eine wichtige Rolle unter den kommunistischen Dummköpfen.

„Was mir nun klar wurde, war die geheime Absprache zwischen diesen beiden Kräften: die Kommunisten mit ihrem Fahrplan für Kontrolle über die Welt und gewisse geldgierige Kräfte in der freien Welt, die erpicht darauf sind, Gewinne aus Blut zu erzielen." (S. 229)

Als „ein Teil eines Puzzles, das schlussendlich ein Bild ergab", erzählt Dodd die Geschichte des Schiffs „Erica Reed", die für „hunderte anderer Geschichten" bezeichnend ist. Während des Spanischen Bürgerkriegs spendeten die Amerikaner Geld, um das Schiff mit medizinischen Versorgungsgütern und Lebensmitteln für Spanien zu beladen. Die Kommunisten leiteten stattdessen das Schiff nach Russland um. (S. 89)

Zensur ist für die Kommunisten entscheidend, sagt Dodd. „Ich sah oft Anführer, wie sie Bücher aus Regalen von Wohnungen zogen und die Mitglieder ermahnten, sie zu vernichten." (S. 223)

Der Kommunismus ist im Wesentlichen ein betrügerisches System der internationalen Kontrolle durch die Elite. Es wurde während der McCarthy-Ära nicht abgeschafft. Vielmehr verwandelte es sich in Bewegungen der Neuen Linken, der Gegenkultur und der Bürgerrechte, in die Antikriegsbewegung und in die Befreiungsbewegung der Frauen, und später in eine Vielzahl von Nichtregierungsorganisationen, die von der Elite finanziell unterstützt wurden, in Medien, demokratische und republikanische Parteifraktionen und in liberale, zionistische, Gewerkschafts- und Schwulenrechtsgruppierungen. Wie die CPUSA selbst werden diese Gruppen von der Spitze kontrolliert, sodass ihre Mitglieder sich nicht darüber bewusst sind, dass sie benutzt werden.

Als Reaktion auf den Einwand, dass manche der oben aufgeführten Gruppierungen die Globalisierung ablehnen, bringt Dodd Beispiele, in denen die CPUSA vordergründig Angelegenheiten befürwortete, die sie zu sabotieren wünschte. (S. 205)

DER KOMMUNISMUS

Der Kommunismus war und ist ein Komplott, das dazu dient, eine Bande von Reichen an die Stelle von Gottes Herrschaft zu setzen. Er ist ein utopischer Betrug, der von den Reichen ausgeheckt wurde, um die Träume der gewöhnlichen Menschen zunichtezumachen und den menschlichen Fortschritt zu hemmen. Dieselbe Bande steckt hinter den meisten Kriegen einschließlich derer in Afghanistan, im Irak, in Libyen, Syrien und in der Ukraine.

Der Kommunismus, der ein Vorläufer der Neuen Weltordnung ist, tritt für Brüderlichkeit, Frieden und Gleichheit ein, um uns zu täuschen. Er bemächtigte sich der Augen, der Ohren, des Verstands und des Geistes der Gesellschaft. Vieles von dem, was in den Medien und den Schulen für die Wahrheit gehalten wird, ist Teil dieses ungeheuerlichen Betrugs. Der Ausdruck „politisch korrekt", der in Amerika breite Anwendung findet, ist ein alter Begriff der kommunistischen Partei. Unsere Politiker sind mehrheitlich Verräter.

Der Feminismus ist sowohl in seinem Ursprung als auch in seinem Geist kommunistisch. Er tritt vorgeblich für Frauen ein, aber in Wirklichkeit neutralisiert er beide Geschlechter und zerstört die grundlegende soziale Einheit, die Familie. Die Förderung der Homosexualität als eine „Wahl des Lebensstils" für Heterosexuelle ist ebenso Teil dieses dreisten Betrugs der Elite, der dafür vorgesehen ist, „eine neue Art von Menschen zu schaffen, die sich anpassen ..."

Die westliche Zivilisation ist wie ein Schiff, das in einem Meer des Bösen treibt, doch sind die Passagiere zu überlistet und abgelenkt, um es zu bemerken. Bella Dodd hatte vor 50 Jahren den Mut, Alarm zu schlagen. Es ist nie zu spät, damit anzufangen, sich der Tyrannei zu widersetzen.

Es gibt keine Rettungsboote.

BUCH DREI

ZIONISMUS UND DER HOLOCAUST

DAS BRITISCHE JUDENTUM VERSUCHTE, DEN ZIONISMUS AUFZUHALTEN

Als das britische Kabinett im Jahre 1917 die Balfour-Deklaration abgab, geschah dies gegen die unermüdlichen Einwände seines einzigen jüdischen Mitglieds, Edwin Montagu. Aber Nichtjuden, einschließlich vieler Antisemiten, gaben den Ausschlag. Der Zionismus diente dazu, den britischen Imperialismus und die freimaurerische „Neue Weltordnung" voranzubringen.

Montagu, der Staatssekretär für Indien war, richtete folgende Worte an den Premierminister Lloyd George. „Mein ganzes Leben lang versuchte ich, dem Ghetto zu entkommen. Sie wollen mich zwingen, dorthin zurückzukehren."

Montagu, der ein assimilierter Jude war, betrachtete den Judaismus als eine Religion und sah den Zionismus als „eine verderbliche politische Überzeugung an, die für keinen patriotischen Bürger des Vereinigten Königreichs vertretbar ist".

Seine Geschichte lehrt uns, dass die Neue Weltordnung eine Verschwörung der Elite ist, die von bestimmten Mitgliedern einiger wohlhabender jüdischer und nichtjüdischer dynastischer Familien geleitet wird, die oft untereinander heirateten. Sie ist nicht „jüdisch" hinsichtlich eines bewussten Plans des jüdischen Volks, das historisch bedingt die Angleichung bevorzugte.

Im Mai 1917 veröffentlichte ein Komitee, das die führenden jüdischen Organisationen vertrat, eine Stellungnahme in der „London Times", die besagte: „Gleichberechtigte Juden haben keine gesonderten politischen Ansprüche … Die Gründung einer jüdischen Nationalität in Palästina, die auf der Theorie der jüdischen Heimatlosigkeit errichtet wurde, muss dazu geführt haben, dass die Juden als Fremde in ihren Heimatländern abgestempelt wurden."

Die Balfour-Deklaration versprach den Juden eine „nationale Heimstatt" in Palästina. Teilweise war sie die Entlohnung der Zionisten dafür, dass sie dafür sorgten, dass die USA auf Seiten Großbritanniens in den Ersten Weltkrieg eintraten. Chaim Weizmann, Präsident der zionistischen Weltorganisation, ärgerte sich darüber, dass die jüdische Gegenseite das größte Hindernis dafür war, das Abkommen abzuschließen.

Die jüdische Gemeinschaft war gespalten. Die Samuels und die Rothschilds befürworteten die Balfour-Deklaration; Cohen, Magnus, Montefiore
und Montagu standen ihr ablehnend gegenüber.

„Wenn es nur ein Streitfall zwischen zionistischen und nicht zionistischen
Lagern innerhalb der Gemeinschaft gewesen wäre, steht es außer Frage, dass
Letztere gewonnen hätten", schreibt Chaim Bermant in „The Cousinhood".
„Aber die nichtjüdischen Zionisten mussten berücksichtigt werden und sie
trugen den Sieg davon." (S. 260-262)

Unter diesen Nichtjuden befanden sich Arthur Balfour, Lord Milner, Lord
Lothian (Philip Kerr) und Lord Robert Cecil. Chaim Weizmann gab zu, dass
der Zionismus Teil eines viel größeren Spiels ist: „[Cecil], die Wiederbe-
gründung einer jüdischen Heimstatt in Palästina und die Organisation der
Welt in einer großen Vereinigung wären ergänzende Elemente im nächsten
Schritt in der Führung der menschlichen Angelegenheiten ..." (Reed, „The
Controversy of Zion", S. 249)

Carroll Quigley, ein Professor an der Georgetown University, führt in sei-
nem Anhang zu „The Anglo-American Establishment" (1981) ungefähr 100
Beteiligte an dieser Weltregierungsverschwörung auf. Unter ihnen befinden
sich die oben genannten Namen und Cecil Rhodes, Lionel Curtis, William T.
Stead, Geoffrey Dawson und Earl Grey. Ich entdeckte nur drei Juden: Nathan
Rothschild, Leopold Amery und Alfred Beit.

Quigley stellt dar, wie eine Gruppe von aristokratischen Familien, die sich
um die Cecils sammelten, die britische Politik seit Jahrhunderten bestimmte. Sie bildeten die Geheimgesellschaft, die von Cecil Rhodes und Nathan
Rothschild im Jahre 1891 eingerichtet wurde, die Rhodes als „eine Kirche
zur Ausdehnung des britischen Weltreichs" bezeichnete. (S. 34) Bekannt als
„The Round Table" und die „Milner-Gruppe" hatte sie die Weltherrschaft
durch die britische Elite und Wiederkolonisierung der Vereinigten Staaten
zum Ziel.

Die „Kirche" war die Freimaurerei. Die Politiker, die den Zionismus befürworteten, waren alle ranghohe Freimaurer. Manche waren wahrscheinlich
Illuminaten. Die „Weltregierung" widmet sich der Aufgabe, Luzifer als Gott

dieser Welt einzusetzen. Der Zionismus und der Kommunismus sind frei-maurerische Organisationen, die dieser Agenda gewidmet sind.

EIN HELD FÜR ASSIMILIERTE JUDEN

Edwin Montagu, der zweite Sohn des Silberhändlers Samuel Montagu, war zwischen dem orthodoxen Judaismus seines Vaters und seinem Wunsch, ein Engländer zu sein, gefangen. Er lehnte den Judaismus ab, aber war nicht be-reit, seine jüdische Identität aufzugeben. „Ich werde meinem Ermessen nach immer ein guter Jude sein", schrieb er seinem Vater, „aber meine Definition unterscheidet sich von Deiner."

Als Jugendlicher ärgerte er sich darüber, die Rituale befolgen und ein jüdisches Mädchen heiraten zu müssen. Als Erwachsener pflegte er den Le-bensstil eines hochgeborenen Engländers. Auf seinem Landgut jagte er und war Naturforscher und Ornithologe. „Da war etwas ... Fremdartiges in eben-dieser Tiefe seiner Zuneigung zu England", bemerkt Bermant. (S. 259)

Er war ein hochgewachsener, streberhaft aussehender Mann, der ein Mo-nokel trug und der stillschweigend die Spötteleien von Freunden und Fein-den ertrug. Seine „Hässlichkeit wurde durch seinen Charme wettgemacht", schrieb sein Freund Duff Cooper. „Er hatte einen riesigen ungelenken Kör-per, eine tiefe sanfte Stimme und dunkle Augen, die vor Freundlichkeit fun-kelten." (S. 253)

Montagu, der ein begabter Debattierer an der Universität in Cambridge war, erregte die Aufmerksamkeit von H.H. Asquith, dem Präsidenten der ri-valisierenden Oxford Union. Er folgte Asquith in die Politik und wurde nach dem Erdrutschsieg der Liberalen von 1906 sein Privatsekretär und Freund. Montagu, der ein fähiger Verwalter und überzeugender Redner war, schien zu Höherem berufen zu sein.

Asquith wurde im Jahre 1908 Premierminister. Er und Montagu waren beide in Venetia Stanley vernarrt, die eine Freundin von Asquiths Tochter und 35 Jahre jünger als Asquith war. Als ihr die amourösen Annäherungen des Premierministers zu viel wurden, heiratete Venetia Montagu, der nur acht Jahre älter war als sie.

Asquith war verblüfft. Montagu „ist kein Mann: [Er ist] ein launenhafter, nervlich überlasteter und von Symptomen geplagter Mensch, zutiefst von sich eingenommen, und – aber ich werde mit dieser kläglichen Aufzählung nicht fortfahren".

Wie Montagus Liebe zu England blieb seine Liebe zu Venetia unerwidert. Sie lebte, um „den größtmöglichen Spaß aus dem Leben herauszuholen", hatte viele Affären, ein uneheliches Kind (das Montagu adoptierte) und verprasste sein Vermögen. Aber er sah über all dies hinweg und schrieb ihr am Tage vor seinem verfrühten Tode im Alter von 45: „Ich bin unglücklich darüber, gehen zu müssen. Du hast mich sehr glücklich gemacht und ich hoffe, Du wirst immer glücklich sein." (S. 267)

Er hatte ebenfalls eine uneheliche Tochter. Montagu setzte sich für die Rechte der kolonialen Untertanen in Indien und Kenia ein und machte sich bei Teilen des britischen Establishments unbeliebt. Sein unerwartet früher Tod ist sehr verdächtig.

ÜBER DEN ZIONISMUS

Im Jahre 1917 bekämpfte Montagu die Balfour-Deklaration im Kabinett und brachte ein Dokument in Umlauf, in dem er die Regierung des Antisemitismus bezichtigte, da sie alle britischen Juden zu „Fremden und Ausländern" machte. Er sagte, er würde „gerne jeden Zionisten entrechten und [war versucht,] die zionistische Organisation als illegal und gegen das Staatsinteresse zu ächten".

Natürlich hatte er Recht. Aber trotz der Tatsache, dass er ein Sohn eines Bänkers war, wusste er nichts von dem freimaurerischen/zionistischen Plan für die Weltregierung. Sie stellten 1,2 Millionen Soldaten bereit, um Palästina zu sichern, wobei sie dadurch fast den europäischen Krieg verloren. Sie mussten Asquith und den Chef des imperialen Generalstabs General William Robertson ersetzen, um das zu erreichen.

Montagu war einer dieser seltenen Juden, die versuchten, die Ursachen des Antisemitismus nachzuvollziehen, anstatt „irrationalen Hass" als Grund anzuführen.

„Ich nahm immer die Unbeliebtheit meiner Gemeinde wahr. Wir erhielten einen weitaus größeren Anteil an den Gütern und Möglichkeiten dieses Landes, als uns zahlenmäßig gebührt. Wir erreichen insgesamt früher die Volljährigkeit und wetteifern daher mit Menschen unseres Alters in unfairer Weise. Viele von uns suchten ausgewählte Freundschaften und waren in ihrer Gesinnung intolerant eingestellt und ich kann sehr gut nachvollziehen, dass manch ein Nichtjude in England uns loswerden will."

„Aber ebenso wie es unter christlichen Engländern kein gemeinschaftliches Gedankengut und keine Lebensart gibt, gibt es diese nicht unter den jüdischen Engländern. Wir werden mehr und mehr in staatlichen Schulen und in Universitäten gebildet und übernehmen unseren Part in der Politik, im Militär und im öffentlichen Dienst unseres Landes. Und ich meine erfreulicherweise zu sehen, dass die Vorurteile gegen Mischehen zu Fall gebracht werden. Aber wenn der Jude eine nationale Heimstatt hat, folgt daraus sicherlich, dass der Anreiz, uns die Rechte der britischen Staatsbürgerschaft abzusprechen, zwangsweise enorm steigt. Palästina wird das Ghetto der Welt werden."

Es war Montagus Verdienst, dass die Bedingung in die Balfour-Deklaration eingefügt wurde, die besagte: „Es soll nichts geschehen, das die bürgerlichen und religiösen Rechte der bestehenden nichtjüdischen Gemeinschaften in Palästina oder die Rechte und den politischen Status, die Juden in jedem anderen Land genießen, verletzen könnte."

FAZIT

Den Juden wird vermittelt, dass sie Sündenböcke sind, aber sie lernen nicht, dass es die Bande der Weltregierung ist, die sie benutzt. Mittels zionistischer, kommunistischer, liberaler, feministischer oder neokonservativer Organisationen verleitet sie viele Juden dazu, politische Richtungen und Meinungsmache zu fördern, die die vier Säulen der menschlichen Identität und des sozialen Zusammenhalts untergraben: Rasse, Religion, Nation und Familie. Dies erweckt den Anschein, dass generell die Juden für die Neue Weltordnung verantwortlich sind.

Es hilft nicht weiter, dass viele Juden die Existenz dieser Verschwörung ignorant bestreiten und jedes Mal „Antisemitismus" schreien, wenn ein Bänker kritisiert wird. Es ist nicht hilfreich, dass viele verleitet wurden, zu denken, sie bräuchten Israel. Tatsächlich wurden die Israelis benutzt, um den Nahen Osten für die freimaurerische Bänkerelite zu sichern. Das neue Gebäude des obersten Gerichtshofes von Israel, das von den Rothschilds finanziert und entworfen wurde, ist voller freimaurerischer Symbolik.

Einige der Rothschilds und ihrer jüdischen Verbündeten gehören dieser satanischen Verschwörung an. Aber die meisten Juden geben ihrem Land Vorrang und wollen lieber nicht Teil der Weltregierung sein. Edwin Montagu, ein sanftmütiger, aufrichtiger anständiger Mann, ist ein Beispiel eines solchen Juden und eine Inspiration für uns alle.

DIE SCHLIMMSTEN ANTISEMITEN SIND ZIONISTEN

„Mein Volk, deine Leiter verführen dich." (Jesaja 3:12)

Die schlimmsten Antisemiten sind Zionisten, die den Antisemitismus schaffen und ihn dazu benutzen, Juden zu verleiten und zu nötigen, den Plan der den Illuminaten angehörenden Bänker für die diktatorische Weltregierung voranzubringen.

Ich werde in den nachfolgenden Kapiteln erörtern, dass der Zionismus eine Schutzgelderpressung und eine Verschwörung gegen die Juden ist. Dort werde ich darauf eingehen, dass sie den gebräuchlichen jüdischen kulturellen und spirituellen Ausdruck unterdrückten und das jüdische Volk kaperten, um ihrer abartigen Sache zu dienen.

Bevor die Zionisten die amerikanische Regierung übernahmen, ergriffen sie von der amerikanisch-jüdischen Gemeinschaft Besitz und machten sie zu ihrem Werkzeug.

Das „Menorah Journal" von Henry Hurwitz und Menora-Gesellschaften waren Bestrebungen des amerikanischen Judentums, sich selbst kulturell und spirituell als Zweck an sich, anstatt als ein System zur Unterstützung der „jüdischen Heimstatt" anzusehen. Zionisten unterdrückten diese freie und demokratische Gruppierung ebenso wie sie alle Amerikaner ihrer politischen und kulturellen Freiheit beraubten.

DIE MENORA-GESELLSCHAFT

Henry Hurwitz rief die erste Menora-Gesellschaft an der Harvard University im Jahre 1906 und sein Magazin „The Menorah Journal" im Jahre 1915 ins Leben. Die Menora-Bewegung stand „für das Studium und die Förderung der jüdischen Kultur und der Wertvorstellungen in Amerika". Bis zum Ende des Ersten Weltkriegs wurde die Bewegung um die „Intercollegiate Menorah Association", die Summerschool, die Bildungskonferenz und das Gremium der Dozenten erweitert.

Im Wesentlichen förderte die Bewegung das undogmatische, unpolitische Studium der jüdischen Geschichte, des Geistes und der Kultur. Sie stand verschiedenen Ansichten offen gegenüber und erhielt zunächst von den Zentralbänkern Unterstützung. Aber als Hurwitz darauf beharrte, dass der Judaismus nichts mit dem Zionismus zu tun hat und die Juden sich in Amerika vollkommen heimisch fühlen sollten, froren die Bänker die finanzielle Förderung der Menora-Bewegung ein.

Im Jahre 1958 schrieb Hurwitz einem Freund: „Wir erhielten mehr als ein zurückhaltendes Angebot von dieser und jener wohlhabenden Organisation, uns zu übernehmen. Unsere finanziellen Probleme wären dann gelöst. Und unsere Freiheit – die unserem wahren Leben entspricht – wäre aufgehoben." (Menuhin, „The Decadence of Judaism in Our Time", 1965, S. 366)

In der Herbst/Winter-Ausgabe des „Menorah Journal" von 1959 schildert Hurwitz die Auswirkung der „Bigotterie", d. h. die Kontrolle der zionistischen Bänker über das organisierte Judentum.

„Diese Bigotterie versetzt darüber hinaus einer alteingesessenen, unabhängigen Organisation und seinem Magazin einen Schlag, das mehr als ein halbes Jahrhundert hindurch dem Judaismus vielleicht einen kleinen Dienst erwies. Diese Bigotterie vergiftet die Luft des jüdischen Gemeinschaftslebens in Amerika. Sie versucht, die elementaren amerikanischen Grundsätze der Redefreiheit und der Pressefreiheit abzuschaffen. Sie bestraft ehrliche kritische Beurteilung von jenen, die jüdische öffentliche, steuerbefreite, wohltätige Fördergelder kontrollieren und demzufolge über die Macht verfügen, bevorzugte Organisationen zu bereichern, wohingegen sie andere, die nicht in die Knie gehen, ihrem Schicksal überlassen ... So verhindern sie eigentlich eine rationale langfristige Betrachtung der besten Interessen des israelischen Volks selbst."

„Überdies wird bekanntlich ein sehr großer Teil der vermeintlichen freiwilligen wohltätigen Spenden von Geschäftsmännern und Experten durch Androhungen von wirtschaftlichen und gesellschaftlichen Sanktionen erpresst. Das muss beim Namen genannt werden – es ist eine Art des Terrorismus. So ein Terrorismus wurde zur effektivsten Verfahrensweise bei der großangelegten jüdischen Beschaffung von Geldmitteln durch Spenden." (Menuhin, S. 367)

Bedauerlicherweise starb die Menora-Bewegung mit seinem Gründer im Jahre 1961. Sein Werk wurde teilweise vom „American Council for Judaism" unter dem dynamischen Rabbiner Elmer Berger (1908 – 1996) fortgeführt. Im Jahre 1965 charakterisierte Moshe Menuhin das amerikanisch-jüdische Leben wie folgt:

„Im heutigen Amerika verkam die jüdische Kultur und selbst die jüdische Religion zu ‚jüdischem' Nationalismus und jüdische Wohltäter, jüdische Schulen und ausschließlich für Juden bestimmte Dienstleistungen wurden alle (bis auf ein paar rühmenswerte Ausnahmen) unterwandert, damit sie in den Dienst des Ausbaus der ‚jüdischen Heimstatt' gestellt werden ..." (S. 468)

Ein Maß dafür ist, dass Moshe Menuhin sein Buch selbst veröffentlichen musste.

KRIEG UND WIRTSCHAFTSKRISEN SIND FORMEN DER ERPRESSUNG

„Weh denen, die Böses gut und Gutes böse heißen, die aus Finsternis Licht und aus Licht Finsternis machen ..." (Jesaja 5:20)

„Der Einzelne sieht sich mit einer so ungeheuerlichen Verschwörung konfrontiert, dass er nicht glauben kann, dass sie existiert." – J. Edgar Hoover, 1956

Zum Ende des 19. Jahrhunderts hin organsierte die katholische Kirche massiven Widerstand gegen die Beherrschung des nationalen Lebens durch die jüdischen Illuminaten. Die Illuminaten stifteten den Ersten Weltkrieg an, um unter anderem das aufsässige Europa zu zerschlagen und zu bestrafen.

Lenin definierte „Frieden" als „das Ende aller Arten des Widerstands gegen die kommunistische Gewaltherrschaft", d. h. gegen den Despotismus der jüdischen Illuminaten.

Nach dem Ersten und dem Zweiten Weltkrieg versprachen sowohl der Völkerbund als auch die Vereinten Nationen eine Weltregierung, um Krieg zu verhindern. Tatsächlich versprechen dies die Anhänger des Globalismus unter den Illuminaten immer – aber wir bemerken nicht, dass sie uns erpressen. In Wahrheit beginnen sie die Kriege.

Die Weisen von Zion gelobten, die Nationen mit Korruption und Zwietracht zu schikanieren, bis sie ihren „Superstaat" anerkennen würden (d. h. die tyrannische Weltregierung).

„Die Anerkennung unseres Herrschers wird möglicherweise ebenfalls kommen, wenn die Völker, die durch Unregelmäßigkeiten und Unfähigkeit völlig ermüdet sind – ein Umstand, für den wir sorgen werden –, von ihren Herrschern lautstark fordern ‚Weg mit ihnen und gebt uns einen König über die ganze Welt, der uns vereinigen und die Ursachen der Zwietracht aufheben wird – Grenzen, Nationalitäten, Religionen, Staatsschulden –, der uns Frieden und Ruhe schenken wird, die wir nicht unter unseren Herrschern und Vertretern finden können'." (Protokolle von Zion, 10)

Selbstverständlich lässt sich dies auch auf die gegenwärtige Wirtschafts-krise anwenden. Genau aufs Stichwort sagt uns Henry Kissinger, der CEO der NWO: „Die Alternative zu einer neuen internationalen Ordnung ist Cha-os." Das „E" in CEO steht für Erpressung. „Bitte Mr. Kissinger, geben Sie uns unseren Wohlstand wieder. Wir werden alles akzeptieren."

Wir befinden uns in der vorletzten Runde einer auf lange Sicht ausge-legten Verschwörung und müssen unsere Bequemlichkeit abschütteln. Dies ist nicht bloß ein weiterer Konjunkturrückgang; es ist die endgültige, über Leben und Tod bestimmende Machtübernahme. Ein satanischer Kult, die Il-luminaten, hat alle Nationen und Religionen unterwandert und ist nun dabei, seine Macht auszubauen. Unsere „Führer" (einschließlich Obama) gehören zu diesem Kult. Aus der Vergangenheit (in Russland und China) lässt sich die Zukunft vorhersagen: Die Umstände werden sich verschlechtern. Es wird zu bürgerlichen Unruhen kommen. Ein Attentat oder irgendein anderer arran-gierter Terrorakt wird zu Krieg oder zum Ausnahmezustand führen. Jeder, der sich gegen ihre Agenda aussprach, – Patrioten, Christen, „Antisemiten" – wird in Konzentrationslager gesteckt und möglicherweise ermordet. Der Krieg und das Leid werden solcher Art sein, dass die Massen die mit Zucker überzogene Tyrannei der Illuminaten akzeptieren werden. Ich hoffe, dass ich falsch liege.

DAS RINGEN DER KIRCHE MIT DEM SATANISMUS

Über Jahrhunderte war die katholische Kirche bis nach dem Zweiten Welt-krieg die Bastion der westlichen Zivilisation und das größte Hindernis für die Beherrschung der Welt durch die Illuminaten.

Vor kurzem öffnete der Vatikan seine Geheimarchive und legte seinen jahrhundertelangen Kampf offen, den Würgegriff der jüdischen Illuminaten (d. h. Freimaurer) um die europäische Politik und Kultur zu lösen. Der jüdi-sche Historiker David Kertzer dokumentiert diesen Kampf in seinem Buch „Die Päpste gegen die Juden" (2001), wobei er natürlich die Rolle der Kirche so auslegt, dass sie den Antisemitismus schuf. Nichtsdestotrotz ist das Buch eine Fundgrube wertvoller Informationen einschließlich einer anschaulichen Erzählung der „Damaskusaffäre" von 1840, dem bekanntesten Fall einer sa-tanischen jüdischen rituellen Menschenopferung. (S. 86 ff.)

Die Kernpunkte der Damaskusaffäre sind: 1. Ein bekannter italienischer Kapuzinermönch, Pater Tomaso, wurde von bedeutenden kabbalistischen Juden rituell abgeschlachtet (und ausgeblutet). 2. Sie bekannten sich schuldig und führten Behörden zu seinen identifizierbaren Überresten und Kleidungsstücken. 3. Die Rothschilds sandten eine Delegation von bedeutenden englischen Juden nach Damaskus und setzten alle Beteiligten unter Druck, zu sagen, dass die Geständnisse durch Folter erzwungen wurden. 4. Papst Gregor XVI. besaß einen zuverlässigen Verstand und weigerte sich, klein beizugeben. Noch tat es irgendein Papst nach ihm. Auch hatten sie die Zeugenaussage eines moldawischen Geistlichen, eines ehemaligen jüdischen Rabbiners, der all die Rituale – einschließlich des Gebrauchs von christlichem Blut in der Matze an Passah – beschrieb und erläuterte. (S. 92)

Als ein neuer Ritualmord im Jahre 1899 in Ungarn vermeldet wurde, warnte die offizielle vatikanische Zeitung „L'Osservatore Romano" „nicht alle Juden, aber bestimmte Juden im Speziellen: Gießt kein Öl ins Feuer ... Begnügt Euch mit dem Geld der Christen, aber hört damit auf, ihr Blut zu vergießen und sie auszusaugen." (S. 163)

Offensichtlich sind diese Fälle der rituellen Menschenopferung verhältnismäßig selten. Die breite Masse der Juden ist nicht satanisch und will sich ernsthaft anpassen. Nur die Satanisten unter ihnen gehen diesen Praktiken nach. Trotzdem betreffen die Leugnungen und die Hetze von „Blutanklage" alle Juden. Satanisten – jüdisch oder nicht – beteiligen sich heute noch an rituellen Menschenopferungen. Die Illuminaten tun es regelmäßig. Darüber hinaus taten sie es über Jahrhunderte der Menschheit durch Kriege an.

Während die Juden keine Satanisten sind, ist es ihre Führerschaft, die Bänker unter den Illuminaten.

Im Jahre 1913 unternahmen die den Illuminaten angehörenden Bänker große Anstrengungen, um die Vergewaltigung und den Mord an einem 14-jährigen Mädchen in Atlanta Georgia durch Leo Frank, den Präsidenten der dort ansässigen B'nai B'rith Loge, zu vertuschen. Sie bestachen sogar die Geschworenen und den Gouverneur. (Siehe die Darstellung in Michael Jones, „The Jewish Revolutionary Spirit", S. 707-729)

Für diese jüdischen Illuminaten ist es die Norm, zu lügen und zu betrügen, was sie „Magie" nennen. Sie überzeugten ihre Glaubensbrüder, dass Antisemitismus eine Erkrankung des nichtjüdischen Geistes, eine Wahnvorstellung, ist, während er in Wirklichkeit Widerstand gegen die satanische Agenda der Illuminaten ist. Gewöhnliche Juden werden geopfert, wenn es hart auf hart kommt, sofern sie sich nicht gegen ihre „Führer" zur Wehr setzen.

Die Naivität der jüdischen Intellektuellen wird an Kertzer selbst sehr gut veranschaulicht. Er stellt den vatikanischen Widerstand gegen die freimaurerische jüdische Kontrolle als einen alten Reflex dar, der aus Voreingenommenheit, Neid und Furcht vor der Moderne hervorgegangen ist. Jedoch berichtet er, dass die Rothschilds sowohl Bismarck als auch Metternich, den österreichischen Kanzler, in ihrer Hand hatten. Metternich war auf Kredite von ihnen angewiesen, um seine Regierung liquide zu halten und auch „als Mitglieder seiner eigenen Familie finanzielle Hilfe brauchten". (S. 80)

Kertzer zitiert reichlich aus katholischen Zeitungen: „Die Juden werden Satans bevorzugte Nation und sein bevorzugtes Werkzeug sein … Die jüdischen Freimaurer regieren die Welt … In Preußen sind von 642 Bänkern 550 Juden und in Deutschland, Österreich und in einigen Teilen des Orients ist das Wort Invasion nicht übertrieben, um ihre Anzahl, ihre Dreistigkeit und ihren nahezu unaufhaltsamen Einfluss auszudrücken." (S. 172-173)

Wo immer sie leben, „bilden die Juden einen Staat innerhalb eines Staates", schrieb ein italienischer Mönch im Jahre 1825. „Wenn die Christen nicht alsbald handeln, wird es den Juden letztendlich gelingen, die Christen zu ihren Sklaven zu machen. Wehe uns, wenn wir unsere Augen verschließen! Die Herrschaft der Juden wird hart, unbeugsam und tyrannisch sein …" (S. 65)

Im Jahre 1865 warnte der Herausgeber von „Civiltà Cattolica" vor weltlichen Juden, die freimaurerischen Geheimgesellschaften beitraten, „die die ganze christliche Gesellschaft durch Ruin und Ausrottung bedrohen." Solche Sekten „bringen diese Wut, diese Blutrache und diesen satanischen Hass zum Ausdruck, den der Jude gegen jene hegt, die – wie er zu Unrecht glaubt – ihm diese unumschränkte Herrschaft über das ganze Universum aberkennen, die ihm Gott nach jüdischem Glauben gab." (S. 139)

Im Jahre 1922 schrieb der Wiener Korrespondent für Civiltà Cattolica, dass, wenn die gegenwärtigen Entwicklungen anhalten, „Wien nur noch eine jüdische Stadt sein wird; der ganze Besitz und alle Häuser werden ihnen gehören, die Juden werden die Chefs und Herren und die Christen werden ihre Diener sein." (S. 273)

JÜDISCHE VERBLENDUNG ZUR LEGITIMIERUNG DER GRÜNDE FÜR DEN ANTISEMITISMUS

Wie die meisten jüdischen Intellektuellen ist Kertzer außerstande, die Perspektive der Menschen zu erkennen, die seine Herren berauben wollen. Die Juden würden diese Art der Herrschaft nicht akzeptieren, dennoch betrachtet er nichtjüdischen Widerstand als „Antisemitismus". Beschwerden der katholischen Kirche sind Vorurteile und die Freimaurerei war bloß ein Instrument, um „eine zufriedenstellende Möglichkeit des gesellschaftlichen Umgangs anzubieten". (S. 174) Sein Buch wurde zum Teil von der Rockefeller-Stiftung finanziell unterstützt.

Die Amerikaner werden letzten Endes herausfinden, dass die Rothschilds und ihre Mittelspersonen für die Wirtschaftskrise verantwortlich sind und Obama ihre Schöpfung und Marionette ist. Sie werden feststellen, dass die Illuminaten über Jahrhunderte Krieg gegen die Menschheit führten und die Medien und das Bildungssystem der Vereinigten Staaten eine Farce sind. Sie werden die übergroße Rolle erkennen, die von den Juden übernommen wurde, um diese teuflische Agenda umzusetzen. Dies geschieht, wenn die jüdischen Illuminaten gewöhnliche Juden, loyale amerikanische Bürger, möglicherweise erneut zu ihren Sündenböcken machen.

Hoffentlich werden die Menschen auch die bedeutende Rolle der nichtjüdischen Satanisten erkennen. Beispielsweise wurde der Orden „Skull & Bones" der Illuminaten im Jahre 1832 in Yale gegründet, aber nahm bis in die 1950er Jahre keine Juden auf. Ihre Mitglieder zersetzten von Anfang an das amerikanische Leben.

Nun ist es an der Zeit, dass sich die Menschen entscheiden, ob sie auf der Seite der Illuminaten und ihrem sklavischen „Frieden" oder auf der Seite ihrer Mitbürger und der Freiheit stehen. Wie Leonard Cohen in seinem Lied „The Future" schrieb – „Ich habe die Zukunft gesehen, Baby, und sie besteht aus Mord."

KOMMUNISMUS – DER ZWILLINGSBRUDER DES ZIONISMUS

Unlängst schrieb ich, dass KGB-Generälen wichtige Positionen im Ministerium für innere Sicherheit zugewiesen wurden, das von dem Zionisten Michael Chertoff, der Lenin ähnlich sieht, geleitet wird.

Ich beschrieb diese Entwicklung als die „heimliche kommunistische Übernahme der USA. Wie könnte man es besser machen, als dass jeder an Muslime denkt und unsere gewählten Amtsträger zu korrupt und kompromittiert sind, um uns zu schützen?"

Wir erkennen nicht, was sich abgespielt hat, weil uns beigebracht wurde, dass der Kommunismus ein idealistisches, aber in Verruf geratenes Experiment der „Arbeiterklasse" war, das vorwiegend in Russland und China durchgeführt wurde.

Diese falsche Annahme überlistete Millionen von nichtsahnenden Sozialisten und Liberalen, darunter mich selbst. Noch 1999 – 2000 sang ich ein Loblied auf den kanadischen maoistischen Dummkopf Dr. Norman Bethune vor meiner Klasse in englischsprachiger Literatur.

Die Bänker unter den Illuminaten schufen den Kommunismus, um die Arbeiterklasse für ihr Programm einer weltumspannenden Diktatur (nun bekannt unter „Globalisierung") einzuspannen. Die Illuminaten und die Kommunisten sind freimaurerische Geheimgesellschaften, die denselben Jahrestag feiern, nämlich den 1. Mai 1776, und die gleichen satanischen Symbole gemein haben. Zufälligerweise bedeutet „Chertoff" in der russischen Sprache „Teufel".

Das Programm machte im Jahre 1913 einen riesigen Schritt voran, als diese luziferianischen, in London ansässigen Bänker die Kontrolle über Amerikas Finanzen durch die Verabschiedung des Federal Reserve Act erlangten. Dieser lieferte ihnen die Mittel und den Ansporn, ihren heimlichen Krieg gegen die Menschheit zu intensivieren. Die beiden Weltkriege waren die unmittelbare Folge.

Der Kommunismus ist eine satanische Bewegung, die der menschlichen Erniedrigung und Versklavung und nicht dem öffentlichen Eigentum und der sozialen Gerechtigkeit gewidmet ist. Natürlich würde ihn keiner unterstützen, wenn die Wahrheit bekannt wäre.

EIN EX-KOMMUNIST REDET

Viele hochrangige ehemalige Kommunisten riskierten ihr Leben, um ihre amerikanischen Mitbürger aufzuwecken. Eine von ihnen ist Bella Dodd, deren erschütterndes Buch „School of Darkness" ich in meinem Buch „Cruel Hoax" besprach.

Sie schildert, wie sich die Kommunisten in Liberale, Feministen und Sozialisten und unzählige Frontgruppen (die an Wörtern wie „Menschenrechte", „Gleichheit", „international" und „Frieden" zu erkennen sind) verwandeln, um die Gesellschaft zu teilen und zersetzen.

In dem Buch „Return to My Father's House" (1972) liefert Maurice Malkin, ein Jude, mehr Enthüllungen. Er war in den 1920er und 1930er Jahren eine führende Persönlichkeit der amerikanischen kommunistischen Partei (CPUSA) und Teil der sowjetischen Geheimpolizei (GPU). Als er aus der CPUSA austrat, sagte er vor dem Kongress aus und wurde daraufhin niedergestochen.

Malkin war in den bolschewistischen Untergrund in Russland verwickelt gewesen. Sein älterer Bruder Joseph, ein eifriger Marxist, der später von Stalin getötet wurde, lehrte ihn, dass die Arbeiter durch den Sturz des Zaren „alle Ungerechtigkeiten beseitigen und einen Himmel auf Erden schaffen" könnten. Alle Probleme waren dem „Klassenkampf" geschuldet. Das Dogma für die Dummköpfe lautete folgendermaßen:

„Das kapitalistische Bürgertum besaß alles, doch die Arbeiterklasse verrichtete die ganze Arbeit. Die Mission der Arbeiterklasse bestand darin, mittels Gewalt an sich zu nehmen, was zu Recht ihnen gehörte ... [Nur der Marxismus] könne die Menschheit von der Grausamkeit, der Diskriminierung [d. h. Antisemitismus] und der Ungerechtigkeit, von Hunger, Armut und der Schinderei, die das Leben der gewöhnlichen arbeitenden Bevölkerung überall ausfüllte, befreien." (S. 27-29)

Malkin immigrierte mit dieser Ersatzreligion eines Arbeiterhimmels auf Erden, die in seinen Ohren nachklang, nach New York. Lew Bronstein (Leo Trotzki), ein enger Freund der Familie lehrte ihn, dass „Kugeln und nicht Wahlzettel die Arbeiter befreien würden". (S. 50)

Sein Bruder Joseph war einer der 150 – 175 zumeist jüdischen Radikalen, die im Jahre 1917 mit Trotzki an Bord der S.S. Christiansfjord, die von dem Bänker Jakob Schiff finanziert wurde, nach Russland abreisten.

Das Schiff wurde in Halifax aufgehalten und die Insassen gefangen genommen. Ungeachtet (oder gerade wegen) Trotzkis öffentlicher Erklärung, dass sie „nach Russland heimkehren, um das Grab des Kapitalismus zu schaufeln", griff Woodrow Wilson in ihrem Auftrag ein. Edward House, ein Mittelsmann von Rothschild, kontrollierte Wilson.

Der Kommunismus und die Neue Weltordnung sind im Grunde genommen ein zu Ende gedachter monopolistischer Kapitalismus. Die Regierung ist das höchste Monopol. Die den Illuminaten angehörenden Bänker verachten den Kapitalismus, weil er mit Wettbewerb und den Marktkräften einhergeht. Er bietet anderen Menschen die Chance, erfolgreich und unabhängig zu sein. Monopolistischer Kapitalismus oder Staatskapitalismus ermöglicht den Bänkern, alles und jeden zu besitzen. Selbstverständlich wird dies als „Kollektiveigentum" getarnt, aber sie kontrollieren die Regierung, ihr Vermögen und ihren Sicherheitsapparat.

Ein Zitat aus einer Ausgabe des „American Banker's Association Digest" von 1924 fasst zusammen, was sich derzeitig unter dem Deckmantel des „Kriegs gegen den Terror" zuträgt. Behalten Sie dies im Hinterkopf, wenn Sie wählen gehen!

„Wenn das einfache Volk durch ein Rechtsverfahren seine Häuser verliert, wird es fügsamer und kann durch den starken Arm der Regierung, der durch eine zentrale Macht des Vermögens unter führenden Finanziers durchgesetzt wird, leichter regiert werden. Diese Wahrheiten sind unter unseren hochrangigsten Männern wohlbekannt, die nun im Begriff sind, den Imperialismus aufzubauen, um die Welt zu regieren. Indem wir die Wähler durch das politische Parteiensystem aufgliedern, können wir sie dazu bringen, ihre Energien dafür aufzuwenden, für bedeutungslose Problemstellungen zu kämpfen."

UMSTURZ DURCH DIE „ELITE"

So duldeten die Vereinigten Staaten während des Großteils des letzten Jahrhunderts eine Partei, die sich offen zum Ziel setzte, die Regierung der Vereinigten Staaten gewaltsam zu stürzen und ihr Volk zu versklaven.

Diese Partei, die CPUSA, wurde von einer feindlichen fremdstaatlichen Regierung finanziert und gelenkt. Sie betrieb Industrie- und Militärspionage, bildete Guerillaeinheiten auf amerikanischem Boden aus, übernahm gewaltsam Gewerkschaften, plünderte ihre Kassen und kontrollierte ganze Wirtschaftszweige. Sie verleumdete, drangsalierte und tötete Gegner; bestach die Polizei und Richter und infiltrierte das Militär.

Jedoch verteidigten unsere höchsten gewählten Amtsträger sie die ganze Zeit über als ein harmloses idealistisches Unternehmen. „Einige meiner besten Freunde sind Kommunisten", sagte bekanntermaßen Franklin D. Roosevelt.

Malkin berichtet, dass Adlai Stevenson (als Assistent des Marineministers Knox) die Bestrebungen sabotierte, kommunistische Aktivitäten einzuschränken. Im Jahre 1956 löste Eisenhower „alle Bereiche in der Einwanderungsbehörde, die der Staatszersetzung Einhalt gebieten, auf und unterband die Abschiebung und die Verfolgung bekannter ausländischer Kommunisten. [Er] machte den Verfolgungen von Kommunisten unter dem Smith Act ein Ende, indem er der Partei eine Möglichkeit gab, sich neu zu formieren und neue Massenfronten zu organisieren." (S. 191)

Die liberalen Medien drängten Menschen, die vor der kommunistischen Bedrohung warnten, an den Rand und verhöhnten sie als „rechte Fanatiker". Bis zum heutigen Tag akzeptieren die Menschen nicht, dass die Rosenbergs tatsächlich russische Spione waren. Das Komitee für unamerikanische Umtriebe wurde als Verursacher einer „Hexenjagd" hingestellt.

Der Kommunismus ist nichts anderes als ein mit Zucker überzogener Schlägertrupp für die Bänker unter den Illuminaten. Malkin berichtet, dass die CPUSA sogar ein offizielles Bündnis mit der Mafia, einer weiteren freimaurerischen Sekte, hatte.

Moskau belieferte die Mafia mit Heroin, um es in der USA zu vertreiben. Die Mafia „lieh" der kommunistischen Partei Geld, verlieh ihnen Stärke, um die Führung der Arbeiterbewegung zu übernehmen, und entledigte sich ihrer Feinde oder Mitglieder, die aufwachten. (Eine kommunistische Führerin, Juliet Stuart Poyntz, wurde entführt, auf dem Meer getötet und über Bord geworfen.) Die Mafia verbreitete auch gefälschte US-Dollar, die in Moskau gedruckt wurden.

Amerikanische Kommunisten, die Stalins Beispiel folgten, raubten Banken aus und nannten es „Enteignung". In seinem Buch „Der ‚Linke Radikalismus'" (Vol. 30) riet Lenin: „Kommunisten sollten bereit sein, zu betrügen, zu lügen, einen Meineid zu leisten und alles mögliche zu tun, um ihre Ziele zu erreichen." Demnach war es ein Leichtes, wenn Hinweise auf ihre Betrügerei aufkamen, sie als „Fälschung" hinzustellen und den Informanten zu verunglimpfen.

Die kommunistische Partei unterwanderte die Bürgerrechtsbewegung der Afroamerikaner und brachte Ralph Abernathy und Martin Luther King dazu, mit ihren in Moskau ausgebildeten schwarzen Söldnern zu arbeiten. Unter ihren „schwarzen" Frontmännern befanden sich W.E.B. Du Bois und Ralph Bunche, aber sie hatten fast keine schwarzen Anhänger. Die Afroamerikaner waren zu patriotisch.

„Die Roten gelangten zu der Erkenntnis, dass die einzige Möglichkeit, unser Land zu schwächen, darin besteht, es durch Anarchie und Chaos zu spalten", schreibt Malkin.

Mit Frauen hatten sie mehr Glück. Die kommunistische Haltung gegenüber Frauen ist aufschlussreich, da die zweite Welle des Feminismus von ihrem Ursprung her kommunistisch ist. Der Feminismus ist ein wiederaufbereiteter „Klassenkampf", der an die Geschlechterrollen angepasst wurde.

Junge weibliche Mitglieder wurden im Hafengebiet eingesetzt, um Matrosen und Hafenarbeiter anzuwerben und ihnen Aufgaben für die Partei zu übertragen. „Es würden sich in den kommunistischen Sommerferienlagern immer Mädchen finden, die den Anordnungen der Partei Folge leisten sowie nebenbei ein wenig Vergnügen anbieten. Die Partei glaubt, dass die einzigen Gesetze und moralischen Werte kommunistische Werte sind. ...

Kommunisten glauben nicht an Einrichtungen wie Familie oder familiäre Werte, sodass alles erlaubt ist." (S. 239)

Die Kommunisten hatten eine Abteilung, die sich „der Zerstörung der Moral des amerikanischen Volkes, indem ihr Glaube an ihr moralisches und soziales Geflecht zersetzt wird", widmet. (S. 71) Man kann sich darauf verlassen, dass etwas Derartiges hinter der Propagierung der Homosexualität und der gleichgeschlechtlichen Ehe steckt.

SCHLUSSFOLGERUNG

Als Hitler und Stalin im Jahre 1939 einen Pakt schlossen, stellte Malkin fest, dass zwischen den beiden nur ein geringer Unterschied bestand und verließ die Partei. Er widmete den Rest seines Lebens der Verteidigung von amerikanischen Einrichtungen, indem er von 1948 – 1956 für das Justizministerium der Vereinigten Staaten arbeitete. Er erkannte erst spät, dass die Verurteilungen des Kommunismus seines religiösen Vaters zutreffend waren. Daraus ergibt sich der Titel „Return to My Father's House".

Obwohl dieses Buch im Jahre 1972 veröffentlicht wurde, ist die kommunistische Verschwörung aktiver denn je. Wissentliche und unwissentliche Handlanger sind hauptsächlich in homosexuellen, feministischen, sozialistischen, zionistischen, neokonservativen und liberalen Kreisen zahlreich anzutreffen. „Menschenrechtskommissionen", „Gerechtigkeit am Arbeitsplatz" und Gleichstellungsbeauftrage sind moderne Politkommissare. „Verhetzung" ist gezielt angewandte Zensur.

Einst begann eine homosexuelle Frau, die für den Vorsitz der englischen Sprachabteilung an der lokalen Einrichtung für sozialen Wandel kandidierte, ihre Rede mit der Aussage, dass sie an „Frieden" glaubt. Was hat dies mit englischer Literatur zu tun? „Friede" ist der Code für das Ende des Widerstandes gegen die NWO, d. h. gegen die kommunistische globale Tyrannei. Sie wurde zur Abteilungsleiterin gewählt.

Die Neue Weltordnung ist voller leerer Phrasen über „Friede", „Toleranz" und „Menschenrechte". Aber in Anbetracht des mörderischen kommunistischen (und faschistischen) Verlaufs der NWO sind diese hohlen

Phrasen nicht überzeugender, als wenn sie von Ted Bundy oder Jeffrey Dahmer geäußert worden wären.

Die westlichen Eliten (einschließlich der Bildungsschicht) leiden an einer eigentümlichen Todessehnsucht. Wir würden schon Sklaven sein, sind es aber aus dem Umstand nicht, dass gewöhnliche Amerikaner Schusswaffen besitzen. Dies, das Internet und die dem Bösen innewohnende Selbstzerstörungskraft geben Grund für meine Hoffnung.

ZIONISMUS – EINE VERSCHWÖRUNG GEGEN DIE JUDEN

Im Jahre 1935 machte der Dampfer „Tel Aviv" mit hebräischen Buchstaben an seinem Bug und einer Nazi-Flagge, die an seinem Mast wehte, seine Jungfernfahrt vom nationalsozialistischen Deutschland nach Haifa. Der Kapitän des im zionistischen Besitz befindlichen Schiffes war ein Mitglied der NSDAP. Ein Passagier beschrieb das Spektakel als einen „unfassbaren Unsinn".

Eigentlich ergab es durchaus einen Sinn.

Das Schiff transportierte deutsche Juden, die das „Haʻavara"-Abkommen ausnutzten, das ihnen ermöglichte, ihr Geld in Palästina zu demselben Wert in deutsche Waren einzutauschen. Dies hatte zur Folge, dass die neu gegründete jüdische Kolonie ungefähr 70.000 hochgebildete deutsche Juden und 140 Millionen Reichsmark in Form von deutscher industrieller Ausstattung erhielt. Dies legte den Grundstein für die Infrastruktur Israels.

Dieses Abkommen kurbelte auch die nationalsozialistische Wirtschaft zu einer Zeit an, als die Juden weltweit deutsche Produkte boykottierten. (Meine Hauptquelle ist hierbei „Der Kommunismus im Komplott mit dem Nationalsozialismus" von Klaus Polkehn, einem bedeutenden deutschen Journalisten. Hier online auf Deutsch unter https://archive.org/details/DerZionismusImKomplottMitDemNationalsozialismus zu finden.)

Warum sollte man diese Geschichte der Kooperation zwischen Zionisten und Nazis nochmals aufrollen?

Weil sich „jüdische" Führer weiterhin ihre ahnungslosen „geringeren Brüder" zunutze machen. Gewöhnliche Juden zahlen den Preis für ihr wahnsinniges Komplott gegen die Menschheit und dieser Preis könnte sich erhöhen.

Meines Erachtens ist der Zionismus eine Bewegung, um Juden durch Täuschung dazu zu veranlassen, die Ziele des „britischen" Imperialismus voranzutreiben. Zionisten, die ihr Leben auf einer falschen Annahme begründeten, werden diese Auffassung natürlicherweise ablehnen.

Im Besonderen halfen die Juden der britisch-jüdischen Elite, den ölrei-
chen Nahen Osten unter dem Vorwand zu kolonialisieren, dass Juden eine
nationale Heimstatt benötigten. Obwohl die Briten (und die Amerikaner) sich
den Anschein gaben, neutral zu sein, finanzierten sie die Juden und bildeten
und rüsteten sie aus. (John Coleman, „Diplomacy by Deception", S. 107)

Die „Briten" sind in Wirklichkeit das in London ansässige internationale
Bankenkartell, das mit Namen wie Rothschild und Rockefeller in Verbindung steht. Es verantwortet sich vor keiner Regierung. Es hat sich zum Ziel
gesetzt, die Welt und jeden darin zu kolonialisieren. Juden sind ein Mittel,
um dieses Ziel zu erreichen.

Wie man im Irak sehen kann, spielen die Zionisten (alias Neokonservative) eine bedeutende Rolle bei der Kolonisation des Nahen Ostens. Es ist
wichtig, im Gedächtnis zu behalten, dass Israel die Schöpfung dieses Kartells ist; sowohl Israel als auch die Vereinigten Staaten sind seine Werkzeuge.

Der Irak ist nur eine Stufe der emporkommenden Neuen Weltordnung, die
eine Weiterführung der Ziele des „britischen" Imperialismus darstellt. Jeder
neue Präsident wird im Irak dort anknüpfen, wo George Bush aufhörte. Die
Demokratie ist eine Farce.

MASSGESCHNEIDERTE NAZIS FÜR DIE ZIONISTEN

Im Jahre 1925 standen Deutschlands 500.000 Juden dem Zionismus überwiegend gleichgültig oder bewusst ablehnend gegenüber. Die deutsche zionistische Bewegung hatte nur 9000 Anhänger.

Der „Central-Verein deutscher Staatsbürger jüdischen Glaubens" repräsentierte die meisten deutschen Juden und befürwortete die aktive Teilnahme
am deutschen Leben. Sein Hauptanliegen war, den Antisemitismus zu bekämpfen.

Die Zionisten hingegen begrüßten die antisemitische Politik der Nazis.
Wie die Nazis glaubten sie an eine Herrenrasse, nur an eine andere. Wie die
Nazis glaubten sie, dass Juden in Deutschland keine Zukunft hatten.

Die Zionisten erhoben gegen die Verfolgung durch die Nazis wie etwa
die Entlassung von 2000 jüdischen Gelehrten und Wissenschaftlern aus

deutschen Universitäten im Jahre 1933 keine Einwände. Die Nazis entlohnten diese „Zurückhaltung", indem sie den Zionisten gestatteten, ungehindert ihrer Tätigkeit nachzugehen. Alle anderen jüdischen und antifaschistischen Organisationen wurden aufgelöst und ihre Leiter wurden eingesperrt.

Die Nazis schrieben allen Juden vor, der „Reichsvereinigung", die unter zionistischer Führung stand und deren Ziel die Emigration war, beizutreten. Juden sollten um jeden Preis zum Zionismus bekehrt werden. Die Zionisten waren die einzige Gruppierung, der es genehmigt wurde, Bücher und Zeitungen zu veröffentlichen, die den Nazis kritisch gegenüberstanden, solange sich die Leserschaft auf Juden beschränkte.

Die Zusammenarbeit wurde auf politische und wirtschaftliche Bereiche ausgeweitet. Adolf Eichmann richtete landwirtschaftliche Ausbildungslager in Österreich ein, um junge Juden für das Leben im Kibbuz vorzubereiten. Er besichtigte Palästina und beriet sich mit zionistischen Führern, die sich zu ihren wahren expansionistischen Zielen bekannten. Es war sogar von einem strategischen Bündnis zwischen dem nationalsozialistischen Deutschland und dem jüdischen Palästina die Rede. Sein Bericht befindet sich in Himmlers Archiven.

[Um mehr über die zionistisch-nationalsozialistische Kooperation zu erfahren, siehe im Internet Lenni Brenner, „Zionism in the Age of the Dictators", wie auch Lenni Brenner, „51 Documents: Zionist Collaboration With the Nazis" (2002).]

Die Kooperation könnte den jüdischen Holocaust einbezogen haben und erklären, warum die meisten Juden ihr Schicksal widerstandslos hinnahmen. In seinem Buch „The Holocaust Victims Accuse" behauptet der Rabbiner Moshe Shonfeld, dass von Zionisten geleitete Judenräte mit den Nazis zusammenarbeiteten und nichtzionistische Juden betrogen.

Europas nicht zionistische Juden waren für die Zionisten und ihre Geldgeber tot mehr wert als lebendig. Der Holocaust lieferte eine politisch und moralisch logische Grundüberlegung für die Errichtung des jüdischen Staates.

WER WAR HITLER?

Im Jahre 1919 war Hitler ein Geheimdienstoffizier im deutschen Heer, der den Auftrag hatte, die kleine deutsche Arbeiterpartei auszuspionieren. Er wurde ihr Führer. Max Warburg – der Bruder von Paul Warburg, dem Mitbegründer der amerikanischen Zentralbank (US Federal Reserve) – war der Chef des deutschen Geheimdienstes. Beide waren Direktoren des Multikonzerns I.G. Farben. Es gibt keine Aufzeichnungen darüber, wann Hitler aufhörte, für diese Personen der Illuminaten zu arbeiten.

Hitler wurde von der Oligarchie der Bänker finanziell unterstützt und war wahrscheinlich ihre Schachfigur. Sicherlich erhielten die Nazis Millionen von Dollar aus New York und London.

Das Buch „Financial Origins of National Socialism" (1933) von „Sydney Warburg" verschafft einen flüchtigen Eindruck davon, wie die Bande der Illuminaten Hitler unterstützte. Dieses 70-seitige Büchlein wurde über viele Jahre hindurch unterdrückt, aber es wurde im Jahre 1983 unter dem Titel „Hitler's Secret Backers" nochmals veröffentlicht.

„Warburg" beschreibt eine Zusammenkunft im Juli 1929 mit „Carter", dem Präsidenten von der J.P Morgan's Guaranty Trust Company, den Präsidenten der Zentralbanken, „dem jungen Rockefeller" und „Glean von Royal Dutch Shell". Sie stehen alle unter dem Einfluss der Rothschilds.

Es wurde entschieden, dass Warburg, der deutsch sprach, nach Deutschland reisen und Hitler fragen sollte, wieviel Geld er benötigte, um den Staat zu stürzen. Die einzige Bedingung war, dass Hitler „eine aggressive Außenpolitik" einschlägt.

„Warburg" berichtet ausführlich über fünf Treffen mit Hitler zwischen den Jahren 1929 und 1933. Das Erste fand in einem Bierkeller statt und Hitler errechnete seine Unkosten auf der Rückseite eines Bierdeckels. Es wurden etwa 25 Millionen US$ transferiert. Dies war zum Tiefpunkt der Wirtschaftskrise äußerst wichtig, da die Nazis ihren Unterstützern Arbeitsstellen verschafften.

Hitler wurde der Beweggrund für seine Unterstützung nicht dargelegt und er fragte nicht. Zweimal dachte er laut darüber nach, ob „Warburg" selbst jüdisch wäre, aber er verwarf die Idee, bevor „Warburg" antworten konnte.

Es gibt keinen „Sydney Warburg", aber die im Buch befindlichen Hinweise deuten darauf hin, dass der Autor James P. Warburg, der Sohn des Mitbegründers der amerikanischen Zentralbank Paul Warburg, war. General Ludendorff sagte in den Nürnberger Prozessen aus, dass James P. Warburg der Verbindungsmann war, über den letztendlich 34 Millionen US$ von der Wall Street zu den Nazis transferiert wurden.

Unter dem Strich bedeutet das, dass sowohl der Nazismus als auch der Zionismus von demselben Bankenkartell finanziell unterstützt wurden und einander ergänzende Ziele hatten. Das Aufkeimen des Antisemitismus in Europa diente dazu, den Staat Israel zu begründen, den Präsident Assad von Syrien als einen „Dolch im Herzen der arabischen Nationen" umschrieb.

Denken Sie darüber nach! Hitler hätte einfach das ganze jüdische Vermögen einziehen können. Stattdessen setzte er das „Haavara-Abkommen" in Kraft, um dem Staat Israel zur Gründung zu verhelfen. Nach Aussage von Polkehn garantierte Hitler persönlich trotz heftigen Widerstands dieses Abkommen. Es bestand bis zum Beginn des Kriegs.

Dieses Kartell, das heute die Welt kontrolliert, hat kein schlechtes Gewissen, Juden (oder jeden Beliebigen) als Mittel zum Zweck einzusetzen.

SCHLUSSFOLGERUNG: JUDEN ALS SCHACHFIGUREN

Denken Sie an die Worte einer Abtrünnigen der Illuminaten, Svali!

„Der Konflikt im Nahen Osten dient nur zum Vorteil der Illuminaten. Sie HASSEN Israel und hoffen, es eines Tages in Trümmern liegen zu sehen, und warten den richtigen Augenblick ab. Eines der Friedensangebote der Vereinten Nationen ist, dass sie im Nahen Osten Krieg verhindern werden, wenn sie die Führungsrolle einnehmen, und dies wird von vielen mit Freuden begrüßt werden."

„Gleichzeitig beliefern die Illuminaten im Verborgenen BEIDE Seiten mit Waffen und Geldmitteln, um den Konflikt weiter anzufachen. Sie sind sehr heuchlerische Menschen ... Diese Menschen lieben das Schachspiel und betrachten Kriegsführung zwischen Nationen als eine Schaffung der Ordnung aus Chaos."

In einer persönlichen E-Mail ergänzte sie:

„Ich habe mich das jedoch immer gefragt, warum einige der ranghöchsten Finanzfamilien in der Gruppe (Baron Rothschild von Frankreich ist einer der 13 europäischen Lords oder ‚Könige', die die Gruppe in Europa leiten, und hat einen Sitz im Weltrat) jüdisch sind, obwohl die Gruppe den Hass auf ihre eigene Rasse unterstützt."

DIE ZIONISTEN SCHLOSSEN EINEN PAKT MIT DEM TEUFEL

Laut den Nürnberger Gesetzen von 1935 waren im nationalsozialistischen Deutschland nur zwei Flaggen erlaubt. Eine war die Swastika. Die andere war die blau-weiße Flagge des Zionismus.

Nach Lenni Brenners E-Book „Zionism in the Age of the Dictators" (Kapitel 7) war die zionistische Partei die einzige andere politische Partei im nationalsozialistischen Deutschland, die ein gewisses Maß an Freiheit genoss. Zionisten und Nazis hatten ein gemeinsames Interesse, die Juden dazu zu veranlassen, nach Palästina zu gehen.

Geschichte entspricht nicht immer dem, was man erwarten würde. In Brenners Buch sind noch mehr erschütternde Beispiele zu finden. (Kapitel 24, 25) Im November 1942 trat der Rabbiner Michael Dov-Ber Weissmandl, ein jüdischer Aktivist in der Slowakei, an Adolf Eichmanns Vertreter Dieter Wisliceny heran: „Wieviel Geld bräuchte man, um alle europäischen Juden zu retten?"

Wisliceny ging nach Berlin und kehrte mit einer Antwort zurück. Für nur 2 Millionen US$ konnten sie all die Juden in Westeuropa und auf dem Balkan haben. Weissmandl sandte einen Kurier zur Zionistischen Weltorganisation in der Schweiz. Sein Gesuch wurde abgelehnt. Der Delegierte Nathan Schwalb schickte genug Geld, um gerade einmal Weissmandl und seinen Kader zu retten. Er schrieb:

„Was das Geschrei betrifft, das aus Deinem Land kommt, sollten wir verstehen, dass all die alliierten Nationen viel von ihrem Blut vergießen, und wenn wir kein Blut opfern, durch welches Recht werden wir würdig sein, vor den Verhandlungstisch zu treten, wenn sie die Nationen und Länder zu Kriegsende aufteilen? ... Denn nur mit Blut werden wir das Land bekommen." (S. 237)

Brenner schreibt, dass der Zionismus sich komplett gewandelt hatte. „Anstatt dass der Zionismus die Hoffnung der Juden war, sollte ihr Blut die politische Erlösung des Zionismus sein." (S. 238)

In Kapitel 25 berichtet Brenner, wie der führende Zionist Rudolf Rezsö Kastner mit Adolf Eichmann vereinbarte, ein paar tausend ausgesuchte Zionisten und wohlhabende Juden zu retten und im Gegenzug dazu, mehr als 750.000 ungarische Juden in den Tod zu führen. Im Jahre 1954, als Kastner der Zusammenarbeit angeklagt wurde, war die israelische Regierung zur Stelle, um ihn zu verteidigen.

Brenner belegt, wie die zionistische und jüdische Weltführung zu Ausflüchten griff und alle Bestrebungen behinderte, die Juden Europas zu retten.

Ich bin jüdisch und meine Familie litt unter der Verfolgung durch die Nazis. Als ich zum ersten Mal davon erfuhr, wies ich es unmittelbar von mir. Es übersteigt das Vorstellungsvermögen. Jedoch, als ich mehr über den alten Plan der Weltherrschaft der Illuminaten mit seinem satanischen Beiklang und der freimaurerischen Absicht, den Tempel Salomons wieder aufzubauen, in Erfahrung brachte, wurde ich aufnahmebereiter.

Ich kam zu dem Schluss, dass die Juden zionistischen Führern skeptisch gegenüberstehen müssen, die sich des jüdischen Holocausts bedienten, um unverdiente moralische Autorität zu erringen und so Juden (und andere) zu hysterischer, gedankenloser Konformität zu zwingen.

Es ist möglich, dass Israel zu einem Zweck errichtet wurde, der nichts mit dem jüdischen Volk zu tun hat, und Israelis und Juden im Allgemeinen betrogen werden.

ANMERKUNGEN:

Adolf Eichmann berichtete von seinen Verhandlungen mit dem Zionisten Dr. Rudolf Kastner, die letztendlich zum Tod unzähliger assimilierter ungarischer Juden und zum Überleben der stärkeren zionistischen Juden, Kastners Freunden, für Israel führten. Eichmann führte aus: „Tatsächlich gab es eine sehr starke Ähnlichkeit zwischen unserer Haltung in der SS und der Sichtweise dieser extrem idealistischen zionistischen Führer, die vielleicht ihren letzten Kampf bestritten. Wie ich Kastner sagte: ‚Auch wir sind Idealisten und auch wir mussten unser eigenes Blut opfern, bevor wir an die Macht kamen.' Ich glaube, dass Kastner Tausende oder Hunderttausende seines Blutes geopfert hätte, um sein politisches Ziel zu erreichen. Er war nicht an alten Juden oder an jenen interessiert, die sich in der ungarischen Gesellschaft integriert hatten. Aber er versuchte unglaublich beharrlich, biologisch wertvolles jüdisches Blut zu retten – also menschliches Material, das zur Reproduktion und harter Arbeit geeignet war. ‚Sie können die anderen haben', sagte er, ‚aber überlassen Sie mir diese Gruppe'. Und weil Kastner uns einen großen Dienst erwies, indem er half, die Deportationslager friedlich zu halten [indem er den Insassen ihr Schicksal nicht verriet], ließ ich seine Gruppen entkommen. Schließlich befasste ich mich nicht mit kleinen Gruppen von etwa tausend Juden." – A. Eichmann, „Eichmann Tells His Own Damning Story", Life Magazine, Volume 49, Number 22 (28. November 1960), S. 19-25, 101-112; und „Eichmann's Own Story: Part II", Life Magazine (5. Dezember 1960), S. 146-161, auf S. 146.

DIE ZIONISTISCHEN URSPRÜNGE DES „KRIEGS GEGEN DEN TERROR"

Bis vor kurzem nahm ich Israel sein Selbstbild als bedrängte, friedfertige Nation in einem Meer von blutrünstigen Arabern ab. Die Vorstellung, dass dieser winzige Staat imperialistische Absichten hatte, schien abstrus.

Aber was wäre, wenn die Weltmachtelite sich Israels ohne das Wissen der meisten Menschen – einschließlich der Israelis – bedienen würde, um ihren Plan für die Neue Weltordnung voranzutreiben?

Was wäre, wenn Israels Funktion darin bestehen würde, den Nahen Osten zu kolonialisieren und der Sitz der neuen Weltregierung und der Weltreligion zu werden?

„Israel's Sacred Terrorism" (1980), eine 63-seitige, im Internet verfügbare Monografie von Livia Rokach, deutet darauf hin, dass dieses abwegige Gedankenspiel nicht so widersinnig ist.

Rokachs Monografie beruht auf Enthüllungen aus dem persönlichen Tagebuch von Mosche Scharet, der Israels erster Außenminister von 1948 – 1956 und Premierminister von 1954 – 1956 war.

Nach diesem Tagebuch, das die Israelis zu unterdrücken versuchten, war Israels verletzliche Selbstdarstellung eine List. Israel hatte immer beabsichtigt, die vorherrschende Macht in der Region zu werden und „erfand Bedrohungen", um seine Bürger hinters Licht zu führen und Kriege heraufzubeschwören.

In seinem Tagebuch führt Scharet ein Gespräch mit dem Generalstabschef Mosche Dajan im Mai 1955 an:

„Es besteht keinerlei Gefahr eines arabischen Machtvorteils in den nächsten 8 – 10 Jahren ... Vergeltungsaktionen, die wir nicht durchführen könnten, wenn wir an ein Sicherheitsabkommen gebunden wären, sind unser Lebenselixier ... Sie ermöglichen uns, ein hohes Maß an Anspannung in unserer Bevölkerung und in der Armee aufrechtzuerhalten. Ohne diese Aktionen hätten wir aufgehört, ein kämpferisches Volk zu sein …"

Scharet folgert: „Der Staat … muss das Schwert als das wichtigste, wenn nicht sogar als das einzige Instrument ansehen, mit dem der Kampfgeist aufrechterhalten und das moralische Unbehagen niedriggehalten werden kann. Zu diesem Zweck könnte er – nein, er MUSS – Bedrohungen erfinden und um dies zu bewerkstelligen, muss er die Strategie der Provokation und der Vergeltung adaptieren … Und vor allen Dingen lasst uns auf einen neuen Krieg mit den arabischen Ländern hoffen, sodass wir uns letztendlich unserer Schwierigkeiten entledigen und Terrain für uns gewinnen könnten." (S. 41)

„VERDECKTE AGGRESSION"

Diese Strategie der „Vergeltungsmaßnahmen" oder der „Provokation und Vergeltung" wurde auch als „verdeckte Aggression" bezeichnet. Der „Krieg gegen den Terror" der Vereinigten Staaten ist deren Fortführung. Im Grunde genommen beinhaltet er die Verschleierung einer Politik der Aggression als Vergeltungsschlag für fingierte oder unter falscher Flagge durchgeführte Provokationen.

Beispielsweise würden israelische Patrouillen die Grenze überschreiten, um die Feindseligkeiten mit den Jordaniern oder Ägyptern zu eröffnen, und anschließend behaupten, dass die Kampfhandlungen in Israel stattfanden. Sobald sie angegriffen wurden, verfolgte die Armee die „Aggressoren" in feindliches Territorium und richtete verheerenden Schaden an. Ariel Scharon war der Führer eines Kommandos („Einheit 101"), das sich auf diese blutrünstigen Vorstöße spezialisierte. Sein Angriff auf das jordanische Dorf Qibya 1953 tötete Dutzende von Zivilisten. (S. 30)

Im März 1954 wurde ein israelischer Bus, der zwischen Eilat und Be'er Scheva fuhr, attackiert und zehn Insassen wurden getötet. Der Beauftragte der Waffenstillstandskommission der Vereinten Nationen, Oberst Henderson, sagte: „Aus den Aussagen der Überlebenden geht nicht der Beweis hervor, dass alle Mörder Araber waren." Er schrieb den Anschlag „Terroristen, die beabsichtigt hatten, die Spannungen in dem Gebiet zu verstärken", zu. (S. 28)

Daraufhin verließen die Israelis aus Protest die Waffenstillstandskommission.

In den Monaten Juni bis Juli 1954 sprengte eine israelische terroristische Einheit in dem Versuch, die Beziehungen zwischen den Arabern und dem Westen zu vergiften, viele britische und amerikanische Institutionen in Kairo. Diese Absicht hinter der sogenannten Lawon-Affäre könnte auch hinter dem Anschlag auf das World Trade Center im Jahre 2001 gesteckt haben.

Wenn es den Terrorismus nicht geben würde, müsste ihn Israel hinsichtlich der „verdeckten Aggression" erschaffen. Möglicherweise regte Israels Sicherheitsapparat mehrere vor kurzem stattgefundene Anschläge auf Israelis an. In einigen Fällen werden die Terroristen als „Weiße" beschrieben. Erinnern Sie sich an den Scharfschützen, der zehn israelische Reservisten am 3. Februar 2004 an einem Grenzübergang tötete? Wenn er Palästinenser gewesen wäre, hätte er nicht nochmals zugeschlagen?

Israelische Berichterstatter beklagen, dass Israel keine Demokratie ist. Sie behaupten, dass sein Sicherheitsapparat sich des Landes bemächtigte. Ein Gelehrter merkte an: „Israel ist kein Staat mit einer Armee, sondern eine Armee mit einem angegliederten Staat." Sie beklagen auch, dass eine Kultur der Korruption, Brutalität und Sittenlosigkeit die Armee durchdringt. (Siehe Ran Ha-Cohen, „Israeli Elections. So What?")

Ich glaube, dass die Illuminaten (d. h. freimaurerische Zentralbänker) den Sicherheitsapparat und die Regierung Israels steuern. Viele führende israelische Politiker sind Freimaurer.

DER NUTZEN DES ANTISEMITISMUS

Die Illuminaten setzten den Antisemitismus immer ein, um die Juden mit dieser List dazu zu bewegen, ihre schändlichen Ziele voranzubringen.

In den „Protokollen der Weisen von Zion" bekennt der Sprecher, dass die Illuminaten „jede Art der Herrschaft außer unserer ausmerzten". Dennoch lassen sie Angriffe auf ihren Plan der Weltherrschaft zu, um den Antisemitismus zu erschaffen. „Antisemitismus ist in der Führung unserer geringeren Brüder für uns unerlässlich." (Protokoll 9)

Von Kindheit an wird Juden beigebracht, dass sie aus keinem vernünftigen Grund unbeliebt sind und Israel die Versicherung gegen einen weiteren Holocaust ist. Diese Einstellung dehumanisiert ihre Gegner und enthebt die Notwendigkeit aufrichtiger Selbstkritik. Oft lautet die Frage, die von Juden gestellt wird, nicht, ob etwas wahr oder unwahr oder ob es richtig oder falsch ist, sondern, ob es für die Juden nützlich ist.

Menschen zu traumatisieren und sie davon zu überzeugen, dass irrationale Feinde ihr Überleben bedrohen, ist eine wirksame Art der Bewusstseinskontrolle. Solche Menschen werden die Moral und Vernunft in den Wind schlagen und werden selbst, falls es erforderlich ist, grausame stumpfsinnige Mörder. Mit Leichtigkeit werden sie von Mächten instrumentalisiert, die wahrscheinlich ganz und gar nicht jüdisch sind, die antisemitisch sein dürften und insgeheim auf ihre endgültige Vernichtung sinnen.

Nun wenden die Illuminaten dieselbe Taktik an den Amerikanern an. Die Fingerabdrücke des Mossad sind am 11. September deutlich zu erkennen. Zim Container Lines aus Israel verlagerte offensichtlich eine Woche vorher seine 200-köpfige Geschäftsstelle aus dem World Trade Center und entrichtete eine stolze Strafsumme, um den Mietvertrag aufzuheben. Sieben der mutmaßlichen arabischen „Flugzeugentführer" scheinen am Leben zu sein.

Wenn es Osama bin Laden nicht gegeben hätte, hätten die Vereinigten Staaten und Großbritannien ihn hervorgebracht. Es liegen Beweise vor, dass er erst 1996 Geld vom britischen MI6 erhielt. Laut der französischen Tageszeitung Le Figaro traf Bin Laden im Juli 2001 den CIA-Verbindungsbeamten in Dubai. Er dient dem Zweck derjenigen, die einen fingierten „Kampf der Kulturen" anzetteln.

Im Bereich des Nationalen wurde die Verfolgung der Juden ein kulturelles Paradigma. Neuerdings sind Frauen und Schwule die Juden, denen vermittelt wird, dass sie unterdrückt werden. Millionen von Leben werden ruiniert. Die verborgene Agenda der Illuminaten ist, das Immunsystem der Gesellschaft (ihr Vermögen, sich gegen die Tyrannei zur Wehr zu setzen) zu zerstören, indem sie ihre roten Blutkörperchen, die Kernfamilie, attackieren.

Abschließend lässt sich sagen, dass „verdeckte Aggression" oder „Operationen unter falscher Flagge" die vorrangigen Mittel sind, mit denen die Illuminaten ihren auf lange Dauer ausgelegten Plan durchsetzen. Die Amerikaner wurden durch eine vorgetäuschte muslimische Bedrohung aufgestachelt, um zu Unterdrückern zu werden. In Unkenntnis dessen, was in ihrem Namen getan wird. Die Amerikaner fragen sich nun wie die Juden: „Warum hassen sie uns?"

ZIONISMUS: ERZWUNGENER SELBSTMORD DER JUDEN

Am 25. November 1940 explodierte ein Schiff, die „Patria", das jüdische Flüchtlinge aus dem nationalsozialistischen Europa transportierte, und sank vor der Küste Palästinas, wobei 252 Menschen starben.

Die zionistische „Hagana" behauptete, dass die Passagiere Selbstmord begingen, um gegen die Weigerung der Briten zu protestieren, sie von Bord gehen zu lassen. Jahre später räumte sie ein, dass sie das Schiff lieber in die Luft sprengte als zuzulassen, dass die Passagiere nach Mauritius geschickt werden.

„Manchmal ist es notwendig, die wenigen zu opfern, um viele zu retten", sagte der ehemalige israelische Premierminister Mosche Scharet auf der Gedenkfeier im Jahre 1958.

Tatsächlich wurde während des Holocausts die zionistische Linie vertreten, dass das jüdische Leben keinen Wert hatte, sofern es nicht die Gründung von Israel voranbrachte. „Eine Ziege in Israel ist mehr wert als die ganze Diaspora", sagte Jitzchak Gruenbaum, der Leiter des „Rettungskomitees" der Jewish Agency.

Der Rabbiner Moshe Shonfeld beschuldigt die Zionisten, am Massaker an den europäischen Juden direkt und indirekt durch die Nazis mitgewirkt zu haben.

Diese Vorwürfe sind in seinem Buch „Holocaust Victims Accuse" (1977) enthalten, das im Internet einzusehen ist.

Der Rabbiner Shonfeld bezeichnet die Zionisten als „Kriegsverbrecher", da sie sich der Führung des jüdischen Volkes bemächtigten, es hintergingen, um es abzuschlachten, und dann moralisches Kapital aus ihrem eigenen Verrat schöpften.

Shonfeld legt dar: „Der zionistische Ansatz, dass jüdisches Blut das Salböl ist, das für die Räder des jüdischen Staates benötigt wird, gehört nicht der Vergangenheit an. Er ist bis zum heutigen Tage im Einsatz."

Andere Bücher von Juden, die dieses Thema aufgreifen, sind unter anderem Edwin Black, „The Transfer Agreement"; Ben Hecht, „Perfidy"; M.J. Nurenberger, „The Scared and the Doomed"; Hansi and Joel Brand, „Satan and the Soul"; Chaim Lazar, „Destruction and Resistance"; und Rabbiner Michael Dov-Ber Weissmandl „From the Depth".

Dies bedeutet, dass der Zionismus im Kern in Wirklichkeit keine projüdische Bewegung ist. Nach den Worten des erfahrenen israelischen Politikers Eliezer Livneh war „das zionistische Erbe gleich zu Beginn in sich fehlerhaft".

SCHOCKIERENDE „HÖHEPUNKTE" AUS DEM BUCH DES RABBINERS SHONFELD

Während die europäischen Juden in Lebensgefahr schwebten, provozierten und erzürnten die zionistischen Führer in Amerika bewusst Hitler. Sie begannen im Jahre 1933, indem sie einen weltweiten Boykott von Waren aus dem nationalsozialistischen Deutschland in die Wege leiteten. Dieter von Wisliceny, der Vertreter von Adolf Eichmann, erzählte dem Rabbiner Weissmandl, dass Hitler im Jahre 1941 in Zorn geriet, als der US-amerikanische zionistische Rabbiner Stephen Wise im Namen des ganzen jüdischen Volkes „Deutschland den Krieg erklärte", das sechs Millionen Juden im besetzten Europa gefangen hielt.

Hitler warf sich zu Boden, biss in den Teppich und schwor: „Jetzt werde ich sie vernichten. Jetzt werde ich sie vernichten." Im Januar 1942 berief er die „Wannseekonferenz" ein, bei der die „Endlösung" Gestalt annahm.

Der Rabbiner Shonfeld sagt, dass die Nazis zionistische Aktivisten zur Leitung der „Judenräte" (jüdische Organisation) und als jüdische Polizei oder „Kapos" auswählten. „Die Nazis befanden sie für ergebene und gehorsame Diener, die auf Grund ihrer Gier nach Geld und Macht die Massen in ihr Verderben führten."

Die Zionisten waren häufig Intellektuelle, die „grausamer als die Nazis" waren und die Endstation der Züge verschwiegen. Im Gegensatz zu den weltlichen Zionisten, sagt Shonfeld, weigerten sich die orthodoxen jüdischen

Rabbiner, zu kollaborieren, und hüteten bis zum Ende ihre bedrängte Gemeinde.

Der Rabbiner Shonfeld führt zahlreiche Fälle auf, in denen Zionisten Bestrebungen sabotierten, Widerstand, Freilassungen gegen Lösegeld und Hilfeleistungen zu organisieren. Sie untergruben den Versuch von Wladimir Jabotinsky, die Juden vor dem Krieg mit Waffen auszurüsten. Sie verhinderten mit der Begründung, es würde gegen den Boykott verstoßen, ein Programm, Lebensmittelpakete in die Ghettos zu schicken (wo die Kindersterblichkeit 60 % betrug).

Sie durchkreuzten eine Initiative des britischen Parlaments, Flüchtlinge nach Mauritius zu schicken, und forderten, dass sie stattdessen nach Palästina gehen sollten. Sie vereitelten eine ähnliche Initiative im US-Kongress. Andererseits retteten sie junge Zionisten. Chaim Weizmann, der Anführer der Zionisten und später der erste Präsident von Israel, sagte: „Jede Nation hat ihre Toten im Kampf um ihre Heimat. Das Leid unter Hitler sind unsere Toten." Er behauptete, sie wären „moralischer und wirtschaftlicher Abrieb in einer grausamen Welt".

Der Rabbiner Weissmandl, der in der Slowakei war, beschaffte Karten von Auschwitz und flehte die jüdischen Führer an, die Alliierten unter Druck zu setzen, die Gleise und die Krematorien zu bombardieren. Die Führer übten keinen Druck auf die Alliierten aus, da die Geheimpolitik besagte, dass nicht zionistische Juden ausgerottet werden sollten. Die Nazis gelangten zu der Erkenntnis, dass die Todeszüge und die Lager vor Angriffen sicher sein würden und konzentrierten dort sogar Industrieanlagen. (Siehe auch das Kapitel „Sind die Juden für einen weiteren Holocaust vorgesehen?")

Nichts des oben Aufgeführten soll die Nazis von der Verantwortung freisprechen. Allerdings hätte der Holocaust abgewendet oder zumindest dessen Auswirkungen abgeschwächt werden können, wenn die zionistische Führung sich ehrenhaft verhalten hätte. Es drängt sich der Verdacht auf, dass die Zionisten die Zahl der jüdischen Opfer erhöhen mussten, um ihre eigene Rolle bei der Machtergreifung Hitlers und der Anstiftung des Zweiten Weltkriegs zu verbergen. (Siehe Kapitel „Engagierten die Illuminaten Hitler, um den Zweiten Weltkrieg zu beginnen?")

WAS IST „ZIONISMUS"?

Lord Acton sagte: „Die Wahrheit wird ans Licht kommen, wenn die einflussreichen Menschen sie nicht länger unterdrücken wollen." Seit dem 11. September wenden sich immer mehr Menschen der „konspirativen" oder „unterdrückten" Betrachtungsweise der Geschichte zu.

Im Jahre 1891 gründete Cecil Rhodes für die Anteilseigner der Bank of England und ihre Verbündeten eine Geheimgesellschaft namens „Round Table" mit dem Ziel der Weltherrschaft. Diese eingebildeten Aristokraten einschließlich der Rothschilds vergegenwärtigten sich, dass sie die Welt kontrollieren müssen, um ihr Monopol auf die Geldschöpfung sowie die globalen Ressourcen sicherzustellen. Der Imperialismus spiegelt nie nationale Interessen, sondern die Absichten dieser Bänker wider.

Auch waren sie durch die Verpflichtung gegenüber der Freimaurerei vereint, die allem voran der Zerstörung des Christentums, der Verehrung von Luzifer und dem Wiederaufbau eines heidnischen Tempels in Jerusalem gewidmet ist. Sie sehen die Menschheit als „unnütze Esser" an und bereiteten den Weg für die Eugenik und die Gehirnwäsche, um die Bevölkerung zu verringern und uns zu ihren Sklaven zu machen. Die spätere Ausrottung der nicht zionistischen Juden hatte in dieser Bewegung ihren Ursprung.

Im Jahre 1897 fand der erste Zionistenkongress in Basel statt. Im Jahre 1904 starb der Gründer des Zionismus Theodor Herzl im Alter von 44 unter fragwürdigen Umständen. Die Bewegung wurde vom Round Table übernommen. Der Zionismus und der Kommunismus waren zwei Zangen, um ihren Plan der Weltregierung voranzutreiben. Im November 1917 ereignete sich während derselben Woche die bolschewistische Revolution und die Balfour-Deklaration versprach den Juden Palästina.

Die Gruppe des Round Table plante drei Weltkriege, um die Menschheit herabzusetzen, zu demoralisieren und zu vernichten, indem sie sie wehrlos machte. Der Dritte Weltkrieg, der nun beginnt, lässt die Zionisten gegen die Muslime antreten.

Der Zweck des Zionismus liegt in der Unterstützung der Kolonisation des Nahen Ostens, der Zersetzung des Islams und der Kontrolle der

Erdölvorkommen. Deshalb erhält Israel weiterhin Blankoschecks. (Ein Analyst schätzt, dass der amerikanische Steuerzahler bislang 1,7 Billionen US$ für Israel aufwandte.) Das ist der Grund, warum die Gründung Israels Vorrang gegenüber dem Wohlergehen des jüdischen Volkes hatte. Die Menschen beschweren sich, dass Israel die Vereinigten Staaten in seiner Gewalt hat. Es ist nur ein Instrument der Zentralbänker, die beide kontrollieren.

Israel hat wenig mit dem jüdischen Volk zu tun. Der Zionismus, Kommunismus, Feminismus und der Nazismus sind alle Schöpfungen ein und derselben satanischen Bande. Diese „-ismen" sind alle Mittel zum endgültigen Ziel, einer neofeudalen globalen Diktatur. Der FBI Direktor J. Edgar Hoover nahm darauf Bezug, als er bereits 1956 sagte: „Der Einzelne sieht sich mit einer so ungeheuerlichen Verschwörung konfrontiert, dass er nicht glauben kann, dass sie existiert."

Die Israelis werden weiterhin als unwissende Verwalter Opfer eines „erzwungenen Selbstmords" sein. Auch die Amerikaner werden dieser Rolle angepasst. Der 11. September war ein Beispiel dafür.

Der arabische Terrorismus wird genauso von dieser Bande unterstützt. Osama bin Laden tätigte zwischen 1996 und 1998 mehr als 260 Telefonate nach England. Das Ziel liegt darin, einen „Krieg der Zivilisationen" als Vorwand zu arrangieren, sowohl die muslimischen Staaten als auch den Westen zu zermürben, um den globalen Polizeistaat zu schaffen.

Was ich als „erzwungenen Selbstmord" bezeichnete, ist geradezu eine satanische „Schlachtung". Die ständigen Bezugnahmen von Zionisten und anderen Führern auf „Blutopfer" weisen auf die Praktik der Menschenopferung hin. Scheinbar wird Energie freigesetzt, wenn Menschen abgeschlachtet werden. Unlängst sagte der US-Vizeaußenminister Richard Armitage, dass die Hisbollah den Vereinigten Staaten eine „Blutschuld" zu zahlen hat.

Unsere Machthaber konzipieren Kriege als Opfergaben für Luzifer. Sie finden Massaker und Chaos erheiternd, solange es jemand anderes ist, der geopfert wird.

WAS BEDEUTET DAS FÜR DIE JUDEN?

Die Menschheit wurde von ihren Anführern hintergangen. Der israelische Journalist Barry Chamish sagt über die jüdische Führung: „Die Reichsten berufen sich selbst in die höchsten Positionen. So haben die Gierigsten und die Skrupellosesten das Sagen. [Sie] ... werden ihre Seelen und jene ihres Volkes für Macht und Auszeichnung verkaufen." (Barry Chamish, „Just as Scared, Just as Doomed")

Es gibt einige hunderttausend orthodoxe Juden wie den Rabbiner Shonfeld, die den Zionismus schon immer durchschaut haben. Sie lehnten den Staat Israel immer ab und blieben der Thora treu. Sie könnten das Herzstück für ein echtes jüdisches Wiederaufblühen bilden. Ihre Webseiten sind z.B. www.jewsagainstzionism.com, www.nkusa.org und www.thewatcherfiles. com/jews-against-zionists.html.

Abschließend lässt sich sagen, dass ein satanischer Kult die Welt regiert. Diese Menschen hassen Gott, hassen die Menschheit und wollen sie vernichten. Sie glauben, dass der Zweck die Mittel heiligt und sind skrupellos. Sie bedienen sich der Juden und jedes anderen als Kanonenfutter. Wir sind „Kinder der Matrix", betrogen, abgelenkt und verkümmert und werden geopfert. Ohne Gottes Plan sind wir Lämmer, die zur Schachtbank geführt werden.

HALFEN DIE ZIONISTISCHEN JUDEN BEI DER PLANUNG DES HOLOCAUSTS?

Abgesehen von der Zerstörung Deutschlands zettelten die Illuminaten den Zweiten Weltkrieg an, um Juden durch Traumatisierung einer Gehirnwäsche zu unterziehen, sodass sie glaubten, sie könnten sich niemals integrieren und müssten eine eigene Heimstatt haben. Das Hoyer-Memorandum legt den Schluss nahe, dass dem Illuminatenorden angehörende Juden sich daran mitschuldig machten, auf die Ausrottung ihrer Mitjuden hinzuarbeiten.

Im Jahre 1962 war Christopher Story der einzige „Goi" (z. Dt.: Nichtjude), der in der jüdischen Bank „S. Japhet & Co." in der Stadt London arbeitete. Der Eichmann-Prozess war in den Nachrichten und Story fragte eine jüdische Arbeitskollegin, eine „nette Dame im mittleren Alter", ob Adolf Eichmann nicht selbst jüdisch war?

Sie antwortete: „Wussten Sie nicht, dass der größte Feind eines Juden ein anderer Jude ist?"

Story glaubt, dass viele Nazis, die den Holocaust planten und durchführten, jüdisches Blut hatten. Juden, die der Verschwörung der Illuminaten (Freimaurer) angehörten, „standen Seite an Seite mit den luziferianischen deutschen Nazis, um Millionen ihrer eigenen Rasse auszurotten, was einem innerjüdischen Bürgerkrieg und einer ethnischen Säuberungsaktion gleichkam …" („The New Underworld Order", S. 532)

Der Beweggrund dahinter? Verhindern, dass die Juden als Nation verschwinden, und sie mit dieser List dazu bringen, Zionisten zu werden und die Neue Weltordnung voranzubringen. Er führt den bekannten Artikel in der sich im jüdischen Besitz befindlichen „Daily Express" mit dem Titel „Judea Declares War on Germany" (24. März 1933) an. Er sagt aus, dass Hitler „im ganzen jüdischen Volk ein nationales Bewusstsein hervorrief". (S. 535)

Bevor Hitler an die Macht kam, gehörten weniger als 3 % der 500.000 Juden Deutschlands der zionistischen Bewegung an.

Wir müssen uns vor Augen halten, dass in den 1930er Jahren 60 % aller deutsch-jüdischen Ehen Mischehen waren. (Siehe auch den Artikel „Hitler was a Godsend for Israel" auf meiner Webseite.)

In seinem Buch „Hitlers jüdische Soldaten" legte Bryan Rigg dar, dass 155.000 nationalsozialistische Soldaten einschließlich einiger Generäle jüdisches Blut hatten.

Einer dieser Generäle, SS-Leutnant Horst Hoyer, legte im Jahre 1952 einen Bericht über die Rolle vor, die nationalsozialistische Juden im Holocaust spielten. Unter den Juden, die zur Planung der „Endlösung" beitrugen, befanden sich die im Memorandum genannten Personen Walter Sonnenschein, Zuckerkorn, Spitze, Löwenstein, Gregor und Fackler. Das organisierte Judentum bot Hoyer 30.000 DM, um diesen Bericht zu unterdrücken, aber er lehnte ab. Er wurde einige Jahre später ermordet. (S. 533)

Im Folgenden werden Auszüge aus seinem Bericht wiedergegeben:

„In der gesamten einschlägigen ernsten, wie auch der Hass-Literatur des In- und Auslandes ist immer nur die Rede von der Kollektiv- und Alleinschuld des deutschen Volkes. Nirgendwo aber ist die Mitschuld, ja die Hauptschuld des internationalen Judentums am Schicksal der ‚Endlösung' des jüdischen Volkes aufgezeichnet.

Ich stelle fest und bin nach wie vor bereit, dies zu beschwören: Die ‚Endlösung' des Judentums, soweit sie im Raume des Generalgouvernements Polen in meinem Blickfeld lag, war beschlossene Sache zwischen jüdischen und deutschen ‚Stellen'. Wer die Vertragspartner gewesen sind, vermögen meine damaligen Juden und ich selbst nicht zu sagen. Dass es Adolf Hitler nicht gewesen sein kann, wird noch aufgezeigt werden. Die Verhandlungen der ‚Vertragspartner' haben stattgefunden in der Wehrmachtstransport-Kommandantur in Lemberg, Akademizca, d h. Akademiestraße.

Dort wurden die für die ‚Endlösung' ausersehenen ‚Kontingente' festgesetzt. Sephardische Juden dürften kaum darunter gewesen sein. Denn solche wurden vor der ‚Endlösung' zu Hunderten und in ganzen Familien mit Flugzeugen der deutschen Wehrmacht und unserer damaligen Verbündeten aus Galizien herausgeflogen. So wurden im Oktober 1943 aus dem Arbeitslager

Lublin (alter Zivilflughafen an der Chortkower Landstraße) sechzehn ausgesuchte Juden via Spanien an die USA übergeben, darunter ein Verwandter des Roosevelt-Beraters Morgenthau.

Ich war vom Juli 1941 bis März 1943 Vorgesetzter von rund 250.000 Juden, die in einer vom Amt Vierjahresplan gestellten Kriegsaufgabe (Altstoff-, Rohstoff- und Kriegsbeuteschrotterfassung) eingesetzt, freiwillig eingesetzt, waren. Ein unumgängliches und im Interesse des reibungslosen Funktionierens unerlässliches Vertrauensverhältnis zu ‚meinen' führenden Juden (Abteilungsleiter, Referenten u.a.) ließ mich durch sie, die zu jeder Stunde unerklärlich, ja geradezu fantastisch über alle Weltvorgänge informiert waren, Dinge erfahren, dass es mir oft die Sprache verschlug. Diese Juden wussten um ihr Schicksal, das ihnen von führenden Weltjuden bereitet werden sollte und auch bereitet worden ist, und waren ohnmächtig, wie das deutsche Volk nach 1945.

Lebt Siegfried Langsam, ehem. K. u. K.-Hauptmann, leben Walter Sonnenschein und Frau, leben Dr. Wachter und Frau, leben Zuckerkorn, Spitze, Löwenstein, Gregor, Fackler und viele, viele andere noch irgendwo in der Welt, dann mögen sie es jetzt zur Wahrheit für ihr Volk, für das deutsche Volk einmal furchtlos bezeugen, was dort in der Akademizca geschehen ist! Damals lebten sie in Furcht vor dem Weltjudentum. Sie haben es mir doch anvertraut! Sie haben mich doch um Hilfe angefleht, obgleich sie wussten, dass ich diesem geheimnisumwitterten Geschehen gegenüber auch machtlos war. Denn dort wirkten Kräfte, die weder dem deutschen Volke noch dem jüdischen Volke, die weder der SS noch den Frontsoldaten erkennbar und nachweisbar waren.

Nach Beendigung unseres dienstlichen Gespräches [mit Mitgliedern des jüdischen Ältestenrates und dem Beauftragten für das Ghetto von Warschau] wurde durch eine Ordonanz gemeldet: ‚Standartenführer! Die Herren sind da!' Hereingeleitet wurden sechzehn oder achtzehn seriöse Juden. Man stellte sich vor und nahm an einem großen ovalen Tisch Platz. In einer kurzen Stunde mit fast feierlichem Charakter wurden diesen Juden Anerkennungen überreicht. Weißer Karton, etwa 50 x 40 cm, links oben goldenes Hoheitszeichen, Druck Gotisch, geprägte Siegel und Original-Unterschrift von Adolf Hitler.

In diesen Urkunden wurden die anwesenden Juden mitsamt ihren Familien sowie ihrem beweglichen und unbeweglichen Besitz in den Schutz des Großdeutschen Reiches genommen. Mit einer Dank- und Segensadresse an Adolf Hitler und an das deutsche Volk durch einen der so hoch ausgezeichneten Juden war diese kleine Feierstunde fernab von Hass und Krieg und Verrat beendet.

Einen entsprechenden Hinweis meinerseits beantwortete man mir einmal ungerührt: ‚Unsere Rasse muss sich daran gewöhnen, Opfer zu bringen!' Dagegen erklärten jüdische Faschisten im Hinweis auf die Schleichhändler: ‚Davon lassen wir noch vor Madagaskar [d. h. Israel] sechzig Prozent über die Klinge springen!'"

Ein Journalist, der das Hoyer-Memorandum las, sagte:

„Man muss die starken innerjüdischen Spannungen und den Gegensatz vor allem zwischen den Zielen der sich in die Staaten eingefügten Juden und denen des Weltjudentums und des Zionismus bedenken. Diese Spaltungen sind sehr viel tiefer als die Bindungen zwischen gläubigen und nicht gläubigen Juden ... Eine Gruppe der Juden fiel der anderen zum Opfer ..." (Story, S. 532)

Unlängst erbrachte ich den Beweis, dass Martin Bormann, der die Schecks für die gesamte nationalsozialistische Hierarchie, wie auch für Hitler, unterzeichnete, für die Sowjets, d. h. für die Illuminaten, arbeitete. Meines Erachtens war das ganze nationalsozialistische Unterfangen eine Verschwörung, um das deutsche Volk zugrunde zu richten und die Juden durch eine Gehirnwäsche mittels Traumatisierung dazu zu verleiten, Israel für die Neue Weltordnung einzunehmen.

Die „jüdische Verschwörung" ist in Wirklichkeit die „halb-jüdische Verschwörung". Viele bedeutende Mitglieder gehen Mischehen ein oder gingen aus Mischehen hervor. John Kerry wäre als Beispiel zu nennen. Viele sind jüdisch und viele sind es nicht. Was sie alle wirklich miteinander gemeinsam haben, ist die Loyalität gegenüber dem freimaurerischen Illuminatenorden, welcher den Planeten unterwarf, indem er Krieg erzeugte.

SCHLUSSFOLGERUNG

Im Laufe der Geschichte bedienten sich führende jüdische Bänker des Mittels der Pogrome (d. h. antisemitischer Massaker), um ihre Mitjuden zu lenken. Sie erzählen der jüdischen Masse, dass sie ohne Grund gehasst werden, und verleiten sie so dazu, ihre freimaurerische Eine-Welt-Agenda (d. h. Kommunismus, Zionismus, Sozialismus) voranzutreiben. Aber genau dies ist die Ursache des Antisemitismus. In der Eine-Welt-Regierung geht es um moralische Erniedrigung, Atomisierung, Homogenisierung und Gewaltherrschaft. Die Menschen wollen an ihrer Kultur, Rasse, Religion, Nation und ihrer Familie festhalten. Sie wollen ihre Freiheit behalten.

Der Holocaust war ein gigantisches „Pogrom", der die Juden überzeugte, sie müssten eine nationale Heimstatt errichten, indem sie die Palästinenser ihrer Heimat verwiesen. Die Illuminaten wollen, dass Israel die Hauptstadt ihrer Weltregierung wird. Dies ist in der freimaurerischen Gestaltung des israelischen Obersten Gerichtshofes, der von den Rothschilds finanziert wurde, ersichtlich.

Die Ereignisse des 11. Septembers waren ein weiteres „Pogrom", das sich gegen das amerikanische Volk richtete und es dazu bringen sollte, ihre Freiheit aufzugeben und einen fingierten „Krieg gegen den Terror" zu führen. Ebenso wie im Holocaust waren dem Illuminatenorden angehörende Juden wahrscheinlich am 11. September beteiligt. Der schlimmste Feind der Juden ist nun unser aller Feind.

Anmerkung:

In einem Interview im Life Magazin von 1960 schilderte Adolf Eichmann eine Abmachung, die er mit dem jüdischen Führer Rudolf Kastner aus Budapest schloss:

„[Er war] ein fanatischer Zionist. Er sagte seine Unterstützung zu, die Juden davon abzuhalten, sich gegen die Deportation zur Wehr zu setzen – und selbst in den Sammellagern für Ordnung zu sorgen –, wenn ich meine Augen verschließen und ein paar hundert oder ein paar tausend junge Juden illegal nach Palästina emigrieren lassen würde. Es war ein gutes Geschäft. Für die Wahrung der Ordnung in den Lagern war der Preis von 15.000 oder 20.000 Juden – im Endeffekt dürften es wahrscheinlich mehr gewesen sein –

nicht zu hoch für mich … Und weil Kastner uns einen großen Dienst erwies, indem er half, die Deportationslager friedlich zu halten, ließ ich seine Gruppen entkommen." („I Transported Them to the Butcher", Life Magazine [5. Dezember 1960], S. 146)

Auflistung der Nazis, die angeblich jüdisches Blut hatten, in Dietrich Bronders Werk „Bevor Hitler kam":

„Der Führer und Reichskanzler **Adolf Hitler**; seine Stellvertreter, die Reichsminister **Rudolf Heß und Reichsmarschall Hermann Göring**; die Reichsleiter der NSDAP **Gregor Strasser, Dr. Josef Goebbels, Alfred Rosenberg, Hans Frank und Heinrich Himmler**; die Reichsminister **von Ribbentrop (der mit dem berühmten Zionisten Chaim Weizmann, dem 1952 verstorbenen ersten Staatsoberhaupt von Israel, einst Brüderschaft getrunken hatte) und von Keudell**; die Gauleiter **Globocznik (der Judenvernichter), Jordan** [und] **Wilhelm Kube**; die **hohen SS-Führer und z. T. in der Judenvernichtung tätigen Reinhard Heydrich, Erich von dem Bach-Zelewski und von Keudell II**; die Bankiers und alten Förderer Hitlers vor 1933 **Ritter von Stauß (Vizepräsident des NS-Reichstages) und von Stein; der Generalfeldmarschall und Staatssekretär Milch**, der Unterstaatssekretär **Gauß; die Physiker und Alt-Pg.'s Philipp von Lenard und Abraham Esau**; die Uralt-Pg.›s **Hanfstaengl (NS-Auslandspressechef) und Prof. Haushofer** (s. S. 190).»

Die nationalsozialistischen Juden sind Gegenstand von Hennecke Kardels Buch „Adolf Hitler – Begründer Israels", das im Internet verfügbar ist.

DER HOLOCAUST ALS GEDANKENKONTROLLE

Israels mächtigste psychologische Waffe ist der Holocaust. Der zionistische Schlachtruf lautet: „Nie wieder!"

In einem vorherigen Artikel legte ich den Schluss nahe, dass der eigentliche Beweggrund hinter traumatischen Ereignissen wie Hiroshima und dem 11. September darin liegen könnte, der Menschheit einen neuen gedanklichen Rahmen aufzuerlegen. Die Zionisten und ihre Befürworter, die ebenfalls den Globalismus vertreten, dürften aus demselben Grund zur Schwere des Holocausts beigetragen haben.

Infolge des Holocausts gelangten die Juden zu der Überzeugung, dass sie ihren eigenen Staat brauchten, und die Welt teilte diese Ansicht. Die Palästinenser wurden (im Bewusstsein vieler) mit den Nazis gleichgesetzt und den Israelis wurde die moralische Zustimmung erteilt, sie aus ihren Häusern und ihrem Land zu vertreiben und zu unterwerfen. Kritik an Israel und nationalsozialistischer Antisemitismus werden häufig auf dieselbe Stufe gestellt.

Als eine psychologische Waffe dient der Holocaust auch einer Reihe von Anliegen der Neuen Weltordnung.

Die Welt ist in heroische Opfer (die Juden) und Hasser (die Nazis) unterteilt. Die „Opfer", die von Befürwortern der liberalen Haltung Rockefellers vertreten werden, umfassen unterdrückte Frauen, Homosexuelle und die derzeit angesagte Minderheit. Die „Hasser" sind die intoleranten Menschen, die für die Dinge einstehen, die die Anhänger des Globalismus zerstören wollen: die Kernfamilie, die Religion, die Demokratie, den Individualismus und die nationale Identität. Die Hasser, denen die toleranten Liberalen „null Toleranz" entgegenbringen, werden dem „rechten Flügel" zugeordnet.

Es ist nicht meine Absicht, die Verantwortung der Nazis für den jüdischen Holocaust zu verharmlosen, sondern seinen Nutzen als psychologische Waffe für die Zionisten und die Anhänger des Globalismus zu hinterfragen. Bevor ich fortfahre, sollte ich mich besser erklären.

Ich bin ein nicht praktizierender kanadischer Jude ohne Selbsthass, der an Gott und Jesu Botschaft der Liebe glaubt. Meine Großeltern starben alle im Holocaust; meine Eltern überlebten knapp, indem sie sich als Nichtjuden ausgaben. Ich lebte in den Jahren 1972 – 73 in Israel, verließ es aber wieder, da die Israelis genauso materialistisch wie die Kanadier zu sein schienen. Israel erschien mir als ein Land, das sein eigenes Volk verschlang.

Dennoch blieb ich Zionist, bis ich seinen wahren Charakter aufdeckte. Ich befürworte noch das Bestehen Israels innerhalb der Grenzen von 1967 in Verbindung mit der Rückgabe der besetzten Gebiete an die Palästinenser. Ich glaube, dass die meisten Israelis und Juden wie ich selbst hintergangen wurden.

DIE VERTEIDIGUNG EINES PSYCHISCHEN MONOPOLS

Die maßgebliche Geschichte des Holocausts wird in dem Buch „Die Vernichtung der europäischen Juden" des verstorbenen Raul Hilberg, eines jüdischen Professors der Politologie an der University of Vermont, beschrieben. Hilbergs dreibändiges Werk basiert hauptsächlich auf der sorgfältigen Dokumentation durch die Nazis.

Hilberg konnte sein Buch nur mit Mühe veröffentlichen, weil er das Ausmaß, in dem die Nazis auf die Judenräte angewiesen waren, um die Endlösung zu regeln, und das Fehlen jeglichen tatsächlichen Widerstands der Juden dokumentierte. Er schätzte, dass weniger als 200 Nazis infolge jüdischen Widerstands starben.

Warum diese ablehnende Reaktion? Hilberg folgerte, dass die Mythologie des Holocausts bedingt, dass die Opfer heroisch erscheinen und in einem Kampf verwickelt zu sein scheinen, der jedoch ungleich ist. Genau genommen gingen die Juden in ihren Tod wie Lämmer zur Schlachtbank. (Hilberg, „Unerbetene Erinnerung", S. 135)

In den 1960er Jahren wurde die jüdische Philosophin Hannah Arendt verleumdet und geächtet, als sie aus Hilbergs Werk schlussfolgerte, dass die jüdische Führung „fast ausnahmslos" mit den Nazis zusammenarbeitete.

In ihrem Buch „Eichmann in Jerusalem" schrieb sie: „In Amsterdam wie in Warschau, in Berlin wie in Budapest konnten sich die Nazis darauf verlassen, dass jüdische Funktionäre Personal- und Vermögenslisten ausfertigen, die Kosten für Deportation und Vernichtung bei den zu Deportierenden aufbringen, frei gewordene Wohnungen im Auge behalten und Polizeikräfte zur Verfügung stellen würden, um die Juden ergreifen und auf die Züge bringen zu helfen – bis zum bitteren Ende, der Übergabe des jüdischen Gemeindebesitzes zwecks ordnungsgemäßer Konfiskation. Auch verteilten sie den gelben Stern, und zuweilen wurden … gewöhnliche Armbinden aus Stoff und abwaschbare Luxusarmbinden aus Kunststoff [verkauft]." (S. 117)

Wären die Juden vollkommen unorganisiert und führerlos gewesen, schreibt Arendt, hätte es jede Menge Chaos und Elend gegeben, aber die Summe von Todesfällen wäre weitaus geringer gewesen. (S. 125)

Der Grund, aus dem die Juden stillschweigend in den Tod gingen, ist kein Mysterium. Die jüdische Führung betrog sie. Hilberg schreibt dies zum Teil einer jahrhundertealten Eigenart zu, angesichts übermächtiger Umstände auszuharren. Aber ein noch bedeutenderer Faktor ist, dass sowohl die jüdische Weltführung als auch die Judenräte unter dem Einfluss der Zionisten standen.

Die Zionisten glaubten nicht an die jüdische Diaspora und sabotierten aktiv Rettungsversuche. Wenn die Juden in andere Länder flüchten könnten, was wäre dann der Zweck Israels? So machte der zionistische Rabbiner Dr. Ehrenpreis aus Schweden einen schwedischen Versuch zunichte, 10.000 Juden zu retten. Die Zionisten torpedierten eine ähnliche Aktion durch das britische Parlament. Ebenfalls wiesen sie zahlreiche rechtmäßige Anträge auf Freikauf ab und rieten von Widerstand ab.

Die Zionisten dienten generell der Agenda der elitären Anhänger des Globalismus, unterdrückten Informationen über den Holocaust und propagierten kein besonderes Vorgehen. Die Alliierten bombardierten Fabrikanlagen, die ein paar Kilometer von Auschwitz entfernt lagen, aber die Krematorien und Eisenbahnschienen blieben unversehrt. Die Zionisten glaubten, dass die moralische Verpflichtung der Welt ihnen gegenüber größer ist, je höher die jüdischen Verluste sind.

WIR WURDEN BELOGEN

Jungen Juden wie mir selbst wurde erzählt, dass die arabischen Länder das friedfertige Israel nach der von den Vereinten Nationen beschlossenen Teilung von 1948 angriffen. Sie verbreiteten Botschaften an die Palästinenser, dass sie ihre Gebiete verlassen sollten, bis die Juden beseitigt worden sind.

Tatsächlich wurden Israel 57 % der Fläche Palästinas zugeteilt, aber es nahm sich innerhalb kürzester Zeit mehr Land und veranlasste 700.000 Palästinenser dazu, in panischer Angst zu flüchten, indem sie über 250 von ihnen in Deir Yasin und weitere 250 in Lod niedermetzelten. Die Meldungen des arabischen Radios waren erfunden. Der arabische Rundfunk hielt die Bevölkerung dazu an, an Ort und Stelle zu verbleiben. (Michael Prior, „Zionism and the State of Israel: A Moral Inquiry", 1999, S. 16-29, S. 187-205)

David Ben-Gurion, der erste Premierminister von Israel, erzählte dem TIME Magazin (16. August 1948), dass er sich einen jüdischen Staat von 10 Millionen Seelen vorstellte. Als er gefragt wurde, ob so viele innerhalb der durch den UN-Teilungsplan festgelegten Grenzen untergebracht werden könnten, entgegnete er: „Ich bezweifle es."

Ohne das Wissen seiner Bürger wurde Israel von Anfang an dazu konzipiert, den Nahen Osten zu kolonialisieren, und war als das Zentrum der Neuen Weltordnung vorgesehen.

„Wir müssen die politische Linie der Einheit der menschlichen Rasse vertreten", sagte Ben-Gurion dem Reporter des TIME Magazins. „Wir sehen die Vereinten Nationen als ein jüdisches Idealbild an."

Achten Sie darauf, wie die Webseite des Mossad „Debka Weekly" den Irakkrieg beschrieb:

„Washington wird den Ölhebel in der Hand haben und in der Lage sein, Iraks Nachbarn nach ihrer Pfeife tanzen zu lassen, wenn es darum geht, die nationalen Grenzen und die Regierungen des Nahen Ostens umzugestalten." (Vol. 2, Issue 94, 23. Januar 2003)

Abschließend lässt sich sagen, dass der Holocaust den Anhängern des Globalismus die „moralische Vollmacht" erteilte, in Palästina einzufallen und weltweit ahnungslose Juden für seine Sache einzuberufen. Tatsächlich missbrauchten sie das Vertrauen des europäischen Judentums in der verabscheuungswürdigsten Art und Weise. Israelis und Juden im Allgemeinen können ihren Führern blindlings folgen, wie es das europäische Judentum tat. Die Amerikaner können Barack Obama ihr Vertrauen schenken. Aber das Ergebnis wird mit Sicherheit dasselbe sein.

Satans machtvollste Waffe ist die Lüge, die noch gewaltiger als die Atombombe ist. Die Bombe zerstört nur. Die Lüge stiehlt Seelen. Sie verpflichtet Millionen von leichtgläubigen Menschen der Sache Satans.

SIND DIE JUDEN FÜR EINEN WEITEREN HOLOCAUST VORGESEHEN?

In den Jahren 1938 – 39 wurden, kurz bevor in Europa für die Juden die Hölle ausbrach, alle Fluchtwege abgeschnitten. Die Nazis hatten kein Problem damit, den Juden zu erlauben, zu gehen. Das Problem war, dass kein Land ihnen gestattete, einzureisen.

Im Mai 1939 wurde der Passagierdampfer „St. Louis", der 900 deutsch-jüdische Flüchtlinge transportierte, von Havanna abgewiesen. Die teuren Touristenvisen der Passagiere waren von kubanischen Behörden für ungültig erklärt worden. Das Passagierschiff hielt sich in Nähe der Küste von Florida auf, aber Franklin D. Roosevelt weigerte sich, es anlegen zu lassen. Notgedrungen kehrte das Schiff nach Europa zurück, wo die Flüchtlinge unter vier Ländern der Alliierten aufgeteilt wurden, von denen bald drei überrannt wurden.

Das Bild der unerwünschten Juden wurde in das jüdische Kollektivempfinden gebrannt. Es macht die Notwendigkeit eines Heimatlands in Israel als Versicherung gegen den Antisemitismus geltend. Millionen von Juden gaben ihr Geld und ihr Leben, um Israel seinen rechtmäßigen Eigentümern zu entreißen und dort eine jüdische Zufluchtsstätte zu errichten. Millionen von Nichtjuden wurden zu diesem Zweck rekrutiert. Der Weltfrieden steht seitdem auf dem Spiel. Der Dritte Weltkrieg wird auf diesem Schlachtfeld vorbereitet.

Franklin D. Roosevelt sagte bekanntlich, dass in der Politik nichts zufällig geschieht. Die Möglichkeit in Betracht zu ziehen, dass der Holocaust inszeniert wurde, um die Juden zu manipulieren und ihnen eine Art moralische Straffreiheit zu verleihen, ist abscheulich.

Jedoch zeigt das Buch „The Holocaust Conspiracy" (1989) auf, wie die alliierten und die neutralen Regierungen dafür sorgten, dass die meisten Juden in Europa blieben und starben. Der Autor William R. Perl behauptet, dass ein den Nürnberger Prozessen vergleichbares Verfahren für „jene führenden Persönlichkeiten in den alliierten und neutralen Lagern" notwendig ist, die „im deutschen Massenmordprogramm wissentlich und willentlich mitwirkten". (S. 34)

William Perl (1906 – 1998) war nicht irgendein Verschwörungstheoretiker, der von außen auf das Geschehen blickt. In den 1930er Jahren war er in Wien als Anwalt tätig, der dabei half, illegale Durchreisen nach Palästina für die revisionistischen Zionisten zu organisieren. Er verhandelte mit Adolf Eichmann von Angesicht zu Angesicht; und nach dem Krieg verfolgte er strafrechtlich nationalsozialistische Kriegsverbrecher.

In diesem Buch erörtert Perl, dass der jüdische Holocaust Teil einer internationalen Verschwörung war. Aber natürlich war er sich darüber nicht im Klaren, dass die Urheber die Illuminaten waren, ein geheimes Netzwerk, das aus den höchsten Rängen der Freimaurerei (einschließlich der Kommunisten, der Zionisten und der Nazis) besteht und das vom Weltkartell der Zentralbanken ermächtigt ist. Sie haben sich zum Ziel gesetzt, eine tyrannische Weltregierung zu errichten, die Luzifer gewidmet ist und deren Hauptstadt Jerusalem ist.

Holocaust bedeutet „Brandopfer". Mit welcher Logik können wir diesen Genozid als eine „Opferung" bezeichnen? Mit der Logik der Illuminaten natürlich. Sie opferten die Juden, um die Welt dazu zu verleiten, einen freimaurerischen Staat in Israel zu gründen. Die Gestaltung des Obersten Gerichtshofes von Israel ist der Beweis dafür, dass dies so geschah. Das moderne Israel war von der Konzeption her freimaurerisch.

Das wirft folgende Frage auf: Wenn der jüdische Holocaust von den Menschen, die die Welt lenken, arrangiert wurde, würden sie es dann noch einmal tun? Ich werde mich mit dieser Frage am Ende befassen.

PERLS VORGEBRACHTE BEWEISE

William Perl führt aus, dass es „vorsätzliche, abgestimmte Maßnahmen gab, um Rettungsaktionen zu durchkreuzen … nicht nur von einzelnen Verantwortlichen, sondern auch von Regierungen". Er sagt, dass dieses Versäumnis bei der Hilfeleistung mehr als bloße Untätigkeit war, nämlich eine „Reihe von überlegten Handlungen, die dazu bestimmt waren, das Gelingen der deutschen Ausrottungspläne zu gewährleisten". Während dies „unvorstellbar" erscheint, sagt er, dass diese Schlussfolgerung anhand der vorliegenden Dokumente „nicht nur schlüssig, sondern unausweichlich" ist. (S. 16)

Beispielsweise stellte Morgenthaus Finanzministerium Ermittlungen über das Auswärtige Amt an und identifizierte ein halbes Dutzend hochrangiger Beamter als „einen amerikanischen Untergrund, der veranlasste, die Juden zu töten". Der Bericht wies besonders an John J. McCloy Kritik auf, dem Staatssekretär des Kriegsministers, der später Rockefellers Anwalt, amerikanischer Hoher Kommissar in Deutschland, der Präsident der Weltbank und Mitglied der Warren-Kommission wurde. Ja Kinder, er war ein Illuminat.

Perl behauptet, dass neben den Nazis die Briten die „schwerste Schuld" für den jüdischen Holocaust tragen, weil sie den Fluchtweg nach Palästina blockierten. Tatsächlich war die erste Person, die von den Briten im Zweiten Weltkrieg getötet wurde, ein jüdischer Flüchtling auf dem Schiff „Tiger Hill".

Nun fragen Sie sich vielleicht, wenn die Rothschilds England kontrollieren und eine nationale Heimstatt für die Juden aufbauen wollten, warum England all diese Juden nicht nach Israel gehen lassen wollte? Die Antwort lautet, dass solch ein Vorgehen den Juden demonstriert hätte, dass sie keinen Staat brauchten und nicht zu den tödlichen Waffen hätten werden können, die sie für die Rothschilds geworden sind.

Die Sowjets wurden für eine jüdische Front gehalten. Aber Perl weist auch der Sowjetunion eine Schuld zu. Informationen wurden in Russland streng überwacht und die Sowjets taten nichts, um die Juden davor zu warnen, was sie von den Nazis zu erwarten hatten. (In seiner Biografie von Hitler schildert John Toland, wie nicht kommunistische Juden in der Ukraine die Nazis als Retter empfingen.)

Folgendes Ereignis verdeutlicht die nationenübergreifende Ausrichtung der Illuminaten. Ein sowjetisches U-Boot torpedierte im Februar 1942 die „Struma", ein manövrierunfähiges Viehtransportschiff, auf dem 760 rumänisch-jüdische Flüchtlinge zusammengepfercht waren. Es gab einen Überlebenden. Warum diese willkürliche Ermordung von Juden? Noch mehr Seelen, die für die zukünftige Hauptstadt der luziferianischen Neuen Weltordnung geopfert werden. Mehr Begebenheiten, die ins Herz der Menschheit treffen.

Die Alliierten vereitelten auch Versuche der Nazis, Juden zum Freikauf anzubieten, und Aufrufe, die Konzentrationslager zu bombardieren, obwohl im Jahre 1944 Fabrikanlagen, die nur acht Kilometer von Auschwitz entfernt waren, zerstört wurden. Bei alledem stand das von den Illuminaten geleitete zionistische Establishment hinter den Alliierten.

KÖNNTE ES NOCH EINMAL GESCHEHEN?

Die Geschichte lehrt, dass die Illuminaten aus Satan liebenden Juden und Nichtjuden zusammengesetzt sind; und sie beuten jeden aus und töten denjenigen, der sich nicht in ihren Plan einer luziferianischen NWO einfügt. Auf den ersten Blick würde sich Israel bestens für eine Wiederholung des jüdischen Holocausts eignen, da sich die meisten Israelis vermutlich nicht im Zusammenhang mit der freimaurerischen NWO sehen.

Mein Kollege Barry Chamish aus Winnipeg glaubt, dass die Illuminaten über ihren Einfluss durch den Council on Foreign Relations Israel kontrollieren und beabsichtigen, Jerusalem zu verschonen, aber den Rest ihrem endgültigen Ziel zu opfern.

In Amerika weist die Rolle der Juden eine auffallende Ähnlichkeit mit ihrer Stellung in der Weimarer Republik auf. Ihre Rolle in der Regierung, Kultur und der Wirtschaft steht in keinem Verhältnis zu ihrer Anzahl. Als wissentliche und unwissentliche Werkzeuge der Illuminaten, wird ihnen von vielen unterstellt, christliche und amerikanische Interessen zu untergraben.

Der Pastor Chuck Baldwin stellte einen Vergleich mit Jesus und den „Geldwechslern" her.

„Es ist wirklich schade, dass die Pastoren und Christen von heute nicht Jesu Geringschätzung gegenüber der gegenwärtigen Generation von Geldwechslern teilt, weil es die Geldwechsler sind, die im Begriff sind, diese Vereinigten Staaten von Amerika zu zerstören – und unsere Pastoren und Christen sehen es entweder nicht, oder, falls sie es sehen, scheinen sie sich nicht darum zu kümmern."

Die Amerikaner, wie die Deutschen vor ihnen, sind nicht von Natur aus antisemitisch. Die Wirtschaftslage in Deutschland musste sich verschlechtern, bevor Hitler an die Macht gelangen konnte. Die Konjunkturlage in Amerika verschärft sich gerade. Die eigentliche Frage ist, ob die Illuminaten Vorteile aus einem Angriff auf die Juden ziehen können.

Über einen kurzen Zeitraum gesehen nicht, solange sie Zionisten benötigen, um Amerika zu kontrollieren. Aber sobald die Errichtung der Neuen Weltordnung beschwerlicher und die Stellung der Amerikaner ihnen gefährlicher wird, dürften die Illuminaten darüber glücklich sein, sich einmal mehr der Juden als ihrer Sündenböcke zu bedienen. Schließlich sind Schachfiguren dafür da, um geopfert zu werden.

DIE ANDERE SEITE DER HOLOCAUSTLEUGNUNG

Obwohl ich der Enkelsohn von Holocaustopfern bin, schäme ich mich für jüdische Organisationen, die den jüdischen Holocaust zum bestimmenden Ereignis des Zweiten Weltkriegs machen wollen. Dies wird am steigenden Interesse an „Holocaust-Studienprogrammen", Holocaust-Museen und Hollywoodfilmen wie „Der Pianist" sichtbar.

Der Zweite Weltkrieg war ein menschliches Desaster. Über 60 Millionen Menschen starben. Warum werden die den Juden widerfahrenen Ereignisse in den Mittelpunkt gestellt? Der Zweck besteht darin, den Opferstatus für sich zu beanspruchen. Schuld ist eine sehr wirkungsvolle psychologische Waffe. Die Illuminaten setzen sie ein, um den Juden einen besonderen Stellenwert zu verleihen. Dasselbe machen sie mit Schwarzen, Frauen und Homosexuellen.

Ethnozentrismus ist in erster Linie die Ursache des Antisemitismus. Den Juden wird angelastet, immer „das Regiment an sich zu reißen". Jüdische Drahtzieher setzen den Teufelskreis fort.

Ich bin auch über die Bestrebungen beunruhigt, Menschen wie Ernst Zündel als „Hassverbrecher" zu werten. Zündels Webseite sagt aus, dass nur eine Million Juden ermordet wurden, es keine Gaskammern gab und Hitler keinen Genozid beabsichtigte. Zündels Behauptungen sind falsch, aber er hat das Recht dazu, falsch zu liegen. Die Gesellschaft braucht Menschen, die die Darstellung historischer Tatsachen bestreiten. Einer könnte Recht behalten. Wenn es eine Straftat ist, falsche Informationen zu verbreiten, sollten wir nicht auch den Sprecher von NBC Nightly News festnehmen?

Kanada verhaftete Ernst Zündel. Nach Aussage von seiner Frau wurde er im Gefängnis misshandelt. Er wurde als „Sicherheitsrisiko" nach Deutschland ausgewiesen. Bernie Farber des Kanadischen Jüdischen Kongresses räumte ein, dass Zündel „genau genommen nicht den Knüppel in der Hand hielt", sondern für Extremisten „Zündstoff lieferte". Diese Definition würde die Meinungsfreiheit aller einschränken. Der Kanadische Jüdische Kongress versucht, meine Freiheit zu beschneiden.

Wenn die Hinterfragung dessen, was wahr ist, als „Hass" deklariert wird, sind wir in das Zeitalter des Gedankenverbrechens von Orwells „1984" eingetreten. Lassen Sie sich nicht täuschen. So schlittern wir in eine Tyrannei und jüdische Organisationen wie der Kanadische Jüdische Kongress weisen die Richtung.

Die Definition von Hass wird gezielt eingesetzt, um die Gesellschaft umzugestalten und sie einer Gehirnwäsche zu unterziehen. Beispielsweise lehren homosexuelle und feministische Professorinnen beeinflussbaren Mädchen, dass Männer potentiell gewalttätige Sexualstraftäter und alle Familien unterdrückerisch sind. Das ist in Ordnung. Der Talmud ist voller Hass gegen Jesus und die Christen, aber das zählt auch nicht.

Der kanadische Abgeordnete Svend Robinson wollte „Angriffe auf Homosexuelle" zu einem Hassverbrechen machen. Er spricht nicht von Gewalt gegenüber Homosexuellen, was eine wirkliche Straftat wäre. Er wollte die Gesellschaft daran hindern, sich vor Aktivisten zu verteidigen, die Kindern vermitteln, dass heterosexuelle Rollen nicht natürlich sind, homosexuelle hingegen schon. (Robinsons Karriere fand ein Ende, nachdem er wegen Ladendiebstahls eines Goldrings für seinen männlichen Liebhaber festgenommen worden war.)

Mir schrieben viele sogenannte „Antisemiten" und die meisten sind nicht im Geringsten hasserfüllt oder rassistisch. Sie versuchen, ihre rechtmäßigen Interessen vor einem hinterhältigen Angriff zu verteidigen. Der Erzantisemit Henry Ford, der Verfasser von „Der internationale Jude", beschäftigte Tausende von Juden in seinen Betrieben. Er arbeitete eng mit einer Jüdin, Mme. Rosika Schwimmer, an der Friedenskampagne auf seinem Friedensschiff zusammen. Fords jüdischer Architekt Albert Kahn entwarf für ihn zahlreiche Gebäude.

Jüdische Drahtzieher benutzen den Antisemitismus, um den Widerstand gegen ihre politische Agenda zu entwaffnen. Die Propagierung des jüdischen Holocausts hält den Status der Juden als weltweit größte „Opfer" aufrecht. Dies verleiht ihnen Immunität gegenüber Kritik. Es führt dazu, dass die

Menschen ihnen gegenüber wohlwollender eingestellt und geneigt sind, in ihre Führung und Einflussnahme einzuwilligen. (Dieselbe Strategie wird bei der Darstellung von Homosexuellen und Frauen als „Opfer" angewandt.)

Jüdische Drahtzieher bedienen sich des Opferstatus, um die Juden zu manipulieren und Zuwendungen für sie zu gewinnen. Die Opferrolle verwandelt manche Juden in moralische Zombies. Die meiste Zeit meines Lebens bedachte ich nicht das Recht der Palästinenser auf ihre Heimat. „Wir litten, also verdienen wir ein Heimatland", lautete die Logik.

Der Holocaust dient auch ihrer Agenda der Neuen Weltordnung. Er ist eine ständige Ermahnung an die Fallstricke des Nationalismus oder des Rassenbewusstseins, der zwei Dinge, welche die Finanzelite für jeden im Westen außer den Juden zu begraben versucht.

HOLOCAUSTS „AUF DEN HINTEREN RÄNGEN"

Um das Vorrecht als Opfer beizubehalten, ist es für das jüdische Establishment unumgänglich, „Holocaustleugnung" zu betreiben, wenn er andere Menschen betrifft.

In seinem Buch „Verschwiegene Schuld" (1997) schildert James Bacque, wie er den „New York Times" Reporter Drew Middleton mit dem Beweis konfrontierte, dass die Vereinigten Staaten nach dem Krieg über eine Million deutscher Kriegsgefangener verhungern ließen. „Im Kern sagte Middleton, ja, er habe 1945 gelogen, und nein, es mache weder ihm noch der Times etwas aus, wenn ich dies an die Öffentlichkeit brächte." (S. 200)

„Middletons Selbstsicherheit und sein Bewusstsein der Macht, die hinter der Times steht, nahmen mir den Atem", schreibt Bacque. „Und schlimmer noch: Middleton scherte sich überhaupt nicht um die Besatzungsgräuel. … Die Times war dabei und leugnete, was geschehen war. Und hat es bis in unsere Tage weiter geleugnet." (S. 201)

Bacque schätzt, dass während der alliierten Besatzung (1946 – 1950) weitere acht bis zwölf Millionen Deutsche vorsätzlich zu Tode gehungert wurden. Der Krieg endete nicht im Jahre 1945. Deutschland war weitere fünf Jahre „einem physischen und psychischen Trauma, das einmalig in der Geschichte ist", ausgesetzt. (S. 100)

Rotarmisten vergewaltigten bis zu zwei Millionen deutsche Frauen während der letzten sechs Monate des Zweiten Weltkriegs, darunter 100.000 in Berlin. Sie schändeten auch russische Frauen, die aus deutschen Arbeitslagern entlassen wurden. Wir leben in einem feministischen Zeitalter. Haben Sie über diese Frauen irgendwelche Filme gesehen?

In Potsdam ratifizierten die Alliierten im Jahre 1945 den deutsch-sowjetischen Nichtangriffspakt aus dem Jahre 1939, welcher der Sowjetunion die Hälfte von Polen übertrug. Polen wurde mit dem östlichen Teil Deutschlands entschädigt, was faktisch einer weiteren Schenkung an das russische Reich entsprach. Dies bedingte die Vertreibung von etwa 12 Millionen Deutschen, was die größte Zwangsmigration in der Geschichte darstellt.

Juden waren in großer Anzahl im polnischen kommunistischen Regime vertreten. In einer verblüffenden Umkehr der Rollen kommandierten jüdische Polizisten die Deutschen aus ihren Häusern und in Viehwagen. In seinem Buch „Auge um Auge" berichtet der jüdische Autor John Sack, dass ungefähr 1,5 Millionen dieser Deutschen beim Abtransport starben. Er zitiert eine deutsche Frau aus Gleiwitz: „Was den Juden widerfuhr, war schlimm. Aber es gab auch einen anderen Holocaust." (S. 138)

Nach Aussage von Sack entlehnten die jüdischen Kommunisten eine weitere grausame Vergeltung. Sie füllten 1250 Konzentrations- und Arbeitslager der Nazis und folterten und ermordeten zehntausende Deutsche auf brutale Weise. (S. 101 ff.)

Haben Sie jemals einen Film gesehen, in dem Aufseher und Kommandanten der Konzentrationslager Juden waren? Seit 1948 zensieren das Amerikanisch-jüdische Komitee und die Antidiffamierungsliga alle Hollywood-Drehbücher, in denen Juden vorkommen. Da diese Organisationen ein verlängerter Arm der jüdischen Finanz sind, welche anderen Themen könnten sie zensiert haben? (Gabler, „Ein eigenes Reich: Wie jüdische Emigranten Hollywood erfanden", 1988, S. 303)

Nikolai Tolstoy dokumentiert in seinem Buch „Die Verratenen von Jalta" die „Operation Keelhaul", bei der die Alliierten die Repatriierung von zwei Millionen Russen erzwangen, die sich aus deutschen Zwangsarbeitern, Kriegsgefangenen oder Soldaten zusammensetzten. Diese Menschen wurden ins Gulag geschickt und beseitigt. Wo steht ein Museum, das ihnen gewidmet ist?

Die Massenmedien sind ungewöhnlich verhalten, wenn es darum geht, über kommunistische Gräueltaten zu berichten. Neun Millionen Menschen starben im Russischen Bürgerkrieg (1917 – 1922). Die Kommunisten nahmen die zaristische Gesellschaft und Christen im Besonderen ins Visier. Stalins Säuberungen und Hungersnöte waren für 20 Millionen weitere Todesfälle verantwortlich. In China werden Mao Tse-tung 60 Millionen Tote angelastet. Was jüngere Ereignisse betrifft, dürfen wir Tibet, Kambodscha und Ruanda nicht vergessen.

Norman Finkelstein beschreibt in „Die Holocaust-Industrie" (2000), wie Israel seinem Bündnispartner Türkei half, das Massaker an einer Million Armenier im Jahre 1915 zu leugnen. „Auf Israels Geheiß sorgte der Holocaust Council der Vereinigten Staaten dafür, dass die Armenier im Washington Holocaust Memorial Museum praktisch nicht erwähnt werden, und jüdische Lobbyisten im Kongress verhinderten einen Gedenktag für den armenischen Genozid." (S. 77)

SCHLUSSFOLGERUNG

Jüdische Organisationen entehren Holocaustopfer, indem sie sie für politische Absichten nutzen. Es ist geschmacklos, den Juden die Rolle der weltweit größten Opfer zuzuschreiben. Die Menschheit ist eine Familie und kein Genozid ist von einem höheren Stellenwert als ein anderer.

Von Ernst Zündel ist es geschmacklos, den Holocaust herunterzuspielen. Aber es ist kein Verbrechen. In diesem Sachverhalt zählt nur die Wahrheit. Die Wahrheit soll für sich selbst sprechen. Lasst uns Zündel nach ihr richten.

Der Grund, dass andere Holocausts unterdrückt werden und Zündel ins Gefängnis gebracht wurde, liegt darin, dass der jüdische Holocaust ein wertvolles Werkzeug darstellt, die Agenda der Neuen Weltordnung voranzubringen. Er verleiht ihren jüdischen Schachfiguren moralische Immunität und ermöglicht ihnen, alle Gegner als Nazis zu diffamieren.

ISRAELS ABSTIEG IN EINEN MORALISCHEN ABGRUND

„Gottes auserwähltes Volk" ist Satans auserwähltes Volk. Die Zionisten übernahmen die Führung über sie, indem sie den Holocaust und den „israelischen Unabhängigkeitskrieg" von 1948 als Trick benutzten.

1. Die Juden brauchten keine „nationale Heimstatt" auf Grund des Holocausts. Vielmehr wurden die Juden im Holocaust geopfert, damit sie Israel errichteten. Die Illuminaten wollen, dass es das Zentrum für ihre Neue Weltordnung ist. Der unverhohlene freimaurerische Symbolismus im von den Rothschilds erbauten Obersten Gerichtshof von Israel ist ein Fingerzeig. Israel ist auch die Festung für ihre Invasion in die islamische Welt.

2. Im „Unabhängigkeitskrieg" von 1948 sahen sich die Israelis NICHT einem zweiten Holocaust von blutrünstigen arabischen Armeen gegenüber, wie es den Juden beigebracht wurde. Der Krieg war vielmehr eine grausame ethnische Säuberung von Palästinensern durch Zionisten, die „Nakba" („Katastrophe"), die daran erinnert, was die Nazis den Juden antaten.

Ich befasse mich zuerst mit der zweiten Lüge.

DER „SITZKRIEG"

Laut dem israelischen Historiker Ilan Pappe war 1948 ein Vorwand und Deckmantel für die im Voraus geplante Vertreibung einer Million weitestgehend wehrloser Palästinenser aus ihren angestammten Siedlungsgebieten, Obstplantagen, Feldern und Geschäften. („Die ethnische Säuberung Palästinas", 2006)

Die zionistische Führung wusste, dass die angrenzenden arabischen Staaten keine Bedrohung darstellten. Die Palästinenser flohen nicht freiwillig, wie es den Juden vermittelt wurde, sondern wurden vertrieben.

Die Briten und die Vereinten Nationen waren Komplizen. Trotz 75.000 vor Ort stationierter Soldaten ließen die Briten ungeachtet ihrer Zusicherung in der Balfour-Deklaration, die Rechte der Palästinenser zu wahren, die Massaker und die Brandschatzung zu.

Die Vereinten Nationen übertrugen 600.000 Juden ein Gebiet, in dem sich eine Million Palästinenser befanden, die sie der Gnade David Ben-Gurions auslieferten, der sagte: „Nur ein Staat mit mindestens 80 % Juden ist ein lebensfähiger und stabiler Staat." (Pappe, S. 91)

89 Prozent des kultivierten Landes in dem von den Vereinten Nationen ausgewiesenen jüdischen Staat gehörte den Palästinensern. (S. 30)

Der General Sir John Bagot Glubb, der britische Anführer der (jordanischen) Arabischen Legion, bezeichnete 1948 als „einen Sitzkrieg". Wie bei den meisten Kriegen wurde der Ausgang im Vorfeld festgelegt. Der Führer der arabischen Truppen, König Abdullah von Jordanien, hatte ein Geheimabkommen mit den Zionisten, im Gegenzug für das Westjordanland und Ostjerusalem nur Scheinwiderstand zu leisten. Darüber hinaus kontrollierten die Engländer die arabischen Armeen und beschränkten die Versorgung.

Israel hatte 50.000 Soldaten, die weit davon entfernt waren, eine „bunt zusammengewürfelte Gruppe von Verteidigern" zu sein, wobei die Hälfte von ihnen in der britischen Armee gedient hatte. Es hatte eine kleine Luftwaffe, eine Kriegsflotte, Panzer, Panzerwagen und schwere Artillerie. Ihnen standen die eigentlichen „bunt zusammengewürfelten Verteidiger" der arabischen Welt gegenüber, nämlich vielleicht 10.000 schlecht ausgebildete und ausgerüstete palästinensische paramilitärische Einheiten und Freiwillige. (S. 44)

Entgegen der Phrasendrescherei aus arabischen Zentren, bestand nie die Chance, die Juden ins Meer zurückzutreiben. Die Palästinenser waren passiv und unterschätzten ihre Bedrohung. Sie hatten unter der ottomanischen und britischen Herrschaft gelebt und sie gedachten, irgendwie auch mit dem jüdischen Regime zurechtzukommen. Viele Dörfer schlossen mit den Juden „Nichtangriffspakte".

Im März 1948 sagte Ben-Gurion der Exekutive der Jewish Agency: „Ich glaube, die Mehrheit der palästinensischen Masse akzeptiert die Teilung als

Fait accompli ... [Sie wollen] nicht gegen uns kämpfen." (S. 108)

Die (von den Briten kontrollierte) arabische Legion war der einzige potentielle ernst zu nehmende Widersacher. Sie wurde eingesetzt, um die Zionisten zurückzudrängen, wenn sie ihr Abkommen nicht einhielten und die Altstadt von Jerusalem angriffen.

Die anderen arabischen Nationen waren so schwach, dass die Zionisten den Südlichen Libanon besetzten und Araber von dort vertrieben. Am 24. Mai 1948 klang David Ben-Gurion nicht wie der Führer eines vom Gegner bedrängten Volkes, als er seinem Tagebuch anvertraute: „Wir werden einen christlichen Staat im Libanon schaffen, dessen Südgrenze der Litani sein wird. Wir werden Transjordanien brechen, Amman bombardieren und seine Armee vernichten, und dann fällt Syrien, und wenn Ägypten immer noch weiter kämpft – dann bombardieren wir Port Said, Alexandria und Kairo." (S. 226)

Ja, die Palästinenser überfielen einige Konvois und abgeschiedene jüdische Siedlungen, wodurch die Juden einen beträchtlichen Verlust erlitten. Diese Angriffe spielten den Zionisten in die Hände, die Gegenwehr gegen ihre Aggression immer als „Antisemitismus" hinstellen.

DIE NAKBA

Der arabisch sprechende Ilan Pappe befragte Überlebende in palästinensischen Flüchtlingslagern. Er verglich ihre Berichte mit denen in den Archiven der israelischen Streitkräfte.

Über 200 arabische Dörfer wurden zerstört, bevor ein arabischer Berufssoldat einen Fuß nach Palästina setzte. Ihr ethnisches Säuberungsprogramm wurde „Plan D" genannt. (S. 82) Dafür wurde eine eingehende Bestandsaufnahme aller palästinensischer Siedlungen und des Besitzes vorgenommen. (Häufig gewährten die unbedarften Palästinenser denen, die diese makabre „Volkszählung" durchführten, Gastfreundschaft.)

Die Zionisten überfielen nachts palästinensische Dörfer und sprengten Häuser, während die Bewohner darin schliefen. Dann trieben sie Jungen und Männer im Alter von 10 bis 50 Jahren zusammen, erschossen sie oder schickten sie in Gefangenenlanger. Die Frauen, Kinder und die Älteren wurden gezwungen, ihre Siedlungen zu verlassen. Letzten Endes endeten etwas 750.000 in Flüchtlingslagern in Gaza, im Westjordanland oder in angrenzenden Ländern. Es gab viele Fälle von Vergewaltigung und Plünderung.

In den großen Städten wie Jerusalem, Jaffa und Haifa wurden die palästinensischen Bezirke unter Beschuss genommen und die Menschen dort terrorisiert und getötet. Insgesamt wurden 530 von etwa 1000 palästinensischen Dörfern dem Erdboden gleichgemacht. Es wurden auch etwa ein dutzend Städte und Gemeinden leer gefegt. Manche Dörfer waren wirtschaftliche oder persönliche Beziehungen mit den Juden eingegangen und entgingen diesem Schicksal. Viele dieser „Übereinkünfte" wurden von den Zionisten aber nicht geschätzt.

Deir Yasin war schlimm, aber die Vorfälle, die sich am 28. Oktober 1948 im Dorf Dawaymeh zwischen Be'er Sheva und Hebron ereigneten, waren noch schlimmer. Im Folgenden zitiere ich Pappe:

„Als der Muchtar (Hassan Mahmoud Ihdelb) sich am nächsten Tag wieder ins Dorf wagte, sah er mit Entsetzen Berge von Leichen in der Moschee und viele weitere auf den Straßen, tote Männer, Frauen und Kinder, auch seinen Vater. Als er zu der Höhle ging, fand er den Eingang von Leichen übersät. ... [Es gab] 455 Vermisste, darunter 170 Kinder und Frauen. Die jüdischen Soldaten, die an dem Massaker beteiligt waren, schilderten ebenfalls grauenvolle Szenen: Babys mit gespaltenen Schädeln, Frauen, die vergewaltigt oder lebendig in ihren Häusern verbrannt wurden, erstochene Männer. Dabei handelte es sich ... um Augenzeugenberichte, die innerhalb weniger Tage nach den Ereignissen an das [israelische] Oberkommando geschickt wurden." (S. 297)

DER HOLOCAUST

Am Tag, bevor ein palästinensisches Dorf angegriffen wurde, stachelten israelische Politoffiziere (wie sowjetische Kommissare) die Streitkräfte mit einer Ansprache über den Holocaust auf. Die Zionisten bedienten sich auch des Holocausts, um sich selbst moralische Straffreiheit zu verleihen. Die ganze Welt schaute zu und sagte nichts.

Aber waren die Zionisten nicht selbst auch teilweise für den Holocaust verantwortlich? Taten die Zionisten das den Juden nicht zuerst an, was sie später den Palästinensern antaten?

Im Jahre 1943 vereinbarte der Rabbiner Dov Weissmandl vom jüdischen Rettungskomitee aus der Slowakei mit NS-Funktionären, dass sie die Transporte zu den Konzentrationslagern gegen 50.000 US$ einstellten. Sie stoppten sie tatsächlich, während sie auf das Geld warteten, das aus dem Ausland kommen musste.

Weissmandl wandte sich an die Zentrale der zionistischen Jewish Agency in der Schweiz, wo ihm mitgeteilt wurde, dass Zionisten „sich gegenüber den Bitten und Wehklagen taub stellen müssen, die von Osteuropa ausgehen", um den Staat Israel zu errichten.

„Denken Sie daran: Alle Alliierten erlitten viele Verluste und wenn wir nicht auch Menschenopfer darbringen, woher wollen wir das Recht nehmen, am Konferenztisch zu sitzen, wenn die Gebietsgrenzen neu gezogen werden? [Israel] Eretz Yisroel wird nur uns gehören, wenn wir mit Blut bezahlen, aber soweit es unseren engsten Kreis anbelangt, ATEM TAJLU (z. Dt.: entkommen Sie). Der Kurier, der diesen Brief überbringt, wird Ihnen zu diesem Zweck Geldmittel zukommen lassen."

Weissmandl legte den Brief wie folgt aus: „Der Preis für Eretz Yisroel ist das Blut der Männer und Frauen, ergrauten Weisen und Säuglinge – aber nicht EUER [zionistisches] Blut! Lasst uns diesen Plan nicht vereiteln, indem wir der Achse [d. h. den Nazis] die Macht geben, jüdisches Leben zu retten. Aber für Euch, [zionistische] Kameraden, habe ich Fahrtgeld für Eure Flucht beigelegt. Was für ein Alptraum! Der zionistische Mittelsmann, der sogenannte ‚Diplomat', kommt in die Tschechoslowakei und sagt: ‚Vergießt munter Euer Blut, denn Euer Blut ist wertlos. Aber im Gegenzug für Euer Blut wird das Land (Israel) uns gehören!'" („Min Hametzar", S. 92, von Rabbiner Michael Dov Weissmandl, Dekan der Jeschiwa Nitra)

Wenn Sie der Ansicht sind, dass diese Philosophie nicht den Anstoß für das Aufkeimen des Nazismus und des Antisemitismus und die Entstehung des Holocausts gab, machen Sie sich etwas vor. Der Nazismus war ein Betrug am deutschen Volk, ebenso wie der Zionismus ein Betrug an den Juden ist. Beide verwandelten gute Menschen in kaltblütige Mörder, in Schachfiguren des „Prinzen der Lügen".

SCHLUSSFOLGERUNG

Die Nakba dauert im Gazastreifen, im Westjordanland und entlang der Trennungsmauer bis heute an. (Man könnte behaupten, dass sie auch im Libanon, in Afghanistan und im Irak fortgeführt wird.) Neue Siedlungen werden errichtet, um die israelischen Ansprüche als „vollendete Tatsache" zu untermauern.

Die Mehrheit der Israelis und ihrer Unterstützer sehen sich mit einer moralisch „vollendeten Tatsache" konfrontiert. Dadurch, dass sie bezüglich des Holocausts und des „Unabhängigkeitskriegs" irregeleitet wurden, sind sie mit einer moralischen Abscheulichkeit befleckt. Viele richteten ihr Leben danach aus. Was können sie nun tun?

Wenn man den falschen Weg eingeschlagen hat, bringt es nichts, vorzugeben, es sei der richtige. Man muss eine Kehrtwendung machen und denselben Weg zurückgehen – je eher, desto besser. Wenn ich in Israel leben würde, würde ich entweder daran arbeiten, die Wahrheit aufzudecken, oder das Land verlassen.

Ich bin der Meinung, dass die Zionisten die Wahrheit eingestehen und den Weg einer Zwei-Staaten-Lösung mit Entschuldigungen und einer großzügigen Entschädigung an die Palästinenser verfolgen sollten. Es sollte ein beschränktes Recht auf Rückkehr geben.

Ilan Pappe behauptet, dass die Palästinenser dies akzeptieren würden. Pappe ist ein außergewöhnlicher Historiker: Er ist im wahren jüdischen Geiste aufrichtig, mutig und moralisch. Er sagt, dass seine Recherche die palästinensische Darstellung der Geschehnisse „in vollem Umfang verficht", die so viele Jahre hindurch geleugnet wurde. (Dennoch gilt die „Nakbaverleugnung" nirgends als ein Verbrechen.)

Die Israelis müssen eine 180-Grad-Wendung machen, bevor sie in der Hölle schmoren und den Rest von uns mitnehmen. Die Illuminaten kontrollieren Israel durch israelische Führer, die tatsächlich Freimaurer sind. Sie haben das israelische Volk schon mehr als einmal verraten.

Pappe ist nicht optimistisch. Der vorsätzlich geplante Angriff auf den Libanon im Juli 2006 brachte das Fass zum Überlaufen. Während seiner Zeit als Professor an der Universität Haifa beobachtete er seine pazifistischen Kollegen, die die zugrundeliegende Argumentation der Regierung akzeptierten. Sie sind Gefangene einer satanischen „vollendeten Tatsache". Die Israelis sind jetzt eher fanatischer. Pappe verließ Israel, um 2007 Vorsitzender des Lehrstuhls für Geschichte an der University of Exeter in England zu werden.

Es gibt nur einen Weg für die Menschheit, in Frieden aufzublühen: Sie muss die Wahrheit anerkennen, ganz gleich, wie selbst belastend oder schmerzlich sie ist.

ZIONISTEN GRIFFEN IRAKISCHE JUDEN „UNTER FALSCHER FLAGGE" AN

Im Jahre 1950 veranlasste eine Welle von Antisemitismus und Terrorismus im Irak den 21-jährigen Naeim Giladi, sich dem zionistischen Untergrund anzuschließen.

Giladi wurde von irakischen Behörden inhaftiert, gefoltert und zum Tode verurteilt. Er entkam und flüchtete nach Israel, nur um herauszufinden, dass der Antisemitismus und die Bombenanschläge von seinen zionistischen Kameraden in die Wege geleitet wurden, um irakische Juden wie ihn dazu zu verleiten, nach Israel zu gehen.

Giladis Familie war Teil einer jüdischen Gemeinde, die sich vor 2600 Jahren, 600 Jahre vor dem Christentum und 1200 Jahre vor dem Islam, in Babylon ansiedelte und erfolgreich gediehen war.

Dann in den späten 1940er Jahren entließ der Premierminister Nuri as-Said jüdische Staatsangestellte, verwehrte jüdischen Händlern Lizenzen und entzog schließlich den Juden im März 1950 ihre Staatsbürgerschaft. Dennoch gingen sie nicht fort.

Einen Monat später leitete eine Serie von terroristischen Bombenanschlägen die Auswanderungswelle ein. Im Januar 1951, als eine Bombe, die auf eine Synagoge abgeworfen wurde, drei Menschen tötete und 30 Menschen verletzte, stieg die Auswanderung verängstigter Juden sprunghaft auf 600 – 700 pro Tag an.

Als Giladis Vater herausfand, dass sein Sohn sich den Zionisten angeschlossen hatte, hegte er Skepsis. „Du wirst mit eingezogenem Schwanz nach Hause zurückkommen", sagte er.

Aber Giladi war jung und idealistisch. Juden wurden getötet und der Zionismus bot die Möglichkeit, ihnen eine nationale Heimstatt zu schaffen. „Ich war ein wahrer Gläubiger", schreibt er.

In einem Online-Artikel „The Jews of Iraq" beschreibt Giladi seine bittere Erkenntnis, dass die Zionisten hinter dem Antisemitismus und den Bombardierungen steckten.

Ohne Giladis Wissen waren zwei Mitglieder des zionistischen Untergrunds festgenommen worden und gestanden, dass sie die terroristischen Anschläge durchgeführt hatten. Das Buch „Venom of the Zionist Viper" von einem irakischen Ermittler benennt den zionistischen „Abgesandten" Mordechai Ben-Porat als Organisator. Das Buch wurde in Israel verboten.

Der irakische Premierminister Said war eine britische Schachfigur. Er traf sich mit dem israelischen Premierminister David Ben-Gurion im Jahre 1948 in Wien und willigte ein, irakische Juden im Rahmen des geopolitischen Programms der Elite nach Israel zu überführen.

Dieses und weitere zionistische Verbrechen gegen die Juden werden in Giladis Buch „Ben-Gurion's Scandals: How the Haganah and the Mossad Eliminated Jews" (1992) dokumentiert, das von Dandelion Books wieder aufgelegt wurde.

Im Januar 1952 waren bis auf 6000 alle der 125.000 irakischen Juden nach Israel geflohen, wo sie als „arabische Juden" schlechter als im Irak behandelt wurden. Israel verlangte von ihnen, dass sie die freigewordenen niederen Tätigkeiten der Palästinenser verrichten. Bei der Überführung von der irakischen zur israelischen Regierung verloren die irakischen Juden einen großen Teil ihres Vermögens.

In Bezug auf sein Volk fasst er zusammen: „Eine kultivierte, gedeihende Gemeinde aus alter Zeit war entwurzelt und ihr Volk in ein Land verpflanzt worden, das von osteuropäischen Juden dominiert wird, deren Kultur ihnen nicht nur fremd, sondern ihnen gegenüber auch voller Hass war."

Ihr Schicksal war bezeichnend für alle 500.000 Juden aus arabischen Ländern. Dies widerlegt die zionistische Argumentation, dass diese Juden aus muslimischen Ländern vertrieben wurden und für die heimatvertriebenen Palästinenser zum Ausgleich dienen.

Giladi fand heraus, dass Israel auf Grund seiner Expansionspläne viele aufrichtige arabische Friedensangebote ausgeschlagen hatte. Er traf sich mit dem Premierminister Ben-Gurion und fragte ihn, warum Israel keine Verfassung hätte.

„Wenn wir eine Verfassung hätten, müssten wir eine Grenze haben, und das ist nicht unsere Grenze", sagte ihm Ben-Gurion. „Wo die Armee Gebiete besetzt, wird sich unsere Grenze befinden."

Giladi leistete in den Kriegen von 1967 und 1973 Militärdienst. Aber nach dem israelischen Einmarsch in den Libanon im Jahre 1982 legte er seine israelische Staatsbürgerschaft ab und zog nach New York City.

„WAHRE GLÄUBIGE"

Giladis Geschichte bestätigt, dass die Vorgehensweise der Zionisten aus Operationen unter falscher Flagge und „Schutzgelderpressung" besteht. Sie griffen irakische Juden an, wobei sie sich als muslimische Terroristen ausgaben. Im Jahre 1954 bombardierten sie amerikanische Einrichtungen in Kairo (die „Lawon-Affäre"), um ägyptisch-amerikanische Beziehungen zu sabotieren. Der israelische Angriff auf die USS Liberty war ein Versuch, Ägypten die Schuld zuzuschreiben und die Vereinigten Staaten in den Krieg von 1967 zu ziehen.

Ich werde nicht näher auf den Anschlag vom 11. September eingehen, der meiner Meinung nach von CIA und Mossad verübt wurde. Ich möchte vielmehr die Ironie in den Mittelpunkt stellen, dass Naeim Giladi für eine Sache fast in den Tod ging, der er später abschwor. Viele Millionen von „wahren Gläubigen" wurden auf ähnliche Weise getäuscht.

Der Zionismus betrügt alle Juden. Die Israelis wurden in einen endlosen Kolonialkrieg gegen die Muslime hineingezogen. Ihre Unterstützer in der Diaspora werden moralisch bloßgestellt. Aber versuchen Sie mal, zionistische „wahre Gläubige" zu warnen und Sie werden mit Beleidigungen und Ächtung Bekanntschaft machen. Der Zionismus ist ihre Religion und Identität.

BUCH VIER

VERBORGENE GESCHICHTE

DIE ILLUMINATEN ERMORDETEN MINDESTENS ZWEI WEITERE PRÄSIDENTEN

„[Die Ursache] des Ruins unserer zivilen Einrichtungen ist in der Freimaurerei festzustellen, die jetzt schon mächtig ist und jeden Tag mehr Einfluss ausübt. Ich bin meinem Land die Enthüllung seiner Bedrohungen schuldig."
– Hauptmann William Morgan, ermordet am 11. September 1826.

Ein eigenartiges, aber sehr glaubwürdiges Dokument im Internet, das den Titel „The Mardi Gras Secrets" trägt, legt dar, dass Handlanger der Illuminaten die Präsidenten William Henry Harrison (1773 – 1841) und Zachary Taylor (1784 – 1850) vergifteten und töteten. Sie vergifteten auch James Buchanan im Jahre 1857, aber er überlebte. Alle drei stellten sich den Plänen der Rothschilds und der Illuminaten für den amerikanischen Bürgerkrieg (1861 – 1865) in den Weg.

Das Dokument schildert auch die Rolle der Illuminaten bei den Ermordungen von Abraham Lincoln und Senator Huey Long. Sie töteten mit Sicherheit die Präsidenten Garfield, McKinley und Kennedy, wahrscheinlich Warren Harding und womöglich Franklin D. Roosevelt. Hätte George W. Bush nicht so einen fürchterlichen Job gemacht, wäre er wahrscheinlich ebenfalls ermordet worden.

Die Webseite des Dokuments „The Mardi Gras Secrets" wurde im Dezember 2005 von Mimi L. Eustis erstellt, der Tochter von Samuel Todd Churchill, einem hochrangigen Mitglied der geheimen New Orleans Mardi Gras Society, die „The Mystick Krewe of Comus" genannt wird. Online hier zu finden: http://www.whale.to/c/mardi_gras.html

Diese Gesellschaft, von der die Mardi Gras Feierlichkeiten im Jahre 1857 neu organisiert wurde, war eine Gruppe, die aus dem Orden „Skull & Bones" hervorging. Sie begann als Front für die Tätigkeiten der Freimaurer Albert Pike, Judah Benjamin und John Slidell, die in der Konföderation zu führenden Persönlichkeiten wurden.

Diese Informationen beruhen auf Samuel Churchills Bekenntnissen auf dem Sterbebett. Er starb an Lungenkrebs. Mrs. Eustis entschied später, sie der Öffentlichkeit zugänglich zu machen, nachdem sie ebenfalls tödlich erkrankte.

Der Anführer der Illuminaten war Caleb Cushing (1800 – 1879), der Partner des Opiumschmugglers William Russell, der im Jahre 1832 den Geheimbund „Skull & Bones" in Yale gründete. Um in dieser Gesellschaft aufzusteigen, musste man an einem „Töte den König"-Initiationsritus teilnehmen.

Nach Aussage von Eustis ist der Orden „Skull & Bones" (oder die „Brotherhood of Death") „nichts anderes als ein politisches Mordkommando gegen jene Politiker der Vereinigten Staaten, die sich den Plänen einer Herrschaft von elitären Blutlinien und einer Kontrolle über die Weltwirtschaft des Hauses Rothschilds [widersetzen] … Caleb Cushing war beispielsweise am Tod durch Arsenvergiftung der amerikanischen Präsidenten William Henry Harrison am 4. April 1841 und Zachary Taylor am 9. Juli 1850 beteiligt. Diese beiden Präsidenten hatten abgelehnt, Texas und Kalifornien als Sklavenhalterstaaten aufzunehmen."

William Henry Harrison war der erste Präsident, der jemals in seinem Amt sterben sollte, wobei seine Präsidentschaft nur 31 Tage andauerte. Wikipedia zufolge starb er an einer „Lungenentzündung".

Am 3. Juli 1850 drohte Zachary Taylor, jene aufzuhängen, „die im Aufstand gegen die Nordstaaten festgenommen wurden". Am nächsten Tag erkrankte der Präsident, erbrach eine schwärzliche Substanz und starb am 9. Juli. (Die Behörden von Kentucky exhumierten vor kurzem Taylors Leichnam, um nach Beweisen für eine Arsenvergiftung zu suchen.)

DIE ERMORDUNG VON ABRAHAM LINCOLN

Ich gebe Mrs. Eustis mit anderen Worten wieder: Während des Bürgerkriegs (von 1861 – 1865) benötigte Präsident Lincoln Geld, um den Krieg zu finanzieren. Kreditwucher betreibende Bänker wollten 24 % bis 36 % Zinsen. Stattdessen überzeugte Lincoln den Kongress, das Drucken von 450 Millionen Dollar im Wert der Schulden in Dollar als zinsfreies Geld zu genehmigen. Es diente als gesetzliches Zahlungsmittel für alle Schulden, sowohl für staatliche als auch für private.

Das Haus Rothschild erkannte, dass unabhängige Regierungen, die zinslose und schuldenfreie Geldscheine drucken, ihre Macht brechen würden. Lincolns Mörder, John Wilkes Booth, war ein Mitglied von Pikes Geheimgesellschaft „Knights of the Golden Circle". Er war während des Winters von 1863 – 64 in New Orleans und verschwor sich mit Pike, Benjamin, Slidell und Admiral G.W. Baird, um Lincoln zu ermorden.

Eustis zufolge betonte ihr Vater, dass die meisten Freimaurer unterhalb des dritten Grades gute und tüchtige Menschen waren. Der Illuminatenorden „Skull & Bones" nutzte die Freimaurer als Tarnung. Diejenigen, die zum 33. Grad aufstiegen, erreichten diesen Rang, indem sie am „Töte den König"- Ritus teilnahmen. Die niedrigeren Grade agierten, wie es ihnen aufgetragen wurde, ohne dass sie sich ihrer Teilnahme bei der „Tötung des Königs" bewusst wurden.

Für die Ermordung von Abraham Lincoln wurden Pike, Benjamin, Slidell und August Belmont (Rothschilds Mittelsmann aus den Nordstaaten) zu geheimen „Kings of the Mystick Krewe of Comus". Der Vizepräsident Andrew Johnson wurde Präsident und begnadigte Albert Pike. Albert Pike erteilte Andrew Johnson den Initiationsritus des 33. Grades.

„Ärzte waren ein wesentlicher Bestandteil des Plans der Illuminaten, amerikanische führende Politiker zu töten, die die Übernahme der amerikanischen Republik durch die internationale Bänkerelite behinderten", schreibt Eustis.

„Ärzte, die dem Illuminatenorden angehörten, brachten letzten Endes sowohl den amerikanischen Präsidenten William Henry Harrison als auch Zachary Taylor um. Sie hatten ebenso bei den Schussattentaten auf die amerikanischen Präsidenten Abraham Lincoln am 14. April 1865 (gestorben am 15. April 1865), James Garfield am 2. Juli 1881 (gestorben am 19. September 1881) und William McKinley Jr. am 6. September 1901 (gestorben am 14. September 1901) eine tödliche Funktion inne."

„Teddy Roosevelt wurde Präsident, nachdem William McKinley erschossen worden war. Roosevelt erhielt die Initiation in den 33. Grad und wurde ein geheimer „King of the Mystick Krewe of Comus". Unter seiner Präsidentschaft wurde der Orden „Skull & Bones" fest verankert und kontrollierte die amerikanische Republik."

HUEY LONG

Huey Long („Kingfish") war ein Populist, der Franklin D. Roosevelt als Gouverneur von Louisiana und später als US-Senator mächtig herausforderte. Im Gegensatz zu Franklin D. Roosevelt war er kein Freimaurer und kein Zugpferd für die Bänker. Seine Kampagne „Share Our Wealth" (z. Dt.: „Wir teilen unseren Wohlstand") stellte eine echte Bedrohung für die Illuminaten dar.

Ein Mitglied der Illuminaten, Dr. Carl Austin Weiss, erschoss Long am 8. September 1935 und Dr. Arthur Vidrine stellte sicher, dass Long nicht wieder zu Kräften kam. Nach Aussage von Eustis sollte Weiss Long am Kopf treffen und Longs Leibwächter Murphy Roden sollte sowohl Weiss als auch Long erschießen. Dies könnte sich tatsächlich so zugetragen haben.

Roden, der „ein Spion für J. Edgar Hoover" war, durchsiebte Weiss' Körper mit 60 Schüssen. Dr. Weiss wurde gesagt, dass sein Baby getötet werden würde, wenn er sich nicht an den Auftrag hielt.

Sowohl Franklin D. Roosevelt als auch J. Edgar Hoover verdienten ihren Initiationsritus in den 33. Grad für ihre Beteiligung an diesem Mord.

„Franklin Delano Roosevelt wurde zum König von Comus im Jahre 1937. Als J. Edgar Hoover nach New Orleans kam, um seine Herrschaft als König von Comus auszuüben, nahm er an einer sexuellen Orgie der Homosexualität und des Transvestismus mit verschiedenen Mitgliedern von elitärer Abstammung des Mystick Krewe of Comus teil."

LINDBERGH UND HARDING

„Handlanger des Ordens ‚Skull & Bones' ermordeten mit der Absegnung und der Mitwirkung von J. Edgar Hoover, dem Vertuscher der Mörder für die elitäre Blutlinie des Hauses Rothschild vom 33. Grad, den Sohn des Freimaurers Charles Lindbergh. Diese Ermordung des Sohnes des Freimaurers

Charles Lindbergh sollte ein Exempel statuieren, dass die isolationistische Haltung nicht dem Willen der Illuminaten entsprach."

Mrs. Eustis bringt den Vergiftungstod des Präsidenten Warren Harding (1865 – 1923) nicht zur Sprache, aber Wikipedia beschreibt ihn wie folgt:

„Ende Juli, während er durch British Columbia von Alaska nach Süden reiste, entwickelte [Hardberg] Symptome, die für eine schwere Lebensmittelvergiftung gehalten wurden. Im Palace Hotel in San Francisco erkrankte er an einer Lungenentzündung. Harding starb im Alter von 57 Jahren am 2. August 1923 um 19:35 Uhr entweder an einem Herzinfarkt oder einem Schlaganfall. Die offizielle Bekanntgabe, die an diesem Tag in der New York Times abgedruckt wurde, lautet, dass ‚die Todesursache ein Schlaganfall war'. Er war genau eine Woche krank gewesen."

Um Näheres über Franklin D. Roosevelt zu erfahren, siehe „The Strange Death of Franklin D. Roosevelt" von Emanuel Josephson (1948).

SCHLUSSFOLGERUNG

Die „Mardi Gras Secrets" legen den Schluss nahe, dass die Vereinigten Staaten in Anbetracht des Ausmaßes der Verderbtheit nicht als eine Demokratie ernst genommen werden können. Die Kontrolle der Rothschilds und der Illuminaten zieht sich durch die gesamte Geschichte der Vereinigten Staaten. Menschen, die dies bestreiten, leben in einer Traumwelt.

Die Vereinigten Staaten wurden geschaffen, um die Neue Weltordnung der Illuminaten voranzubringen, die auf der Kontrolle der Rothschilds über die Kredite gründet. Die amerikanischen Ideale waren dafür vorgesehen, die Massen irrezuleiten und umzuformen, nicht um letztlich verwirklicht zu werden.

Die Gründerväter und Helden der Vereinigten Staaten waren mehrheitlich Freimaurer einschließlich Paul Revere, John Paul Jones und Benjamin Franklin. Francis Scott Key, der die Nationalhymne verfasste, war ein Freimaurer. John Hancock und der Großteil der Unterzeichner der Unabhängigkeitserklärung waren ebenfalls Freimaurer.

Mehr als die Hälfte der Präsidenten waren Freimaurer. Hierzu gehören Washington, Madison, Adams, Jefferson, Monroe, Jackson, Van Buren, Tyler, Polk, Taylor, Pierce, Buchanan, Johnson, Garfield, McKinley, Theodore Roosevelt, Taft, Harding, Franklin D. Roosevelt, Truman, Lyndon B. Johnson, Ford, Reagan, Clinton, Bush Sr. und Jr. und Obama.

Einige von ihnen glaubten wirklich, dass es in der Freimaurerei darum geht, „aus guten Menschen bessere Menschen zu machen", und mussten aus dem Weg geräumt werden. Andere Präsidenten wie Eisenhower, Nixon und Carter, die keine Freimaurer waren, wurden dennoch von denselben dunklen Mächten kontrolliert.

Die ganze Geschichte hindurch befanden sich die Vereinigten Staaten in den Fängen eines satanischen Kults, der vom Zentralbankenkartell der Rothschilds ermächtigt wurde. Viele heldenhafte Präsidenten und andere Politiker versuchten, ihre Landsleute zu befreien, starben verkannt und wurden nicht betrauert, während ihre Mörder erfolgreich waren und geehrt wurden. So wird es in einer satanischen Ordnung gehandhabt.

Die Vereinigten Staaten sind eine enthauptete Nation, ein kopfloser Gigant, der von Dämonen gelenkt wird.

WURDEN DIE WELTKRIEGE INSZENIERT?

In Afghanistan gab es Ausschreitungen von Muslimen, da amerikanische Vernehmungsbeamte im Gefangenenlager Guantanamo mehrere Exemplare des Korans die Toilette hinunterspülten.

Woher wussten die Aufständischen dies? Natürlich wurde darüber in der Newsweek berichtet. Oh nein, sie konnten es nicht unterbinden.

Die Newsweek ist im Besitz der Familie von Eugene Meyer, dem damaligen Direktor des War Finance Board (1. WK), Präsident der US-Zentralbank und Präsident der Weltbank. Sein Unternehmen „Washington Post" hat langjährige Beziehungen zur CIA vorzuweisen.

In den Massenmedien erscheint nichts ohne hintergründige Absichten. Die Illuminaten fördern einen Kampf der „Zivilisationen" zwischen dem Islam und den Vereinigten Staaten.

Hinsichtlich der derzeitigen Vorbereitung des Dritten Weltkriegs ist die Frage berechtigt, ob diese böswillige Bande auch den Zweiten Weltkrieg inszenierte, der den Genozid von 70 Millionen Menschen zur Folge hatte.

Ein Ausschnitt aus Prinz Michel Sturdzas Werk mit dem treffenden Titel „The Suicide of Europe" (1968) ließ meine Alarmglocken schrillen.

Sturdza war von September – Dezember 1940 rumänischer Außenminister. Er war ein Führer in der pronationalsozialistischen, antikommunistischen, nationalistischen christlichen „Legionärsbewegung". Die Nazis, die wie ihre kommunistischen Gegenspieler Illuminaten waren, waren allen „nationalistischen" Bewegungen feindlich gesinnt. Sie stürzten binnen kurzem die Legionäre und steckten diese Patrioten in Konzentrationslager.

Bevor Sturdza sein Amt übernahm, besuchte er Berlin. Keiner mit Ausnahme des Admirals Wilhelm Canaris, des gerissenen Chefs der Abwehr des deutschen militärischen Geheimdienstes, wollte mit ihm sprechen.

Canaris hatte ein Anliegen, das Sturdza überraschte. Er ersuchte ihn, mit Canaris' Mann in Bukarest zusammenzuarbeiten, einem gewissen Moruzov, den Sturdza im Verdacht hatte, ein kommunistischer Agent zu sein.

Als er diesbezüglich nachgehakt hatte, sagte Canaris, dass Moruzov die „besten Informationen hinsichtlich militärischer Vorbereitungen Sowjetrusslands lieferte".

Bevor er Berlin verließ, erhielt Sturdza Besuch von Canaris' Stellvertreter, einem Hauptmann Müller, „Überbringer der abermals drängenden Forderungen seines Vorgesetzten, was mich und meine Frau fassungslos machte".

„Hauptmann Müller informierte uns darüber, dass Großbritannien niemals eine Niederlage beigebracht worden war und es nie besiegt werden würde. Er fügte hinzu: ‚Was ich Ihnen gerade erzähle, stammt von einem preußischen Offizier und könnte möglicherweise als Hochverrat angesehen werden. Seien Sie jedoch achtsam. Übernehmen Sie unter keinen Umständen als Außenminister ihres Landes die Verantwortung, es in den Krieg zu treiben, in dem Sie Großbritannien gegenüber stehen. Sie werden zermalmt werden. Großbritannien ist immer siegreich.'"

Diese Aussage eines Funktionsträgers der Abwehr im August 1940 war sonderbar, als Deutschland gerade Frankreich und weite Teile Europas eingenommen hatte und unbesiegbar erschien.

Sturdza dachte, dass er auf die Probe gestellt wurde und war verhalten. „Ich hatte nicht die leiseste Ahnung, dass ich mit dem größten Spionagering von Verrätern in Kontakt gestanden hatte, der in der gesamten Kriegsgeschichte, gleich welchen Landes, bekannt war." (S. 162)

Canaris, der von griechisch-jüdischer Abstammung gewesen sein dürfte, sabotierte in der Tat die Kriegsanstrengungen der Nazis. Sturdza glaubt, dass sein Spionagering die Hauptursache der Niederlage der Nazis war. Nach einem fehlgeschlagenen Versuch, einen Mordanschlag auf Hitler zu verüben, wurden seine Mitglieder von der Gestapo gefoltert und brutal ermordet.

Natürlich wurden sie als mutige Helden dargestellt: von Prinzipien geleitete Humanisten, die der faschistischen Gewaltherrschaft Widerstand leisteten. Ich hoffe, dass dies der Fall ist.

Tatsächlich deutet die Aussage „Sie werden zermalmt werden. Großbritannien ist immer siegreich." jedoch auf eine andere Absicht bzw. einen größeren Plan hin.

Der Hauptsitz der kommunistisch-kapitalistischen Internationale befindet sich in der City of London. Die Bank of England finanzierte die Kriegsmaschinerie der Nazis genauso wie sie die bolschewistische Revolution mit Geldmitteln unterstützte. Die Bänker inszenierten den Zweiten Weltkrieg, um die großen Nationalstaaten Europas zu zerschlagen und die Blüte der neuen Generation auszulöschen.

War Canaris ein Illuminat oder ein Handlanger der Illuminaten? Allem Anschein nach wollte er Hitler stürzen und den Krieg frühzeitig beenden, aber die Alliierten bestanden auf einer „bedingungslosen Kapitulation", also auf größtmöglichem Gemetzel. Es sollten keine nationalistischen Streitkräfte, einschließlich derjenigen der Deutschen, übrig bleiben. Nur „internationalistische" Truppen. Das deutsche Heer hatte keine andere Wahl, als bis zum Ende zu kämpfen.

Ich sehe den Zweiten Weltkrieg nicht als „den guten Krieg" an. Er wurde herbeigeführt, um den Reichtum und die Macht in den Händen der üblichen Personen zu konzentrieren sowie die Menschheit herabzusetzen und zu demoralisieren. Beide Seiten ließen sich unsägliche Gräueltaten zu Schulden kommen.

Die zwei großen Kriege und der potentielle Dritte Weltkrieg sollen die Eine-Welt-Diktatur der Illuminaten und die Bewusstseinskontrolle vorantreiben. Die Menschheit befindet sich im Griff einer teuflischen Verschwörung, die sich über mehrere Generationen erstreckt. Dabei ist sie durch Geld und Sex zu hypnotisiert, um es zu bemerken.

BÄNKER VERLÄNGERTEN DEN ERSTEN WELTKRIEG UM DREI JAHRE

Am 12. Oktober 1915 wurde Edith Cavell, eine 50-jährige britische Kran-kenschwester und Leiterin eines Lehrkrankenhauses in Belgien von einem deutschen Exekutionskommando erschossen. Ihr Tod beschwor in den Verei-nigten Staaten eine deutschfeindliche Stimmung herauf und führte dazu, dass sich in England die Verpflichtung zum Militärdienst verdoppelte.

Sie hatte einigen britischen Kriegsgefangenen zur Flucht verholfen. Nor-malerweise wäre ihr Verbrechen mit einer dreimonatigen Haftstrafe geahn-det worden. Warum wurde sie getötet?

Nach Aussage von Eustace Mullins war Edith Cavell zufällig auf einige schädliche Informationen gestoßen. Am 15. April 1915 veröffentlichte „The Nursing Mirror" in London ihren Brief, der aufdeckte, dass die „Kommissi-on für das belgische Hilfswerk" der Alliierten (welche mit der Nahrungsmit-telversorgung der Belgier betraut war) in Wirklichkeit tausende Tonnen von Lebensmitteln nach Deutschland schleuste.

Sir William Wiseman, der Leiter des britischen Geheimdienstes und ein Partner der Bänker Kuhn und Loeb, verlangte von den Deutschen, Cavell auf Grund der Spionage hinzurichten. Wiseman war der Meinung, dass „der Fortbestand des Kriegs gefährdet war". Die Deutschen willigten widerwillig ein, wodurch sie „einen der bedeutendsten Märtyrer des Ersten Weltkriegs" schufen. („The Secrets of the Federal Reserve", S. 72-73)

Ziemlich skrupellos, meinen Sie? Auch nicht skrupelloser als das World Trade Center abzureißen und über 3000 Amerikaner zu ermorden, um einen fingierten „Krieg gegen den Terror" zu beginnen.

Diese hier als Beispiel aufgeführte Kooperation zwischen Krieg führen-den Ländern wurde zu Wege gebracht, da Wiseman eng mit Paul Warburg, einem Mitglied des Aufsichtsrates der US-Notenbank, zusammenarbeitete. Warburgs Bruder Max war Leiter des deutschen Geheimdienstes und ein en-ger Freund von Kaiser Wilhelm.

Die in London ansässigen Zentralbänker benutzen Kriege, um die Nationen zu schwächen und die Welt (einschließlich Großbritannien, der Vereinigten Staaten, Israel, usw.) zu kolonialisieren. Die Schwierigkeit der Durchführung des Ersten Weltkriegs bestand darin, dass sie die europäischen Staaten bereits in den Bankrott getrieben hatten, indem sie ihnen Schlachtschiffe verkauften. Europa konnte sich keinen Krieg leisten!

Die Gründung der US-Notenbank und die Verabschiedung des „Income Tax Act" (Einführung der Einkommenssteuer) im Jahre 1913 lösten diese Problematik. Amerikanische Staatsanleihen finanzierten den Ersten Weltkrieg. Das amerikanische Volk war für beide Seiten des Konflikts verantwortlich.

WIE SIE DEUTSCHLAND FINANZIELL STÜTZTEN

Deutschland und seine Verbündeten hatten nicht die Mittel, um länger als ein Jahr zu kämpfen.

Wie Edith Cavells Entdeckung darauf hindeutet, behoben die Bankster dieses Problem, indem sie mit „neutralen" Staaten Handel trieben: Schweiz, Belgien, Niederlande, Dänemark, Norwegen und Schweden. Auf diese Weise ermöglichten die Bankster, dass erforderliche Mittel Deutschland auf indirektem Wege aus England, den Vereinigten Staaten und dem britischen Königreich erreichten.

Der ganze Sachverhalt wird in einem Buch mit dem Titel „The Triumph of Unarmed Forces 1914 – 1918" (1923) von Konteradmiral M.W.W.P. Consett dokumentiert, der britischer Marineattaché in Skandinavien war. Seine Tätigkeit bestand darin, die Auslieferung der Versorgungsgüter („unbewaffnete Einheiten") zu protokollieren, die für die Fortführung des Konflikts notwendig waren.

Beispielsweise war Skandinavien vollständig von britischer Kohle abhängig. Somit gelangte das schwedische Eisenerz, das zur Herstellung deutscher U-Boote verwendet wurde, die alliierte Schiffslieferungen versenkten, auf Schiffen nach Deutschland, die mit britischer Kohle angetrieben wurden.

Deutschland benötigte Glycerin (aus tierischem Fett gewonnen) für die Herstellung von Sprengstoffen. Es stellte für England kein Problem dar, diese Substanz sicherzustellen, weil es die Meere kontrollierte. Nachdem der Krieg begonnen hatte, nahm die Nachfrage nach diesen Erzeugnissen aus neutralen Ländern explosionsartig zu. Die Briten führten die Aufträge weiterhin aus. Sie hätten sie einschränken können.

Dasselbe gilt für Kupfer, Zink, Nickel, Zinn und viele andere grundlegende Produkte. Consett glaubt, dass der Krieg im Jahre 1915 vorbei gewesen wäre, wenn ein Embargo verhängt worden wäre.

Der Handel von Tee, Kaffee und Kakao mit neutralen Ländern stieg ebenfalls drastisch an, aber diese Produkte waren dort häufig nicht erhältlich. Sie wurden alle mit beträchtlichem Gewinn nach Deutschland geliefert.

Consetts Proteste stießen auf taube Ohren. Der Minister der Blockade war Robert Cecil, ein Mitglied der geheimen Verbindung des „Round Table" (also der Zentralbänker).

In ähnlicher Weise beschafften die Zentralbänker für die deutsche Seite durch ihre skandinavischen Banken Geldmittel in Höhe von 45 Millionen Pfund Sterling. (S. 146)

Die alliierten Nationen wurden zu Schuldknechten der Bankster: „Trotz enormer Steuereinnahmen stieg die britische Nationalverschuldung um das Zehnfache. Die Regierung scheiterte, als einziger wirklicher großer Kreditnehmer während des Kriegs ihre Verhandlungsposition wahrzunehmen, um Geld zu niedrigen Zinssätzen zu erhalten. Die französische Staatsverschuldung erhöhte sich von 28 Milliarden auf 151 Milliarden Francs ..." (Davies, „A History of Money") Die amerikanischen Staatsschulden stiegen sprunghaft von einer Milliarde auf 25 Milliarden Dollar.

Laut dem Buch „Merchants of Death" wurde der Erste Weltkrieg von 27 Nationen geführt; er mobilisierte 66.103.164 Mann, worunter 37.494.186 Verluste waren (über 7 Millionen Tote). Seine unmittelbaren Kosten werden auf 208.000.000.000 US$ und seine indirekten Kosten auf 151.000.000.000 US$ geschätzt. Und diese Zahlen enthalten nicht die weiteren Milliarden von Zinszahlungen, von der Versorgung und den Pensionen für Kriegsveteranen und von ähnlichen Ausgaben ..."

Gibt es noch irgendeinen Zweifel daran, dass sich die Menschheit in der Gewalt eines Kults von Teufelsanbetern befindet??

MISSION AUSGEFÜHRT

So mysteriös wie der Krieg begann, endete er. Im Dezember 1918 brach das Deutsche Kaiserreich plötzlich zusammen. Sie können sich vorstellen, was geschah. Die Bankster hatten ihre Ziele erreicht und den Hahn zugedreht. (Daraus entstand das natürliche Gefühl des Verrats, das man in Deutschland verspürte, das durch die drückenden Reparationen, die von den Bankstern in Versailles auferlegt wurden, verstärkt wurde.)

Was waren die Absichten der Bankster? Die alte Ordnung wurde zerstört. Vier Imperien (das russische, das deutsche, das österreich-ungarische und das osmanische Reich) lagen in Trümmern.

Die Bankster hatten ihre bolschewistischen Laufburschen in Russland aufgebaut. Sie stellten sicher, dass Palästina unter ihrer Kontrolle ein „jüdischer" Staat werden würde. Israel würde beständiger Ausgangspunkt eines neuen Konflikts werden.

Aber wichtiger ist noch, dass aufgrund von Blutbädern wie etwa der Schlacht bei Verdun (800.000 Tote) der optimistischen Haltung der christlichen westlichen Zivilisation und dem Glauben an die Menschheit und Gott ein tödlicher Schlag versetzt wurde. Die Blüte der neuen Generation wurde niedergemetzelt. (Siehe „Testament of Youth" von Vera Brittain für eine ergreifende Darstellung aus erster Hand.)

Eine umfassende Betrachtung der Geschichte offenbart ein Muster. Die Ermordung des österreichischen Erben Erzherzog Ferdinand durch die freimaurerische Organisation „Schwarze Hand" (die den Ersten Weltkrieg auslöste) war ein inszeniertes Ereignis, ein Vorwand, also die Entsprechung zum 11. September 2001.

SCHLUSSFOLGERUNG

Die Geschichte der Neuzeit ist eine Schilderung, wie das Zentralbankenkartell sein Kreditmonopol in ein Machtmonopol umwandelt. Dies geht mit der

Zerstörung unserer Verbindung zu Nation, Religion (Gott), Rasse und Familie einher. Es bedeutet, die objektive Wahrheit (Gott, Natur) durch ihr Diktat (politische Korrektheit, usw.) zu ersetzen.

Es erfordert Mut und einen klaren Verstand, um zu erkennen, dass wir Mäuse in ihrem Laborversuch sind. Wir wurden von unseren „Führern" hintergangen, unser geistiges Niveau wurde von unseren Medien und der Bildung herabgesetzt und wir wurden vom Sozialstaat geistig abgestumpft. (Jeder ist käuflich.) Wir können nicht einmal mehr erfassen, was sich zuträgt, geschweige denn handeln.

Im Moment leben wir in Wohlstand und denken, wir wären frei. Wie Aldous Huxley sagte:

„Ein wirklich leistungsfähiger totalitärer Staat wäre ein Staat, in dem die allmächtige Exekutive politischer Machthaber und ihre Armee von Managern eine Bevölkerung von Zwangsarbeitern beherrscht, die zu gar nichts gezwungen zu werden brauchen, weil sie ihre Sklaverei lieben. Ihnen die Liebe zu ihr beizubringen, ist in heutigen totalitären Staaten die den Propagandaministerien, den Zeitungsredakteuren und Schullehrern zugewiesene Aufgabe." („Schöne neue Welt", Aldous Huxley, 1981, S. 13)

Unter einem positiven Aspekt betrachtet, ist die Erkenntnis, dass unsere Gesellschaft eine Täuschung ist, befreiend. Wir knien nicht länger vor ihren Plastikgöttern. „Die Wahrheit wird Euch befreien!"

DIE VEREINIGTEN STAATEN SIND EINE FINANZKOLONIE DER KRONE

Die Vereinigten Staaten sind seit mindestens 100 Jahren eine Finanzkolonie Großbritanniens. Dies wird durch den „Col. E.M. House Report", einen ernüchternden, 10-seitigen „Lagebericht", der auf den 10. Juni 1919 datiert ist, bestätigt, der die Vereinigten Staaten auf genau diese Weise darstellt.

Der Verfasser ist Col. Edward Mandell House (1858 – 1938), ein Mittelsmann der Rothschilds, der im Geheimen die Angelegenheiten der Vereinigten Staaten während der Amtsperiode von Woodrow Wilson lenkte. Col. House war bekanntermaßen Wilsons Freund und sein „Alter Ego". (Er hatte nicht beim Militär gedient und der Titel „Colonel" war lediglich Anmaßung.) Der Bericht ist an den britischen Premierminister David Lloyd George gerichtet, dessen Karriere geschaffen wurde, damit er als Anwalt für die Zionistische Weltorganisation dienen konnte.

Der Bericht beschreibt ausführlich Col. Houses Fortschritte bei den Vorbereitungen „der gewaltfreien Rückführung der amerikanischen Kolonien unter die Herrschaft der Krone". Der Völkerbund war eine Fassade der britischen Hegemonie. Die „Krone" bedeutet die Vorherrschaft der in London ansässigen internationalen Bänker und ihrer verbündeten Aristokraten.

House schreibt: „Wir integrierten diesen Plan in das Friedensabkommen, sodass die Welt von uns den Bund oder eine Fortführung des Kriegs akzeptieren muss. Der Bund ist im Wesentlichen das Königreich einschließlich Amerika, das auf der gleichen Grundlage wie unsere anderen Kolonien aufgenommen wurde."

Der Bericht strotzt vor Verachtung für die Amerikaner. „Die einfachen Menschen dieses Landes sind eingefleischte und unverbesserliche Heldenverehrer", erläutert Col. House. Ein Mann mit einem Wahlspruch, der ihre „unbestimmten Sehnsüchte" zum Ausdruck bringt, kann sie mit Leichtigkeit manipulieren.

Daraufhin werden sie demjenigen ihr Vertrauen schenken, der den Wahlspruch geprägt hat, unabhängig davon, was er tut. [Woodrow] Wilson hat dieses Vertrauen gewonnen und dies macht „seinen außergewöhnliche Nutzen für uns" aus.

Der Republikaner Jacob Thorkelson (1876 – 1945) stellte im Oktober 1939 den Bericht „The House Report" im Kongress vor und veröffentlichte ihn im Congressional Record (13. Oktober 1939, S. 598-604). Bemühungen, ihn zu entfernen, wurden vereitelt. Der vollständige Wortlaut ist im Internet einzusehen.

DIE „KRONE"

Britische Bänker übernahmen während der Regierung von Teddy Roosevelt (1901 – 1909) die Führung der Vereinigten Staaten, als der Frontmann der Rothschilds J.P. Morgan alleine 25 % der amerikanischen Wirtschaft kontrollierte.

Die „Krone" bezieht sich auf die Eigentümer der Bank of England. Ihre Identitäten sind ein Amtsgeheimnis. Nach Aussage von E.C. Knuth „benutzt die internationale Finanzoligarchie das Sinnbild der ‚Krone' als ihr Machtsymbol und hat ihren Hauptsitz in der alten City of London ... Die riesige Bank of England, eine Institution in Privatbesitz, unterliegt nicht der Regulierung durch das britische Parlament und ist faktisch eine unumschränkte Weltmacht." („The Empire of the City", S. 59)

Es wäre naiv, von britischem, amerikanischem, deutschem, japanischem oder auch zionistischem Imperialismus zu sprechen. Sie alle sind Marionetten für diesen einen Imperialismus, der die gesamte Erde kolonialisiert, einschließlich der Vereinigten Staaten, Großbritannien und Israel. Dies ist die Neue Weltordnung.

Col. House fährt fort: Die „gewaltfreie Rückführung der amerikanischen Kolonien" kann nur im „Einvernehmen mit der herrschenden Gruppe der führenden Klans" zuwege gebracht werden.

Col. House berichtet, wie den Amerikanern beigebracht wird, die „britische" Führung zu akzeptieren. Er beschreibt detailliert, wie in Universitäten und in der Presse Mitarbeiter von britischer oder kanadischer Herkunft eingestellt werden.

„Durch das Rote Kreuz, die Pfadfinderbewegung, den YMCA [Christli-cher Verein junger Menschen], die Kirche und andere menschenfreundliche, religiöse und quasireligiöse Organisationen schufen wir eine Atmosphäre in-ternationaler Bemühungen, die die Idee der Einheit der englischsprachigen Welt stärkt."

Die Overseas Clubs, Wohltätigkeitsclubs und Kriegsnothilfeveranstaltun-gen „ermöglichen uns, alle Bereiche und Gesellschaftsschichten des Landes zu durchdringen". Dies weist darauf hin, wie tiefgreifend der Einfluss der Illuminaten wirklich ist.

Wir „sorgen dafür, dass alle amerikanischen Zeitungen so von der nicht amerikanischen Welt isoliert sind, als ob sie auf einem anderen Planeten statt nur einem anderen Kontinent gewesen wären. Die Umsetzung durch die As-sociated Press und die anderen allgemeinen Nachrichtenagenturen, ausge-nommen Hearst, war äußerst hilfreich dabei, nur unseren Standpunkt an die Zeitungen, für die sie arbeiteten, heranzutragen."

Er prahlt damit, dass die Vereinigten Staaten in Bezug auf ihr Verhältnis zur Krone mit anderen Kolonien identisch seien, „obwohl sie nach wie vor eine nach außen gerichtete Darbietung ihrer Unabhängigkeit fortführen". „Stoppte Präsident Wilson nicht das umfangreiche Navy-Programm und überließ uns pflichtbewusst die Herrschaft über die Meere?"

Er brüstet sich, dass die „angloamerikanische Allianz die unangefochte-nen Finanziers der Welt" wurden.

Er beglückwünscht „unsere Finanzierungsberater Herren Pierpont Mor-gan & Company" dazu, „dieses Land in den Krieg zu ziehen". Sie üben ei-nen „weitreichenden Einfluss auf die politische Ausrichtung der Zeitungen" durch Werbung aus und liehen Japan 200.000.000 US$ für den Bau einer Flotte, um mit Amerika Schritt zu halten (wodurch sie die Vereinigten Staa-ten noch abhängiger von England machten).

Col. House prahlt damit, dass die „Krone" das Geld benutzte, das sie von der amerikanischen Regierung zu Kriegszwecken geliehen hatte, um Erdölfelder in Kalifornien, Mexiko und Lateinamerika aufzukaufen.

„Der Krieg machte uns zu Hütern über den Großteil der Rohstoffe der Welt … [Wir] kontrollieren nun weitgehend die Erdölvorkommen der Welt und dadurch das Transportwesen und die Industrie der Welt."

DIE LIST DES VÖLKERBUNDS

Das dringliche Problem liege nun darin, „die gefährliche Eigenständigkeit dieser Kolonie in die Obhut der Krone zu überführen. Wir müssen jetzt kurz gesagt Amerika in das Königreich holen."

Der erste Schritt war Wilsons Plan für den Völkerbund, „den wir für ihn ausarbeiteten".

„Jede unvermittelte Veränderung könnte die unwissenden amerikanischen Massen aufschrecken und sie wachrütteln, dagegen vorzugehen. Und damit gegen uns. Unsere beste Taktik wird demzufolge sein, Präsiden Wilson zum ersten Präsidenten des Bundes zu ernennen … Er wird imstande sein, [die Amerikaner] zu überzeugen, dass sie weit davon entfernt sind, ihre Unabhängigkeit dem Bund abzutreten, und sie durch ihn eigentlich ihre Souveränität ausweiten …"

Den Schatten des Patriot Act vorauswerfend, sagt Col. House, dass Woodrow Wilson „alleine ein antibolschewistisches Gesetz ins Leben rufen kann, welches nach richterlicher Auslegung zu angemessenen Strafmaßnahmen berechtigen wird, die auf jeden Amerikaner angewandt werden sollen, der unvernünftig genug ist, darauf zu bestehen, dass Amerika erneut seine Unabhängigkeit erklären muss".

Col. House geht sehr detailliert darauf ein, wie Wilson umschmeichelt und manipuliert werden muss. Viele Menschen glauben, dass jemand anderer diesen Bericht schrieb, aber nur Edward Mandell House kannte Wilson so gut.

Beispielsweise sagt er, dass Wilson „leicht gekränkt und ungewöhnlich nachtragend" ist. Der neue britische Botschafter sollte ein „Bewunderer Wilsons" und der „Mundschenk des Präsidenten" sein. Er führt die Geschenke auf, die Wilson bereits überreicht wurden.

„Unser gesamtes System der Gedankenkontrolle" ist im Gange

Col. House legt nahe, die erste Versammlung des Völkerbunds in Washington auszurichten.

„Dies wird diese einfachen Menschen überzeugen, dass sie der Bund sind und seine Macht bei ihnen verbleibt."

Er empfiehlt eine „Reihe von Spektakeln, mittels derer die Masse von jeder Bemühung abgelenkt werden dürfte, zu viel über Angelegenheiten außerhalb ihres Kompetenzbereichs nachzudenken".

„Während das gemeine Volk diese Zerstreuung erwartet, unterrichten wir es unaufhörlich über die Wunder des Bunds. Die Belobigungen des Bunds werden lautstark durch unsere Presse geäußert, durch unsere College-Präsidenten verordnet und durch unsere Professoren bekundet. Unsere Autoren, Schreiber und Dozenten analysieren dessen ausgewählte Vorzüge … Wir haben 8000 Propagandisten für den Bund eingestellt. Wir organisierten internationale und nationale Synoden, Komitees, Konferenzen, Versammlungen, Kongresse, Räte, … um die Gründung des Bunds als den Anbruch des umfassenden Friedens anzukündigen."

„Landwirte, Bänker, Börsenmakler, Buchhalter, Chemiker und alle anderen funktionalen Gruppierungen, die imstande sind, organisierten beruflichen, geschäftlichen, finanziellen oder sozialen Druck auszuüben, versammeln sich, um den Bund im Namen des Friedens, des Fortschritts und des Wohlstands gutzuheißen … Unsere Filmkonzerne bereiten einen epochalen Film vor …"

„Kurzum ist unser gesamtes System der Gedankenkontrolle unaufhörlich, unermüdlich und unerbittlich im Gange, um die Annahme des Bunds sicherzustellen. Und er wird angenommen werden, denn die Unternehmen wollen Frieden, die Rechtschaffenen können sich keines Abkommens erwehren und die Politiker werden sich nach dem Schattenboxen zum Zwecke der Unterstützung durch die Wählerschaft tapfer fügen, auf dass das Schicksal der Leichtfertigen und der Starrköpfigen ihnen folgen wird."

SCHLUSSFOLGERUNGEN

Der House Report legt die Wahrheit hinter der Globalisierung und den Vereinten Nationen offen. Wenn wir überhaupt jemals einen Beweis für eine auf lange Dauer angelegte Verschwörung benötigten, die die nationale Eigenstaatlichkeit untergräbt und die Menschheit einwickelt, ist es dieser Bericht.

Dank des heldenhaften Widerstands der republikanischen Senatoren lehnten die Vereinigten Staaten den Friedensvertrag und damit den Völkerbund am 19. November 1919 ab. Das Komplott wurde vorläufig zunichtegemacht.

Aber die verdeckte Offensive der britischen Bänker, eine Welttyrannei durchzusetzen, wurde nicht eingestellt. Sie finanzierten Hitler und leiteten die Weltwirtschaftskrise und den Zweiten Weltkrieg in die Wege. Der Völkerbund wurde als die Vereinten Nationen im Jahre 1945 wieder zum Leben erweckt und der Schwindel des „Kalten Kriegs" wurde angestoßen. Jetzt sind wir mit dem 11. September und dem „Krieg gegen den Terror" konfrontiert.

Die Neue Weltordnung, die Weltregierung und die Globalisierung sind alle Ausweitungen des britischen Imperialismus, der selbst die Ausprägung der finanziellen Vormachtstellung der Zentralbänker und ihrer Lakaien ist.

Die Amerikaner helfen, die Neue Weltordnung für ihren Meister, die „Krone", zu errichten. Nach den Worten von Col. House werden die Amerikaner Kolonisten sein, die „am Fuße des Thrones erbitten" müssen.

Die Bezugnahme auf die Kontrolle der Erdölvorkommen weist darauf hin, dass Erdöl in erster Linie ein Instrument der Weltherrschaft ist. Die letzte Phase der Welttyrannei beinhaltet das Erlangen der vollständigen Kontrolle des Erdöls im Nahen Osten. Dies erklärt die Ereignisse im Irak und kündigt die Invasion des Iran an.

Die Bedrohung kann nicht als streng „jüdisch" charakterisiert werden. Die Rothschilds wurden und werden von der finanziellen, kulturellen und politischen Elite der Welt in solchem Ausmaß unterstützt, dass es möglich wurde, diese Tatsache zu verschweigen. [Grundsätzlich ist Zusammenarbeit der Preis für die Aufnahme.]

Wie Lemminge begrüßte die westliche Elite den Todesfluch der Zivilisation. Sie haben ihre Seele (und uns) dem Teufel verkauft.

DER „COUP DER BÄNKER" VON 1933 WAR EINE LIST

Die Geschichte, dass Wall-Street-Bänker planten, Franklin D. Roosevelt im Jahre 1933 zu stürzen, machte noch im Jahre 2007 die Runde.

Unlängst nannte der BBC „Dubyas" Großvater, Prescott Bush, als einen der Verschwörer. Die NWO erachtet offenbar Roosevelt und den New Deal noch immer als Instrumente der Propaganda. Sie wollen uns glauben machen, dass die Bänker nicht die Regierung leiten und Faschismus nicht auch in Gestalt des Liberalismus, Sozialismus und Kommunismus auftritt.

Die dem Illuminatenorden angehörenden Bänker inszenierten den Coup, um Franklin D. Roosevelt als Erzfeind der Wall Street Glaubwürdigkeit zu verleihen. Wie ich aufzeigen werde, bedienten sie sich laufend solcher Tricks, um ihre Marionetten-Präsidenten aufzubauen.

Die Verschwörer (Mitglieder der „American Liberty League") traten an den im Ruhestand befindlichen Generalmajor Smedley Butler heran, damit er 500.000 Veteranen einsetzte, um Franklin D. Roosevelt aus dem Weg zu räumen und zu einer Mussolini ähnlichen Figur zu werden.

Smedley Butler war mit absoluter Sicherheit der LETZTE Mann, den man fragen würde, wenn man es ernst meint. Generalmajor Smedley Butler, der am höchsten ausgezeichnete Marineinfanterist in der Geschichte, war kurz zuvor von Herbert Hoover zum Rücktritt gezwungen worden, da er Mussolini einen „verrückten Hund" nannte und davor warnte, dass seine faschistischen Kohorten „im Begriff waren, in Europa loszubrechen". Butler weigerte sich, seine Bemerkungen zurückzunehmen und wurde so über Nacht zu einem Nationalhelden.

Sie verlangten von diesem Mann, der amerikanische Mussolini zu werden. Wenn man hingegen jemanden wollte, der gewiss seinen Coup aufdecken würde (wie er es tat; er dachte, es „roch nach Verrat"), war Butler der richtige Ansprechpartner.

Butler war auch kein Freund der Wall Street. Er tourte mit Vorträgen durch die Nation, in denen er ausführte, dass die Bänker die Armee der Vereinigten Staaten als „Gangster für den Kapitalismus" – Schläger und Schuldeneintreiber – nutzten: „Wenn ich darauf zurückblicke, habe ich das Gefühl, dass ich Al Capone ein paar Hinweise gegeben haben könnte", sagte Butler. „Das Beste, was er machen konnte, war, … seine Gaunerei in drei Bezirken zu betreiben. Ich agierte auf drei Kontinenten." („War is a Racket", 1933)

„Die ganze Angelegenheit hatte etwas Widersinniges", bemerkte Curt Gentry. „Butler, der dafür Bekanntheit erlangt hatte, sich gegen den Faschismus auszusprechen, wird aufgefordert, ein amerikanischer Duce zu werden." („J. Edgar Hoover", S. 203)

Nichtsdestotrotz akzeptierten Gentry und die meisten anderen Historiker das Märchen, was auf ihre Funktion als hochbezahlte Medienheinis hindeutet.

Die Geschichte fand ihre weiteste Verbreitung durch Jules Archers Buch „The Plot to Seize the White House" (1973). Nach Archers anderen Werken zu urteilen ist er entweder der beste Propagandist der Illuminaten oder der größte Dummkopf (oder beides).

Seine anderen Themen beinhalten „Verteidiger des Volks" (also Frontmänner der Illuminaten) wie Trotzki, Mao Tse-tung, Chou En-Lai und Ho Chi Minh. Er verfasste auch Bücher über von der Elite geförderte Bewegungen wie Feminismus, Bürgerrechte und Umweltbewusstsein.

WER WAR FRANKLIN D. ROOSEVELT?

Für die Beantwortung dieser Frage sind wir einem Buch von einem mutigen, redlichen und sozial gesinnten Arzt aus New York, Emanuel Josephson, zu Dank verpflichtet: „The Strange Death of Franklin D. Roosevelt" (1948).

Franklin D. Roosevelt war der Nachkomme von zwei Illuminatenfamilien, den Delanos und den Roosevelts. Er war mit einem Dutzend amerikanischer Präsidenten verwandt: vier auf der Seite der Roosevelts und acht auf der Seite der Delanos. Er war ein Cousin dritten Grades von König George VI. und Königin Elisabeth.

Diese Familien haben einige jüdische Vorfahren, tragen aber neben nie-
derländischem, deutschem und schwedischem vorwiegend englisches Blut
in sich. Der Vater von Franklin D. Roosevelts Mutter, Warren Delano, verdiente mit dem Opiumhandel ein Vermögen. Sein Vater James Roosevelt war
Vizepräsident eines Eisenbahnunternehmens und Direktor mehrerer Firmen.

Franklin D. Roosevelt war ein verzogenes Balg, das die Regeln immer
seinen Launen anpasste. Er wurde privat unterrichtet und bestand sein Ju-
rastudium nicht, aber er wurde dennoch als Anwalt zugelassen. Er hatte nie
einen richtigen Job. In den 1920er Jahren half er, einige gefälschte Aktien in
Umlauf zu bringen. Als Gouverneur und später als Präsident war er in höchstem Maße beeinflussbar, ausweichend und gerissen. Louis Howe erschuf seine öffentliche Persönlichkeit und stellte für ihn Überlegungen an. Howe war
Franklin D. Roosevelts „zweites und klügeres Ich". (S. 102)

Franklin D. Roosevelt hatte eine kleine Schar von Redenschreibern um
sich und gelegentlich kam es zu Schlamassel. Bei seiner Annahme der Aufstellung durch die Demokraten im Jahre 1932 wurden ihm zwei Reden mit
völlig entgegengesetzten Sichtweisen gereicht und er verlas beide. (S. 157)

Nach seiner Enzephalomyelitis schenkten die Rockefellers ihm einen
Kuraufenthalt in Warm Springs, Georgia. In der Folgezeit schleusten sie
Millionen von Dollar zu Franklin D. Roosevelt unter dem Deckmantel ge-
meinnütziger Spenden an seine „Stiftung". (Dr. Josephson fand heraus, dass
sich die Einrichtung keiner Fälle von Hilfsbedürftigen annahm und keine
Jahresabschlüsse herausgab.) (S. 118 ff.)

Nach den Worten von Josephson „wurde Roosevelt im großen Stil bestochen, für das Amt zu kandidieren. Bis zum Ende des Jahres 1930 sind in etwa
700.000 US$ in die Kassen der Stiftung geflossen ... [Franklin D. Roose-
velt] war die erbärmliche Marionette von Verschwörern, deren Absichten in
Zerstörung der Demokratie und Errichtung einer amerikanischen Monarchie
lagen." (S. 95, 124)

Im Gegenzug gab der amerikanische Fiskus unter Franklin D. Roosevelt
dreistellige Millionenbeträge aus, um den saudischen König Ibn Saud zu bestechen und eine Erdölinfrastruktur in Saudi Arabien einzurichten, die Standard Oil begünstigen sollte. (S. 262-263)

Josephson sagte, dass die grundlegenden Prinzipien des Imperiums Rockefellers die „feudalistische, monarchische Staatsführung, … das Monopol auf alle lebensnotwendigen Bedarfsgüter und auf die nationale Existenz, sowie uneingeschränkte Alleinherrschaft …" sind. (S. 86-87)

Die Reichen müssen „teilen und herrschen": „Die Menschen dürfen nicht als Amerikaner behandelt werden, sondern als Minderheiten, die gegeneinander aufgewiegelt werden, um sich gegenseitig an die Kehle zu gehen, also beispielsweise Arbeit gegen Kapital, Schwarze gegen Weiße, Katholiken gegen Protestanten, Christen gegen Juden." (S. 87) Er hätte noch Männer gegen Frauen und Homosexuelle gegen Heterosexuelle hinzufügen können.

FALSCHE OPPOSITION VON DER WALL STREET

Reiche, durch Inzucht degenerierte Menschen, die für ein Präsidentschaftsamt kandidieren, geben selbstverständlich vor, für das Gemeinwohl einzustehen. Natürlich sind ihre Förderer aus Bankenkreisen willens, Unmut und Widerstand vorzutäuschen.

Franklin D. Roosevelt lernte das Geschäft von seinem Cousin Theodore Roosevelt, der sich als „Konzernwächter" ausgab, während er eine Schöpfung der Kartelle blieb und ihnen das Land auslieferte.

Die Mitwirkenden an Franklin D. Roosevelts Wahlkampf im Jahre 1932 schließen ein „Who's who" der amerikanischen Wirtschaftselite ein, welche dieselben Personen sind, die ihn angeblich ein Jahr später zu stürzen versuchten: Hearst, Rockefeller, Morgan, Baruch, du Pont, Astor.

Im Jahre 1933 wiesen „PR-Agenten" darauf hin, dass Faschismus in Amerika einen schlechten Ruf bekam und Franklin D. Roosevelt punkten könnte, wenn er gegen die Nazis auftritt. „Sie schlugen vor, dass Hearst und seine Publikationen einen Scheinangriff auf Roosevelt anstoßen und zugleich vortäuschen, den Nazismus und den Faschismus zu unterstützen, wodurch sie die Antinazis und Antifaschisten für das Roosevelt-Lager gewannen." (S. 167)

„Wie die Verzerrer der öffentlichen Meinung erwarteten, wütete die leichtgläubige Öffentlichkeit gegen Hearst und wählte in Scharen Roosevelts

Vorgaben, wobei sie blind für die Tatsache waren, dass sie durch ihn eine andere Art der Gewaltherrschaft erfuhren." (S. 167)

Die Feindseligkeit war reiner Schwindel. Hearst beschäftigte Franklin D. Roosevelts Sohn Elliott, seine Tochter und ihren Mann! Die allgemein bekannte Feindschaft mit den du Ponts, die in der Produktion von Rüstungsgütern tätig waren, war in ähnlicher Weise ebenfalls eine Heuchelei. Ethel du Pont ehelichte Franklin D. Roosevelts Sohn!

„Die Liberty League wurde sodann zu dem vorgeblichen Zweck aufgebaut, Roosevelt zu attackieren und seine Wiederwahl zu bekämpfen. Dies diente dazu, die gesamten Wählerstimmen der Pazifisten für Roosevelts Lager zu gewinnen, und half dabei, seine Wiederwahl zu sichern." (S. 169)

Zweifellos war der „faschistische Coup" lediglich eine weitere clevere Strategie, die von den „PR-Agenten" ausgearbeitet wurde.

SCHLUSSFOLGERUNG

Curtis Dall war ein Bänker und Franklin D. Roosevelts Schwiegersohn. Er stellt den Präsidenten nicht als einen Führer, sondern als einen „Quarterback" mit kaum tatsächlicher Macht dar. Der „Beraterstab" setzte sich aus einem Zirkel von Handlern zusammen („Beratern" wie Louis Howe, Bernard Baruch und Harry Hopkins), die das internationale Bankenkartell repräsentierten. Für Dall war Franklin D. Roosevelt im Endeffekt ein Verräter, der vom „Weltkapital" manipuliert wurde und dessen innere Beweggründe Selbstüberhebung und persönlicher Ehrgeiz waren. (Dall, „Amerikas Kriegspolitik. Roosevelt und seine Hintermänner", 1972)

Der „Coup der Bänker" von 1933 lässt erkennen, dass die finanzielle Elite keine Mühen scheut, die Öffentlichkeit zu täuschen. Bis George W. Bush tat kein Präsident mehr dafür als Franklin D. Roosevelt, Amerika in die Tyrannei zu treiben.

WAR VICTOR ROTHSCHILD EIN AGENT DER ILLUMINATEN?

Im Jahre 1942 war Sir Mark Oliphant, ein führender britischer Physiker, fassungslos, als ein Kurier ein Teilstück seiner neuen Radartechnologie mit einem Verweis des Sicherheitsbeauftragten des MI5 Victor Rothschild zustellte, „Ihre Sicherheitsmaßnahmen zu verschärfen".

Einige Tage zuvor hatte Rothschild Oliphants Labor in der Birmingham University besichtigt, befragte ihn zu seinen Forschungsarbeiten und entwendete die drei Zoll dicke Magnetfeldröhre.

Reden wir über Unverfrorenheiten! Baron Rothschild selbst war ein sowjetischer Agent. Bevor er die Magnetfeldröhre zurücksandte, hatte er detailgenaue Zeichnungen nach Moskau übermittelt. Dies ist eine Tatsache, die später von seinen Führungsoffizieren des KGB bestätigt wurde.

Oliphant erzählte diese Geschichte im Jahre 1994 Roland Perry, dem australischen Autor von „The Fifth Man" (1994, Sedgwick and Jackson, S. 475 ff.). Dieses Kapitel basiert auf diesem Buch.

Zwischen 1935 und 1963 wusste die Sowjetunion über das ganze Militärwesen und alle wissenschaftlichen Geheimnisse Großbritanniens dank „The Cambridge Five", einem Spionagering, der im MI5, MI6 und im Auswärtigen Amt operierte, Bescheid. Westliche Geheimdienste wurden unwirksam und Geheimnisse der Alliierten, einschließlich des Bauplans der Atombombe, wurden gestohlen.

Die Verräter waren Kim Philby, Donald Maclean, Guy Burgess und Anthony Blunt. Aber man verspürt ein natürliches Widerstreben, die Tatsache einzugestehen, dass „The Fifth Man" Nathaniel Mayer Victor Rothschild (1910 – 1990), der dritte Baron Rothschild, das britische Oberhaupt der weltweit reichsten Bänkerdynastie der Welt, von der die Bank of England kontrolliert wird, war.

Im Jahre 1993, nach der Auflösung der Sowjetunion, bestätigten Roland Perry sechs ausgeschiedene Obristen des KGB in Moskau die Identität

Rothschilds. Oberst Yuri Modin, der Führungsoffizier des Spionagerings, packte aus.

Perry schreibt: „Nach Aussage von … Modin war größtenteils Rothschild der Schlüssel zur Infiltration des britischen Geheimdienstes durch den Cambridge-Ring. ‚Er hatte die Kontakte‘, merkte Modin an. ‚Er vermochte Burgess, Blunt und andere mit einflussreichen Persönlichkeiten im Geheimdienst wie zum Beispiel Stewart Menzies, Dick White und Robert Vansittart im Auswärtigen Amt, … der den MI6 kontrollierte, bekannt zu machen." (S. 89)

Das Widerstreben ist nachvollziehbar. Die Rothschilds sind zweifellos die größten Teilhaber des Zentralbankensystems der Welt. Victor Rothschilds Werdegang als sowjetischer Agent bekräftigt, dass diese in London ansässigen Bänker darauf hinarbeiten, uns eine diktatorische „Weltregierung", die dem Kommunismus ähnelt, aufzuzwingen.

Es verleiht der Behauptung Glaubwürdigkeit, dass sie hinter der bolschewistischen Revolution steckten und den Kalten Krieg, sowie in jüngerer Zeit den Schwindel des 11. September und den „Krieg gegen den Terror" benutzten, um ihre Weltherrschaft voranzubringen.

Was ist glaubhafter? Einer der reichsten Männer der Welt, Victor Rothschild, befürwortete kommunistische Wertvorstellungen, sodass ihm sein eigener sagenhafter Reichtum und gesellschaftlicher Rang genommen werden würden? Oder dass der Kommunismus vielmehr ein Betrug war, der darauf ausgelegt war, uns unseren Wohlstand und unsere Freiheit unter dem Deckmantel von „wirtschaftlicher Gleichheit" und „Brüderlichkeit" zu entziehen?

MANN DER TAT

Laut „The Fifth Man" hatte Victor Rothschild einen IQ von 184. Er war ein talentierter Jazzpianist mit einem intuitiven Verständnis vieler wissenschaftlicher Disziplinen. Er betrachtete das Bankgeschäft als eine trostlose Angelegenheit und zog vor, das aufregende Leben seines bedeutenden Großvaters Lionel Rothschild (1808 – 1879) als Vorbild zu nehmen, den Benjamin D'Israeli als „Sidonia" in dem Roman „Coningsby" (1844) unsterblich machte.

„Kein Staatsminister hatte solch einen Austausch mit Geheimagenten und politischen Spionen wie Sidonia. Er unterhielt Beziehungen zu all den klugen Außenseitern der Welt. Die Zusammenschau seiner Bekanntschaften in Gestalt von Griechen, Armeniern, Mauren, geheimen Juden, Tartaren, Zigeunern, umherziehenden Polen und Karbonari würde ein seltsames Licht auf jene Untergrundgesellschaften werfen, von denen die Welt im Allgemeinen so wenig weiß, aber die so vortrefflich Einfluss auf öffentliche Ereignisse ausüben. Die verborgene Geschichte der Welt war sein Zeitvertreib. Er fand großes Vergnügen darin, den verborgenen Beweggrund von Vorgängen dem offiziellen Vorwand vergleichend gegenüberzustellen." („Coningsby", S. 218-219)

Rothschild studierte Zoologie in Cambridge, wo er im Jahre 1936 Anthony Blunt für den KGB anwarb. Rothschild trat später in den MI5 ein und war für Gegensabotage verantwortlich. Er unterwies das Militär darin, Bomben zu erkennen und zu entschärfen. Rothschild war ein persönlicher Freund von Winston Churchill. Perry schreibt:

„Die beiden pflegten während der Kriegsjahre häufig Umgang. Rothschild setzte seinen Reichtum und seine gesellschaftliche Stellung ein, um den Premierminister zu privaten Partys einzuladen. Sein Zugang zum Kriegsführer sowie der Zugriff auf all die wesentlichen Geheimdienstinformationen und auf jede bedeutende Waffenentwicklung und sein Oberbefehl über die Operationen der Gegensabotage in Großbritannien machten Rothschild während der Kriegsjahre zu einer im Geheimen einflussreichen Persönlichkeit … Die Folge davon war, dass, oftmals bevor das britische Oberkommando in Kenntnis gesetzt wurde, Stalin über entscheidende Informationen ebenso viel wusste wie Churchill." (Kap. xxviii-xxix)

Rothschild half, Feinde der Sowjetunion unschädlich zu machen, die bei den Briten um Unterstützung gebeten hatten. Er war beispielsweise an der Vertuschung der Ermordung des polnischen Kriegsführers Wladyslaw Sikorski beteiligt, dessen Flugzeug im Juli 1944 gesprengt wurde. Sikorski war Stalin lästig geworden, nachdem er herausgefunden hatte, dass der KGB im Jahre 1940 16.000 polnische Offiziere in einem Wald bei Katyn und anderenorts abgeschlachtet hatte.

Im Jahre 1944 wohnten Blunt, Burgess und Philby alle bei Victor im Schloss der Rothschilds in Paris. Rothschild hatte kurzzeitig die Leitung des alliierten Geheimdienstes in Paris inne und verhörte viele Gefangene.

Nach dem Krieg verbrachte Rothschild einige Zeit in den Vereinigten Staaten, um Bemühungen zu überwachen, die Geheimnisse der Atombombe in Erfahrung zu bringen. Es ist zum Teil den „Cambridge Five" zu verdanken, sagt Perry, „dass die Russen über jede wichtige Geheimdienstoperation Bescheid wussten, die gegen sie in den Jahren 1945 – 1963 betrieben wurde". (Kap. xxxi)

SCHLUSSFOLGERUNG

Victor Rothschild hatte viele Jobs, die dazu dienten, seine wahre Stellung zu verschleiern, die er, wie ich vermute, als Mitglied des Großen Rats der Illuminaten innehatte. (Die Illuminaten stellen den höchsten Rang der Freimaurerei dar.) Er war kein unbedeutender Agent. Wahrscheinlich erteilte er Anweisungen an Personen wie Winston Churchill, Franklin D. Roosevelt und Stalin.

Beispielsweise stellte er sicher, dass die Sowjetunion die Errichtung des Staates Israel unterstützte. „Er kannte die dementsprechenden inoffiziellen Kanäle, um Entscheidungsträger in Moskau zu erreichen", erzählte ein Oberst des KGB Perry. „Sagen wir, er wusste, die Angelegenheiten zu erledigen. Man schafft dies nur, wenn man zur Spitze vordringt. Er war sehr überzeugend." (S. 176)

Wenn man das Geldvolumen kontrolliert, kann man sehr überzeugend sein, wie die Amerikaner gelernt haben.

Die Superreichen haben mehr miteinander gemein als mit dem Rest der Menschheit. Wie es scheint, haben sie ihrer natürlichen Rolle als Anführer und als Wohltäter der Menschheit entsagt und sich stattdessen verschworen, uns in Ketten zu legen. Es ist wirklich schade, da das Einzige, das sie nicht bereits haben, Liebe ist.

Die Tatsache, dass Rothschild bis zu seinem Lebensende gedeckt wurde, deutet auf eine Verschwörung der herrschenden Klasse hin. Nach Aussage von

Greg Hallett war Anthony Blunt, ein befreundeter Spion, ein außerehelicher Sohn von George V. und ein Halbbruder und Doppelgänger von Edward VIII., dem Herzog von Windsor. Bis zu seiner Enttarnung im Jahre 1964 gehörte Blunt dem Ritterstand an und war Kurator der Kunstsammlung der Queen. Er erhielt im Austausch für sein Geständnis strafrechtliche Immunität.

Viele glauben, diese Verschwörung wäre „jüdisch". Sicherlich spielen der Zionismus, der Neokonservatismus und der Kommunismus (in all seinen Formen) eine wichtige Rolle. Aber bedenken Sie folgendes: Der derzeitige Lord Jacob Rothschild, der Vierte Baron Rothschild, ist der Sohn Victors und seiner ersten Frau Barbara Hutchinson, einer Nichtjüdin, die zum Judentum konvertierte. Nach jüdischem Gesetz ist Jacob Rothschild kein Jude. Er ehelichte Serena Dunn. Im Übrigen beging Amschel Mayer, Victors einziger Sohn aus seiner zweiten Ehe mit Theresa Mayor, ebenfalls einer Nichtjüdin, im Jahre 1996 „Selbstmord". Er lehnte sich vermutlich gegen die satanische Agenda auf.

Obwohl Victor Rothschild Anspruch auf „sozialistische Ideale" erhob, war der Bänker ein offensichtlicher Verräter. Verrat ist die Vorlage der zeitgenössischen Politik. Das Zentralbankenkartell baut heimlich seine diktatorische „Weltführung" auf, indem es Kriege entfacht, in denen es beide Seiten vertritt.

„Was Fliegen für mutwillige Knaben sind, sind wir den Göttern; sie töten uns zu ihrem Zeitvertreib." („Das Leben und der Tod des Königs Lear" von William Shakespeare)

DIE ILLUMINATEN ÜBERLISTETEN HITLER DURCH IHRE „BESCHWICHTIGUNGSPOLITIK"

Im Dezember 1942 enttarnte Heinrich Müller, Leiter der Gestapo, das sowjetische Spionagenetzwerk auf dem europäischen Festland und stellte eine Liste von sowjetischen Agenten und Informanten in England sicher, die sich wie das „Who's who" des britischen Establishments liest und den Schleier der Geschichte der Neuzeit lüftet. Sie zeigt, dass nicht nur Victor Rothschild, sondern breite Kreise des britischen Establishments dem russischen Kommunismus wohlwollend gegenüberstanden und als „Agenten" galten.

Zu diesen Agenten gehört Edward Wood, Lord Halifax, der Neville Chamberlains Außenminister und der maßgebliche Urheber der „Beschwichtigungspolitik" war.

Die Beschwichtigungspolitik bestärkte Hitler in dem Glauben, England würde wollen, dass er die Sowjetunion angriff. In Wirklichkeit arbeitete Halifax indirekt für die Kommunisten. Die Beschwichtigungspolitik war dafür vorgesehen, Hitler in die Falle eines Zweifrontenkriegs zu locken, der Deutschland (und Europa) dem Erdboden gleichmachen und 60 Millionen Menschen töten sollte.

Müllers Liste beinhaltet Victor Rothschild, das Oberhaupt der Zentralbankendynastie, der lange als einer der „Cambridge Five" im Verdacht stand. Seltsamerweise stehen die anderen vier (Burgess, Maclean, Blunt und Philby) nicht auf dieser Liste. Halifax' Sohn heiratete eine Rothschild.

Die Liste enthält zudem Charles Hambro, einen weiteren Bänker jüdischer Abstammung, der an einem Beschluss der Bank of England im Jahre 1934 beteiligt war, die Finanzierung des Nazismus als „stabilisierenden Einfluss" fortzusetzen. Offenkundig stand dieser Mann als sowjetischer Agent nicht auf der Seite der Nazis.

Sie umfasst Sir Robert Waley-Cohen und viele Mitglieder der „Focus"-Gruppe, von denen die Beschwichtigungspolitik abgelehnt wurde und die

Winston Churchill mit Geldmitteln unterstützten. Waley-Cohen war der Vorsitzende des von den Rothschilds kontrollierten Unternehmens Shell Oil und der Führer der britisch-jüdischen Gemeinde.

Andere Bänker und Industrielle sind unter anderem Eugen Spier, Maurice Baring, Leonard Montefiore, Edward Guggenheim, Sir Robert Mond und Sir Philip Sassoon. Alle außer Baring sind jüdischer Abstammung.

Bedeutende Führer der Arbeiterpartei und Gewerkschaftsspitze schlossen Ernest Bevin, Harold Laski, Herbert Stanley Morrison und Sir Walter Citrine mit ein. Zu Mitgliedern alter aristokratischer Familien gehören Richard Combe Abdy, Baron Strabolgi und Admiral Reginald Plunkett-Ernle-Erle-Drax. Darunter waren der Medienmogul J.S. Elias, der Karikaturist Victor Weisz und Vorsitzende der Daily Express Ralph D. Blumenfeld.

Unter den führenden Regierungsbeamten sind Rex Leeper aus der herrschenden Gruppe des Außenministeriums und Sir Maurice Hankey, der als Kabinettssekretär und Büroleiter des Geheimen Kronrats (1919 – 1938) die ganzen Geheimnisse wusste, aufgelistet. Weiterhin standen der slawische Wissenschaftler Bernard Pares und der Jurist Sir Hersch Lauterpacht auf der Liste.

Was hatte diese untereinander grundverschiedene Gruppe gemein? Ungefähr die Hälfte von ihnen ist erkennbar jüdisch. Aber das, was sie alle verbindet, ist wahrscheinlich die Freimaurerei. Ob sie Dummköpfe oder wissentliche Agenten sind, ihr Ziel lag darin, eine den Plänen der Freimaurer oder „Illuminaten" entsprechende Weltdiktatur zu errichten, die dem „Lichtbringer" Luzifer (ihrem Alter Ego) gewidmet ist. Heute sind Bush, Clinton, Kerry, Obama, McCain, usw. alle Mitglieder.

Heinrich Müller starb im Jahre 1983 in Kalifornien. Die CIA warb Müller im Jahre 1948 in der Schweiz an und zahlte ihm eine Million US$ für eine Befragung, die sich auf 1000 Seiten erstreckte und diese Liste beinhaltet. Müller hinterließ seinem Neffen „Gregory Douglas" seine auf Mikrofilm aufgenommenen Archive, der einen Teil davon veröffentlichte.

DIE LOCKVOGELTAKTIK

Die Bank of England finanzierte den Aufstieg Hitlers mittels der Schröder-Bank. F.C. Tiarks, der Geschäftsführer der Schröder-Bank, war auch einer der Direktoren der Bank of England.

Eustace Mullins schreibt: „Da seine eigenen Geldgeber, die Schröders, die Befürworter der Beschwichtigungspolitik finanziell unterstützten, war Hitler der Meinung, dass es zu keinem Krieg [mit England] kommen würde. Er ahnte nicht, dass die Geldgeber derjenigen, die die Beschwichtigungspolitik befürworteten, Chamberlain beseitigen und Churchill zum Premierminister machen würden, nun da Chamberlain seinen Zweck erfüllt hatte, Hitler zu überlisten." („The Secrets of the Federal Reserve", S. 76-78)

Während die Geschichte Hitler als jemanden darstellt, der den leichtgläubigen Neville Chamberlain und Lord Halifax betrog, scheint es so, als ob Hitler selbst durch eine List dazu gebracht wurde, zu glauben, er könnte ungestraft gen Osten expandieren. Neville Chamberlain war nicht in das Geheimnis eingeweiht. (Er starb nur einige Monate, nachdem er sein Amt niedergelegt hatte, vorzeitig „an Krebs".) Aber als sowjetischer Informant war Halifax sicherlich maßgeblich beteiligt.

Halifax, der ein früher Gegner der britischen Wiederaufrüstung war, bestärkte Hitlers Expansionspläne und zollte dem Diktator als „überzeugter Hasser des Kommunismus" Anerkennung. Im Jahre 1937 schlug Halifax Hitler in der Tat Umgestaltungen der „europäischen Ordnung" hinsichtlich Danzig, Österreich und der Tschechoslowakei vor.

„Es war Halifax, nicht Hitler, der zuerst die Gebiete beim Namen nannte, bei denen der Versailler Vertrag zugunsten Deutschlands neu interpretiert werden könnte", schreibt der Historiker Andrew Roberts. „Halifax tat das, was er laut Eden nicht tun sollte und vor dem ihn Vansittart gewarnt hatte, da es ‚das europäische Kartenhaus zum Einsturz bringen' würde. Dazu kommt, dass er es nicht nur einmal, sondern dreimal im Laufe von Gesprächen vorbrachte." („The Holy Fox: The Life of Lord Halifax", 1991, S. 67, 70-71)

Halifax' engster Berater war Philip Kerr, Lord Lothian, ein Mitglied der Geheimgesellschaft „Round Table" von Rothschild, Milner und Rhodes (also der Illuminaten). Nach Aussage von Andrew Roberts war Lothian „ein

Freund von Halifax und hatte einen außerparlamentarischen politischen Einfluss von einer Art, den man in der heutigen Politik selten zu Gesicht bekommt." (S. 109)

Die Beschwichtigungspolitik sollte Hitler ermutigen, etwas zu unternehmen, was eine Kriegserklärung seitens des Westens rechtfertigen würde. „Was wir sicherstellen wollen, ist die Gewissheit eines Kriegs an zwei Fronten", sagte Halifax im März 1939. (Roberts, S. 146) Halifax war für die törichte britische Garantieerklärung gegenüber Polen, die zu dieser Kriegs-erklärung im September 1939 führte, verantwortlich. Die Sowjetunion marschierte auch in Polen ein, aber ihr wurde nicht der Krieg erklärt. Stalin wurde im Voraus instruiert, die Nazis im Jahre 1941 anzugreifen. Der Trick bestand darin, England zuerst in den Krieg zu ziehen.

Das ganze nervenzerreißende Drama von Krieg und Frieden in den Jahren von 1939 – 41, einschließlich der Ansicht, dass England der alleinige Verteidiger der Freiheit war, war eine Farce. Deutschland war die ganze Zeit im Fadenkreuz. Könnten sich die USA heute in derselben Position befinden?

Die Befürworter und die Gegner der Beschwichtigungspolitik sind beide „House Teams" (wie z.B. Gryffindor & Slitherin als „Häuser" von Hogwarts in Harry Potter Hausmannschaften für's Quidditch haben - Anm. des Übers.) der Illuminaten, die gemeinsame Ziele verfolgen. Lady Astors Herrenhaus Cliveden wurde für den Hauptsitz der (pronationalsozialistischen) Befür-worter der Beschwichtigungspolitik gehalten, aber, wie Andrew Roberts aufzeigt, waren Erzgegner der Beschwichtigungspolitik wie Duff Cooper, Anthony Eden und der russische Außenminister Maxim Litwinow (geborener Meir Finkelstein) regelmäßige Gäste. (S. 67)

SCHLUSSFOLGERUNG

Kriege sind eine künstliche Schöpfung der Illuminaten, einem satanischen Kult, der seine Tentakel über den ganzen Planeten ausstreckt. „Müllers Liste" bietet einen flüchtigen Blick auf die Zusammensetzung dieser Gruppe: Bänker, Industrielle, Aristokraten, Angehörige des Militärs, Wissenschaftler, Gewerkschafter und Medienvertreter aus allen Bereichen des politischen Spektrums.

Unter ihnen befinden sich viele Juden, aber es sollte auf der Hand liegen, dass die Illuminaten die Juden ebenso wie jeden anderen zu Opfern machten. Die Juden waren für den Kommunismus, den Zionismus und den Nazismus Kanonenfutter.

Womöglich wussten manche der Aufgelisteten nicht, was sie förderten. Die Illuminaten gaben vor, den Faschismus zu bekämpfen und „Gleichheit" zu fördern. Heute täuschen sie vor, eine humanistische Utopie zu schaffen. Der einstige Präsident der Weltbank James Wolfensohn hatte den Wahlspruch „Plutokrat für die Armen" auf seiner Webseite stehen.

Die Illuminaten beginnen Kriege, um die Menschheit zu demoralisieren und zugrunde zu richten, ihre Macht zu festigen, sowie enorme Gewinne und Schuldknechtschaft zu erschaffen. Dieser Kult, der Gedanken und Meinungsäußerung in den Würgegriff nimmt, definiert größtenteils die Realität. Unser einziger Ausweg besteht darin, die Wahrheit aus verschiedenen Quellen herauszusuchen und die Wirklichkeit neu zu definieren.

WIE DIE BÄNKER DIE VEREINIGTEN STAATEN IN DEN ZWEITEN WELTKRIEG ABKOMMANDIERTEN

Nach Großbritanniens schmachvollem Rückzug von Dünkirchen am 4. Juni 1940 verkündete Winston Churchill herausfordernd: „Wir werden an den Küsten kämpfen ... Wir werden uns nie geschlagen geben ..."

Sein Übermut stützte sich auf sein geheimes Wissen darüber, dass die Vereinigten Staaten voll und ganz hinter Großbritannien stehen würden.

Die überwiegende Mehrheit der Amerikaner war gegen ein Einschreiten. Aber eine verdeckte britische Kampagne mit „schmutzigen Tricks", bei der fast 1000 Menschen (überwiegend Briten und Kanadier) in New York City einsetzt wurden, hat die Demokratie mit der uneingeschränkten Kooperation der Regierung Franklin D. Roosevelts gekapert. Dies verdeutlicht, wie die in London ansässigen Zentralbänker das amerikanische Volk bis zum heutigen Tag steuern.

Die Republikanische Partei lehnte ein Eingreifen ab. Aufgrund der Briten ging die Nominierung des republikanischen Präsidentschaftskandidaten am 28. Juni 1940 an den unbekannten Wendell Willkie, einen „Internationalisten" und lebenslangen Demokraten, der nie ein Staatsamt bekleidet hatte und der Einschreiten sowie Einberufung befürwortete.

Am Tage vor dem kostspieligsten Krieg in der amerikanischen Geschichte (eine Million Tote oder Verwundete, 2 Billionen US$ im Wert des Dollars von 1990) hatten die Amerikaner keine Wahlmöglichkeit. Es gab keinen Kandidaten, der einen Krieg ablehnte. Erinnert Sie das an die Jahre 2004 oder 2008?

Es handelte sich um mehr als nur Meinungsmache. Der Organisator der republikanischen Versammlung, Ralph Williams, ein „Isolationist" (Doppelsprech für Nationalist), starb passenderweise am 16. Mai und wurde durch den lebenslangen britischen Agenten Sam Pryor ersetzt, der

HENRY MAKOW PH.D.

die Versammlung mit Anhängern von Willkie besetzte, die laut „Wir wollen Willkie" riefen.

Gewiss, Williams war 70 Jahre alt. Aber der Historiker Thomas Mahl sagt, dass der britische Auftrag Mord miteinschloss, und er impliziert, dass es sich so zutrug. Heinrich Müller, der Leiter der Gestapo, der während der Präsidentschaft Trumans für die CIA arbeitete, bestätigt, dass die Briten viele Amerikaner töteten, die ihnen im Weg standen.

„[Willkies] Nominierung befreite Präsident Franklin Roosevelt von den üblichen Belastungen eines Wahlkampfes", schreibt Mahl in seinem brisanten Buch „Desperate Deception: British Covert Operations in the U.S., 1939-44" (1998).

Walter Lippmann schrieb, dass „der überraschende Aufstieg und die Ernennung von Wendell Willkie das maßgebliche Ereignis war, das, vielleicht vom Schicksal begünstigt, es ermöglichte, die freie Welt um sich zu scharen … Unter jeder anderen Führung außer dieser hätte sich die Republikanische Partei von Großbritannien abgewendet …" (S. 164)

Falls ein republikanischer Nationalist wie Robert Taft die Nominierung gewonnen hätte, wäre Churchill darauf vorbereitet gewesen, mit Hitler Frieden zu schließen und Stalin seinem Schicksal zu überlassen. Der jüdische Holocaust hätte sich nicht ereignet, da Hitler gute Beziehungen zu England wollte. In einer Wiederauflage des Ersten Weltkriegs verlängerte das Einschreiten Amerikas den Krieg mit verheerenden Auswirkungen für die Menschheit.

Der Schlachtplan der Illuminaten umfasste einen langen Zweifrontenkrieg, den die Nazis verlieren würden. Obwohl Mahl die Illuminaten nicht namentlich erwähnt, deckt sein Buch ihre Vorgehensweise auf, die ich später ausführlich beschreiben werde.

ZENTRALBÄNKER UND SPIONE

Die Imperien von Rockefeller und Morgan sind Teil des Zentralbankenkartells. Auf höchster Ebene verantworten sich alle Geheimdienste (MI6, CIA, Mossad, KGB) vor diesem Kartell und nicht vor ihren nationalen Regierungen.

– 356 –

Die „British Security Coordination" (BSC) des MI6 führte die Kampagne der Illuminaten, um die USA in den Zweiten Weltkrieg abzukommandieren. Sie wurde von den Rockefellers und den Morgans finanziert und wurde in der 38. Etage des „International Buildings" des Rockefeller Centers mietfrei untergebracht.

„Dies war ein günstiger Standort", schreibt Mahl. „Etliche britische Agenturen, die das Einschreiten forcierten, werden auch hier beherbergt. Der British Press Service befand sich auf der 44. Ebene. Die Frontgruppe ‚Fight for Freedom' des britischen Geheimdienstes siedelte ebenfalls mietfrei seinen Geschäftsbetrieb in der 22. Ebene in demselben Gebäude an." (S. 11)

Wendell Willkie war Organisator bei zahlreichen demokratischen Versammlungen gewesen. Er war Präsident eines von Morgan kontrollierten Versicherungsunternehmens und Mitglied der Geschäftsleitung von „Fight for Freedom". Seine gesamte Kampagne wurde von den Morgans und dem britischen Geheimdienst finanziert und ausgerichtet, aber sie ließen sie schlicht wirken.

Nachdem Willkie die Wahl von 1940 verloren hatte, arbeitete er eng mit Franklin D. Roosevelt zusammen, um die nationalistischen Republikaner zu sabotieren, und wurde im Jahre 1944 kurzzeitig als Franklin D. Roosevelts Vizepräsident in Betracht gezogen. Aber, als sein Nutzwert offensichtlich endete, starb er im Jahre 1944 passenderweise im Alter von 52 Jahren an einer „Halsinfektion durch Streptokokken", die er sich im Krankenhaus zugezogen hatte.

Die Bekämpfung des Nazismus war nicht das unmittelbare Ziel des Einschreitens Amerikas. Das Ziel bestand in einem langwierigen, verheerenden und lukrativen Krieg, der zu einer stärkeren Konzentration der Macht in ihren Händen und letzten Endes zur „Weltregierung" führen soll.

DIE VORGEHENSWEISE

In den 1930er Jahren erfuhr das amerikanische Volk, wie die Bänker die Vereinigten Staaten für einen beträchtlichen Gewinn in den Ersten Weltkrieg manövriert hatten. Der Kongress verabschiedete eine Reihe von Gesetzen, um zu verhindern, dass dies noch einmal geschieht. Der britische

Premierminister Neville Chamberlain bezeichnete den amerikanischen Kongress als „starrköpfige und selbstgerechte Nullen".

Die Illuminaten mussten die öffentliche Meinung ändern, bevor Franklin D. Roosevelt die Vereinigten Staaten zum Krieg verpflichten konnte. Ihre wichtigste Waffe waren die Massenmedien, die im wahrsten Sinne des Wortes den Zentralbänkern gehörten oder durch Werbung von ihren Kartellen gesteuert wurden.

Im Jahre 1940 zählten zu den Verlagen, die sich im Besitz der Zentralbänker und ihrer Frontmänner befanden, The New York Herald Tribune, The New York Times, PM, The Chicago Sun, The Cowles Group (Look), Time Life, The Washington Post und die Baltimore Sun. Alle befürworteten entschieden ein Eingreifen. Auch Hollywood produzierte Kriegspropaganda. Alexander Korda, der Regisseur von „Lord Nelsons letzter Liebe" und „The Lion has Wings" war ein britischer Mittelsmann.

Unter den Journalisten, die als Fürsprecher des britischen Geheimdienstes Erfolge verzeichneten, befanden sich Walter Winchell, Drew Pearson, Dorothy Thompson, Walter Lippmann, James Reston und Herbert Bayard Swope.

Öffentliche Meinungsumfragen wurden gefälscht oder aufbereitet, um den Amerikanern den Eindruck zu vermitteln, sie würden ein Einschreiten favorisieren. Beispielsweise gab der britische Beauftragte David Ogilvy die Umfragen von Gallup heraus.

Nationalistische Politiker wie Hamilton Fish, Martin Dies und Burton Wheeler wurden als Befürworter des Nationalsozialismus und als Antisemiten verunglimpft. Es wurde mit falschen Anschuldigungen gegen sie gehetzt und letztendlich wurde ihnen eine Niederlage beigebracht. Einer von ihnen, Senator Arthur Vandenberg, wechselte mit Unterstützung einer schönen Prominenten, die für den britischen Geheimdienst arbeitete, seinen Standpunkt.

Die Briten fertigten Fotos von deutschen Gräueltaten und eine gefälschte Landkarte an, bei der es sich vorgeblich um einen Plan der Nazis handelte, Südamerika aufzuteilen. Diese Karte trug dazu bei, dass Franklin D. Roosevelt die letzte verbliebene Gesetzgebung hinsichtlich der Neutralität aufheben konnte. Gefälschte Horoskope sagten für Hitler und amerikanische „Isolationisten" Verderben vorher.

Wie die Kommunisten gründeten die Briten zahlreiche Gruppierungen, die als Basisorganisationen auftraten. Zu ihnen zählten „Friends of Democracy", „The League for Human Rights" und „Fight for Freedom Committee".

Nach dem Krieg stellte das Council on Foreign Relations von Rockefeller sicher, dass der offizielle geschichtliche Verlauf des amerikanischen Eingreifens aufgeschrieben wurde. Sie wollten keine Wiederholung der blamablen Enthüllungen darüber, wie die Vereinigten Staaten mit einer List in den Ersten Weltkrieg gezogen wurden.

KOMMUNISTISCHE JUDEN

Die Briten hätten sich von Stalin nur im äußersten Fall abgewendet. Die britische Freimaurerei (d. h. die Zentralbänker) steckte hinter der bolschewistischen Revolution, aber indem sie vorgab, ihr ablehnend gegenüberzustehen, vermochte Großbritannien seine Verbündeten, die nationalistischen Weißrussen, zu hintergehen. Die Bänker brachten später das nationalsozialistische Deutschland hervor, was unter anderem auch auf dem Umstand beruhte, dass Stalin selbst zu nationalistisch geworden war.

Die Bänker sahen vor, es die beiden Titanen wie Ungeheuer in einem schäbigen, japanischen Horrorfilm ausfechten zu lassen, aber Hitler musste unterliegen, da er unabhängiger als Stalin war.

Mahls Buch gewährt Einblicke in diese gemeinsamen Interessen zwischen den Zentralbänkern, den Briten, den jüdischen Führern und der Sowjetunion.

Beispielsweise bezuschusste die British Security Coordination die Overseas News Agency, die eine Zweigstelle der Jewish Telegraphic Agency war, die von Jacob Landau gegründet wurde. Der Bänker Felix Warburg unterstützte ebenfalls die Jewish Telegraphic Agency mit Subventionen, deren Tätigkeit darin bestand, die Judenverfolgung öffentlich bekannt zu machen. Landau war auch in der Geschäftsleitung von „Fight for Freedom" tätig.

Dechiffrierte Nachrichten aus dem VENONA-Projekt (Telegramme zwischen der sowjetischen Botschaft und Moskau) legen offen, dass Landau sowohl für die Briten als auch für die Sowjets arbeitete. Er reiste im Jahre 1943 nach Mexico City und hatte mehrere Unterredungen mit dem sowjetischen Botschafter.

Mahl schreibt: „Die VENONA-Nachrichten enthüllen, dass der sowjetische Geheimdienst die British Security Coordination und seinen Ableger Office of Strategic Services vollständig infiltriert hatte", (aus dem die CIA hervorging). (S. 49)

William Stephenson stand der British Security Coordination vor. Sein Stellvertreter war Col. Charles „Dick" Ellis, ein Mitglied des MI6, der die zukünftige CIA aufbaute und leitete. Laut Mahl „stand [Ellis] in Verdacht, für den deutschen und den sowjetischen Geheimdienst zu arbeiten". (S. 194)

Dieses Bild stimmt mit der Auffassung überein, dass die Zentralbänker im Verborgenen alle Geheimdienste kontrollieren und Kriege nur eine Farce sind.

FAZIT

Freuds Neffe Edward Bernays half, die breite Masse für die Illuminaten zu beeinflussen. In seinem Buch „Propaganda" schrieb er:

„Die bewusste und zielgerichtete Manipulation der Verhaltensweisen und Meinungen der Massen ist ein wesentlicher Bestandteil demokratischer Gesellschaften. Organisationen, die im Verborgenen arbeiten, lenken die gesellschaftlichen Abläufe. Sie sind die eigentlichen Regierungen in unserem Land." (S. 19)

Demokratie und Freiheit selbst sind eindeutig ein Trugbild. Die Illuminaten bestimmen die Wahlmöglichkeiten und steuern die Debatte. Im Grunde genommen legitimiert unsere „Demokratie" nur illegitime Macht.

Die Amerikaner werden in den nächsten Weltkrieg abkommandiert. Die gegenwärtige Zeit könnte mit den 1930er Jahren gleichgesetzt werden, als beide Seiten aufrüsteten und den Ernstfall probten. Der finale Flächenbrand würde eine große Anzahl von „unnützen Essern" aus der Welt schaffen.

„ICH WAR HITLERS VORGESETZTER"

Der Mann, der die Personifizierung des Bösen wurde, war wahrscheinlich die Marionette der unsichtbaren Macht, die nach wie vor die Welt beherrscht.

Lassen Sie uns dieses ungewöhnliche, kaum bekannte Dokument mit dem Titel „I was Hitler's Boss" von Hauptmann Karl Mayr beleuchten, das im in New York ansässigen Magazin „Current History" veröffentlicht wurde. (November 1941)

Als Hitlers Vorgesetzter in der „Aufklärungsabteilung" der Reichswehr in München hatte Hauptmann Mayr 15 Monate lang (März 1919 – Juni 1920) „täglichen Kontakt" mit Hitler. Der Gefreite Hitler wurde mit Propagandatätigkeiten und der Unterwanderung von Arbeitergruppen beauftragt.

Mayr schildert Hitler als einen „müden, streunenden Hund, der nach einem Herren sucht", der zuerst nur ein Lakai von General Ludendorff und anschließend von Göring war und als überflüssig erachtet wurde, nachdem er seine Aufgabe erfüllt hatte.

Er „versuchte, als Briefzusteller in den Postdienst einzutreten. Seine Dienste wurden abgewiesen, da er außerstande war, den Intelligenztest zu bestehen. Seine Schulbildung in seinem österreichischen Dorf hätte durchaus ausgereicht, aber seine geistigen Fähigkeiten hatten Schaden genommen, nachdem er im Krieg mit Gas vergiftet worden war."

Obwohl ich überzeugt bin, dass Hauptmann Mayr, der sich später gegen Hitler wandte (und in Buchenwald interniert und ermordet wurde), den Artikel verfasste, dürfte es sich hierbei um „schwarze Propaganda" handeln. Da er einen Monat vor Kriegseintritt der Vereinigten Staaten veröffentlicht wurde, könnte er darauf ausgelegt gewesen sein, Spannungen zwischen Hitler und seinem designierten Nachfolger Hermann Göring zu erzeugen und Hitler durch Herabwürdigung zu verärgern.

Der Herausgeber des Magazins „Current History" war „Spencer Brodney". Sein richtiger Name war Leon Brodzky, der seit langer Zeit Kommunist war. „Current History" wurde vierteljährlich von der New York Times Company herausgegeben, dem Presseorgan des Zentralbankenkartells.

Dennoch wurde der Artikel unterdrückt, was darauf hindeutet, dass er im Widerspruch zur Strategie der Bänker stand, Hitler glaubwürdig aussehen zu lassen. Obgleich schwarze Propaganda die Wahrheit ins passende Licht rückt, stützt sich ihr Erfolg auf die Einbindung einer beträchtlichen Reihe von Fakten. Viele der Ausführungen Mayrs decken sich mit anderen Quellen. Ich werde seine plausibelsten Offenlegungen kurz darlegen und mich anschließend in wenigen Worten mit den Auswirkungen befassen.

HITLER: EIN AUSSENSEITER WIRD ZUM DIKTATOR

Hauptmann Mayr sagt, dass im Jahre 1919 Hitler „einer der vielen tausend ehemaligen Soldaten war, die auf den Straßen nach Arbeit suchten. Zu dieser Zeit war Hitler soweit, sich auf jeden einzulassen, der ihm freundlich begegnete ... Er hätte für einen jüdischen oder französischen Arbeitgeber genauso bereitwillig wie für einen arischen gearbeitet." Er zeigte sich „gegenüber dem deutschen Volk und dessen Schicksal völlig unbekümmert".

Hitler „redete und wandelte im Schlaf und war gemeinhin anderen lästig". Er hatte keine Freunde und war aufgrund einer „Missbildung, durch die er nicht wie andere Männer war", schüchtern und unsicher. „Meines Erachtens machte diese Beeinträchtigung ihn zu einem Einzelgänger und Außenseiter." [Hitler hatte offenbar nur einen Hoden. Komischerweise bringt Mayr dieses Detail nicht zur Sprache, obgleich er versucht, Hitler zu diskreditieren. Vielleicht verbot es sich in dieser Zeit.] Hitler wurde „fortwährend von seinen Kameraden gehänselt".

Nach Aussage von Mayr traf sich General Erich Ludendorff (1865 – 1937), der Held des Ersten Weltkriegs, wöchentlich mit einem Zirkel von Industriellen im Hotel Vier Jahreszeiten in München und plante insgeheim Vergeltung für Deutschlands Kriegsniederlage.

Die Schwierigkeit lag darin, den entmutigten deutschen Arbeiter für einen weiteren Kampf zu mobilisieren. Ludendorff befand, dass sie eine der Jeanne d'Arc ähnliche Figur brauchten, einen einfachen Menschen, der die Stimme

Gottes vernahm, um ihn in die Schlacht zu führen. Er durchstreifte sogar die bayerischen Alpen auf der Suche nach einem „rothaarigen Bauernmädchen", das als göttliche Botin verkauft werden konnte.

Ludendorff und seine Freunde „verhielten sich wie Talentsucher aus Hollywood …" Zur selben Zeit war Hitler an einem „Experiment" der Reichswehr beteiligt. Er erhielt Geld, um Versammlungen der deutschen Arbeiterpartei in Wirtshäusern abzuhalten und jedem Bier, Würste und Brezen zu kaufen. Nach einigen überschwänglichen Liedern, wenn sich jeder „fröhlich und dankbar" fühlte, sprang Hitler auf einen Stuhl oder einen Tisch und eröffnete seine Ansprache mit folgenden Worten: „Arbeiterkollegen, Deutschland, erwachet!"

„In solch einer geselligen Atmosphäre war es für die Arbeiter eine Freude, zu erwachen und überwiegend allem zu applaudieren", schreibt Mayr. „Das Experiment mit Hitler wurde von seinen Förderern als äußerst erfolgreich erachtet" und Hitler wurde der Job als Jeanne D'Arc-Figur übertragen.

„Der Plan wurde sorgfältig ausgearbeitet, um ihn auf das Wunschdenken der Mehrheit abzustimmen."

Die Anführer wussten, dass eine „Minderheit leiden musste und so wurden hauptsächlich die deutschen Juden zu den Sündenböcken gemacht, da ihre Vernichtung Millionen von Wählerstimmen für die Nazis bringen würde. Kleine Ladenbesitzer hassten die Juden, da sie im Besitz der Handelsketten waren; Landwirte wünschten ihre Ausrottung, weil sie Schulden bei jüdischen Bänkern hatten; selbst Intellektuelle waren missgünstig, da Juden lukrative Stellungen in den Geisteswissenschaften, Naturwissenschaften und akademischen Berufen innehatten. Die Kommunisten mussten auch vernichtet werden, aber dies war darauf zurückzuführen, dass sie ihre Anweisungen aus Russland entgegennahmen und nie für ein imperiales Deutschland stimmen würden."

„Die ‚Verkäufer der nationalsozialistischen Ideologie' trugen alles Erdenkliche vor, um die Menschen in Kriegsstimmung zu versetzen … Demzufolge lauteten ihre Verkaufsargumente: Deutschland hat nichts; andere Nationen haben all den Wohlstand; Deutschland muss sie erfolgreich bekämpfen, um sich das Anrecht auf diesen Wohlstand zu verdienen."

Demnach sprachen die Nazis immer die Sehnsüchte der Mehrheit an. „Niemand interessierte sich dafür, was Deutschland widerfahren würde, sofern das Resultat das Wiederaufleben der guten alten Zeiten sein würde …"

Hitler wurde als „guter Verkäufer der nationalsozialistischen Ideologie, der ausbezahlt werden würde, wenn er nicht länger gebraucht würde", angesehen.

HITLER: DIE LEITFIGUR

Mayr behauptet, dass Hitler nie der tatsächliche Führer der Nazis war. „Die Figur Hitler als Führungspersönlichkeit ist vermutlich der größte Streich, den man der Welt je gespielt hat … Seine Berichte mussten immer umgeschrieben werden … Sein Intellekt war nicht höher als der eines achtjährigen Kindes … Hitler war nie imstande, eine eigene Entscheidung zu treffen … Er schrieb mit Sicherheit keine einzige Zeile von Mein Kampf; … [aber] er war gewiss von Stolz erfüllt, seinen Namen als Autor eines Buches darunter zu setzen."

„Vor jeder wichtigen Rede hatte Hitler zuweilen tagelang eine geheime Unterredung mit Heß, der Hitler auf irgendeine unbekannte Art und Weise in diesen frenetischen Zustand versetzte, in welchem er an die Öffentlichkeit trat, um das Wort an sie zu richten. Kurz bevor Hitler Staatsmänner oder Auslandskorrespondenten empfing, wurde er in allen Einzelheiten darauf vorbereitet, was er sagen sollte. Wenn ihm gelegentlich unvorhergesehene Fragen gestellt wurden, ging er einfach davon oder legte mit seinem aberwitzigen politischen Gegeifer los."

Ludendorff verlor bald die Kontrolle über Hitler an Ernst Röhm und Hermann Göring, die sich einen erbitterten Krieg um die vorherrschende nationalsozialistische Rassenideologie lieferten. Schlussendlich errang Göring „in der blutigen Säuberung" vom 30. Juni 1934 den Sieg. Zu dieser Zeit gehörte Mayr zum Umfeld Röhms, der die ursprünglichen sozialistischen Ziele des Nazismus vertrat.

„Göring stand nun nichts mehr im Wege und er vergeudete keine Zeit. Einberufung; Besetzung des Rheinlandes; vollständige Wiederbewaffnung;

Einschreiten in Spanien; Einmarsch in Österreich, in die Tschechoslowakei, in Polen und in der Folge in weitere Länder."

„Deutschland hat viele Fausts, aber ihr Mephistopheles ist Göring, der es fertig brachte, Hitler der ganzen Welt durch gerissene Propagandisten wie Goebbels als patriotischen Übermenschen zu verkaufen. Göring alleine leitete den Reichstagsbrand in die Wege und ließ dafür einen geistig zurückgebliebenen Jungen hinrichten ... Er war es, der die Übergabe gefälschter Unterlagen an Hitler arrangierte, um ihn zu überzeugen, dass Röhm die Absicht hatte, ihn zu ermorden, sofern er Röhm nicht zuerst töte. Görings schmeichelndes Verhalten gegenüber Hitler war schiere Heuchelei, die dazu bestimmt war, die öffentliche Meinung irrezuführen."

[Die von den meisten Historikern vermittelte Sichtweise ist, dass Göring eine untaugliche Führungsperson war und es vorzog, zu jagen oder Kunstwerke zu sammeln (oder zu stehlen) anstatt die Luftwaffe zu leiten. Angeblich lebte er in Angst vor Hitler.]

SCHLUSSFOLGERUNG

Mayrs Ansicht steht in deutlichem Widerspruch zur herkömmlichen Sichtweise von Hitler. Entweder lügt Mayr oder der Großteil der modernen Historiker ist daran beteiligt, Hitler hochzustilisieren, um ihn wie einen glaubwürdigen Führer und eine Personifizierung des Bösen erscheinen zu lassen.

Ich glaube, dass Hitler von den Illuminaten in Szene gesetzt wurde, also von den Freimaurern, die sich zur Verwirklichung des Wunsches der Rothschilds nach Welttyrannei zusammentaten, um ihr Kreditmonopol zu schützen.

In den „Protokollen von Zion" behauptet der Autor, dass die gesamte Opposition gesteuert wird. Wenn irgendein Staat einen Einspruch gegen die Herrschaft der Rothschilds erhebt, „geschieht dies heutzutage nur der Form halber auf unseren Wunsch hin und durch unsere Anweisung, denn ihr Antisemitismus ist in der Führung unserer geringeren Brüder für uns unerlässlich". (Protokoll 9)

Meine derzeitige Annahme ist, dass durch eine lange Reihe von „Mittelsmännern" eine direkte Verbindung zwischen Hitler und der Agenda der Rothschilds besteht. Einige dieser Mittelsmänner waren „nützliche Idioten" wie Erich Ludendorff, der sich aus der Politik zurückzog, als er bemerkte, dass die Bank of England der Rothschilds Hitler finanzierte.

Max Warburg, Leiter des deutschen Militärgeheimdienstes, Mitglied einer mit den Rothschilds in Verbindung stehenden Bänkerfamilie und im Jahre 1919 Mayrs tatsächlicher Vorgesetzter, war wahrscheinlich Rothschilds Drahtzieher im „Hitler-Experiment". Über die „geheime Freimaurerei" brachten die Zentralbänker sowohl den Kommunismus als auch den Nazismus hervor, die aufgrund des Zweiten Weltkriegs den Verfall der westlichen (christlichen) Zivilisation vorantrieben.

Die Menschheit wird rasch zu einer Ameisenfarm der Rothschilds. Dank ihrer Kontrolle über die Medien und die Bildung sind Informationen und Unterhaltung größtenteils Instrumente zur Gesellschaftskontrolle und Verhaltensänderung. Fragwürdige Dokumente wie Hauptmann Mayrs „I was Hitler's Boss" rufen uns in Erinnerung, dass wir auf ungeheuerlichste Art und Weise manipuliert und hintergangen werden.

WAR HITLER EIN HANDLANGER DER
ILLUMINATEN?

Greg Halletts Buch „Hitler war ein britischer Agent" bildet Krieg als eine makabre Illusion ab, die von okkulten Magiern beschworen wurde, um die Menschheit herabzusetzen und letzten Endes unter einer Weltregierung zu versklaven.

Halletts Behauptung, dass Hitler ein „britischer" Agent war, beruht auf dem Zeugnis eines düsteren Netzwerks von aus dem Dienst ausgeschiedenen Geheimagenten. Obwohl Hallett es versäumt, durch Dokumente belegte Nachweise zu erbringen, bringt er überzeugende Indizienbeweise vor.

Beispielsweise war Adolf Hitler in den Jahren 1912 – 1913 in England, wobei dies eine Tatsache ist, die durch das Buch seiner Schwägerin gestützt wird: „The Memoirs of Bridget Hitler" (1979). Viele Historiker, darunter Hitlers Biograf John Toland haben diese erschreckenden Informationen übergangen. (Falls Hallett richtig liegt, machen sich Geschichtswissenschaftler wie Toland schuldig, Hitler zu beschönigen und ihn zu erhöhen.)

Hallett sagt, dass Hitler von Februar bis November 1912 an der britischen Militärschule für psychologische Kriegsführung in Tavistock in Devon und in Irland zubrachte, an der er einer Gehirnwäsche unterzogen und ausgebildet wurde. „Kriegsmaschinerien brauchen Krieg und [das bedeutet], dass sie finanzierte, trainierte und geförderte Doppelagenten benötigen, die ihre leichtgläubigen Opfer, ihre Marionetten und ihre Marionettenfeinde sein sollen", schreibt Hallet, ein in Neuseeland wohnender Architekt. (S. 38)

Hitlers Schwägerin beschrieb ihn als völlig ausgelaugt, als er ohne Gepäck vor ihrer Tür in Liverpool stand. „Ich dachte, er wäre krank, denn er war so blass im Gesicht und er sah mich befremdlich an", schrieb sie. „Er las ständig, aber keine Bücher, sondern kleine Druckschriften, die auf Deutsch verfasst waren. Ich weiß weder was in ihnen stand noch woher genau sie stammten." (S. 29, 35) Hallett behauptet, es seien aus der Militärschule in Tavistock stammende Trainingshandbücher gewesen.

„Hitler war ein britischer Agent" ist als alternatives Paradigma von Nutzen. (In der Regel können wir die Wahrheit nicht erkennen, da wir die falsche Weltanschauung besitzen, nämlich unsere „Bildung", die wie ein Filter wirkt.) Wenn Hallett ihn als „britischen" Agenten bezeichnet, bezieht er sich auf die Illuminaten, den freimaurerischen Kult aus superreichen Bänkern, die ein miteinander verwobenes Netzwerk von Kartellen kontrollieren. Dieser Kult hat seinen Sitz in der City of London, aber er nutzt England sowie die meisten Staaten und Ideologien als Handpuppen in einem Kaspertheater, das sich Geschichte nennt.

Halletts Behauptung würde über viele unwahrscheinliche Vorgänge im Zweiten Weltkrieg Aufschluss geben. Warum ließ Hitler beispielsweise 335.000 alliierte Soldaten in Dünkirchen entkommen? Diese edelmütige Geste wurde als großmütiges Friedensangebot gedeutet, aber England wäre sicherlich zugänglicher gewesen, wenn sich seine Armee in Kriegsgefangenenlagern der Nazis befunden hätte.

Der Sieg der Nazis im Mai 1940 war wie ein K.O.-Schlag in der ersten Runde. Die Illuminaten beabsichtigten weder, dass der Krieg schon so bald enden sollte, und erst recht nicht, dass ihn die Nazis gewinnen würden.

Im Sommer 1940, als Großbritannien in die Knie gegangen war, riet der nationalsozialistische Leiter des militärischen Geheimdienstes Abwehr, Admiral Wilhelm Canaris, dem rumänischen Außenminister, Prinz Michel Sturdza, neutral zu bleiben, da England den Krieg gewinnen werde. Er ließ diese Nachricht auch dem spanischen Diktator Franco zukommen.

Halletts Theorie erklärt auch, warum Hitler, der angeblich der Erzfeind der jüdischen Bänker war, handelte, als ob er nicht wüsste, dass die Rothschilds England (und Amerika) kontrollierten, während dies eigentlich allgemein bekannt war. (Siehe Hilaire Belloc, „Die Juden", 1927) Wenn Hitler echte Absichten gehabt hätte, wäre er in England einmarschiert, bevor er Russland angegriffen hätte.

Halletts Hypothese erläutert: 1. Warum Hitler ohne Furcht vor einem Vergeltungsschlag in das Rheinland usw. expandieren konnte. 2. Warum die Kriegsmaschinerie der Nazis von der Bank of England und einem Who's Who der angloamerikanischen Unternehmen, die von den Illuminaten kontrolliert wurden, finanziert und aufgebaut wurde. 3. Warum Hitler nie das Mittelmeer bei Gibraltar abriegelte; und warum der spanische Diktator Franco trotz der hohen Schuld, die er auf Grund des spanischen Bürgerkriegs bei den Nazis hatte, neutral blieb. 4. Warum der Hauptstandort der I.G. Farben in Frankfurt nie bombardiert wurde. Dieser wurde der Hauptsitz der CIA. 5. Warum die Bank of England Hitler für die Einnahme von Prag entlohnte, indem sie ihm die tschechischen Goldreserven in London überreichte.

Es würde erklären, warum Hitler seiner lächerlichen Rassenpolitik Priorität gab, statt einfach den Krieg zu gewinnen. Er hätte bei der Bezwingung des kommunistischen Russland Millionen von Slawen (und sogar viele Juden) rekrutieren können. Stattdessen machte er sie zu unerbittlichen Feinden.

Wir könnten hinterfragen, warum der deutsche Verbündete Japan die Vereinigten Staaten anstelle von Russland angriff; warum die Nazis nie herausfanden, dass ihre Kommunikation abgehört wurde; warum Hitler nicht die Erdölfelder Russlands und des Nahen Ostens einnahm, als er die Gelegenheit dazu hatte, usw. Aber Sie können es sich vorstellen. Es war ein abgekartetes Spiel.

Hitler dachte wahrscheinlich, dass er für die angloamerikanischen Kapitalisten handelte, als er in Sowjetrussland einmarschierte. Möglicherweise bemerkte er nicht, dass ihm (und Deutschland) eine Falle gestellt worden war.

WER WAR HITLER?

Die größte Unwahrscheinlichkeit ist, dass ein österreichischer Vagabund, Straßenfeger und homosexueller Prostituierter der Kanzler von Deutschland werden könnte. Hitler gesellt sich zu einer langen Liste von zweifelhaften, erpressbaren Persönlichkeiten, die mit Hilfe einer unsichtbaren Hand in eine weltweite Bekanntheit katapultiert wurden.

Hallett schreibt, dass Hitlers Großvater Nathan Mayer Rothschild war. Maria Schickelgruber, Hitlers Großmutter, war ein Dienstmädchen im Wiener Herrenhaus der Rothschilds, als sie seinen Vater Alois „in Angst" in einer satanischen rituellen Vergewaltigung empfing. Die Rothschilds konnten nur innerhalb ihres Familienverbands heiraten, sodass sie außereheliche Kinder hatten, die als anonyme Agenten dienten. (Offensichtlich ist dies ein Muster der Illuminaten. Bill Clinton soll Gerüchten zufolge ein Rockefeller sein.)

Seine Großmutter erhielt Kindesunterhalt von einem jüdischen Unternehmer, der wahrscheinlich ein Vermittler für seinen Großvater war. Bridget Hitler zitiert Hitlers Schwester Paula: „Seitdem [Adolf] die Rassengesetze einführte, haben wir keinen Großvater, Adolf und ich. Bestimmt konnte jeder, der es wünschte, einen Vorteil daraus schlagen." (Memoirs, S. 175)

Rothschilds Sohn, Alois Hitler war in dritter Ehe mit seiner Nichte Klara verheiratet, die Hitlers Mutter wurde. Sein Vater war gewalttätig und seine Mutter überfürsorglich. Hitler wurde im Alter von 18 Jahren mittellos, als seine Mutter starb, und er lebte in einem Wiener Männerwohnheim, das ein Treffpunkt Homosexueller war.

Laut des deutschen Historikers und Professors Lothar Machtan war Hitler ein Homosexueller mit einem langen Strafregister wegen Belästigung von Männern sowohl in München als auch in Wien. Diese Akte ging sowohl Russland als auch England zu, wurde aber nie zu Propagandazwecken eingesetzt, was ein weiterer Beweis dafür ist, dass der Krieg eine Farce gewesen sein dürfte. (Machtan, „Hitlers Geheimnis: Das Doppelleben eines Diktators", 2001)

DIE ENTSTEHUNG EINES VERRÜCKTEN MANNES

Nach Aussage von Hallett reiste Hitler im Jahre 1912 für eine Ausbildung nach England, die auf Deutsch gehalten wurde. Diese „Ausbildung" reichte von der Verinnerlichung seiner Rolle in Deutschlands Schicksal bis zum Erlernen, wie man eine Zuhörerschaft in seinen Bann zieht.

Sie umfasst auch Gehirnwäsche durch Traumatisierung. Das Bewusstsein der Persönlichkeit wird durch die Beiwohnung grausamer Schreckenstaten und die Erfahrung sexuellen Missbrauchs zersplittert, wobei all dies gefilmt wird. Anschließend werden die verschiedenen Bruchstücke des Bewusstseins programmiert und es kann auf sie mit speziellen Codewörtern zugegriffen werden. (Lesen Sie die Werke von Fritz Springmeier und Cisco Wheeler für eine ausführliche Beschreibung der Techniken der Bewusstseinskontrolle der Illuminaten.)

Hitler kehrte im Mai 1913 nach Deutschland zurück und verpflichtete sich beim deutschen Heer. Während des Ersten Weltkriegs diente er als Melder und wurde zweimal von den Engländern aufgegriffen. Beide Male wurde er von einem „Engel" im britischen Geheimdienst vor der Hinrichtung verschont.

Nach Aussage von Hallett hatte Hitler Freude an Fäkalsex mit Frauen. Auch hatte er kleine Genitalien und nur einen Hoden. (Viele Frauen, die er umwarb, begingen Selbstmord. Die Liebe seines Lebens war seine 17-jährige Halbnichte Geli, die er im Jahre 1931 ermordete, als sie von seinem Chauffeur schwanger wurde. Machtan stellt die Behauptung auf, dass Hitlers eigentliche Zuneigung dem Chauffeur galt.)

Um mehr über die Homosexualität der Nazis zu erfahren, siehe das Buch „The Pink Swastika", das im Internet einzusehen ist.

FOLGERUNGEN

Die Geschichte entwickelt sich gemäß dem auf lange Dauer angelegten Plan der Illuminaten. Kriege werden insgeheim Jahrzehnte im Voraus geplant und inszeniert, um die Vernichtung der Nationen und der natürlichen Eliten, eine Entvölkerung, die Demoralisierung und natürlich Macht und Gewinn zu erreichen.

Laut Hallett war Josef Stalin ein weiterer „Kriegsagent" der Illuminaten, der im Jahre 1907 die Schule für psychologische Kriegsführung in Tavistock besuchte. Clifford Shack legte den Schluss nahe, dass Stalin auch ein außerehelicher Nachkomme eines Rothschilds war.

Hallett behauptet, dass Hitlers Tod vorgetäuscht wurde (es wurde ein Double getötet) und Hitler nach Barcelona flüchtete, wo er bis 1950 lebte, bis er an Magenkrebs starb.

Greg Hallett ist ein Querdenker und sein weitläufiges Buch ist voller Wiederholungen und Exkurse. Ich würde bislang nicht auf die Richtigkeit von

Halletts Behauptungen setzen. Aber er verdient unseren Dank dafür, eine alternative Betrachtungsweise der Geschichte anzuführen, die, obwohl sie weit hergeholt ist, plausibler ist als das, was sich angeblich ereignete. Wir sollten in der Lage sein, spekulative Sichtweisen in Erwägung zu ziehen, ohne uns veranlasst zu sehen, ihnen zuzustimmen oder sie abzulehnen. (Es nennt sich, „sich das Urteil vorzubehalten".)

Hitler muss unter dem Blickwinkel dieser Zeile aus den „Protokollen der Weisen von Zion" betrachtet werden: „Wenn irgendwelche Staaten Protest gegen uns erheben, geschieht dies heutzutage nur der Form halber auf unseren Wunsch hin und durch unsere Anweisung …" (Protokoll 9)

Im Zweiten Weltkrieg wurden alle Ziele der Illuminaten erreicht. Deutschland und Japan wurden in eine Einöde verwandelt. 60 Millionen Menschen wurden abgeschlachtet. Der jüdische Holocaust veranlasste die Juden, den Sitz von Rothschilds Weltregierung in Israel zu errichten. Idealisten und geborene Führungspersönlichkeiten wurden auf beiden Seiten abgeschlachtet. Die Nationen wurden mit Schulden belastet. Die Vereinten Nationen erhoben sich wie ein Phönix aus der Asche. Hiroshima brachte Schrecken über die Welt. Die Sowjetunion war eine Supermacht und hatte Osteuropa in der Gewalt. Die Bühne wurde für den nächsten Akt des Schauspiels bereitet … den Kalten Krieg.

Angesichts der düsteren Aussichten für die Menschheit besteht eine Neigung, Hitler sogar als einen Gegner der Vorherrschaft der Zentralbänker zu verklären. Halletts Buch ist eine wichtige Mahnung, dass Hitler wie Stalin und Mao ein Handlanger war. Die Illuminaten unterstützen finanziell „Feinde", um Konflikte zu schüren und die Menschheit in ihrer Knechtschaft zu halten.

ENGAGIERTEN DIE ILLUMINATEN HITLER, UM DEN ZWEITEN WELTKRIEG ZU BEGINNEN?

Die Tinte auf dem Friedensvertrag von Versailles war noch nicht getrocknet, als die Illuminaten begannen, den Zweiten Weltkrieg auf den Weg zu bringen, indem sie Adolf Hitler und die NSDAP aufbauten.

Vor dem Jahre 1919 war Hitler ein politischer „Söldner" gewesen, der viele jüdische Freunde hatte und sowohl mit dem Kommunismus als auch mit dem Sozialismus geliebäugelt hatte. Von einem Tag auf den anderen wurde er ein erbitterter Gegner des Kommunismus und Antisemit. Was war geschehen? Er wurde ein Offizier des militärischen Geheimdienstes. Während der 1920er Jahre finanzierte die Reichswehr im Geheimen Hitler und seine Partei und bildete die „Braunhemden" der SA aus.

Ich vermute, dass General Kurt von Schleicher ein Vertreter der den Illuminaten angehörenden Bänker wie Max Warburg war, dessen Zentralverwaltung der I.G. Farben in Frankfurt von Bombern der Alliierten verschont wurde und dessen jüdische Mutter während des Kriegs ein angenehmes Leben in Hamburg führte.

In den Protokollen von Zion rühmt sich der Verfasser, ein Bänker unter den Illuminaten, damit, dass sie den Antisemitismus hervorbringen oder ahnden, wenn es ihnen zum Nutzen gereicht. „Ihr Antisemitismus ist für uns in der Führung unserer geringeren Brüder unerlässlich ... Dieser Sachverhalt war Gegenstand wiederholter Diskussionen unter uns." (Protokoll 9) Hitler ist ein Beispiel dafür, wie Antisemitismus geschaffen wurde. Der Autor fährt fort:

„Durch uns schreitet der alles verschlingende Terror fort. In unserem Dienst stehen Menschen aller Ansichten und aller Lehren, Monarchisten, Demagogen, Sozialisten, Kommunisten und alle möglichen utopischen Träumer ... Sie streben danach, all die bestehenden Formen der Ordnung zu stürzen ... Alle Staaten werden gepeinigt, aber wir werden ihnen keine Ruhe lassen, bis sie offen unsere internationale Superregierung anerkennen."

Dort steht schwarz auf weiß das Konzept der NWO, der Vereinten Nationen, der EU, der NAU und jedes Kriegs bis heute. Aber die Bänker machten uns glauben, dass es „rassistisch" ist, dem Beachtung zu schenken. Als ob mehr als 1 % der Juden wissentlich Teil ihrer abscheulichen, teuflischen Verschwörung waren oder sind.

Die Geschichte der Neuzeit handelt von diesem auf lange Dauer angelegten Plan, unnötige Kriege zu entfachen, um die Menschheit durch die Zerstörung unserer Identität, die auf der Nation, der Religion, der Rasse und der Familie beruht, zu versklaven. Die meisten Historiker werden bezahlt, um die schreckliche Tatsache zu verschleiern, dass die Menschen, die letztlich für Auschwitz, den Gulag, Hiroshima und Verdun verantwortlich waren, nach wie vor die Welt regieren. Sie tragen die Schuld am 11. September und dem Krieg im Irak.

Unsere Führer werden nach ihrer Fähigkeit auserwählt, zu lügen und Anweisungen zu befolgen. Konflikte sind eine Farce zwischen „Antagonisten", die in Wirklichkeit denselben Meistern dienen.

VERSAILLES

Dr. E.J. Dillon vom London Daily Telegraph schrieb in seinem Buch „The Inside Story of the Peace Conference" (1920): Viele Abgeordnete folgerten, dass „fortan die Welt vom angelsächsischen Volk regiert werden wird, das seinerseits wieder von seinen jüdischen Elementen beeinflusst wird ..." (d. h. die Zentralbänker und ihre Lakaien). (S. 497)

Deutschland war das größte Hindernis dabei, sich England und der Vereinigten Staaten zu bedienen, um der Welt die Herrschaft der Illuminaten aufzuerlegen. Folglich wurden erdrückende Reparationen verhängt, um Anlass für einen weiteren wesentlich verheerenderen Weltkrieg zu geben. Sobald er begann, unterbanden die Briten mit einem Veto Bestrebungen, Hitler zu ermorden oder zu ersetzen, und beharrten auf einer „bedingungslosen Kapitulation".

Hitler gelangte erst im Jahre 1933 an die Macht, aber Deutschland begann in Zuwiderhandlung gegen die Bestimmungen des Versailler Vertrags im Jahre 1919 mit der Wiederbewaffnung. Die Alliierten ignorierten wissentlich ein

Programm, das die Ausbildung kommunistischer und deutscher Soldaten mit den neuesten Waffen und ganze Stützpunkte, die Luftstreitkräfte, Panzer und chemische Kriegsführung beherbergten, vorsah. Als Hitler im Jahre 1933 an die Macht kam, hatte Deutschland bereits eine fortschrittliche Luftwaffe.

Eine weitere Möglichkeit, den Versailler Vertrag zu umgehen, sah die Reichswehr darin, paramilitärische Organisationen wie die nationalsozialistische SA zu finanzieren und auszubilden, die später in das reguläre Heer eingegliedert werden konnte. General Kurt von Schleicher und die Hauptmänner Karl Mayr und Ernst Röhm leiteten dieses „Schwarze Reichswehr"-Programm.

Sefton Delmer, der Korrespondent des „Daily Express" in Berlin war, schildert dies in seiner Autobiografie „Die Deutschen und ich" (1961). Er führt Dokumente an, die beweisen, dass Hitler „auf Befehl Mayrs handelte, als er in die kleine deutsche Arbeiterpartei eintrat und begann, sie aufzubauen …" (S. 64) Delmer behauptet, dass Mayr auch Massenkundgebungen und Druckschriften finanzierte, in denen Hitler gegen die Juden wetterte. „Diese judenfeindliche Kampagne … wurde von keiner geringeren Autorität als den Stabsoffizieren der Reichswehr gefördert." (S. 63)

Die Absicht der Reichswehr bestand darin, eine allgemein verbreitete politische Unterstützung des Zweiten Weltkriegs zu wecken. Nach Aussage von Delmer „gab Schleicher nicht weniger als zwei Millionen Pfund aus den geheimen Kassen der Reichswehr für die nationalsozialistische Sturmabteilung aus …" (S. 120) Auch wurden sie von den Illuminaten angehörenden Industriellen und Bänkern finanziell unterstützt.

(Sefton Delmer, der in Berlin geboren und aufgewachsen war, kannte Hitler persönlich und hatte ein breites Spektrum an vertraulichen Quellen. Während des Kriegs übernahm er die Leitung der britischen „schwarzen Propaganda", die auf zahlreichen Rundfunksendern übertragen wurde und sich an deutsche Soldaten richtete.)

HITLER: „GEGNER DES KOMMUNISMUS UND ANTISEMIT"

Der Kommunismus, der Nazismus und der Zionismus sind Drillinge. Sie sind Bewegungen, die von den Illuminaten konzipiert und entwickelt wurden, um die Menschheit zu überlisten und zu manipulieren.

In seinem Buch „Hitlers Geheimnis: Das Doppelleben eines Diktators" behauptet Lothar Machtan, Professor der Geschichte an der Universität Bremen, dass Hitler im Jahre 1918 beinahe den Kommunisten beitrat. Er fragte einen ranghohen Parteiposten an, der ihn von der Arbeit befreit hätte, aber sie lehnten ab. „Hitler setzte keinen Fuß ins rechtsextreme Lager, bis er von linken Fraktionen abgewiesen worden war", schreibt Machtan. (S. 71)

Nach Aussage von Ian Kershaw nahm Hitler in den Jahren 1918 – 1919 an prosozialistischen und kommunistischen Demonstrationen teil und diente als Ratsvertreter der sozialistischen Soldatenräte. („Hitler: 1889 – 1936", S. 118-120)

Laut Brigitte Hamann waren Hitlers beste Freunde im Vorkriegswien jüdisch. Er profitierte von jüdischen Wohltätigkeitseinrichtungen und der von Juden entgegengebrachten Gastfreundlichkeit. Die meisten seiner Kunstwerke wurden von Juden gekauft. Aus diesem Grund mieden ihn wahre Antisemiten. („Hitlers Wien. Lehrjahre eines Diktators", S. 347-352)

Hamann legt den Schluss nahe, dass sich Hitlers Ansichten über die Reinheit und Überlegenheit der arischen Rasse auf die Juden stützen. Sie zitiert Hitler:

„Durch Moses erhielt das jüdische Volk ein Gesetz für das Leben und wie man sein Leben führt, das zu einer Religion erhoben wurde, die gänzlich auf das Wesen der eigenen Rasse zugeschnitten wurde und ohne Dogmen und fragwürdige Glaubensvorschriften schlicht und einfach … das beinhaltet, was dem Wohl des eigenen Volkes diente, aber nichts bezüglich der Rücksichtnahme auf andere enthält." (S. 351)

SCHLUSSFOLGERUNG

Es ist eine Nostalgie bezüglich Hitler festzustellen, die auf dem Glauben beruht, dass er Widerstand gegen die Neue Weltordnung verkörperte. In Wirklichkeit wurde er von den Illuminaten aufgebaut, um einen weiteren Krieg zu beginnen.

Menschen knüpfen ihre Hoffnungen an Führer wie Putin und Ahmadinedschad, aber wie Hitler sind sie zweifelhafte Gestalten, die eine unsichtbare
Hand zur Macht erhob. Wir haben keine wahren politischen (oder kulturellen) Führer, nur Schachfiguren der Illuminaten.

Die Geschichte der Menschheit verläuft immer nach demselben Schema:
Eine Minderheit will all die Macht und das Vermögen auf Kosten vieler an
sich reißen. Massenserienmörder sind an der Führung. Ganz gleich, wie lange sie sich freundlich geben, letzten Endes werden sie immer ihr wahres
Gesicht zeigen.

Anmerkungen:

Auf einige Quellen in diesem Artikel wurde in Jim Condits vortrefflichen
Dokumentarfilm „The Final Solution to Adolph Hitler" hingewiesen.

„Der Zionismus war bereit dazu, das ganze europäische Judentum für einen zionistischen Staat zu opfern. Es wurde alles getan, um den Staat Israel zu gründen, und dies war nur durch einen Weltkrieg möglich. Die Wall
Street und jüdische Großbänker unterstützten auf beiden Seiten die Kriegsanstrengungen. Die Zionisten tragen auch die Schuld daran, im Jahre 1988
wachsenden Hass auf Juden heraufbeschworen zu haben." (Joseph Burg,
„The Toronto Star", 31. März 1988)

Major Robert H. Williams berichtete in seinem „Williams Intelligence
Summary" vom Februar 1950 über James P. Warburgs Rolle in der Verschwörung gegen das Christentum. Er führte aus: „Letzten November legte
die Witwe des verstorbenen Generals Ludendorff im Nürnberger Prozess dar,
warum ihr Mann sich von Hitler lossagte, und bestätigte die Berichte in überzeugender Detailliertheit.

Sie sagte aus, dass ... James P. Warburg bereits im Sommer 1929 einen
Auftrag von Finanzkreisen in Amerika ausgeführt hatte, die danach verlangten, in der Entfesselung einer nationalen Revolution alleinigen Einfluss auf
Deutschland zu nehmen. Warburgs Aufgabe bestand darin, den geeigneten
Mann in Deutschland zu finden, und er schloss einen Vertrag mit Adolf Hitler, der hierauf bis zum 30. Januar 1932 Geldbeträge in Höhe von 27 Millionen Dollar erhielt und darauf noch weitere sieben Millionen, was ihm ermöglichte, seine Bewegung zu finanzieren."

HITLER BENUTZTE EINE SCHREIBMASCHINE DER ROTHSCHILD-BÄNKER (UM „MEIN KAMPF" ZU VERFASSEN)

Manchmal sprechen symbolische Details Bände.

Emil Georg von Stauß, der Präsident der größten Bank Deutschlands, der Deutschen Bank, lieh Hitler eine tragbare Schreibmaschine der Marke Remington, damit er sein berüchtigtes, judenfeindliches Bankenmanifest „Mein Kampf" niederschreiben konnte.

Von Stauß, der ein Hauptkapitalgeber der NSDAP war, war auch ein langjähriger Geschäftspartner der Rothschilds.

Hitler diktierte den Maschinenschreibern Rudolf Heß und Emil Maurice während seines achtmonatigen angenehmen Aufenthalts im Landsberger Gefängnis von April bis Dezember 1924 sein Werk „Mein Kampf". (Sein Strafmaß von fünf Jahren wurde herabgesetzt. Er hatte eine Doppelzelle mit Ausblick und es wurde ihm gestattet, Geschenke und Besucher zu empfangen.)

Von Stauß gehörte einer „Unterstützergruppe" Hitlers an, die sich aus wohlhabenden Gönnern zusammensetzte. Helene Bechstein, die Frau des Klavierfabrikanten Bechstein, gab sich als Hitlers Adoptivmutter aus und schmuggelte Teile des Manuskripts hinaus. Sie übernahm alle Ausgaben Hitlers und hoffte, er würde ihre Tochter Lotte heiraten. Fritz Thyssen, der Vorstandsvorsitzende der Vereinigten Stahlwerke, ließ Hitler ein Geburtstagsgeschenk von 100.000 Goldmark zukommen.

Diese Darstellung wurde den Briefen von Rudolf Heß an seine Frau entnommen, die in dem Buch „The Man Who Invented the Third Reich" (1999, S. 130-135) des belgischen Autors Stan Lauryssens aufgeführt werden.

Sie steht im Widerspruch zu dem Bild, das wir von Hitler im Jahre 1924 vor Augen haben, der vermeintlich eine Graswurzelbewegung und Splitterpartei führte. Tatsächlich war er ein Frontmann der internationalen Bänker, denen er sich angeblich entgegenstellte.

Sowohl der Nazismus als auch der Kommunismus waren vermeintliche Oppositionen, die von den Illuminaten angehörenden Bänkern konzipiert wurden. Da wir mit schlafwandlerischer Sicherheit auf den nächsten Weltkrieg zusteuern, sei daran erinnert, dass die Menschen, die unsere Währung ausgeben, hinter jedem Krieg stecken und beide Seiten kontrollieren.

DIE DEUTSCHE BANK, VON STAUSS UND DIE ROTH- SCHILDS

Die Deutsche Bank beteiligte sich daran, Hitler aufzubauen, da er Kriegsprofit verhieß. (Filialleiter und Manager gehörten der NSDAP an.) Während des Zweiten Weltkriegs profitierte die Deutsche Bank, als sie Banken und Industrien in besetzten Ländern, „arisierte" ehemals von Juden geführte Geschäfte und jüdische Bankkonten übernahm. (Siehe Harold James, „Die Deutsche Bank und die ‚Arisierung'", 2001)

Bevor von Stauß Präsident der Deutschen Bank wurde, war er Generaldirektor von Steaua Română, eines rumänischen Ölkonzerns, der sich im Besitz der Bank befand. Er war Vorstandsvorsitzender der Europäischen Petroleum-Union (EPU), einem Erdölkartell. Die EPU war „eine internationale Vereinigung von Industriellen, deren Ziel es war, den größtmöglichen Profit mit ihren Erzeugnissen zu erwirtschaften".

Die EPU vertrat die Interessen der Rothschilds, der Nobels und der Deutschen Bank. Die Anliegen der beiden letztgenannten schlossen vermutlich diejenigen der Rothschilds mit ein.

Nach der Machtergreifung der Nazis koordinierte von Stauß die Kriegsvorbereitungen in deutschen Großunternehmen wie beispielsweise Daimler Benz und BMW, die mit der Deutschen Bank in Beziehung standen.

Ein Buch beschreibt ihn als „eine rätselhafte Persönlichkeit der Weimarer Republik und der Zeit des Nationalsozialismus, wenngleich [als] jemanden, der in der Geschichtswissenschaft kaum je gebührend gewürdigt wurde". Obwohl er ein bedeutender Unterstützer war, wurde er nie Mitglied der NS-

DAP und „hielt die guten Beziehungen mit führenden Wirtschaftspersönlichkeiten, die wie beispielsweise sein Kollege Oscar Wassermann bei der Deutschen Bank Juden waren, aufrecht". (David Bankier ed. „Probing the Depths of German Anti-Semitism", 2000, S. 256-257)

Nichtsdestotrotz war er maßgeblich daran beteiligt, jüdische Vermögenswerte zu arisieren, selbst die derjenigen Juden, die vor langer Zeit konvertiert und Mischehen eingegangen waren. Zweifelsohne gab es privilegierte und unterprivilegierte Juden, also Illuminaten oder nicht dem Illuminatenorden angehörende Juden.

WARUM BÄNKER KRIEG ENTFACHEN

Krieg ist der zentrale Bestandteil des auf lange Dauer angelegten Plans der Bänker, die Menschheit zu dezimieren, herabzusetzen und zu versklaven, was für die Absicherung ihres betrügerischen Weltmonopols auf unsere Kredite unerlässlich ist. Diese Logik gibt Aufschluss über die wahre Bedeutung der „Revolution" und warum sie Krieg als „revolutionär" erachten.

Die Menschheit wurde mattgesetzt, da eine kleine Bande die Kontrolle über die Profitgenerierung übernahm. Dies begann mit der Erkenntnis von Goldhändlern, dass sie Belege für Gold ausstellen konnten, das sie nicht besaßen. Sie wurden zu Bänkern, die verstanden, dass sie durch einen einfachen Buchungseintrag mehr Kredite vergeben konnten, als sie an Geld verfügbar hatten.

Sie bedienten sich dieses Goldesels, um die Kontrolle über das Vermögen der Welt zu übernehmen und ihre Komplizen mit verantwortungsvollen Positionen in der Regierung, den Medien und der Bildung zu betrauen. Sie erwirkten, dass unsere nationalen Regierungen für das Papiergeld bürgen, das sie drucken.

Kriege lenken uns von diesen Umständen ab, setzen uns herab, lassen uns verrohen und steigern die Verschuldung und die Profite. (Selbstverständlich setzen die Bänker hauptsächlich auf Staatsschulden.) Auch haben die Zentralbänker eine Vorliebe für den Sozialismus. Sie kaufen mit ihrem eigenen Geld Menschen und binden sie zugleich vertraglich.

Woodrow Wilson war eine Schachfigur dieser Finanzmacht. Aber um seine Seele zu retten, sagte er, dass amerikanische Industrielle „eine präsente Macht" fürchten, „die so organisiert, so subtil, so achtsam, so verwoben, so umfassend, so durchdringend ist", dass sie nur hinter vorgehaltener Hand darüber zu sprechen wagten.

Wilson bestimmte diese Macht sogar genauer:

„Das gewaltige Monopol in diesem Land ist das Monopol auf große Kredite. Eine starke Industrienation wird durch ihr Kreditsystem kontrolliert. Demnach befinden sich das nationale Wachstum und alle unsere Tätigkeiten in den Händen von einigen wenigen Männern, die es sich gemütlich machen, Analysen anstellen und die uneingeschränkte wirtschaftliche Freiheit zerstören." (Robertson, „Human Ecology", S. 166)

SCHLUSSFOLGERUNG

Kriege, einschließlich des „Kriegs gegen den Terror", wurden dafür konzipiert, einen Weltpolizeistaat zu errichten, um das Monopol der Zentralbänker auf Macht und Vermögen zu schützen. Es ist nicht wirklich von Bedeutung, wer gewählt wird. Sie arbeiten alle für die Zentralbänker.

Freimaurer, Bilderberger, Jesuiten und Zionisten werden alle von den Bänkern autorisiert. Die Menschheit wird nie auf einen guten Weg gelangen, solange die Bänker nicht ihre Befugnis, Geld mittels unserer Kredite zu kreieren, abgeben. Indes wird unser Leben von einer Reihe ungeheuerlicher Lügen bestimmt, zu denen nicht zuletzt Kriege zählen.

LENKTE BORMANN HITLER FÜR DIE ILLUMINATEN?

Der zweitmächtigste Mann im nationalsozialistischen Deutschland, Martin Bormann, war ein „sowjetischer" Agent (d. h. ein Agent der Illuminaten), der die Zerstörung sowohl Deutschlands als auch des europäischen Judentums gewährleistete.

So brachte er zwei der Hauptziele der Illuminaten voran: die Eingliederung Deutschlands in eine Weltregierung durch die Beseitigung seiner nationalen, kulturellen und ethnischen Ambitionen und die Gründung Israels als Welthauptstadt der freimaurerischen Bänker, indem die europäischen Juden mit ihrer Ausrottung bedroht wurden.

Die Illuminaten sind ein lockerer Zusammenschluss aus der jüdischen Finanz und der britischen, amerikanischen und europäischen Aristokratie, die durch Heirat, Geld und den Glauben an das Okkulte (Freimaurerei) vereinigt sind. Winston Churchill, ein Freimaurer, dessen Mutter jüdisch war, passt in diese Beschreibung.

Sie sind im Besitz von riesigen, miteinander verwobenen Kartellen (Bankwesen, Erdöl, Pharmazeutika, Krieg, Chemikalien, Minerale, Medien, usw.) und kontrollieren die Gesellschaft und die Regierung durch Konzerne, Berufsgruppen, Medien, Bildung, Geheimgesellschaften, Denkfabriken, Stiftungen und Geheimdienste. Sie haben sich zum Ziel gesetzt, „das Vermögen der Welt abzuschöpfen" (nach den Worten von Cecil Rhodes) und ihre Bürger zu beeinflussen, indem sie sich der Meinungsmache, „Bildung" und sozialer Umgestaltung bedienen.

Nationen (Großbritannien, die Vereinigten Staaten, Israel), Bewegungen (Zionismus, Sozialismus, Nazismus, Kommunismus) und Menschen (Amerikaner, Deutsche, Juden) sind ihre Schachfiguren, die jederzeit ihrem verrückten, größenwahnsinnigen Plan einer weltumspannenden Gewaltherrschaft geopfert werden. Bormanns Werdegang veranschaulicht, wie sie Kriege inszenieren, um dieses langfristige Ziel voranzubringen.

Martin Bormann (1900 - ?) war Organisator, Schatzmeister und Zahl-meister der NSDAP und leitete ihren gewaltigen Parteiapparat. Er war der Kontaktmann zu den dem Illuminatenorden angehörenden Bänkern und In-dustriellen, die die NSDAP finanzierten und Millionen an Hitler spendeten. Als „Reichsminister" und Hitlers „Sekretär des Führers" unterzeichnete Bor-mann Hitlers Gehaltsscheck und verwaltete seine Konten. Er legte fest, wen oder was Hitler zu Gesicht bekam, und handelte in seinem Namen.

Göring sagte, dass „Bormann rund um die Uhr bei Hitler blieb und ihn nach und nach derart unter seinen Willen brachte, dass er Hitlers gesamtes Leben bestimmte". („Martin Bormann" von James McGovern, S. 160) Hit-ler machte Bormann zu seinem Willensvollstrecker. Bormann, nicht Hitler, besaß den Berghof. Der gesamte Komplex am Obersalzberg, der aus 87 Ge-bäuden bestand und über eineinhalb Millionen Mark wert war, war rechtlich auf Bormanns Namen registriert. (McGovern, S. 128)

Im Jahre 1972 legte General Reinhard Gehlen (Chef der Abteilung Frem-de Heere Ost der Wehrmacht) offen, dass Bormann ein sowjetischer Spion war, wobei diese Ansicht von vielen hochrangigen nationalsozialistischen Generälen und Funktionären, darunter von Gottlob Berger, einem SS-Ge-neralleutnant, der Bormann gut kannte, geteilt wurde. „Bormann richtete von allen den größten Schaden an", bezeugte Berger im Nürnberger Prozess. (McGovern, S. 181)

Die Folgen sind niederschmetternd. Man denke an die Aussage von Win-ston Churchill: „Dieser Krieg ist nicht gegen Hitler oder den Nationalsozi-alismus gerichtet, sondern gegen die Stärke des deutschen Volkes, die ein für alle Mal zerschlagen werden muss, unabhängig davon, ob sie sich in den Händen von Hitler oder eines Jesuitenpaters befindet." (Emrys Hughes, „Churchill. Ein Mann in seinem Widerspruch", S. 145)

Die NSDAP wurde ins Leben gerufen und der Zweite Weltkrieg inszeniert, um das deutsche Volk in eine teuflische Falle zu führen, nachdem es tiefgreifend moralisch bloßgestellt worden war. In „The Bormann Brotherhood" (1972) sagt William Stevenson, dass Bormann „dem Schicksal Deutschlands die niedrigste Priorität einräumte … Stattdessen befasste er sich mit einer Zukunft, die auf der nationalsozialistischen Philosophie beruht, durch die Kriegsbeute der Nazis finanziert und von einer ihm persönlich loyalen Bruderschaft unterstützt wird ..." (S. 62) Sind hiermit die Illuminaten gemeint?

BORMANN

Es ist unwahrscheinlich, dass Bormann im vom Krieg verwüsteten Berlin ums Leben kam, wie es uns die Illuminaten glauben machen wollen. Ein Mann, der sorgsam Vorbereitungen für den Fortbestand des Reichs traf, indem er 750 Firmen in neutralen Ländern gründete, hätte seine eigene Flucht vorbereitet. Es liegen Informationen vor, dass die Russen Bormann retteten und ihn in Moskau einsetzten. Anderen Berichten zufolge war er in Südamerika. Adolf Eichmanns ältester Sohn, Horst, behauptete, dass er mit ihm viele Unterredungen in Argentinien führte. (McGovern, S. 194)

Offensichtlich arbeitete Bormann sowohl für die Sowjets als auch für die Nazis, d. h. er war für die Illuminaten tätig. Der zweimalige Gewinner des Pulitzer-Preises Louis Kilzer vertritt in seinem Buch „Hitler's Traitor" (2000) die These, dass Bormann ein „sowjetischer" Spion war. Er untersuchte die über Telegramme erfolgte Kommunikation zwischen einem Spion, der „Werther" genannt wurde, und Moskau und ermittelte, dass ausschließlich Bormann Zugang zu diesen Informationen hatte. Bormann offenbarte Hitler, dass er Aufzeichnungen für die Nachwelt wollte, und ließ Stenografen Hitlers Kriegskonferenzen protokollieren.

Die Sowjets waren in der Lage, sehr ausführliche Informationen über die Verteidigungsmaßnahmen und Absichten der Nazis einzuholen. Daraus ergaben sich die entscheidenden Niederlagen der Nazis bei Stalingrad und Kursk. „Bormann war für Russland genauso nützlich wie fünfzig Divisionen der Roten Armee", schreibt Kilzer. (S. 61)

„Sein Nutzen für Stalin begann früh. Im Jahre 1941, als Deutschland Millionen von ukrainischen Nationalisten in Dienst stellen hätte können, um die sowjetische Herrschaft niederzuschlagen, entschied Bormann, dass sie einzig Versklavung und Entvölkerung verdienten. ... Die Ukrainer, die sich entweder mit dem Genozid durch die Deutschen oder mit der politischen Vorherrschaft der Sowjets konfrontiert sahen, zogen vor, zu leben, und machten dadurch die deutschen Hoffnungen auf eine leichte Eroberung zunichte." (S. 261)

Bormann nutzte die Niederlage der Nazis bei Stalingrad als Vorwand, mit der Ausrottung der Juden, dem zweiten Ziel der Illuminaten, zu beginnen. Nach Aussage des Anklägers bei den Nürnberger Prozessen war Bormann eine „treibende Kraft hinter den Plänen von Hungersnot, Erniedrigung, Plünderung und Ausrottung". Er schirmte Hitler von den grausigen Einzelheiten ab, untersagte Himmler, mit Hitler über die Angelegenheiten zu sprechen, und legte Himmlers Berichte ab. (S. 261)

„Bormanns Rolle hinsichtlich der Ukrainer und der Juden war nur ein Teil seines verheerenden Einflusses auf das Dritte Reich", schreibt Kilzer. Er behinderte Albert Speers Bemühung, die Wirtschaft grundlegend auf einen „totalen Krieg" auszurichten, bis es zu spät war. „Bormanns Einflussnahme", folgerte Speer, „war ein Desaster von nationalem Ausmaß". (S. 263)

Kilzer legt Bormanns Kontakte zum sowjetischen Spionagenetzwerk ausführlich dar, wobei er von vielen seiner Handler Profile erstellte. Sogar eine der Geliebten Bormanns, Marie Rubach Spangenberg, war im deutschen kommunistischen Untergrund aktiv. (S. 264)

Bormann brachte Hitler dazu, die Gefahr einer Einkesselung bei Stalingrad zu vernachlässigen. Hitlers Entscheidungen „hatten mit den Grundlagen von Strategie und militärischen Operationen nichts mehr gemein", notierte General Halder in seinem Tagebuch. (McGovern, S. 82)

Bormann gewann Hitlers vollständiges Vertrauen, indem er vorgab, sein schonungslos wirkungsvolles Instrument zu sein. Wenn Bormann kritisiert wurde, entgegnete Hitler: „Jeder mit Ausnahme von Bormann hat mich enttäuscht … Wer auch immer sich gegen Bormann ausspricht, richtet sich auch gegen den Staat! Ich werde sie allesamt erschießen …" (McGovern, S. 101) Dazu „sind Bormanns Vorschläge so gründlich ausgearbeitet, dass ich nur ja oder nein zu sagen brauche …" (S. 98)

Es stellt sich folgende Frage: „War Hitler selbst ein Verräter?" Diente er auch den Illuminaten? Kilzer bemerkt, dass Hitler hinsichtlich abweichender Ansichten innerhalb der Reihen unerwartet nachsichtig war und eine „Kultur des Verrats" pflegte. (Kilzer, S. 6) War sich Hitler über Bormanns Rolle im Klaren und kooperierte? Ich suche immer noch nach dieser Antwort.

SCHLUSSFOLGERUNG

William Stevenson liefert eine passende Schlussfolgerung: „Bormann repräsentierte eine Macht im Verborgenen; und in unserer verworrenen menschlichen Natur ahnen wir, dass die Aufmachung der Demokratie eher eine gefährliche Tarnung ist, … dass die eigentliche Macht dort beginnt, wo die Geheimhaltung anfängt. Martin Bormann verfügte zu solch einem Grad über diese geheime Macht …, dass er in der Lage war, dem Galgen zu entfliehen." (S. 9)

Die Lehre aus dieser Geschichte ist, dass die „Nachrichten" die „Tarnung der Demokratie" aufrechterhalten. Schenken Sie ihnen nicht zu viel Aufmerksamkeit und wenden Sie nicht Ihre gesamte Energie für sie auf. Die Geschichte ist ein Schauspiel. Die Illuminaten lenken alle Politiker, die gute Erfolgsaussichten haben. Sie kontrollieren die Massenmedien.

Louis Kilzers Buch wurde von einem kleinen Verleger in Novato in Kalifornien veröffentlicht. Dies zeigt, dass die großen, von den Bänkern kontrollierten New Yorker Verlage Bormanns Geheimnis ebenso wie jeder Nazi wahren wollen.

Wir leben in einer Welt, in der sich die vorherrschende Elite in einem bösartigen Geheimbund organisiert hat, um sich gegen die Menschheit zu verschwören. Sie begründen eine „Neue Weltordnung", was durch den fehlenden Deckstein der Pyramide auf dem Großen Siegel der Vereinigten Staaten symbolisiert wird. Ihre Symbole sind überall vorzufinden, aber wir dürfen keine Einwände gegen sie äußern. Erfolg beruht auf unserer Bereitschaft, unsere Mitbürger sowie unsere Nation und Zivilisation zu verraten und dieser böswilligen Macht zu gestatten, in unserer Mitte zu wachsen.

HITLER UND BORMANN WAREN VERRÄTER

Dies ist einer meiner wichtigsten Artikel, der denjenigen die bittere Wahrheit vor Augen führt, die sie noch nicht kennen.

General Gehlens Memoiren enthalten den schlagenden Beweis. Hitler war ein Handlanger der Illuminaten, der den Auftrag hatte, Deutschland in einen vernichtenden Krieg zu führen, in dem der deutsche Nationalismus ein für alle Mal zerstört werden sollte.

Dereinst erbrachte ich den Beweis, dass Martin Bormann, der Mann, der Hitlers Gehaltsscheck unterzeichnete, ein Sowjet, also ein Mittelsmann der Illuminaten, war; aber ich war mir nicht im Klaren, ob Hitler auch ein wissentlicher Verräter war.

Die Aussage von General Reinhard Gehlen, Chef der Abteilung Fremde Heere Ost des militärischen Geheimdienstes, deutet darauf hin, dass er sich seines Verrats bewusst war.

In seinen Memoiren „Der Dienst" (Hase & Koehler, 1971) sagt Gehlen, dass er und Admiral Canaris, Leiter der Abwehr, den Verdacht hegten, dass es einen Verräter im deutschen Oberkommando gab.

Beide hatten festgestellt, dass die Sowjets „in kürzester Zeit über Vorgänge und Erwägungen, die auf deutscher Seite an der Spitze angestellt wurden, bis ins einzelne unterrichtet [waren]". (S. 32)

Sie verdächtigten beide Martin Bormann, den „Sekretär des Führers" und Reichsleiter der NSDAP.

„Unsere Vermutungen wurden weitgehend bestätigt, als wir unabhängig voneinander ermittelten, dass Bormann und seine Mitarbeiter ein unkontrolliertes Netzwerk von Funkstationen betrieben und es nutzten, um verschlüsselte Nachrichten nach Moskau zu übermitteln.

Als Beobachter des OKW (Oberkommando der Wehrmacht) dies meldeten, forderte Canaris eine Untersuchung; aber es wurde die Antwort erteilt, dass Hitler selbst jedes Einschreiten ausdrücklich untersagt hatte: Er war im Voraus über diese Funkspiele oder ‚gefälschten Funksprüche' unterrichtet worden und hatte sie genehmigt." (S. 71)

GEHLEN BESTÄTIGTE DEN VERRAT BORMANNS

Trotz der Tatsache, dass weiterhin wichtige Informationen durchsickerten, ließen es Gehlen und Canaris auf sich beruhen. „Keiner von uns befand sich in der Position, den Reichsleiter [Bormann] mit Aussicht auf Erfolg zu denunzieren." (S. 71)

In seinem Buch „Hitler's Traitor" schätzte Louis Kilzer, dass Bormann für die Sowjets fünfzig Divisionen wert war.

Nach dem Krieg war Gehlen, der den BND (westdeutscher Geheimdienst) leitete, in der Lage, Bormanns Verrat zu bestätigen. „Zwei zuverlässige Informationen gaben mir in den 50er Jahren die Gewissheit, dass Martin Bormann perfekt abgeschirmt in der Sowjetunion lebte. Der ehemalige Reichsleiter war … zu den Sowjets übergetreten …" (S. 32)

Die Tatsache, dass Hitler Bormann deckte, bestätigt, dass er ebenfalls aktiv am Verrat beteiligt war. Beide dienten den (freimaurerischen) Bänkern, die den Illuminaten angehören, also dem in London ansässigen Syndikat der Rothschilds. Die Illuminaten steckten auch hinter Stalin und dem Kommunismus und natürlich erst recht hinter Churchill und Franklin D. Roosevelt.

Indem die Illuminaten Kriege erzeugen, führen sie einen Krieg gegen die Menschheit mit dem endgültigen Ziel einer verschleierten diktatorischen Weltregierung.

Denken Sie an den 11. September, den „Patriot Act" und die Transportsicherheitsbehörde (TSA). Hinter dem Schleier der Demokratie und dem Kampf gegen den „Terror" errichten sie einen Polizeistaat.

HITLERS VORSÄTZLICHE FEHLER

Im Winter 1941/42 waren Gehlen und befreundete Generäle zu dem Schluss gekommen, dass der russische Feldzug verloren war, „nicht weil er politisch und militärisch nicht gewonnen werden konnte, sondern weil sich durch die dauernden Eingriffe der obersten Führung (Hitler) eine Kette von politischen und militärischen Elementarfehlern ergab, die sich fortsetzen würde und die zum Feldzugs- und damit Kriegsverlust führen musste." (S. 36)

Trotz der Tatsache, dass Hitler den Verräter Bormann gedeckt hatte, gelangte Gehlen nicht zu der nahe liegenden Schlussfolgerung, dass Hitlers „Elementarfehler" wissentlich begangen wurden.

In seinem Buch beschreibt Gehlen ausführlich einige dieser Fehler.

Der Generalstab wollte Ressourcen auf die Einnahme Moskaus konzentrieren. Hitler beharrte darauf, die Kräfte auf drei Fronten zu verteilen.

Der Generalstab erkannte, dass die Sowjets im Begriff waren, die 6. Armee bei Stalingrad einzukesseln, und forderte einen strategischen Rückzug. Hitler lehnte diesen ab und 200.000 Deutschlands bester Truppen wurden getötet und unersetzbare Waffen fielen in Feindeshand.

Um diese Verluste auszugleichen, wollte der Generalstab Millionen von bereitwilligen Freiwilligen aus antikommunistischen Reihen, also Russen, Ukrainern, Litauern, usw., rekrutieren.

„Die Wiederaufrichtung elementarer Grundsätze von Menschenwürde und Freiheit, Recht und Besitz nach 20 Jahren Rechtlosigkeit und Terror einigte alle nicht unmittelbar dem System dienenden Menschen im sowjetischen Raum in ihrer Bereitschaft, die Deutschen zu unterstützen." (S. 67)

Die Wehrmacht begann, ein nationalistisches Regime um den charismatischen russischen Überläufer General Wlassow aufzubauen.

Tatsächlich war solch ein Aufruf laut Stalins Sohn, der in Kriegsgefangenschaft geriet, Stalins schlimmster Alptraum.

„Das Einzige, das mein Vater fürchtet, ist die Entstehung eines nationalistischen Regimes, das sich ihm entgegenstellt. Aber das ist ein Schritt, den Ihr nie unternehmen werdet", erzählte Jakow dem Vernehmungsbeamten der Nazis. „Weil wir wissen, dass Ihr nicht ausgerückt seid, um unser Land zu befreien, sondern um es zu erobern." (S. 80)

Stalin wusste, dass er Hitler – wie er selbst Mittelsmann der Illuminaten – vertrauen konnte, dass er die Verantwortung übernehmen würde. Hitler versuchte nicht einmal, die Slawen über seine grausigen Absichten gegenüber ihnen hinwegzutäuschen, und anstatt von ihnen willkommen geheißen zu werden, gewann er ihren unerbittlichen Hass.

SCHLUSSFOLGERUNG

Der Zweite Weltkrieg war der ungeheuerlichste Schwindel in der Geschichte. Ein Kult von satanischen (sabbatianischen) Juden und Freimaurern, die vom Syndikat der Rothschilds finanziert wurden, ist für die Auslöschung von mehr als 60 Millionen Leben verantwortlich.

Hitler bewies durch seine Taten, dass er ein Verräter war. Er wurde von den Illuminaten eingesetzt, um Deutschland zugrunde zu richten und es dann nahtlos in die NWO einzufügen.

Hitler war für Deutschland verhängnisvoll. Aber was hatte sich das deutsche Volk sonst von einem Wiener Vagabunden und einer männlichen Prostituierten erhofft?

An dieser Stelle ist ein Vergleich mit Barack Obama anzubringen. Wie Hitler ist er kein Gebürtiger seines Regierungslandes und besitzt eine zwielichtige homosexuelle Vergangenheit. Er arbeitet für die Illuminaten. Sein Auftrag besteht darin, die Vereinigten Staaten zu ruinieren, sodass auch die Amerikaner widerspruchslos die Weltregierung akzeptieren werden.

Das Beispiel Hitlers offenbart das unvermutete Ausmaß des Verrats. Wenn wir daran scheitern, die Lektionen der Vergangenheit zu lernen, werden wir sie wiederholen müssen.

DER BEWEIS, DASS DER ZWEITE WELTKRIEG EINE FARCE WAR

Martin Bormann, der Mann, der Hitlers Gehaltsschecks unterzeichnete und alles über die Kriegsanstrengungen der Nazis wusste, war ein Spion der Alliierten. Das Buch „Op JB" (1996) von John Ainsworth-Davis schildert, wie ihn im April 1945 die Briten aus den Trümmern Berlins retteten.

Dieses Buch ist der schlagende Beweis dafür, dass der Zweite Weltkrieg eine Farce war. Während die meisten Nazis aufrichtig waren, wurde die nationalsozialistische Bewegung von freimaurerischen jüdischen Bänkern finanziell unterstützt und von der Spitze aus gesteuert, um einen Krieg zur Tötung nichtjüdischer Patrioten auf beiden Seiten und zur Förderung der Weltregierung zu beginnen. Juden, die nicht den Illuminaten angehörten, wurden ebenfalls dieser Agenda geopfert.

Das Einzige, das mich an dieser Schilderung zweifeln ließ, war, dass Simon & Schuster weit im Voraus viel Aufhebens um die Veröffentlichung machte. Ich stieß auf eine Darstellung der Umstände der Publikation, von der die Geschichte bestätigt wird. Ich befasse mich mit dieser Information im folgenden Artikel.

Der zweitmächtigste Mann im nationalsozialistischen Deutschland, Martin Bormann, war ein (britischer) Mittelsmann der Illuminaten, der die Vernichtung sowohl Deutschlands als auch des europäischen Judentums sicherstellte.

So brachte er zwei der Hauptziele der Illuminaten voran: die Eingliederung Deutschlands in eine Weltregierung durch die Beseitigung seiner nationalen, kulturellen und ethnischen Ambitionen und die Gründung Israels, indem die europäischen Juden mit Ausrottung bedroht wurden.

Als ich im Juni 2007 erstmals Argumente für diese These vorbrachte, empfahl mir ein Leser, das Buch „Op JB" (1996) zu lesen, das den Bericht des Stabsoffiziers John Ainsworth-Davis darüber darstellt, wie er und Ian Fleming ein Team von 150 Mann anführten, das Martin Bormann am 1. Mai

1945 aus dem vom Krieg verwüsteten Berlin rettete, indem sie Flusskajaks benutzten. Laut diesem Buch lebte Bormann bis 1956 unter einer anderen Identität in England, bevor er in Paraguay im Jahre 1959 starb.

Der Titel des Buchs steht für die „Operation James Bond". Ian Fleming benutzte den Namen des Autors von „A Field Guide to the Birds of the West Indies" (z. Dt.: Feldführer der Vögel der Westindischen Inseln) für die Rettung von Bormann und gab ihn später dem Protagonisten seiner Romanreihe über den Geheimagenten, der an Ainsworth-Davis angelehnt war, der nun den Namen Christopher Creighton trägt.

Reden wir über das Offensichtliche, das vor aller Augen verborgen ist! Der Beweis, dass der Mann, der hauptsächlich für den Holocaust verantwortlich ist, ein britischer Agent war, steht seit dem Jahre 1996 in Bücherregalen. Das Buch beinhaltet einen Brief von 1963 von Ian Fleming, der bestätigt, dass er und Creighton die Rettung von Bormann leiteten. Es enthält auch eine Fotokopie eines Briefs von 1954 von Winston Churchill, der Creighton die Erlaubnis erteilt, diese Geschichte nach Churchills Tod zu erzählen, „wobei natürlich jene Dinge ausgelassen werden sollen, von denen Sie mit Sicherheit sagen können, dass sie nie aufgedeckt werden können".

Nach Aussage von Creighton saß Martin Bormann sogar in einer nicht öffentlichen Besuchergalerie beim Nürnberger Prozess, als er in Abwesenheit zum Tode verurteilt wurde! (S. 243)

Die Tarnung dieser Angelegenheit bestand darin, dass Bormann den Alliierten angeblich helfen würde, die Kriegsbeute der Nazis aufzuspüren und ihren rechtmäßigen Eigentümern zurückzugeben. Wenn Sie das glauben, kann ich Ihnen gern auch Sumpfland in Florida verkaufen … Bormann war die ganze Zeit ein britischer Mittelsmann der Illuminaten gewesen und war hauptsächlich für die Niederlage der Nazis verantwortlich. Tatsächlich war der Zweite Weltkrieg ein ungeheuerlicher Betrug der Rothschilds an den Deutschen, den Juden und der Menschheit. Das Raubgut gelangte in die Hände der Illuminaten.

DER ECHTE „JAMES BOND" WAR EIN SEXSKLAVE DER IL-LUMINATEN UND MASSENMÖRDER

Der wahre James Bond half, Tausende von Menschen, die überwiegend britische Verbündete waren, zu töten. Er wurde von den Geistern „vollkommen loyaler und unschuldiger Menschen, die in unsere Operationen geraten waren", heimgesucht. (S. 79)

Er „befolgte nur Anweisungen", die aus einem patriotischen Blickwinkel keinen Sinn ergaben. „Wir handelten nicht aus Patriotismus oder hohen moralischen Grundsätzen. Wir taten dies nicht für England oder Uncle Sam. Wie üblich taten wir das, was uns aufgetragen worden war, zu tun: Wir führten unsere Aufträge aus." (S. 170)

Beispielsweise gab Creighton den Nazis einen Tipp über die exakte Zeit und Position der „Operation Jubilee" von 1942, was 3000 Kanadiern ihr Leben kostete. Ihm wurde gesagt, dass die Briten die Verteidigung der Nazis testen wollten. Die wahren Gründe: die Überzeugung Stalins, dass es für eine zweite Front zu früh wäre, und der Aufbau von Creightons Glaubwürdigkeit, als die Invasion in die Normandie bevorstand.

Zu diesem Zeitpunkt sagte er den Deutschen, dass es zu einem Einmarsch in die Normandie kommen würde. Diesmal wurde der Verräter verraten. Die Nazis wurden darüber in Kenntnis gesetzt, dass Creighton ein britischer Agent war, sodass sie natürlich davon ausgingen, dass diese Information falsch war.

Creighton spricht auch über die „Operation Tiger" im April 1944, eine Trainingsübung bei Slapton Sands, Dorset, die abrupt durch acht deutsche Torpedoboote unterbrochen wurde. Der Verlust: 800 US-Amerikaner ertranken. (Gestapo-Chef Heinrich Müller schrieb, dass die Nazis von einem deutschen Spion einen Tipp bekamen.) Das Fiasko wurde vertuscht, um den Kampfgeist am D-Day zu wahren. Creighton behauptet, dass die Überlebenden gefangen genommen oder durch eine Seemine getötet wurden, um es geheim zu halten. (S. 25) Trotz der Tatsache, dass die Küstenlinie von Dorset derjenigen der Normandie glich, waren die Nazis angeblich nicht imstande, den logischen Schluss zu ziehen.

Agenten, die unerwartet auf die „wahren Geheimnisse des Zweiten Weltkriegs" (d. h. die Tatsache, dass die Nazis von den „Engländern" unterwandert und gelenkt wurden) stießen, wurden oft verraten und kamen im Einsatz zu Tode. Dies widerfuhr Creightons Freundin, Patricia Falkiner. Morton räumte ein, dass Falkiner seine Schutzbefohlene war: „Er hatte sein Möglichstes getan, Patricia aus Operationen herauszuhalten ... Nur als sie auf die wichtigsten Geheimnisse in Bletchley gestoßen war, war er gezwungen worden, sie einzusetzen ..." (S. 85)

Creighton sorgte auch dafür, dass Pearl Harbor, ein weiteres Beispiel eines Täuschungsmanövers der Illuminaten, unter Verschluss gehalten wurde. Am 28. November 1941 hörte ein niederländisches Unterseeboot, die K-XVII, die japanische Flotte ab, die auf dem Weg nach Pearl Harbor war, und warnte den britischen Marinestützpunkt. Um die Illusion aufrechtzuerhalten, dass Pearl Harbor ein Überraschungsangriff war, wurde das U-Boot mitsamt seiner Besatzung zerstört. Creighton „löschte die gesamte Kompanie des Schiffes mit zwei kleinen Zylindern mit Zyanid, das in ihre Sauerstoffversorgung eingeleitet wurde, und einer Sprengstoffkiste, die als Whiskey getarnt war, aus ... Der Krieg hatte mich zu einem Ungeheuer und Massenmörder gemacht ..." (S. 81)

„SEKTION M" („M" FÜR MORTON), EIN PÄDOPHILES PARADIES?

Offiziell war Desmond Morton Winston Churchills „Berater". In Wirklichkeit hatte er die Leitung über eine streng geheime Organisation der Illuminaten inne, die sich zum Ziel gesetzt hat, die diktatorische Weltregierung durch Hinterlist voranzutreiben. Sie wurde von der „Krone", d. h. von der Bank of England von Rothschild finanziert. Sie verantwortete sich nur vor Churchill, der selbstverständlich nur Victor Rothschild Rechenschaft ablegte. Der Direktor der Bank of England, Montagu Norman, empfahl Ian Fleming dem Marinenachrichtendienst. (Fleming war 15 Jahre älter als Creighton.)

Der „SEKTION M" standen die Ressourcen der königlichen Marine und Marinesoldaten zur Verfügung und war für die Rettung von Martin Bormann und womöglich von Hitler verantwortlich.

Morton heiratete nie und es kursieren Gerüchte, dass zwischen ihm und Churchill eine homosexuelle Anziehung bestand. Er bezichtigte Churchill, homosexuelle Gefühle für Franklin D. Roosevelt zu haben. (Chris Wrigley, „Winston Churchill", S. 26)

Topagenten und Kommandosoldaten wie Creighton wurden aus Männern und Frauen in ihren späten Jugendjahren, die den Illuminaten persönlich bekannt waren, ausgewählt. Creighton war im Jahre 1945 nur 21 Jahre alt. Häufig waren die Jugendlichen Waisen oder lebten von ihren Eltern getrennt. Beispielsweise waren Creightons Eltern geschieden, aber Louis Mountbatten und Desmond Morton waren Freunde der Familie. Morton nahm Creighton unter seine Fittiche und wurde sein „Onkel". In schwierigen Zeiten „umarmte ich ihn, wie ich es früher schon so oft getan hatte". (S. 85)

Creighton spricht in düsteren Tönen über seinen Dienst in der SEKTION M: „Es waren entsetzliche Jahre des Verrats und des Schreckens, zu denen ich gezwungen worden war." (S. 78) Er berichtet über den „manipulierenden Einfluss und die Kontrolle, die Morton über mich seit meiner frühen Kindheit ausgeübt hatte".

Im Alter von 15 Jahren hatte Creighton eine Erscheinung von einem „schwarzen Engel", der von ihm als „Engel des Todes" Besitz ergriff.

„Ich erwachte schweißgebadet mitten in der Nacht und da war er und stand am Fußende meines Bettes. ... Ich konnte mich nicht rühren. In einem Gefühl von äußerster Erniedrigung und schrecklicher Angst realisierte ich, dass ich ohnmächtig war, ihn daran zu hindern, von mir Besitz zu ergreifen – wie er es oft in den Wochen, Monaten und Jahren, die folgten, tun würde." Es klingt, als ob Creighton das Opfer eines Pädophilen war.

Dieser schwarze Engel war wahrscheinlich Morton. Creighton fährt direkt fort: „Rückblickend erkenne ich, wie ich die meiste Zeit des Kriegs hindurch vollständig in Mortons Griff war. Von 1940 – 1945 war ich seine Marionette, wurde von ihm manipuliert und führte seine Anweisungen aus." (S. 18)

Der abschließende Belastungstest für „Jungen und Mädchen waren zwölf Schläge mit dem Rohrstock auf ihren nackten Hintern vor ihrer Klasse, die von einem Feldwebel des Marinekommandos erteilt wurden." (S. 69)

Es könnte sein, dass, wie einige MI5- und MI6-Agenten heute, manche Agenten der SEKTION M bewusstseinskontrollierte Sexsklaven waren.

SCHACHFIGUREN IN IHREM SPIEL

Mortons Vorgehensweise bestand aus „Täuschung und einem Doppelspiel", sagt/e Creighton. Es ist erstaunlich, dass er am Leben ist, um die Geschichte zu erzählen. Vielleicht weil er die Verdrehung der Tatsachen akzeptierte, dass Bormann gerettet wurde, um die Beute der Nazis seinen rechtmäßigen Eigentümern zurückzugeben.

Wie Creighton sind wir alle Schachfiguren in ihrem Spiel. Beispielsweise war Otto Gunther, Bormanns Doppelgänger, ein Kriegsgefangener, der in Kanada aufgefunden wurde. Bormanns Akten wurden abgeändert, damit sie auf Gunther zutreffen, sodass die Menschen beim Fund seiner Leiche glauben würden, dass er Hitlers Sekretär war.

Die Kommandosoldaten, die Bormann auf seiner Flucht begleiteten, hatten keine Ahnung von seiner Identität. Viele waren jüdische „Freiheitskämpfer". Welche Ironie!

Die Großmächte – England, die Vereinigten Staaten, Deutschland, Frankreich – sind alle Schachfiguren auf dem Brett der Illuminaten. Was ist die Demokratie wert, wenn sich der Illuminatenorden der Politiker bemächtigt und Informationen kontrolliert?

Denken Sie an die Millionen von Menschen, die im Zweiten Weltkrieg starben, nur um die Menschheit zugrunde zu richten und zu erniedrigen, sodass die blutschänderischen Illuminaten jeden besitzen und kontrollieren können. Sie spalten uns immer noch, indem sie uns gegeneinander aufhetzen, sodass wir uns nie gegen sie vereinen werden.

Ainsworth-Davis starb im November 2013.

BESTÄTIGT – BRITE RETTETE MARTIN BORMANN

Bevor der Name „James Bond" in aller Munde war, war er der Deckname der Operation, durch die am 2. Mai 1945 Martin Bormann aus Berlin gerettet wurde. Die Mission wurde von Ian Fleming und John Ainsworth-Davis, der Flemings Romane inspirierte, geleitet. Ainsworth-Davis berichtete über diesen Auftrag in seinem Buch „Op JB" (1996), das er unter dem Pseudonym Christopher Creighton schrieb. Seine Glaubwürdigkeit wird von Milton Shulmans Schilderung ihrer siebenjährigen Zusammenarbeit gestützt.

„Die Vorstellung, dass Churchill solch eine groteske Operation genehmigen sollte, ist schlichtweg unbegreiflich. Ich kann nicht glauben, dass Churchill riskiert hätte, unsere Verbündeten zu verprellen, indem er jemanden, der solch einen hohen Rang wie Bormann innehatte, schützt, wohingegen alles darangesetzt wurde, andere Kriegsverbrecher festzunehmen." – Richard Overy, Professor für Neuere Geschichte, King's College, London

Professor Overys Reaktion war charakteristisch für die Skepsis, die John Ainsworth-Davis' Buch „Op JB", sowohl bevor als auch nachdem es im Jahre 1996 veröffentlicht wurde, entgegenschlug. Martin Bormann war nicht nur ein „ranghoher" Nazi. Er war die zweitwichtigste Person nach Hitler. Er leitete den Parteiapparat der NSDAP. Er kontrollierte die Finanzen. Zudem trieb er die „Endlösung" voran, die den Tod von Millionen Juden zur Folge hatte.

Die Vorstellung, dass dieser Mann ein britischer Agent gewesen sein könnte, war mehr als viele Menschen ertragen konnten.

Der Umstand, dass „Op JB" von einem großen etablierten Verlag, nämlich Simon & Schuster, herausgegeben wurde, ist noch verwirrender. Wie kann das sein?

Milton Shulman (1913 – 2004) war 38 Jahre lang Theaterkritiker für den London Evening Standard. Während des Kriegs diente er im Heeresnachrichtendienst, wo er die Schlachtordnung der Wehrmacht analysierte.

Im Jahre 1989, nachdem er über seine Kriegserfahrungen geschrieben hatte, erhielt er einen Brief von „Christopher Creighton". Damit begann eine siebenjährige Zusammenarbeit, deren Resultat schließlich die Veröffentlichung des Buches „Op JB" im Jahre 1996 war. Shulmans detaillierter 70-seitiger Bericht über diese Gemeinschaftsarbeit („Martin Bormann and Nazi Gold") in seiner Autobiografie, dem umstrittensten und aufschlussreichsten Buch über den Zweiten Weltkrieg, beantwortet viele Fragen.

Mindestens drei große Verlage sicherten sich die Verlegerechte und sagten die Publikation ab, bevor Simon & Schuster die Rechte auf einer Auktion für ungefähr 250.000 US$ kaufte. Im Jahre 1983 zahlte die deutsche Wochenzeitung Stern 6 Millionen US$ für Hitlers Tagebücher, die sich als Fälschung erwiesen. Die beteiligten Redakteure wurden entlassen und Professor Hugh Trevor-Roper, der die Echtheit der Tagebücher bestätigt hatte, wurde in Misskredit gebracht. Auf Grund der Befürchtung, dass Creighton ebenfalls ein Schwindler war, wurde er von argwöhnischen Verlegern wiederholt einem Spießrutenlauf von Befragungen ausgesetzt. Shulman schreibt:

„Was auch immer Creighton beschrieb – ob es eine Reiseroute, ein Gespräch … [oder] ein Teil der komplizierten technischen Ausrüstung wie Infrarot-Geräte waren … –, er lieferte äußerst detaillierte Fakten, um seine Glaubwürdigkeit zu rechtfertigen. In sieben Jahren der Verfolgung von [Creightons] Schilderungen stellte ich eine verblüffende Stimmigkeit dieser unzähligen Details fest und unter Befragung von zahlreichen Fachkundigen wich er selten von seinen Aussagen ab." (S. 126)

Creighton legte Briefe von Churchill, Ian Fleming und Lord Mountbatten (sie alle sind inzwischen tot) vor, wodurch die Authentizität der Operation bestätigt wurde. Mountbatten ließ ihm einen Bericht zukommen, in dem die gesamte Mannschaft aufgeführt wird, die daran beteiligt war, und der untermauert, dass Creighton und Fleming „Martin Bormann aus dem Bunker eskortierten und ihre Flucht die Flüsse Spree und Havel stromabwärts ermöglichten, sodass sie am 11. Mai die Sicherheit der alliierten Streitkräfte am Westufer der Elbe erreichten …" (S. 133)

Als die Verlage die Echtheit dieser Briefe anzweifelten, legte Creighton eine beeidete Aussage von „Susan Kemp", der dritten Befehlshabenden der Operation, vor und schlussendlich erschien sie persönlich vor den Verlegern.

„Susan Kemp war nicht nur die dritte Befehlshabende bei den Kayaks gewesen, die Martin Bormann nach Potsdam brachten, sondern sie hatte auch
die geheimdienstliche Aufsicht über Bormann inne, als er in England eintraf,
und übernahm schließlich Mortons Stelle als Leiterin der Sektion M." (S.
155)

Als das Buch endlich erschien, war die kritische Rezeption „furchtbar".
Niemand konnte glauben, dass „solch eine kindische Fantasie Wirklichkeit war", noch verstehen, wie ein seriöser Verlag wie Simon & Schuster
„solch einen verworrenen Blödsinn" publizieren konnte. (S. 160) Als jedoch
Creighton jedem, der die Geschichte widerlegen könnte, eine Belohnung von
30.000 US$ bot, versuchte es keiner.

Trotz der kritischen Reaktion wurden weltweit ungefähr eine Million Exemplare des Buchs verkauft, aber es wurde kein Film produziert. Es hat den
Anschein, dass der MI6 die Kampagne einfädelte, um das Buch in Verruf zu
bringen. Ein anderes Buch, das behauptet, dass Bormann in Berlin gestorben
war, erschien genau zu derselben Zeit und zuvor erschuf der MI6 einen Bormann, der sodann als Schwindler entlarvt wurde.

WARUM ERLAUBTEN DIE ILLUMINATEN CREIGHTON, DIE-
SES BUCH ZU VERÖFFENTLICHEN?

Churchill hatte Creighton die Erlaubnis erteilt, die Geschichte nach seinem
Tod niederzuschreiben, „wobei natürlich jene Dinge ausgelassen werden
sollen, von denen Sie mit Sicherheit sagen können, dass sie nie aufgedeckt
werden können".

Churchill dürfte eine gefühlvolle Bindung zu jemandem gehabt haben,
den er, Mountbatten und Morton als Jugendlichen sexuell missbraucht hatten. Sie könnten vielleicht gewollt haben, dass Creighton seine angemessene
Anerkennung und Entlohnung für seinen erhabenen Dienst an den Illuminaten erhält. Aber hauptsächlich glaube ich, dass sie Vertrauen in die Art und
Weise hatten, wie die Geschichte aufbereitet worden war. Bormann hatte angeblich eingewilligt, alle Wirtschaftsgüter der Nazis dem Ausland auszuhändigen, sodass sie im Austausch für sicheren Geleitschutz nach England und
für die Gewährleistung von Schutz und Sicherheit als britischer Einwanderer
an ihre rechtmäßigen Eigentümer zurückgesandt werden konnten. (S. 133)

Wir wissen, dass die Kriegsbeute in Wahrheit nicht zurückgegeben wurde, wie es Creighton und Fleming zugesagt hatten. Sie wurde von den Illuminaten, wie auch von vielen Nazis, einbehalten. Shulman schreibt: „Millionen, wenn nicht sogar Milliarden von deutschen Geldern wurden von der Morton-Sektion (MI6) und der CIA abgesahnt, wobei für die ausgeraubten Opfer sehr wenig übrig blieb …" (S. 167)

In England wurde an Bormann ein plastisch chirurgischer Eingriff durchgeführt, ihm wurde eine neue Identität verliehen und er blieb weiterhin das, was er immer gewesen war, nämlich ein Agent der Illuminaten. Er machte zwischen 1945 und 1956 mehrere Reisen nach Südamerika, wo er die Ideologie der Nazis voranbrachte. Als es in England im Jahre 1956 zu brenzlig wurde, starb passenderweise sein Alias, und er emigrierte dauerhaft nach Argentinien. Sein Gesundheitszustand verschlechterte sich und im Februar 1959 starb er im Alter von 59 Jahren in Paraguay.

Ainsworth-Davis, der im November 2013 starb, verfasste später eine Vorgeschichte zu „Op JB", die Greg Hallett im Jahre 2012 veröffentlichte. Ich las sie und gewann nur wenig neue Erkenntnisse über die Illuminaten.

SCHLUSSFOLGERUNG

Wenngleich die Nazis es nicht wussten, wurden sie an der Spitze vom in London ansässigen jüdischen Bankenkartell der Illuminaten gesteuert. Sowohl Hitler als auch Bormann waren Verräter – was der wahre Grund dafür war, dass sie nach dem Krieg gerettet wurden. Es wäre unsinnig, zu glauben, dass die Alliierten Bormanns Unterschrift bedurften, um die Schätze wiederzufinden, die von den Nazis geplündert und in Schweizer Banken gelagert worden waren.

Martin Bormann und Hitler waren Agenten der Illuminaten. Der Zweck des Kriegs bestand darin, die „Besten der Gojim" zu töten, genug Juden abzuschlachten, um Israel zu legitimieren, den deutschen Nationalismus zu zerstören und die Vereinten Nationen zu gründen.

Kriege werden von den Illuminaten ausgeklügelt und inszeniert, um die Herrschaft Satans auf dem Planeten Erde voranzutreiben. Wir sind im wahrsten Sinne des Wortes satanisch besessen.

HITLERS BRITISCHER HANDLER

War Baron William de Ropp Hitlers britischer Handler?

„Als Churchill im Parlament bezüglich des britischen Versäumnisses, [Bestrebungen des deutschen Heeres] zum Sturz Hitlers zu unterstützen, befragt wurde, entgegnete er, dass die Regierung eine zielgerichtete Politik verfolgt, nicht mit deutschen nationalistischen Führern zu verhandeln, die als ein größeres Übel als Hitler galten."

Der Name „Baron William de Ropp" ist nur wenig bekannt. Es gibt von ihm bloß ein Foto und nur einen kurzen Wikipedia-Eintrag. Dennoch war er ein britischer Agent, der Hitlers Handler gewesen sein dürfte.

Hitlers „verwegene" diplomatische und militärische Coups, mit denen er die Welt in Erstaunen versetzte, basierten auf weitreichenden Kenntnissen über die britischen Absichten, die von de Ropp bereitgestellt wurden. Er verleiht dem Argument Glaubwürdigkeit, dass die Illuminaten Hitler schufen, um einen Weltkrieg zu schüren.

Nach Aussage von Ladislas Faragó war William de Ropp „einer der rätselhaftesten und einflussreichsten verdeckten Agenten" der Epoche. Er wurde im Jahre 1877 in Litauen geboren, ging in Deutschland zur Schule und emigrierte im Jahre 1910 nach England. Nachdem er im Ersten Weltkrieg für Großbritannien gedient hatte, ging er nach Berlin und trat mit seinem baltischen Freund, dem nationalsozialistischen Theoretiker Alfred Rosenberg, in Verbindung, der ihn mit Hitler bekannt machte.

De Ropp arbeitete eng mit Rosenberg zusammen, der Leiter des Auswärtigen Amtes der NSDAP war. Die Nazis hielten ihn für ihren Mittelsmann in England, wo er für das Anliegen der Nazis in einer einflussreichen Gruppierung innerhalb der britischen Elite, die als „Cliveden Set" bekannt war, Unterstützung beschaffte. Er organisierte Besuche von hohen Funktionären und den Austausch von Informationen. In dieser lockeren Atmosphäre gab die Luftwaffe den Briten unbedarft ihre Geheimnisse preis. Dies war Teil eines größeren Plans der Illuminaten („Beschwichtigungspolitik"), um Hitler glauben zu lassen, dass England seinen Feldzug gegen das kommunistische Russland unterstützen würde.

Faragó sagte: „Es entwickelte sich ein enges persönliches Verhältnis zwischen dem Führer und de Ropp. Hitler, der ihn als seinen vertraulichen Berater in britischen Angelegenheiten heranzog, erläuterte ihm unumwunden seine großspurigen Pläne … Ein Vertrauen, das kein anderer Ausländer in diesem Umfang genoss." („Das Spiel der Füchse", S. 88)

In „King Pawn or Black Knight?" (1995) schreibt Gwynne Thomas: „Der Führer der Nazis fand augenblicklich Gefallen an ihm, besonders als er herausfand, dass de Ropp einflussreiche Beziehungen in der englischen Gesellschaft hatte und über vieles gut Bescheid wusste, was in London geschah. De Ropp genoss nicht nur [Hitlers] Vertrauen, sondern wurde auch sein Fürsprecher in Verhandlungen mit den vielen wichtigen britischen Persönlichkeiten, die Hitler zu beeinflussen wünschte … Es gibt aussagekräftige Beweise, dass de Ropp maßgeblich daran beteiligt war, in der City of London Kapital aufzubringen, um etliche Wahlkampagnen der Nazis zu finanzieren, was sicherstellte, dass bis zum Jahre 1933 die NSDAP vollends etabliert wurde und an der Macht war." (S. 25)

Ein britischer Agent finanzierte, beriet und vertrat Hitler. Inwieweit war Hitler selbst ein „britischer" Agent?

EIN SCHMALER GRAT

Nachdem die Illuminaten Hitler an die Macht gebracht hatten, ließen sie ihn dort, indem sie den deutschen Widerstand sabotierten.

Am 4. Mai 1938 hatte Ludwig Beck, der deutsche Generalstabschef, zum Sturz Hitlers aufgerufen und gewarnt, dass das Land auf eine Katastrophe zusteuert.

Am 10. Mai 1938 hielt der Premierminister Chamberlain eine Pressekonferenz im Herrenhaus Cliveden ab, bei der er bekannt gab, dass Großbritannien ein Abkommen mit Deutschland und Italien anstrebte und die Zerschlagung der Tschechoslowakei befürwortete. Infolge dieses britischen Einverständnisses gab das deutsche Heer seinen Widerstand gegen Hitlers Kriegspläne auf.

Im Jahre 1939 legte de Ropp die britische Haltung im Falle eines deutschen Angriffs auf Polen klar dar.

„Rosenberg wurde mitgeteilt, dass die Briten einen ‚Abwehrkrieg' führen würden, sprich sie würden nichts zur Verteidigung Polens unternehmen oder keine Vergeltungsmaßnahmen für Deutschlands Angriff auf dieses Land ergreifen. Im Speziellen würde es keine Luftangriffe auf deutsches Territorium geben – und die Deutschen willigten ein, sich erkenntlich zu zeigen. Dies war eine Übereinkunft, die während der Dauer des Sitzkrieges eingehalten wurde."

„Dieses ‚Abkommen', das zwischen de Ropp und Rosenberg getroffen wurde, würde die Möglichkeit einer raschen Beendigung des Kriegs offen lassen, da, wie de Ropp sagte, ‚weder das britische Reich noch Deutschland wünschten, ihre Zukunft eines Staates halber zu riskieren, dessen Existenz abgelaufen war'."

Hierdurch gelang es den in England ansässigen Illuminaten, eine gemeinsame Grenzlinie zwischen den Nazis und Stalin zu schaffen, indem sie mit den Polen ein Doppelspiel trieben. Es war nur eine Frage der Zeit, bis ein Krieg zwischen ihnen ausbrechen würde.

Nun galt es, Hitler in einen Zweifrontenkrieg zu verstricken, indem ein Angriff auf den Westen provoziert wurde. Möglicherweise versicherte ihm Baron de Ropp, dass die Briten und Franzosen einlenken würden.

Nach Kriegsbeginn verlegte De Ropp seinen Standort, von dem aus er operierte, in die neutrale Schweiz, aber nach Aussage von Ladislas Faragó „wurde er mehrere Male während des Kriegs für Beratungsgespräche zu Hitler beordert". (S. 89)

Vergessen Sie nicht, der Mann William de Ropp war ein britischer Agent. Es bleibt die Frage, ob Hitler selbst ein wissentlicher britischer Agent (d. h. ein Agent der Illuminaten) war. Ich habe den Eindruck, dass die Illuminaten fehlgeleitete Menschen finanziell unterstützen, deren eigene Ziele der Agenda der Illuminaten entsprechen, und sie anleiten. Aber es ist ebenso möglich, dass Hitler ein bewusster Agent und de Ropp sein Handler war.

In dem von Lyndon LaRouche geförderten Buch „The New Dark Ages Conspiracy: Britain's Plot to Destroy Civilization" (1980) schreibt die Autorin Carol White:

„Die Wahrheit über Hitler ist, dass er nicht nur von den britischen und den mit den Briten alliierten Netzwerken geschaffen wurde, sondern dass die britische Regierung, der Winston Churchill vorstand, Hitler den Krieg hindurch weiterhin benutzte. Selbst wenn diese Tatsache den alliierten Streitkräften nicht klar war, stand sie in Deutschland selbst im dringenden Verdacht." (S. 126)

White setzt mit der Auflistung zahlreicher Gesuche des deutschen Heeres bezüglich des Sturzes Hitlers an die Briten fort. Alle wurden abgewiesen.

„Als Churchill im Parlament bezüglich des britischen Versäumnisses, [Bestrebungen des deutschen Heeres] zum Sturz Hitlers zu unterstützen, befragt wurde, entgegnete er, dass die Regierung eine zielgerichtete Politik verfolgt, nicht mit deutschen nationalistischen Führern zu verhandeln, die als ein größeres Übel als Hitler gelten." (S. 144)

Hinsichtlich des Ziels der jüdischen Illuminaten, Deutschland als unabhängige Macht in der Welt zugrunde zu richten, ist dies sehr aufschlussreich. Die Illuminaten schützten Hitler. Er war ihr Mann.

HANFSTAENGL

„Putzi" Hanfstaengl (1887 – 1975) ist eine weitere rätselhafte Persönlichkeit, die sich selbst in ihren Memoiren als amerikanischer Agent auswies. Er dürfte Verbindungen zu den Illuminaten gehabt haben und hatte womöglich eine jüdische Mutter, eine geborene „Heine". Er verkehrte freundschaftlich mit Franklin D. Roosevelt und anderen Mitgliedern der amerikanischen Elite in Harvard und später in New York City, wo er das Kunsthandelsgeschäft seines Vaters führte.

In den 1920er Jahren ging er nach Deutschland zurück und wurde von dem amerikanischen Militärattaché in Berlin, Truman Smith, Hitler vorgestellt. Smith ersuchte ihn, „Hitler im Auge zu behalten".

Hanfstaengl wurde Teil von Hitlers engstem Zirkel und besänftigte den Führer oft mit seinem Klavierspiel. Wesentlicher ist, dass Hanfstaengl die Ausweitung der nationalsozialistischen Zeitung zu einer Tageszeitung finanzierte. Er komponierte die Marschlieder der Nazis, wobei er als deren Grundlage Football-Hymnen der US-Universität Harvard heranzog. Er versteckte Hitler nach dem gescheiterten Bürgerbräu-Putsch und seine bezaubernde Frau hielt den verzweifelten Hitler davon ab, Selbstmord zu begehen. Hanfstaengl war von 1933 – 1937 Hitlers Auslandspressechef. Noch einmal, dieser Mann war ein amerikanischer Agent.

Abschließend verdient Truman Smith eine besondere Erwähnung. Obwohl er ein Mitglied des Außenministeriums war, half er, in den Vereinigten Staaten nationalsozialistische Unterstützung zu beschaffen. Er organisierte Charles Lindberghs Touren zu Einrichtungen der Luftwaffe. Später organisierte er in Washington politischen und militärischen Widerstand gegen die amerikanische Beteiligung am Zweiten Weltkrieg. (Faragó, S. 556-557)

Im Grunde genommen glichen die Rollen von Hanfstaengl und Smith derjenigen des Barons de Ropp. Sie bestärkten Hitler (und die Deutschen im Allgemeinen) in dem Glauben, dass sie bei ihrem vermessenen Feldzug gegen Russland vom britisch-amerikanischen Establishment (also den Illuminaten) Rückendeckung hatten.

SCHLUSSFOLGERUNG

Baron William de Ropp, Hanfstaengl und Smith sind weitere Beweise dafür, dass der Zweite Weltkrieg von den Illuminaten eingefädelt wurde, um die Nationalstaaten Europas zugrunde zu richten und eine rationale Begründung für die Gründung von Israel zu liefern. Wenn ich auf die Illuminaten zu sprechen komme, beziehe ich mich auf den satanischen Geheimbund innerhalb der Freimaurerei, der die Agenda des Zentralbankenkartells umsetzt.

Von den Fernsehnachrichten bis zu Filmen, vom Internet bis zum Klassenzimmer, wird vom Bankenkartell der (kabbalistischen) jüdischen Illuminaten auf unsere Wahrnehmung der Realität eingewirkt. Die Geschichte ist ein Theaterstück, dessen Skript von diesen Psychopathen verfasst wurde, um die Menschheit herabzusetzen und zu versklaven, während sie ihre eigene Macht und ihr Vermögen vermehren.

WINSTON CHURCHILL, ILLUMINAT

Nach dem ersten Luftangriff der Nazis auf London am 7. September 1940, wodurch 306 Menschen getötet wurden, bemerkte Winston Churchill: „Sie bejubelten mich, als hätte ich ihnen den Sieg gebracht, stattdessen [wurden vorsätzlich] ihre Häuser zerbombt!" (S. 465)

Churchill sagt die Wahrheit. Ohne das Wissen der Londoner hatte er Hitlers Angebot abgelehnt, zivile Ziele zu verschonen. Vielmehr im Gegenteil reizte er ihn, London zu bombardieren, indem er Berlin und andere zivile Ziele zuerst angriff.

Churchill sagte zu seinem Marshall der Luftwaffe: „Schlag den Feind niemals halbherzig." Er unterrichtete sein Kabinett, dass „das Bombardieren militärischer Ziele, immer großzügiger interpretiert, im Augenblick unser wichtigster Weg zum Sieg zu sein scheint". Das Rote Kreuz hielt er davon ab, Opfer unter der Zivilbevölkerung zu erfassen. (S. 492)

Vor Ende September 1940 gab es unter der Londoner Bevölkerung 7000 Tote, darunter 700 Kinder. Bis zum Ende des Kriegs starben mehr als 60.000 britische Zivilisten und 650.000 deutsche Zivilisten auf Grund „strategischer" Bombardierung.

Im Jahre 1940 musste Churchill Angriffe auf Flugplätze der RAF abwenden, aber er wollte auch das Blutvergießen einleiten. Ein Jahr war vergangen, in dem wenige Kampfhandlungen stattgefunden hatten. Diese Phase wurde als „Sitzkrieg" bezeichnet. Hitler machte großzügige Friedensangebote, die viele Engländer annehmen wollten.

Wenn Großbritannien Frieden geschlossen hätte, hätte es keinen jüdischen Holocaust gegeben.

Churchill beschrieb den Zweiten Weltkrieg als den „unnötigsten Krieg in der Geschichte". Aber er diente Bänkern in der City of London, die ihn für seine Verluste an der Börse entschädigt und sein geliebtes Anwesen Chartwell vor der Liegenschaftspfändung bewahrt hatten. Churchill, der manischdepressiv war, blühte im Kriegsrausch auf und kümmerte sich wenig um gewöhnliche Menschen.

Wenn er das „V"-Handzeichen machte, dachten die Menschen, dass er sie ermutigte. Stattdessen gab er seine wahre Ergebenheit gegenüber Luzifer zu erkennen. Das „V"-Zeichen ist ein okkultes Symbol für das umgedrehte oder „gebrochene" Kreuz.

Ich bin mir darüber im Klaren, dass dies nicht die schwülstige Geschichte ist, die uns eingeflößt wird. Was wir als „Geschichte" bezeichnen, ist größtenteils Propaganda, also Verschleierung.

Meine Quelle für obige Schilderung ist David Irvings Werk „Churchill. Kampf um die Macht" (Herbig, 1990), das die Speichelleckerei demontiert, die die meisten Darstellungen des Zweiten Weltkriegs kennzeichnet.

Churchill hatte beim Beginn des Zweiten Weltkriegs eine Schlüsselrolle inne. Dies war ein großer Schritt in einem auf lange Dauer angelegten Plan hin zur Versklavung der Menschheit in einer Weltdiktatur, die von den Illuminaten (in London ansässiges Monopolkapital) geführt wird.

WER WAR WINSTON CHURCHILL?

Eine wesentliche Tatsache über Winston Churchill ist, dass sein Großvater mütterlicherseits, Leonard Jerome (vormals Jacobson, 1818 – 1891), Spekulant und Geschäftspartner von August Belmond (geborener Schönberg, 1813 – 1890) war, Rothschilds wesentlichem amerikanischen Stellvertreter.

Jennie Jeromes Vermählung mit Randolph Churchill, dem zweiten Sohn des Herzogs von Marlborough, schien ein Zweckbündnis gewesen zu sein, das für viele Verbindungen zwischen Töchtern von jüdischen Finanziers und verschwenderischen britischen Aristokraten bezeichnend war.

Offensichtlich wurden Marlboroughs Bedenken durch eine Mitgift von 50.000 Pfund genommen, was dem heutigen Wert von ungefähr fünf Millionen Dollar entspricht. Allerdings erschienen sie nicht auf ihrer Hochzeit im April 1874 und die Herzogin verwies auf den jungen Winston, der sieben Monate später als „Emporkömmling" geboren wurde.

Biografen tendieren dazu, Churchill mit jüdischen Stereotypen und nicht gerade „als einen Engländer" zu beschreiben. William Manchester sagt über Churchills „Frühgeburt": „Er konnte nie abwarten, bis er an der Reihe ist." („The Last Lion", S. 108)

Beatrice Webb hielt ein Abendessen, bei dem sie den Platz neben ihm einnahm, schriftlich fest: „Erster Eindruck: rastlos, nahezu unerträglich, so … selbstgefällig, aufgeblasen, einfältig und rückständig, aber mit einer gewissen persönlichen Anziehungskraft … Er hat mehr von einem amerikanischen Spekulanten als von einem englischen Aristokraten. Er sprach ausschließlich von sich selbst und den Plänen für seinen Wahlkampf …" (John Pearson, „The Private Lives of Winston Churchill", S. 114)

Churchills „getriebene" Art wird dem Umstand beigemessen, dass seine Eltern ihn vernachlässigten und ihm vermittelten, sich durch das Erzielen von Erfolgen, Liebe zu verdienen. Winston wurde im Alter von 24 Jahren ein erfolgreicher Schriftsteller und mit 33 Jahren Kabinettsminister. Die Beziehungen seiner Mutter zum Syndikat der Rothschilds, darunter der einflussreiche Bänker Ernest Cassel, begünstigten seinen Aufstieg. (Churchill wollte auch seinen Vater rehabilitieren, dessen politische Karriere und Leben durch die Syphilis vorzeitig beendet wurden.)

In den 1930er Jahren machten Churchills Bänkerfreunde ihn zu ihrem führenden Kopf in ihrem Interessenverband, „The Focus Group", die von dem zionistischen Vorstandsvorsitzenden des britischen Unternehmens Shell, Sir Robert Waley-Cohen, geleitet wurde. Churchill wurde der Hauptgegner der „Beschwichtigungspolitik" und stellte im Endeffekt das größte Hindernis für den Friedensschluss mit Hitler dar.

Im Jahre 1936 äußerte der Premierminister Stanley Baldwin gegenüber einer Delegation, die von Churchill angeführt wurde: „Wenn sich jemand in Europa prügeln muss, dann ziehe ich vor, dass dies zwischen den Bolschewisten und den Nazis geschieht." Aber dieser politische Kurs entsprach nicht dem, was die Illuminaten im Sinn hatten. (S. 75)

Laut dem Dokument „Red Symphony" bauten die Illuminaten Hitler auf, um Stalin unter Kontrolle zu halten und einen Krieg zu beginnen. Aber es hat den Anschein, dass Hitler die Bänker verstimmte, indem er sein eigenes

Geld druckte. Dies war eine ernsthafte Gefährdung der „Revolution" (d. h. der Weltherrschaft der Illuminaten).

„Deutschlands unentschuldbares Verbrechen vor dem Zweiten Weltkrieg", sagte Churchill, „war seine Bestrebung, seine Wirtschaftsmacht vom Welthandelssystem zu lösen und seinen eigenen Wechselkursmechanismus zu kreieren, der der Weltfinanz die Möglichkeit verwehren würde, Profite zu erwirtschaften". (Churchills Aussage an Lord Robert Boothby, Zitat aus dem Vorwort der 2. Ed. Sidney Rogerson, „Propaganda in the Next War", 2001, Orig. 1938)

UNGEKLÄRTE FRAGEN

Hitler trachtete nicht danach, gegen Großbritannien Krieg zu führen. Er betrachtete die Briten als Rassenbrüder und fürchtete einen Zweifrontenkrieg. Er machte viele Friedensangebote, in denen er die Wahrung des britischen Reiches im Gegenzug zur Handlungsfreiheit in Europa versprach, wo er eine beträchtliche nationale Autonomie zusagte (z.B. Vichy-Regime). Er sandte im Mai 1941 seinen Stellvertreter Rudolf Heß nach Großbritannien, um Frieden zu erbitten. Churchill hat Heß weggesperrt.

Nach Hitlers Einmarsch in Russland im Juni 1941 verlagerte sich sein politischer Kurs bezüglich der Juden von der Vertreibung zur Vernichtung. Er sah den russischen Kommunismus als jüdisches Phänomen an. Zunehmend war Deutschland an einem auf Völkermord beruhenden Todeskampf beteiligt.

Dies wäre nicht geschehen, wenn Großbritannien Frieden geschlossen oder eine bedingte Kapitulation zugelassen hätte. Aber es stand für sie außer Frage, sich von Russland abzuwenden. Franklin D. Roosevelt sagte bekanntlich, dass in der Politik nichts zufällig geschieht. Es wurde im Voraus geplant.

Die Zielsetzung der Illuminaten im Zweiten Weltkrieg war von wirtschaftlicher, politischer und okkulter Natur: Die Bereicherung ihrer selbst, während sie die Nationalstaaten Europas (einschließlich Großbritannien) zugrunde richteten, wobei sie Millionen von Leben ihrem Gott Satan opferten.

Der jüdische Holocaust war auch Gegenstand des Plans, die Gründung des freimaurerischen „jüdischen" Staates zu rechtfertigen.

Bernard Wasserstein schreibt: „Während der ersten zwei Kriegsjahre, als die deutschen Behörden ihre Anstrengungen bündelten, die Auswanderung der Juden aus dem Reich und dem von den Nazis besetzten Gebiet sicherzustellen, war es die britische Regierung, die bei der Abriegelung der Fluchtwege aus Europa für jüdische Flüchtlinge die führende Rolle einnahm." („Britain and the Jews of Europe, 1939 – 1945", S. 345)

Der Wert der Geschichte liegt darin, sich zu erinnern, dass nichts so ist, wie es scheint. Alles wurde gemäß einem jahrhundertealten Plan inszeniert. Während in der Dämmerung allmählich die letzten Strahlen der christlichen Zivilisation verglühen, breiten sich Dunkelheit und Ungewissheit über die Erde aus.

SEIEN SIE GEWARNT: DER FASCHISTISCHE HINTERGRUND DER NEUEN WELTORDNUNG

Die anglo-amerikanische Wirtschaftselite war tief in das nationalsozialistische Dritte Reich, einen frühen Versuch einer „Neuen Weltordnung", verstrickt. Erinnern wir uns, dass sich die Illuminaten längst nicht nur aus Juden zusammensetzen. Sie umfangen sowohl einerseits die jüdischen Bewegungen Kommunismus und Zionismus, als auch andererseits die arischen Bewegungen Faschismus und Nazismus in sich.

Der Wirtschaftswissenschaftler Robert Brady definierte den nationalsozialistischen Staat als eine „Diktatur des monopolistischen Kapitalismus. Sein ‚Faschismus' ist der eines Wirtschaftsunternehmens, das auf eine Monopolstellung ausgerichtet wurde und über die militärische, polizeiliche, rechtsprechende und propagandistische Gewalt des Staates befehligt." (Richard Sasuly, „I.G. Farben", 1947, S. 128)

Das kommunistische Russland war die Antithese der Dialektik. Es war ebenfalls eine Diktatur des Monopolkapitalismus, die aber als „Kollektiveigentum" verschleiert wurde. Ein nationalsozialistischer General, der Russland in den 1930er Jahren bereiste, bemerkte, dass der Kommunismus ein „Spiegelbild" des Nazismus war. Beide waren sozialistische Bewegungen. Der einzige Unterschied lag darin, dass die eine politische Strömung eine Rasse propagierte, wohingegen die andere eine soziale Klasse hochhielt. Tatsächlich wurden beide vom Zentralbankenkartell hervorgebracht.

Ein Schlüssel zum Verständnis der Neuen Weltordnung ist die Psychologie des Kartells. Sie wollen alles an sich reißen. Kartelle sind der Definition nach eine Verschwörung. Ihr Zweck besteht darin, die Öffentlichkeit zu hintergehen, indem sie die Preise hochhalten. Sie erreichen dies durch die Regulierung des Wettbewerbs, der Märkte, der Rohstoffe und neuer Technologie. Definitionsgemäß sind sie größenwahnsinnig, staatsfeindlich und unsozial.

Eines der ersten Kartelle war J. D. Rockefellers Standard Oil, das den Wettbewerb aufhob, indem es im Geheimen die Transportkosten verabredete. Während sich Rockefeller vorgeblich zum Christentum bekennt, ist er zugleich für seinen Ausspruch berühmt, dass „die einzige Sünde der Wettbewerb ist".

Das größte deutsche Kartell war der Chemie-, Film- und Pharmariese I.G. Farben. Max Warburg war von 1910 bis 1938 Direktor der I.G. Farben. Die I.G. Farben produzierte im Zweiten Weltkrieg 85 % der Sprengstoffe Deutschlands.

Im Jahre 1926 trafen die I.G. Farben und Standard Oil eine Kartellabsprache, in der die I.G. Farben im Gegenzug dafür, dass Standard Oil die I.G. Farben in den Vereinigten Staaten vertrat, sich aus der Produktion von synthetischen Ölen heraushielt. Die Konsequenz war, dass Standard Oil, trotz Engpässen in den Vereinigten Staaten, die Nazis mit Mineralöl belieferte. Das Unternehmen versorgte die Luftwaffe mit einem seltenen Bleiadditiv, ohne das sie nicht fliegen konnte. Es stellte die Produktion von synthetischem Kautschuk in den Vereinigten Staaten ein, was die Alliierten beinahe den Krieg kostete.

Im Gegenzug erhielt Rockefeller einen Anteil des anderen Industriezweigs der I.G. Farben, der die vielen Fertigungsanlagen umfasste, die Zwangsarbeiter von Konzentrationslagern wie Auschwitz beschäftigten. (Mit seinen Anteilen an I.G. Farben bezahlte Rockefeller die SS für diese Arbeit zu Sonderpreisen. Er zahlte die Löhne der SS-Aufseher.) Sie lieferten auch das Giftgas, das die Arbeiter tötete, nachdem sie nutzlos geworden waren.

Dies ist der wahre Grund dafür, dass die Schienenstrecken nach Auschwitz nicht bombardiert wurden. Alliierte Bomber trafen Ziele im Umkreis von acht Kilometern um Auschwitz herum, aber die Bombardierung der Produktionsstätten und des Vernichtungslagers war untersagt. Tatsächlich siedelte sich dort aus diesem Grund die deutsche Industrie an. Nach dem Krieg richtete die CIA ihr deutsches Hauptquartier in der unversehrten Zentralverwaltung der I.G. Farben in Frankfurt ein.

Der Holocaust war ein sehr gutes Geschäft. Die 1930er Jahre hindurch beteiligten sich Investmentbanken der Wall Street an der „Arisierung", wobei sie Brauereien, Banken, Fabriken und Kaufhäuser, usw., die sich vormals in jüdischem Besitz befanden, für 30 % unter ihrem Realwert erwerben konnten. Das Zahngold von Holocaustopfern endete in ihren Tresoren.

Die Kriegsmaschinerie der Nazis wurde von der Bank of England (die beispielsweise die tschechischen Goldreserven den Nazis übereignete), der Wall Street und jüdischem Raubgut finanziert. Dies wurde von Rechtsanwalt John Foster Dulles und seiner Kanzlei Sullivan & Cromwell geschickt eingefädelt. Dulles wurde später amerikanischer Außenminister.

Das nationalsozialistische Deutschland war ein kapitalistisches Paradies. Es gab die 60-Stunden-Woche, niedrige Löhne und keine Gewerkschaften. Die deutschen Kartelle begannen, lange bevor sie Hitler finanziell unterstützten, sich auf einen Krieg einzurichten. Als andere Staaten unter die Herrschaft der Nazis fielen, übernahmen sie ehemalige Konkurrenten zu Niedrigstpreisen. „Für die deutsche Großindustrie war der Zweite Weltkrieg eine Gelegenheit, in einem in der Geschichte noch nie dagewesenen Ausmaß zu plündern", schreibt Sasuly. (S. 114)

Nach dem Krieg wurde General William Draper, einem Bänker von Dillon Read, die Verantwortung für die Demontage der deutschen Industrie und ihre Aufteilung unter den Alliierten übertragen. Es ist unnötig zu erwähnen, dass dies nicht erfolgte. Seine Komplizen von der Wall Street besaßen zu viele Anteile. Nationalsozialistische Unternehmer blieben in einflussreichen Positionen. Kriegsverbrecher wurden nach Südamerika gebracht oder arbeiteten anschließend für die CIA.

Die Auflistung von amerikanischen Unternehmen, die einen Gegenwert von 8 Milliarden US$ ins nationalsozialistische Deutschland investiert hatten, beinhaltet Standard Oil, General Motors, IBM, Ford, die Chase, die National City Banken, ITT und viele andere.

Demzufolge wussten die Männer der „großartigsten Generation" nicht, dass ITT die Flugzeuge baute, die Bomben auf sie abwarfen. Sie wussten nicht darüber Bescheid, dass Ford und General Motors die Lastwagen und Panzer der Nazis produzierten. Es war ihnen nicht bekannt, dass die Kugellager, die für die Kriegsführung der Nazis entscheidend waren, in Philadelphia hergestellt wurden, jedoch in den USA Mangelware waren. Dies geschah alles in Kenntnis und mit Genehmigung der amerikanischen Regierung. (Für nähere Informationen empfehle ich Charles Highams „Trading with the Enemy", 1983. Christopher Simpsons Werke „The Splendid Blond Beast", 1993 und „Blowback", 1988 sind ebenfalls dienlich.)

HENRY MAKOW PH.D.

„INTERNATIONALISMUS"

Amerikanische Konvois nach England wurden im nationalsozialistischen Deutschland rückversichert. Den deutschen Versicherungsunternehmen lagen die Daten der Frachten und die Abfahrtszeiten vor. Diese wurden an den Geheimdienst der Nazis weitergeleitet.

James Martin erzählt diese Anekdote in seinem Buch „All Honorable Men" (1950). Martin war Leiter des Bereichs der wirtschaftlichen Kriegsführung, zu dem das US-Justizministerium und später die „Economics Division" der US-Militärregierung in Deutschland gehörten.

In den Akten der Münchener Rückversicherungsgesellschaft entdeckte Martin auch „Bündel von Fotoaufnahmen, Entwürfen und ausführlichen Beschreibungen ganzer industrieller Entwicklungen der Vereinigten Staaten, von denen viele über Versicherungswege in ihren Besitz gelangten. Zusammen bildeten sie grundlegende Statistiken unserer Kriegswirtschaft". (S. 23)

Martin berichtet, wie in den 1920er Jahren Bänker aus New York wie beispielsweise Dillon, Read & Company und Brown Brothers Harriman (deren Präsident Prescott Bush war) dazu beitrugen, die deutsche Industrie zu riesigen Kartellen wie beispielsweise den Vereinigten Stahlwerken und I.G. Farben zusammenzuschließen. Weniger als 100 Personen, die mit der Deutschen Bank und der Dresdner Bank in Verbindung standen, kontrollierten zwei Drittel der Industrie des nationalsozialistischen Deutschlands und finanzierten die NSDAP.

„Vorkriegsfilme hatten die im Stechschritt marschierenden Nazis als die unumschränkten Herren Deutschlands dargestellt", schreibt Martin. „Unsere Befragung von Alfred Krupp und seinen Werksleitern ließ diesen Eindruck schwinden. Es war nie zugelassen worden, dass Adolf Hitler und seine Partei die Abhängigkeit von den Industriellen, die sie in die Ämter hoben, und die Tatsache, dass sie zukünftig mit deren Unterstützung mehr erreichen könnten als ohne ihr Zutun, vollständig vergaßen." (S. 83)

Die nationalsozialistischen Kartelle standen alle mit amerikanischen Unternehmen wie beispielsweise DuPont, Standard Oil, General Motors, ITT und General Electric in Verbindung. Im Jahre 1944 entdeckte Martin 3600

Absprachen zwischen deutschen und amerikanischen Firmen, die den Vereinigten Staaten kritische Rohstoffe und Patente zugunsten der Kriegsanstrengungen der Nazis vorenthielten. (S. 13)

Martin stellte fest, dass der Feind nicht politischer Natur, sondern eine Wirtschaftsmacht war. „Wir begannen, unser Feindbild auf einen Gegner einzuschränken, der eine militärische Niederlage überstehen konnte, da er keine Kriegswaffen benötigte oder einsetzte." (S. 13)

Martin folgert: „Mit Ausnahme seines militärischen Ausgangs scheint das nationalsozialistische Experiment in den Augen seiner eigentlichen Förderer ein Erfolg gewesen zu sein. Die Geschlossenheit der deutschen Wirtschaft und Finanz bei der Unterstützung der Nazis stimmte exakt mit der Genauigkeit überein, mit der die nationalsozialistische Regierung daran ging, die Ziele und Interessen der bestimmenden Finanziers und Industriellen zu unterstützen. Diese wiederum führten einen harten Nachkriegskampf, um die Wirtschaftsstrukturen des nationalsozialistischen Systems aufrechtzuerhalten." (S. 291)

Der Krieg war auch für die amerikanischen Geschäftspartner der Nazis erfolgreich. Während der fünf Kriegsjahre erhöhten die 60 größten Konzerne in den Vereinigten Staaten ihr Gesamtkapital um mehr als die Hälfte. (S. 296)

Wenn die Elite die Nazis unterstützte, warum errangen sie nicht den Sieg? Wie meine Leser wissen, bin ich der Ansicht, dass das deutsche Volk „aufgestellt" wurde, um zu verlieren und zugrunde gerichtet zu werden sowie schlussendlich zu den Eunuchen zu werden, die sie heute sind. Die NSDAP war ein Deckmantel, der dazu konzipiert wurde, das deutsche Volk zu verführen und zu verraten. (Natürlich waren die meisten Nazis Dummköpfe.) Unterdessen verdiente die internationale Wirtschaftselite gut, während der Krieg die Menschheit erniedrigte und demoralisierte, sodass sie die Weltregierung der Bänker akzeptieren würde. Wie alle Kriege war der Zweite Weltkrieg ein Krieg, der von einer wirtschaftlichen und okkulten Elite gegen die Menschheit geführt wurde.

Abschließend lässt sich sagen, dass die Neue Weltordnung und fürwahr die Geschichte der Neuzeit das Werk der Bestrebung des Zentralbankenkartells der Illuminaten waren, ihr Kreditmonopol in ein Monopol auf das gesamte Vermögen, die Politik und Kultur umzuwandeln. Das endgültige Ziel liegt darin, die Menschheit von ihrer von Gott gegebenen Bestimmung abzubringen und sie in Geiselhaft Luzifers auszuliefern.

EPILOG – WIE MAN DIE NEUE WELTORDNUNG ÜBERLEBT

[Notiz an mich selbst]

Hier geht es nicht darum, Silbermünzen oder Lebensmittelkonserven einzulagern oder ein AK-47 zu erwerben.

Es geht darum, statt Ihrer Haut Ihre Seele zu retten. Es dreht sich um die Neigung, sich zwanghaft mit der Neuen Weltordnung zu befassen und schwermütig und unerträglich zu werden.

Die Situation ist entmutigend. Ein satanischer Kult kontrolliert die Kredite der Welt und regiert mittels unzähliger Vertreter. Er ist dazu entschlossen, die Zivilisation zugrunde zu richten und einen Orwell'schen Überwachungsstaat einzurichten.

Sie bringen täglich Stunden damit zu, wie ein Süchtiger nach neuen Entwicklungen Ausschau zu halten. Sie drücken Ihr Gesicht gegen das Schaufenster der Welt.

Sie sind auf das Äußere fokussiert. Sie können nicht in die Küche gehen, ohne das Radio einzuschalten.

Sie versuchen, Ihre Nahrung aus der Welt zu ziehen. Aber vieles von dem, was Sie sich einverleiben, ist giftig: Sittenlosigkeit, Verdorbenheit, Doppelzüngigkeit und Tragödien. (Ist das der Zweck der Massenmedien? Zu demoralisieren und uns verrohen zu lassen?)

Die Menschheit steht unter dem Einfluss einer teuflischen Macht, die fortwährend danach strebt, sich selbst durch Täuschung zu legitimieren. Sie können diesen Dämon nicht bezwingen. Aber Sie sind noch immer Herr über Ihr Privatleben. Letzten Endes findet der Kampf um die Seele der Menschheit statt. Also warum beginnen wir nicht damit, unsere eigene Seele zu verteidigen?

Dies bedeutet, eine Mauer zwischen der Seele und der Welt zu errichten und ein Gleichgewicht zwischen dem Heiligen und dem Weltlichen zu schaffen. Sie müssen die Welt für eine gewisse Zeit ausschließen und Ihr Augenmerk auf das richten, was Sie inspiriert. Das heißt, den Fernseher, das Internet und Medien im Allgemeinen abzuschalten.

Ebenso wie Sie Ihren Körper mit Nahrung versorgen, nähren Sie Ihre Seele mit Gedanken, Bildern und Klängen. Ihre Seele verlangt nach Schönheit, Anmut, Harmonie, Wahrheit und Aufrichtigkeit. Sie werden zu dem, was Sie denken.

Was belebt Ihren Geist? Möglicherweise ein weiter Spaziergang, die Natur, ein Hobby, Sport oder Musik. Es mag sich um Zeit mit Ihrer Familie oder Freunden handeln. Vielleicht die Bibel, religiöse Schriften oder Meditation.

„Tu, was Du liebst", sagte Henry David Thoreau. „Kenne Deinen Knochen; verbeiß Dich in ihn, verscharre ihn, grab ihn wieder aus und nage weiter an ihm."

Sie stimmen mit den Mystikern überein, die behaupten, dass das Glück in uns selbst zu finden ist. Dies bedingt, im Besitz Ihrer Seele zu sein und nach nichts anderem zu verlangen. Indem Sie Ihre Aufmerksamkeit auf das Äußere richten, ersetzen Sie Ihre Seele durch materielle Dinge, die Sie wollen. Dies stellt den Beginn von Suchtverhalten und Unzufriedenheit dar.

Die okkulte Elite steuert uns mit Sex und Geld – den beiden Polen des Verstandes. Die Phase, in der um einen Partner geworben wird, ist ein Zeitabschnitt intensiver sexueller Empfindungen, sodass zwei Menschen eine Bindung eingehen und eine Familie gründen. Sex und Romantik waren nicht als lebenslange Beschäftigung und Allheilmittel gedacht.

Dasselbe trifft auch auf Geld zu. Der Aktienmarkt ist ein riesiges Kasino, dem Millionen Menschen verfallen. Der Kult der Zentralbänker hat unbegrenzte Geldmittel. Um uns ein gutes Gefühl zu vermitteln, treibt er den Markt nach oben (während er die Grundrechte verachtet und sinnlose Kriege führt). Er lässt den Markt einbrechen, um uns um unser Geld zu bringen. Seien Sie keine Marionette.

Die teuflischen Mächte sind schon seit langer Zeit zugegen. Sie erfuhren nur von ihrer Existenz, da sie am 11. September den Beginn ihres Endspiels anzeigten.

Lassen Sie nicht zu, dass sie Sie dadurch beeinträchtigen oder entwürdigen, dass Sie sich ständig mit ihrer Immoralität beschäftigen. Stellen Sie das Gleichgewicht wieder her, indem Sie sich mit den Dingen, die Sie lieben, in Einklang bringen. Seien Sie ein Leuchtfeuer des Glücks.

TEIL ZWEI: WIE MAN SICH SEINEN EIGENEN HIMMEL SCHAFFT

Die Welt mutet oftmals wie eine stickige, öffentliche Toilette ohne Belüftung an. Dies ist darauf zurückzuführen, dass die Aussage von Protagoras „Der Mensch ist das Maß aller Dinge" die offizielle Religion ist.

Die gegenwärtige Kultur besteht größtenteils aus Reflexionen unserer degenerierten Identitäten oder einem „wilden Wald von Spiegeln", wie es T.S. Eliot ausdrückte. Wir atmen unsere eigenen Ausdünstungen ein. Die Religion der Menschheit ist der „Humanismus" oder der „lluminismus", die sich anmaßen, den Menschen zu Gott zu erheben.

Platon versuchte, Protagoras zu berichtigen. „Nicht der Mensch, sondern Gott ist das Maß aller Dinge."

Wir schenkten Plato kein Gehör.

Gott ist mittlerweile aus dem öffentlichen Leben ausgeschlossen. Wann wurde zuletzt an etwas ein göttlicher Maßstab angelegt? Wann wird je das höchste Selbst der Menschheit gepriesen? Das wäre wie ein frischer Lufthauch.

DIE BESEITIGUNG DES GERUCHS DER NEUEN WELTORDNUNG

Hierbei geht es um spirituelles Überleben in einer Welt, die den Verstand verloren hat.

Wir neigen dazu, uns hilflos und außerstande zu fühlen, auf weit entfernte Ereignisse Einfluss zu nehmen. Genau genommen befinden wir uns an vorderster Front. Die Neue Weltordnung will von unserem Geist und unserer Seele Besitz ergreifen. Wir schlagen zurück, indem wir uns stattdessen Gott widmen.

Zunächst müssen wir ihre beiden Hauptkontrollsysteme außer Kraft setzen: Sex und Geld. Wir können unsere sexuelle Begierde durch Beschränkung auf eine monogame Beziehung steuern. Wir können dem Zwang des Geldes entgehen, indem wir im Rahmen unserer Möglichkeiten leben und uns disziplinieren, sodass Geld nur ein nebensächliches Anliegen darstellt.

Henry David Thoreau sagt in Walden (S. 91): „Der Mensch ist um so reicher, je mehr er auf seinem Weg liegenlassen kann." Der wahrhaft reiche Mann ist derjenige, der nicht über Geld nachdenkt.

Gemessen an diesem Maßstab sind viele Milliardäre arme Menschen. Tatsächlich, je mehr Geld eine Person besitzt, desto schwerer fällt es ihr, an irgendetwas anderes zu denken.

NEUORIENTIERUNG

Warum sollten wir Gott gehorchen? Gott ist wahrlich die Richtlinie unserer eigenen Entwicklung und der Weg zu unserem Glück und unserer Erfüllung. Wir dienen uns selbst, wenn wir uns in den Dienst Gottes stellen. Gott ist gleichbedeutend mit spirituellen Idealen: Liebe, Wahrheit, Gerechtigkeit, Schönheit.

Sie sind der Ansicht, das Leben hätte keine Bedeutung? Das Leben besitzt einen ihm innewohnenden Sinn, wenn wir Gottes Bestimmung erfüllen. Wir müssen uns folgende Fragen stellen: „Was will Gott von mir? Wofür wurde ich geboren?"

Gott spricht durch unseren Geist und unser Gewissen zu uns. Wir hören Ihn nicht, da unser Verstand gleich einem der Welt zugewandten Spiegel ist. Wir müssen den Spiegel herumdrehen, sodass sich die Seele in unserem Inneren ihm gegenübersieht und seine Rückseite zur Welt hin gerichtet ist.

Anstatt die Welt in uns aufzusaugen, die uns träge und krank macht, fokussieren wir uns auf Dinge, die unsere Sehnsucht nach Reinheit, Hoffnung, Schönheit und Güte widerspiegeln.

Statt die Welt bestimmen zu lassen, was wir denken (und somit fühlen), kreieren wir unsere eigene Welt, die darauf aufbaut, wie wir uns fühlen wollen. Genau darum geht es im Glauben, nämlich der spirituellen Wirklichkeit Vorrang einzuräumen.

„Ich kenne keine ermutigendere Tatsache als die unbestreitbare Fähigkeit des Menschen, sein Leben durch bewusste Anstrengung auf eine höhere Stufe zu erheben", schrieb Thoreau in seinem Werk „Walden oder Leben in den Wäldern".

„Es will schon etwas heißen, wenn man ... eine Statue meißeln ... kann. Doch weitaus ruhmvoller wäre es, die Atmosphäre, das Medium selbst, durch welches wir hindurchsehen, zu meißeln ... Moralisch sind wir dazu imstande. ... Jedermann hat die Verpflichtung, sein Leben auch in Einzelheiten so zu gestalten, dass es sich selbst in seiner feierlichsten und kritischsten Stunde als der Betrachtung würdig erweist." (S. 148)

Indem wir unsere Gedanken mit unserer Seele statt mit der Welt in Übereinstimmung bringen, schaffen wir unseren eigenen Himmel.

Alle großen Religionen lehren uns, unsere Gedanken zu beherrschen. Unser Geist ist ein Altar und unsere Gedanken sind Darbringungen an Gott.

„Schmutziges Wasser wird wieder klar, wenn man es stehen lässt", sagte Laotse.

In der hinduistischen Tradition wird die Beherrschung des Geistes „Raja Yoga" genannt. Durch das Erlernen des Meditierens eignen wir uns konstruktives Denken an. Der Schlüssel liegt darin, Ihre Gedanken zu betrachten, als stammten sie von einem Fremden, und sie zu transformieren. Wenn Sie diese Fertigkeit der distanzierten Kontemplation meistern, werden Sie nie trübsinnig sein und den Verstand verlieren und zwar aus dem einfachen Grund, dass Sie sich nicht mit einem negativen mentalen Komplex identifizieren werden.

Christen dürften ihre Achtsamkeit aufrechterhalten, indem sie sich fragen: „Was würde Jesus tun? Was würde Jesus denken?" Das Christentum ist kurz gesagt die Nachahmung Jesu.

Das Gebet ist eine weitere Form der Meditation. Was immer wir auch von Timothy Leary halten mögen, er vertrat in „High Priest" den richtigen Ansatz: „Das Gebet ist der Kompass, das Gyroskop, die Zentriervorrichtung, um Dir Weisung, Mut und Vertrauen zu geben ..."

EIN KONZENTRATIONSLAGER IM KOPF

Wann waren Sie zuletzt glücklich? Ja, es macht einem zu schaffen, dass erbärmliche Schurken die Welt lenken. Aber der Mensch ist nicht das Maß aller Dinge. Ganz gleich, was auf der Erde geschieht, Gott ist die einzige Wirklichkeit. Blicken Sie über die Menschheit hinaus und konzentrieren Sie sich auf die spirituelle Realität: Schönheit, Güte, Gerechtigkeit und Liebe.

Wir sperren uns selbst in Konzentrationslager, ehe sie überhaupt errichtet werden. Die Illuminaten werden voraussichtlich nicht die Illusion der Freiheit zerstören. Es gibt keine bessere Art und Weise, Kontrolle über die Menschen auszuüben. Aber selbst wenn sie es täten, müssen wir fähig sein, selbst dann Freude zu empfinden. Gott ist Freude und Gott ist bei weitem bedeutsamer als der Mensch.

Der Schlüssel liegt darin, die breite Masse, die von den Illuminaten manipuliert wird, außer Acht zu lassen. Es ist gut, sich darüber bewusst zu sein, aber wir tanzen nicht nach der Geige, die von degenerierten Menschen gespielt wird. Wir schauen nicht in Spiegel, die von Winzlingen gefertigt wurden.

Die Worte des Dichters Henry More (1614 – 1687) sind auch wichtig: „Als der übermäßige Wunsch nach der Kenntnis der Dinge in mir gestillt wurde und ich nach nichts als der Reinheit und Einfachheit des Geistes strebte, da erstrahlte in mir Tag für Tag eine größere Zuversicht als ich jemals vorausahnen hätte können, selbst über jene Dinge, bei denen ich zuvor das größte Verlangen hatte, über sie Bescheid zu wissen."

Ein Rückzug von der Welt in regelmäßigen Abständen garantiert, dass wir nicht den einzigen Bereich einbüßen, über den wir noch Kontrolle haben. Dadurch ist es uns möglich, einen wertvollen Beitrag zur Gesellschaft zu leisten.

Wie Paul Elmer More (1864 – 1937) sagte: „Ein Tag, der mich mit Freude erfüllt, macht mich weise." Lassen Sie uns die Kunst des Glücklichseins meistern.